PRESCRIÇÃO PENAL
Temas Atuais e Controvertidos

— Doutrina e Jurisprudência —

Volume 3

F284   Prescrição penal: temas atuais e controvertidos: doutrina e jurisprudência Vol. 3 / Ney Fayet Júnior (Coord.), Paulo Queiroz ... [et al.]. – Porto Alegre: Livraria do Advogado Editora, 2011.
220 p.; 23 cm.
ISBN 978-85-7348-750-3

1. Prescrição da pena. I. Fayet Júnior, Ney, coord. II. Brack, Karina. III. Título.

CDU – 343.291

Índice para o catálogo sistemático:

Prescrição da pena

(Bibliotecária responsável: Marta Roberto, CRB-10/652)

NEY FAYET JÚNIOR
(coordenador)
Aldeleine Melhor Barbosa
Alexandre Schubert Curvelo
André Machado Maya
Fábio Guedes de Paula Machado
Fernando Piccoli
Karina Brack
Martha da Costa Ferreira
Paulo Fayet
Paulo Queiroz

PRESCRIÇÃO PENAL
Temas Atuais e Controvertidos

— Doutrina e Jurisprudência —

Volume 3

livraria
DO ADVOGADO
editora

Porto Alegre, 2011

©

Ney Fayet Júnior
Aldeleine Melhor Barbosa
Alexandre Schubert Curvelo
André Machado Maya
Fábio Guedes de Paula Machado
Fernando Piccoli
Karina Brack
Martha da Costa Ferreira
Paulo Fayet
Paulo Queiroz
2011

Capa, projeto gráfico e diagramação
Livraria do Advogado Editora

Revisão
Betina Denardin Szabo

Pintura da Capa
Lászió Moholy-Nagy
Lámina de la carpeta para el 41 cumpleaños
de Walter Gropius, 1924

Direitos desta edição reservados por
Livraria do Advogado Editora Ltda.
Rua Riachuelo, 1338
90010-273 Porto Alegre RS
Fone/fax: 0800-51-7522
editora@livrariadoadvogado.com.br
www.doadvogado.com.br

Impresso no Brasil / Printed in Brazil

Este livro é dedicado à memória dos grandes professores
Alberto Rosa Rufino Rodrigues de Sousa e Walter Marciligil Coelho.

El presente está solo. La memoria
Erige el tiempo. Sucesión y engaño
Es la rutina del reloj. El año
No es menos vano que la vana historia.
Entre el alba y la noche hay un abismo
De agonías, de luces, de cuidados;
El rostro que se mira en los gastados
Espejos de la noche no es el mismo.
El hoy fugaz es tenue y es eterno;
Otro Cielo no esperes, ni otro Infierno.

Jorge Luis Borges

Prefácio

Com honra recebi, de parte do colega Dr. Ney Fayet Júnior, a incumbência de uma fala inicial, introdutória a este novo trabalho de quem, no momento, é o grande incentivador de estudos acerca da prescrição penal.

Quaisquer tentativas de me eximir desse mister dissiparam-se, quando deparei com os nomes de Alberto Rosa Rufino Rodrigues de Sousa e Walter Coelho, na portada. Ambos, colegas meus de Ministério Público estadual. Do *Albertão*, poucas lições ao vivo pude receber, por sua reclusão produtiva, em Pelotas-RS. Mas Walter foi o mestre de quem hauri muitos ensinamentos, não só no Ministério Público, mas principalmente na Faculdade de Direito da Pontifícia Universidade Católica/RS. Lá ingressei, lecionando prática civil e prática penal; depois, direito processual penal e, finalmente, por iniciativa do próprio Walter, direito penal.

Como recusar convite quando tenho a ocasião única de homenagear, através do prefácio, dois dos maiores mestres de nossa disciplina, neste país?

E ainda acresço um último motivo que me move ao trabalho encomendado: Ney Fayet, sênior, foi meu grande Corregedor, nos idos dos anos 70, por ocasião de meu ingresso no Ministério Público. Embora seu caráter altivo e combatente, na função correicional orientáva-nos com serenidade e estilo paternal. É, à honra, um *plus* de emocionalidade. Gratificado pela convocação do filho, estendo forte abraço ao pai – mestre de várias gerações.

Aliás, entre os trabalhos que a seguir relaciono, um deles me traz à lembrança a inesgotável capacidade do primeiro Ney Fayet, de se atualizar e incitar novos temas e estudos. Publicada a Lei Ambiental, dedicada a normas penais e administrativas (Lei 9.605/98, de fevereiro), tive ocasião de participar de painel, na PUCRS (15 de abril de 1998). E, nos debates, lá vinha Ney a me questionar sobre a prescrição, relativamente a crimes imputados a pessoas jurídicas. Ao publicar, depois, essa intervenção, na Revista da AJURIS (Porto Alegre, v. 25, nº 72, p. 261-278, março 1998), consignamos:

> Inexiste, no texto comentado, referência à prescrição, seja da ação, do crime, da condenação, da pena ou da execução. Essa lacuna torna-se relevante na medida em que – e isso também já foi destacado anteriormente –, as penas privativas de liberdade só serão aplicáveis às pessoas físicas. Certamente, a prescrição, *in abstracto*, será calculada com base na pena de prisão cominada nos tipos.
>
> *Quid inde*, na hipótese de condenação criminal da pessoa jurídica?

Nesse ponto, destacamos o número 15 de nota de rodapé. E lá está o registro: "A abordagem do ponto foi-me sugerida pelo prof. Ney Fayet".

No texto de Karina Brack, adiante, mais detalhes sobre o ponto.

Queríamos retratar, apenas, um momento cristalizado em nossa memória, relativo ao meu Corregedor de sempre.

Passemos mãos à obra.

A abordagem da prescrição penal sempre esteve presente, evidentemente, nos manuais, sempre numerosos, do país.

Por sua vez, a obra *Da Prescrição* Penal, de Antonio Rodrigues Porto, é clássica. Com o passar do tempo, alguns novos títulos se sucederam, sobre tal temática, como os de Damásio Evangelista de Jesus (já em 18 edições) e o de Andrei Zenkner Schmidt, do final do milênio. A produção acadêmica cresce, na última década, merecendo referências: *Prescrição penal – prescrição funcionalista*, de Fábio Guedes de Paula Machado (2000), e *Prescrição penal*, de José Júlio Lozano Jr. (2002).

Mas a grande produção acerca de matéria até então um tanto descurada em nosso cenário tem início com o labor de Ney Fayet Júnior. *Prescrição penal: temas atuais e controvertidos* é o primeiro volume de série que, agora, atinge sua terceira realização. Começamos em 2007 e o segundo volume é de 2009.

A rápida menção que passa por manuais e monografias, chega a novo gênero literário jurídico-penal: um projeto com vários autores, sobre a coordenação e liderança intelectual de Ney Fayet Júnior.

Pouco estudamos, entre nós, os gêneros literários do direito. Sobre isso, lemos José Reinaldo de Lima Lopes (*O direito na história*, 2000): "Para compreender o ensino do direito, é fundamental perceber as diferenças dos distintos gêneros" (p. 135).

Aí está a época das glosas, gênero dominante da escola dos *glosadores*, com a presença do texto romano devidamente comentado, por via de textos interlineares ou marginais. Com os pós-glosadores, a liberdade é maior – no século XIV, de Dante e Petarca, entre outros –, teve-se a conciliação entre o *ius commune* e o *ius speciale*. Do direito romano erudito, a estatutos – textos especiais, das cidades. A confluência de produção legal de variada procedência leva, por óbvio, à interpretação "de modo a enquadrar uns no outro" (Lima Lopes, p. 136). Pouco mais, de simples glosas, chegaremos a princípios fundamentais.

Não é momento de trabalharmos a história no direito, e com inteira razão, Lima Lopes escolheu o estudo "do direito na história", importante inversão de visão historicista. Propomos, contudo, um salto no tempo e espaço, para lembrarmos da ciência criminal brasileira, à luz da ótica dos gêneros.

Minha geração lia Nelson Hungria, com um tratado de direito penal de vários volumes, enquanto buscávamos o processo penal por Eduardo Espínola e seu imenso tratado. É curioso observar que trabalhos de hoje, inspirados em Hungria, são intitulados como *Comentários*, excessivamente vinculados à jurisprudência dos tribunais superiores. Não mais se fala em tratados – e é impensável uma obra como o *Tratado de Direito Privado*, de um Pontes de Miranda, pois a pós-modernidade nos jogou no voo, sem volta, da velocidade tempo-espaço, e a cibernética confirmou a visão profética de Marshall MacLuhann, da *aldeia global*.

Não há mais tempo para ler, com cuidado e aprofundamento, obras de vários volumes.

Vivenciamos essa passagem, na graduação, quando Magalhães Noronha sintetizou, em apenas quarto volumes, o que exigira de Hungria cerca de dez.

O gênero literário, agora, é o manual. Vai-se a era de análise dos tratados, e imperam as sínteses, da manualística.

A pós-graduação advém, ainda na era dos manuais, mas dissertação é trabalho monográfico: e a bibliografia nacional está comprovada em todos os catálogos. No direito da Universidade Federal gaúcha, o grande Clóvis do Couto e Silva ensinava, nos anos 70 do século passado, que o investimento essencial das bibliotecas jurídicas deveria se concentrar nas revistas, nacionais e estrangeiras. Não é preciso dizer que tais revistas migram hoje para o sistema *on line*, mas o livro não dá sinais de esgotamento.

O gênero que cresce, entre nós, é o das obras coletivas, como esta, coordenada pelo Dr. Ney Fayet Júnior. É variação e talvez aperfeiçoamento da ideia de Couto e Silva.

Tais considerações nos remetem, de Lima Lopes ao inglês Peter Burke, professor emérito de História Cultural em universidades europeias. Publica ele, nos finais de 2009, uma coletânea de artigos que contextualizam fatos de nossa época, à luz de precedentes históricos, discutindo história das ideias, das mentalidades, história social e cultural. Abrimos, não ao acaso, mas na página 21, quando, com base em Michel de Montaigne, Burke debate "um ensaio sobre ensaios". A partir dos *Ensaios*, de Montaigne, que seria o fundador de novo gênero literário, teremos volumes de textos sobre vários assuntos, discursos sobre variados temas. Aí estão, a confirmar a novidade prometida, Stuart Mill, Taine, Freud, Bacon, Hume…

O caso brasileiro é exemplificado com Gilberto Freyre, pois mesmo suas obras mais extensas eram vistas, pelo grande sociólogo, como sucessão de ensaios.

Valho-me de tais considerações para voltar ao gênero jurídico-penal, pois em poucas províncias do conhecimento humano se pode subscrever o que diz Burke, sobre a percepção de Montaigne. "o apelo do ensaio vai mais fundo, porque (...), como Montaigne, poucas crenças se baseiam em fundações tão firmes que não tenham de ser modificadas no curso do tempo." (Peter Burke, *O historiador como colunista – ensaios* para a Folha, 2009, p. 23).

Esse é, se não interpretamos mal as intenções do livro agora em mãos, o que pretende uma obra coletiva, dirigida – no caso específico – a um tema central: a prescrição penal.

A dinâmica jurídica, inerente às mudanças sociais, ensina a todos nós que não há certezas, mas argumentos hauridos do profundo estudo de nossa disciplina. O direito penal, particularmente, é como barco que oscila sobre as ondas, com progressos e recuos, e o jurista é aquele que aprende a identificar não apenas pontos cardeais, pelas estrelas, mas a distinguir entre bússolas que apontam o norte magnético da Terra e bússolas avariadas.

A escolha dos companheiros de viagem, nesta coletânea, demonstra criterioso domínio, de parte do coordenador, acerca do ponto em estudo.

Embora o primeiro texto se dedique à pretensão executória – de discutível colocação como marco inicial –, vale observar que desde logo temos uma discussão político-criminal de largo alcance. Felizmente, o Supremo Tribunal Federal vem considerando inconstitucional a execução antecipada da pena, e encontramos, aqui, excelente fundamentação sobre tal aspecto. O artigo de Paulo Queiroz e Aldeleine Melhor Barbosa traz uma afirmação que serviria como epígrafe a todo o livro: "se o poder de punir se justifica exclusivamente pelo critério da necessidade, todo o exercício do poder repressivo será injustificado quando não pareça necessário".

Nada mais próprio para o segundo texto, onde discutida a prescrição sob o viés da identidade no tempo e a proporcionalidade. Extinguir a prescrição retroativa, no arco que vai da prática do fato delituoso até ao recebimento da denúncia, vulnera os requisitos da idoneidade, necessidade e proporcionalidade em sentido estrito. Fábio Guedes de Paula Machado, autor do mencionado trabalho, ratifica o anteriormente afirmado – exercício injustificado do poder repressivo, por não necessário, ofende a proporcionalidade, levando-nos à seara de inconstitucionalidades.

O terceiro ensaio é de Ney Fayet Júnior e Martha da Costa Ferreira. Lemos com grande prazer o trabalho desenvolvido, não só pelo domínio do tema (e a bibliografia o confirma, com referências a Ambos, Bassiouni, Cassese, Choukr e Marlon Alberto Weichert), como porque se trata de matéria de nosso dia-a-dia, no pós-graduação, onde estamos inseridos em linha com destaque para o Direito Internacional Penal e os Direitos Humanos. E a imprescritibilidade – objeto do artigo –, está a exigir discussões como a presente nesta obra, em época que nos evoca lições de Paul Ricoeur (*vide*, entre outras obras, *A memória, a história e o esquecimento* – 2000, e *Tempo e narração* – 1985). Nosso tempo é tempo da Justiça de Transição, cuja ênfase não pode se desligar das ocorrências repressivas que ensanguentaram as nações do Cone Sul. Também pertinentes, debates sobre perdão, anistia, restauração, etc.

Eis texto que, por si só, recomendaria esta obra.

Passemos ao quarto texto, voltado para a prescrição penal no âmbito da responsabilidade criminal das pessoas jurídicas. Entre nós, material atinente ao direito ambiental. Também disciplina de nossa particular afeição, o que está claro na própria monografia de Karina Brack. A excelência de suas considerações dispensam-nos de maiores análises, e em outro ponto deste prefácio aludimos à prescrição em sede ambiental-penal.

Acima de tudo, o Tema V é atual: *Da prescrição penal retroativa: análise crítica das alterações trazidas pela Lei 12.234 de 2010*, de Ney Fayet Júnior e Fernando Piccoli. A lei mencionada é de 5 de maio de 2010, e as principais críticas até aqui publicadas estão no Boletim IBCCRIM, n 211, de junho/2010.

Como seria de destacar, o estudo confirma o que já identificávamos no primeiro texto desta seleção, ou seja, a regulação nova do prazo prescricional representa ofensa e negativa de aplicação da lei penal no tempo, à luz do estudo da proporcionalidade.

A chamada prescrição intercorrente é outra preocupação dos estudiosos, sobretudo nas divergências que existem entre legisladores, operadores jurídicos e doutrinadores. André Machado Maya escolheu, em torno da prescrição intercorrente, o problema das causas de sua suspensão, pouco estudada em área acadêmica. É território privilegiado para tais estudos, diante da insuficiência legislativa e o silêncio quanto a precedentes judiciários.

Com relação ao direito estrangeiro, Ney Fayet Júnior e Paulo Fayet propõem considerações acerca de legislação italiana, de 2005, trazendo à colação novidades relacionados com o crime organizado, de tipo mafioso, vistos novos prazos prescricionais. Como sempre ocorre no direito comparado, é material de relevância para estudo do direito brasileiro. Em se tratando de associação para delinquir, o desborde para outros Estados soberanos provoca-nos para o fenômeno da transnacionalidade, como também, do direito comunitário ou da integração. Por fim, grandes questões de cooperação judiciária igualmente instigam os juristas.

Finalmente, lançamos vistas do direito penal, em direção ao direito administrativo. O convite é à leitura do ensaio de Alexandre Schubert Curvelo. Estamos no âmbito do direito administrativo sancionatório. E o autor oferece ricos subsídios em relação à influência da prescrição (penal) sobre o processo administrativo disciplinar. Se é possível destacar nova dimensão do direito administrativo, com variadas designações (no texto, aparecem expressões como *Administração "prospectiva", "prefigurativa", "constitutiva", "social-constitutiva", "planificadora" ou "infra-estrutural"),* tal terminologia atesta, por si só, a relevância do tema.

E damos os termos por findos, pois a partir de agora estamos todos convidados a sorver os substanciosos trabalhos que aparecem a seguir.

Tupinambá Pinto de Azevedo
Doutor em Direito do Estado
Vice-Diretor da Faculdade de Direito (UFRGS)

Sumário

Introdução 19

Tema I – Termo inicial da prescrição da pretensão executória
  Paulo Queiroz e *Aldeleine Melhor Barbosa* 23
Introdução 23
1. Espécies de prescrição 24
2. Termo inicial da prescrição da pretensão executória 25
Conclusão 29

Tema II – Prescrição: a identidade no tempo e a proporcionalidade
  Fábio Guedes de Paula Machado 31
Introdução 31
1. O breve histórico 32
2. Os fundamentos da prescrição 34
  2.1. A duração razoável do processo 34
  2.2. As teorias dos fins da pena e outros fundamentos de legitimidade à prescrição 36
3. Identidade no tempo e responsabilidade criminal 37
4. O princípio da proporcionalidade 39
5. A prescrição antecipada 41
Conclusão 44
Bibliografia 45

Tema III – Da imprescritibilidade
  Ney Fayet Júnior e *Martha da Costa Ferreira* 47
Introdução 47
1. Das noções fundamentais 48
  1.1. Da evolução histórica 49
  1.2. Dos principais fundamentos à (in)admissibilidade da imprescritibilidade 50
2. Imprescritibilidade e o Direito Penal brasileiro 53
  2.1. Da colocação do problema 53
    2.1.1. Da imprescritibilidade do crime de prática de racismo 53
    2.1.2. Da imprescritibilidade dos crimes contra a ordem constitucional e o
           Estado Democrático 58
    2.1.3. Da imprescritibilidade na legislação infraconstitucional 59
  2.2. Da (não)retroatividade dos casos de imprescritibilidade previstos na
       Constituição de 1988 62

3. Da imprescritibilidade e o Direito Internacional Penal 63
   3.1. Breve histórico da noção de imprescritibilidade no Direito Internacional Penal 65
   3.2. Da vigência do Estatuto de Roma e seu impacto sobre a ideia da imprescritibilidade dos crimes internacionais como regra geral de direito das gentes 69
   3.3. Dos efeitos da ratificação ao Estatuto de Roma para a matéria prescricional no Brasil .. 77
Considerações finais 85
Referências bibliográficas.. 87

Tema IV – Do instituto da prescrição penal no âmbito da responsabilidade criminal das pessoas jurídicas
   Karina Brack 91
Introdução... 91
1. Da proteção do meio ambiente e do direito ambiental 92
   1.1. Da relevância do direito ambiental 94
   1.2. Da criminalização do direito ambiental.................................... 95
   1.3. Da responsabilização penal da pessoa jurídica 99
      1.3.1. Da dosimetria das sanções aplicáveis a pessoa jurídica 106
      1.3.2. Das penas previstas na Lei n.º 9.605/98 108
         1.3.2.1. Pena de multa... 108
         1.3.2.2. Pena restritiva de direitos 111
         1.3.2.3. Pena de prestação de serviços à comunidade 114
2. Da prescrição penal... 116
   2.1. Da prescrição da pretensão punitiva 116
      2.1.1. Prescrição da pretensão punitiva abstrata 117
      2.1.2. Prescrição da pretensão punitiva retroativa............................ 118
      2.1.3. Prescrição da pretensão punitiva intercorrente ou subsequente 121
   2.2. Da prescrição da pretensão executória 123
   2.3. Da prescrição da pena de multa.. 124
   2.4. Da prescrição no âmbito da responsabilidade penal das pessoas jurídicas 127
      2.4.1. Da aplicação do regramento prescricional da pena de multa 127
      2.4.2. Da prescrição da pretensão punitiva abstrata 130
      2.4.3. Da prescrição da pretensão punitiva retroativa, intercorrente e executória 132
         2.4.3.1. Pena de multa... 134
         2.4.3.2. Pena de prestação de serviços à comunidade 135
         2.4.3.3. Pena restritiva de direitos 141
Conclusão... 142
Referências.. 144

Tema V – Da prescrição penal retroativa: análise crítica das alterações trazidas pela Lei 12.234 de 2010
   Ney Fayet Júnior e *Fernando Piccoli* 149
Introdução... 149
1. Considerações gerais 149
   1.1. Do cálculo da prescrição retroativa 150
   1.2. Panorama anterior: das origens da prescrição retroativa........................ 151
   1.3. Panorama atual: das alterações trazidas pela Lei 12.234 de 2010 153
2. Principais consequências e alguns pontos específicos da Lei 12.234 155
   2.1. Identificação quanto ao termo inicial da prescrição retroativa 156

2.2. Extinção parcial da prescrição retroativa 157
    2.2.1. A impossibilidade de a pena aplicada na sentença regular o prazo prescricional
        anterior ao início do processo penal 158
    2.2.2. Prescrição penal antecipada 159
    2.2.3. Considerações político-criminais 160
2.3. Da aplicação da lei no tempo: irretroatividade da lei 12.234 162
Considerações finais 163
Referências bibliográficas 164

**Tema VI – As causas impeditivas do prazo prescricional e sua aplicabilidade à prescrição
da pretensão punitiva intercorrente**
    André Machado Maya 167
Introdução 167
1. Primeira delimitação conceitual: prescrição da pretensão punitiva intercorrente 167
    1.1. Pressupostos e efeitos 170
    1.2. Termo inicial e curso do prazo prescricional 172
2. Segunda delimitação conceitual: Causas impeditivas da prescrição 174
    2.1. Pendência de solução em outro processo, de questão da qual dependa o reconhecimento
        da existência do crime 175
    2.2. Cumprimento da pena no estrangeiro 176
    2.3. O artigo 366 do Código de Processo Penal e a recente Súmula 415 do STJ 177
    2.4. A sustação da ação penal pelas Casas do Congresso Nacional 179
    2.5. Suspensão condicional do processo 179
    2.6. O parcelamento de débitos tributários e previdenciários 181
3. As hipóteses impeditivas do fluxo prescricional aplicáveis à prescrição da pretensão
    punitiva intercorrente 183
Considerações finais 186
Referências bibliográficas 186

**Tema VII – Comentários à Lei (italiana) 251/2005: os novos prazos prescricionais
direcionados ao delito de associação para delinquir de tipo mafioso**
    Ney Fayet Júnior e *Paulo Fayet* 187
Anotação inicial 187
1. Contornos normativos do delito de associação para delinquir de tipo mafioso
    (art. 416 *bis* do Código Penal italiano) 188
2. Apontamentos sobre a conceituação de associação mafiosa e o princípio da legalidade
    (substancial) 189
3. Alterações sobre a matéria prescricional no Direito italiano e os novos prazos direcionados
    ao delito de associação para delinquir de tipo mafioso 190
Comentários conclusivos 192
Bibliografia 193

**Tema VIII – Da influência da prescrição penal sobre o processo administrativo disciplinar:
entre a infração penal e a administrativa**
    Alexandre Schubert Curvelo 195
Introdução 195
1. Das (inter)relações entre o Direito Administrativo e o Direito Penal 196
    1.1. A relação jurídica no Direito Administrativo e no Direito Penal 198
    1.2. Do princípio da legalidade no Direito Administrativo e no Direito Penal 202

1.3. Aspectos relevantes da infração (ou do ilícito) administrativa(o) e o cotejo a partir do Direito Penal 204

2. Da relação jurídico estatutária e o regime (disciplinar) punitivo 207

3. A prescrição penal e a sua incidência no processo administrativo disciplinar – considerações gerais 211

3.1. A constatação de prática criminosa pela autoridade administrativa no processo disciplinar 213

3.2. A ampla aceitação jurisprudencial e doutrinária 214

Considerações finais 218

Bibliografia consultada 219

Introdução

É necessário, antes de tudo, advertir que os estudos que compõem este terceiro volume de *"Prescrição penal*: temas atuais e controvertidos" querem pôr em evidência o debate contemporâneo sobre as mais destacadas questões da prescrição penal, perspectivados – muitos dos quais – pelas recentes alterações legislativas e de enfoque jurisprudencial sobre a matéria.

Neste cenário, mais que em qualquer outro, afloram diferentes abordagens que trazem, indelevelmente, as marcas de suas mais expressivas concepções político-criminais.

Realmente, como já havíamos destacado na edição anterior, o instituto da prescrição penal continua a oferecer, em virtude de suas inegáveis e relevantes consequências jurídicas, espaço para antagonismos doutrinários, de cujo embate são, constantemente, aprimorados os seus fundamentos conceituais, a sua natureza jurídica, o seu âmbito de incidência, entre tantos outros pontos divergentes de reconhecida expressão e significado.

Nas edições anteriores, enfrentamos temas preponderantemente relacionados à prescrição da pretensão punitiva e da prescrição da pretensão executória, respectivamente.

Nessa terceira fase, quisemos buscar o enfrentamento de temas mais próximos: de um lado, ao significado das mudanças legislativas acerca da matéria prescricional; e, de outro, ao entendimento da prescrição penal a partir de um enfoque político-criminal, associado aos fundamentos do instituto, além de uma abordagem mais ampla, para além do ordenamento jurídico brasileiro.

Para essa finalidade, recorremos à autoridade dos Professores *Paulo Queiroz*, Doutor em Direito (PUC/SP) e Procurador Regional da República, além de docente do Centro Universitário de Brasília (UniCEUB), e *Fábio Guedes de Paula Machado*, Doutor em Direito Penal pela Universidade de São Paulo (USP), Professor Adjunto da Faculdade de Direito da Universidade Federal de Uberlândia (UFU) e do Programa de Mestrado da Universidade de Itaúna, e Promotor de Justiça do Cidadão de Uberlândia – MG. A esses dois nomes de destaque nacional na doutrina de nosso país, gostaríamos de agradecer pela disponibilidade e pela solicitude ao aceitar o convite para fazer parte dessa obra.

19

O Professor *Paulo Queiroz*, autor do excelente livro Direito Penal – Parte Geral, que já se encontra em sua 6ª edição, contribui, juntamente com *Aldeleine Melhor Barbosa*, para o tema da prescrição penal desde um olhar a respeito do termo inicial da prescrição da pretensão executória, assunto, não por acaso, de grande controvérsia doutrinária e jurisprudencial, que não poderia ser mais adequado à presente edição, tendo em vista o enfoque que objetivamos desde o primeiro volume do nosso livro.

Por sua vez, o Professor *Fábio Guedes de Paula Machado*, que tem em seu currículo o livro *"Prescrição Penal – Prescrição Funcionalista"*, obra de grande destaque, que trouxe uma das melhores contribuições para o estudo deste instituto no Brasil, nos brinda com o texto: *Prescrição: a identidade no tempo e a proporcionalidade*, no qual tece importantes considerações político-criminais, aliadas aos fundamentos da prescrição, sob a ótica das alterações trazidas pela Lei 12.234/10.

Além dos referidos artigos, são abordados também neste livro outros temas de suma relevância para o estudo da prescrição penal. E é seguindo o viés explicitado no título desta obra que *André Machado Maya*, mestre em Ciências Criminais (PUCRS) e especialista em Ciências Penais (PUCRS) e em Direito do Estado (UniRitter), apresenta a questão referente à aplicabilidade das causas impeditivas do prazo prescricional na modalidade de prescrição da pretensão punitiva intercorrente.

Seguindo adiante, a prescrição penal é estudada no âmbito da responsabilidade criminal das pessoas jurídicas. A Procuradora do Estado *Karina Brack*, que nos acompanha desde o primeiro volume desta obra, aprofunda o enfoque, enfatizando, especificamente, os efeitos da Lei 9.605/98.

De acordo com os objetivos pretendidos nessa edição, e na linha de questões que pretendíamos abordar, enfrentamos, juntamente com a Professora *Martha da Costa Ferreira*, também o tema da imprescritibilidade, fazendo um estudo tanto do panorama nacional quanto do internacional.

Empreendemos, ainda, conjuntamente com *Fernando Piccoli*, um exame crítico das principais mudanças trazidas pela alteração das regras da prescrição penal retroativa, com o advento da Lei 12.234/10.

Também nesta obra, pudemos, ao lado do advogado e doutor em Direito (Roma/Itália) *Paulo Fayet*, tecer comentários à Lei italiana 251/2005, que trouxe novos prazos prescricionais direcionados ao delito de associação para delinquir de tipo mafioso, extrapolando os limites da legislação nacional com a discussão sobre a prescrição.

Ainda trazemos uma abordagem da prescrição penal e o Direito Administrativo, realizada pelo advogado *Alexandre Schubert Curvelo*, mestre e doutorando em Direito (PUCRS).

Com o lançamento deste novo volume da nossa obra sobre Prescrição Penal, esperamos poder contribuir, cada vez mais, para o estudo de um instituto de tamanha importância e igualmente proporcional controvérsia no âmbito do Direito Penal, e que – como se pode perceber desde o primeiro livro – está sempre sujeito a novas discussões, incrementadas por recorrentes mudanças legislativas.

Sempre abordando questões controversas e atuais dentro do assunto, pretendemos prestar nosso auxílio a todos os profissionais que militam na área penal, aos acadêmicos, e aos demais interessados no tema.

Temos, derradeiramente, de agradecer, sem sombra de qualquer dúvida, à infatigável dedicação da Ana Cristina Miola e do Carlos Thompson Flores.

Tema I

Termo inicial da prescrição da pretensão executória

Paulo Queiroz
Aldeleine Melhor Barbosa

Introdução

A prescrição penal é a extinção do direito de punir em virtude do decurso do prazo legal para o exercício da ação penal ou para promover a execução da sentença penal condenatória. No primeiro caso, haverá prescrição da pretensão punitiva; no segundo, prescrição da pretensão executória.

Trata-se da causa mais importante de extinção da punibilidade, uma vez que é a mais frequente, podendo atingir tanto a pretensão punitiva quanto a pretensão executória. E não poderia ser diferente – a extraordinária frequência da prescrição –, visto que, diante da superprodução de leis penais, aliada à tradicional lentidão do sistema penal, não poderia o Estado pretender ter o controle de coisa alguma, tudo a concorrer para o descrédito dos órgãos e agentes incumbidos da repressão penal. A prescrição é prova de que, contrariamente ao provérbio, a justiça tarda e falha. Mas não só ela.

Tratando-se de matéria de ordem pública, a prescrição deve ser decretada independentemente de provocação do interessado – de ofício, portanto – e a qualquer tempo, constituindo questão prejudicial ao conhecimento do mérito da causa, razão pela qual eventual recurso da defesa não terá seguimento se a prescrição for previamente reconhecida, por falta de interesse de agir.

Como regra, vigora o princípio da prescritibilidade de todos os crimes, de ação pública ou privada, hediondos ou não. Mas a CF previu uma exceção ao declarar imprescritíveis: a prática do racismo e a ação de grupos armados, civis ou militares, contra a ordem constitucional e o Estado Democrático (art. 5º, XLII e XLIV), exceção injustificável, uma vez que crimes tão ou mais graves são passíveis de prescrição (latrocínio, homicídio, estupro etc.). Discute-se se a lei ordinária poderia ou não ampliar esse rol de crimes imprescritíveis, parecendo-nos que sim, por entendermos que se trata de típica matéria infraconstitucional, além de existir, na legislação infraconstitucional, infrações bem mais graves.

Apesar de consagrada histórica e constitucionalmente, autores importantes a ela se opuseram, como *Beccaria*, para quem, tratando-se de "crimes atrozes cuja memória subsiste por muito tempo entre os homens, se os mesmos forem provados, não deve haver nenhuma prescrição em favor do criminoso que se subtrai ao castigo pela fuga. Não é, todavia, o caso dos delitos ignorados e pouco considerá-

23

veis: é mister fixar um tempo após o qual o acusado, bastante punido pelo exílio voluntário, possa reaparecer sem recear novos castigos".[1]

Sobre o fundamento do instituto, há muita divergência.[2] Mas é erro dissociá--lo dos fins cometidos do direito penal, uma vez que sua justificação tem caráter nitidamente político-criminal. É que, como disse *Carrara*, a prescrição constitui um modo político de extinção da ação.[3] Com efeito, ao estabelecer determinado prazo para o exercício da ação penal ou para a execução da pena, o Estado julga, segundo critério de política criminal, que, excedido aquele período de tempo, a pena tornar-se-á desnecessária, por não mais servir à prevenção geral e especial de comportamentos criminosos. Daí dizer *Manzini* que "se o poder de punir se justifica exclusivamente pelo critério da necessidade, todo o exercício do poder repressivo será injustificado quando não pareça necessário".[4]

1. Espécies de prescrição

Duas são as espécies de prescrição: prescrição da pretensão punitiva (ou da ação) e prescrição da pretensão executória (ou da condenação). A primeira ocorre antes do trânsito em julgado da sentença penal condenatória; a segunda, após o trânsito em julgado.

No primeiro caso, a prescrição será regulada pelo máximo da pena cominada ao crime, conforme parâmetro do art. 109 do CP, que estabelece prazos proporcionais à gravidade da infração. Assim, por exemplo, a lesão corporal leve (CP, art. 109, caput), cuja pena máxima é de um ano de detenção, prescreverá em quatro anos; o furto simples (CP, art. 155, caput), cuja pena máxima é de quatro anos de reclusão, prescreverá em oito anos; o homicídio simples (CP, art. 121, caput), cuja pena máxima é de vinte anos, prescreverá em vinte anos etc. No segundo caso (prescrição da condenação), a prescrição regular-se-á pela pena aplicada na sentença, não mais importando a pena cominada.

O motivo a autorizar semelhante distinção para a verificação da prescrição é simples: no primeiro caso, o Estado, por não saber qual a pena "justa" a ser aplicada ao réu, optou, ante a incerteza, por tomar como referência o máximo da pena aplicável à espécie. No segundo caso, já se sabendo qual a pena "justa", cujo quantum não é mais modificável, não faria sentido insistir em regular a prescrição com base no máximo da pena cominada; estando plenamente justificado o abandono daquele critério inicialmente adotado.

A prescrição da pretensão punitiva compreende, além da prescrição antes referida, que poderíamos chamar ordinária, a prescrição – extraordinária – retroativa e superveniente, a qual, diferentemente da primeira, é regulada com base no

---

[1] BECCARIA, C. *Dos delitos e das penas*. Trad. Paulo Oliveira. Rio de Janeiro: Tecnoprint, 1980, § XIII, p. 77.

[2] Sobre o assunto, veja-se *Da prescrição penal*, de Antônio Rodrigues Porto, São Paulo: RT, 1983.

[3] *Apud* Rodrigues Porto, *Da prescrição penal*. São Paulo: RT, 1983, p. 8.

[4] *Tratado de derecho penal*, trad. Santiago Sentís Melendo, Buenos Aires: Ediar, 1950, v. 5, p. 147.

mesmo critério da prescrição da pretensão executória: a pena aplicada, e não a pena cominada. Em ambos os casos só se poderá cogitar de prescrição (retroativa ou superveniente) quando houver trânsito em julgado da sentença para a acusação ou se o eventual provimento do recurso da acusação não tiver qualquer repercussão sobre o prazo prescricional. Exemplo: se o Ministério Público, inconformado com uma sentença condenatória a um ano de reclusão, apelar da sentença para obter um aumento de até o dobro da pena (2 anos de reclusão), o provimento desse recurso não modificará em nada o prazo prescricional, que continuará sendo de quatro anos (CP, art. 109, V).

Note-se que todas essas modalidades de prescrição – retroativa, superveniente e prescrição da pretensão executória – são formas residuais de prescrição, vale dizer, somente serão apreciadas e decretadas caso já não tenha ocorrido a prescrição da pretensão punitiva (ordinária). Portanto, entre essas modalidades de prescrição há relação de sucessão e prejudicialidade, uma vez que a prescrição extraordinária pressupõe a não ocorrência da prescrição ordinária; a prescrição da pretensão executória pressupõe a não verificação das demais. Não obstante, é possível que, diante de desatenção das partes ou do juiz, todas elas venham a ocorrer num mesmo processo.

Importante: tramita no Congresso Nacional projeto de lei (PL n.º 1383-b de 2033), de autoria do Deputado Federal Antônio Carlos Biscaia, que visa a alterar os arts. 109 e 110 do CP, para abolir a prescrição retroativa e superveniente. Uma vez aprovado, a lei terá efeito irretroativo, por ser mais severa.

2. Termo inicial da prescrição da pretensão executória

Questão das mais controvertidas, especialmente na jurisprudência[5], diz respeito ao termo inicial da prescrição da pretensão executória.

---

[5] Apenas para demonstrar a divergência no âmbito do Tribunal Regional Federal da 1ª Região: PENAL. PROCESSUAL PENAL. ART. 334, *CAPUT*, DO CP. EXTINÇÃO DA PUNIBILIDADE. PRESCRIÇÃO DA PRETENSÃO EXECUTÓRIA. TERMO INICIAL DA CONTAGEM. COISA JULGADA. 1. O simples fato de ter ocorrido o trânsito em julgado da sentença condenatória apenas para a acusação, uma vez pendente de apreciação recurso interposto pela defesa, não possibilita o início da execução da pena, circunstância essa que, a meu ver, está a impedir o início da contagem do prazo da prescrição da pretensão executória, uma vez que não há de se falar, na hipótese, em inércia do Estado. Precedente do TRF da 2ª Região. 2. O art. 105, da Lei nº 7.210/84 (LEP), expressamente estabelece que "Transitando em julgado a sentença que aplicar pena privativa de liberdade, se o réu estiver ou vier a ser preso, o juiz ordenará a expedição de guia de recolhimento para a execução". 3. Nos termos do art. 6º, § 3º, da LICC, *"Chama-se coisa julgada ou caso julgado a decisão judicial de que já não caiba mais recurso"*. Portanto, quando o art. 112, I, do CP faz referência ao trânsito em julgado para a acusação, induvidosamente, refere-se à última decisão no processo. Enquanto a causa estiver em debate, não transitou em julgado. 4. No caso, encontrando-se o feito pendente de julgamento de recurso interposto pela defesa, não há de se falar na ocorrência, na espécie, de trânsito em julgado da sentença condenatória, hábil a caracterizar o termo *a quo* para a contagem da prescrição da pretensão executória do Estado. 5. Recurso provido. RSE 2001.35.00.001126-8/GO, Rel. Des. Federal Italo Fioravanti Sabo Mendes, 4ª T., e-DJF1 p.224 de 03/03/200. PENAL E PROCESSUAL PENAL. PRESCRIÇÃO EXECUTÓRIA (ART. 107, IV, CP). EXTINÇÃO DA PUNIBILIDADE. OCORRÊNCIA. I – Prescreve em oito anos a pena privativa de liberdade igual ou superior a dois anos, mas não excedente a quatro (art. 109, IV, do CP). II – O termo inicial da prescrição após a sentença condenatória irrecorrível, nos termos do art. 112, I, do CP, começa a correr do "dia em que transita em julgado a sentença condenatória, para a acusação". III – Recurso desprovido.

De acordo com o art. 112, I, primeira parte, do CP, a prescrição da pretensão executória começa a correr *do dia em que transita em julgado a sentença condenatória para a acusação*. Discute-se, então, o que vem a ser esse *trânsito em julgado para a acusação*, isto é, se é o trânsito em julgado em primeira instância (juízo ou tribunal em ação penal originária) ou o último trânsito em julgado em todas as instâncias recursais.

Exemplo: condenado por lesão corporal grave (CP, art. 129, §1°, *a*), em 10/05/2000, a 4 (quatro) anos de reclusão, com trânsito em julgado da sentença para a acusação em 28/05/2000, só o réu apela e o seu apelo é parcialmente provido e reduzida a pena para 3 (três) anos de reclusão, que transita em julgado, definitivamente, em 30/05/2008, para a acusação; e para a defesa em data posterior (data irrelevante). O termo inicial da condenação é aquele do trânsito em julgado para a acusação em primeiro grau (28/05/2000) ou 30/05/2008? Se consideramos o primeiro termo inicial, haverá prescrição; caso contrário, não.

A doutrina majoritária[6] considera que o termo inicial da prescrição da pretensão executória é o dia do trânsito em julgado da sentença para a acusação em primeiro grau (juízo ou tribunal em ação penal originária). No exemplo citado, teria havido prescrição, portanto, visto que decorreram mais de 08 (oito) anos desde então.

Parece-nos, porém, que a interpretação contrária é a mais correta e conforme o princípio da legalidade, ou seja, a prescrição da pretensão executória há de pressupor, necessariamente, o trânsito em julgado da sentença para a acusação em todas as instâncias, razão pela qual somente a partir do instante em que a condenação se constituir como título executivo e autorizar a execução da respectiva pena tem início o prazo prescricional.

No exemplo citado, o termo inicial da prescrição da pretensão executória seria, portanto, 30/05/2008; ficando, assim, afastada a alegação de prescrição.

Em primeiro lugar, porque, por força do princípio da presunção de inocência, ninguém será considerado culpado até o trânsito em julgado de sentença penal condenatória. Exatamente por isso, o cumprimento da pena não pode dar-se antes disso, embora o processo possa comportar prisão provisória, a qual não se confunde com a própria pena. Não por outra razão, o art. 597 do CPP dispõe que a apelação da sentença condenatória tem efeito suspensivo. Também por isso é que o STF tem sistematicamente rechaçado a execução provisória contrária ao réu.[7]

---

[6] Nesse sentido, MESQUITA JÚNIOR, Sídio Rosa de. *Prescrição Penal*. 4ª ed. São Paulo: Atlas, 2007, p. 124--126; LOZANO JÚNIOR, José Júlio. *Prescrição Penal*. São Paulo: Saraiva, 2002, p. 220-221, e DELMANTO, Celso et al. *Código Penal Comentado*. 7ª ed. Rio de Janeiro: Renovar, 2007, p. 333.

[7] Recentemente, no dia 06 de abril de 2010, foi publicada notícia no sítio do STF, assim intitulada: "*1ª Turma reafirma que é inconstitucional a execução antecipada da pena*". Eis excerto do teor da notícia: A Primeira Turma do STF concedeu na sessão desta terça-feira (6) *Habeas Corpus* (HC 97318) a dois condenados por fazerem parte de quadrilha especializada em evasão de divisas. No entendimento dos ministros, os dois deverão permanecer em liberdade enquanto recorrem da condenação, pois já é entendimento pacífico da Corte que a prisão provisória não pode servir como execução antecipada da pena. No mesmo sentido: *HABEAS CORPUS*. INCONSTITUCIONALIDADE DA CHAMADA 'EXECUÇÃO ANTECIPADA DA PENA'.

Naturalmente que o trânsito em julgado pressupõe o exaurimento de todos os recursos possíveis da acusação e da defesa. Antes disso, não cabe falar, por conseguinte, de prescrição da pretensão executória, que requer a constituição definitiva do título executivo contra o respectivo condenado. Note-se que o art. 105 da Lei de Execuções Penais (Lei 7.210/84) prevê expressamente que: "transitando em julgado a sentença que aplicar pena privativa de liberdade, se o réu estiver ou vier a ser preso, o juiz ordenará a expedição de guia de recolhimento para a execução". Também o art. 6º, § 3º, da LICC dispõe: "chama-se coisa julgada ou caso julgado a decisão judicial de que já não caiba mais recurso".

Além disso, seria um manifesto contrassenso que, vedada legalmente a execução da pena, pudesse fluir o prazo prescricional da pretensão executória, a qual tem por pressuposto justamente a exequibilidade da sentença condenatória e a

---

ART. 5º, LVII, DA CONSTITUIÇÃO DO BRASIL. DIGNIDADE DA PESSOA HUMANA. ART. 1º, III, DA CONSTITUIÇÃO DO BRASIL. 1. O art. 637 do CPP estabelece que "[o] recurso extraordinário não tem efeito suspensivo, e uma vez arrazoados pelo recorrido os autos do traslado, os originais baixarão à primeira instância para a execução da sentença". A Lei de Execução Penal condicionou a execução da pena privativa de liberdade ao trânsito em julgado da sentença condenatória. A Constituição do Brasil de 1988 definiu, em seu art. 5º, inciso LVII, que "ninguém será considerado culpado até o trânsito em julgado de sentença penal condenatória". 2. Daí que os preceitos veiculados pela Lei nº 7.210/84, além de adequados à ordem constitucional vigente, sobrepõem-se, temporal e materialmente, ao disposto no art. 637 do CPP. 3. A prisão antes do trânsito em julgado da condenação somente pode ser decretada a título cautelar. 4. A ampla defesa não se a pode visualizar de modo restrito. Engloba todas as fases processuais, inclusive as recursais de natureza extraordinária. Por isso a execução da sentença após o julgamento do recurso de apelação significa, também, restrição do direito de defesa, caracterizando desequilíbrio entre a pretensão estatal de aplicar a pena e o direito, do acusado, de elidir essa pretensão. 5. Prisão temporária, restrição dos efeitos da interposição de recursos em matéria penal e punição exemplar, sem qualquer contemplação, nos "crimes hediondos" exprimem muito bem o sentimento que EVANDRO LINS sintetizou na seguinte assertiva: "Na realidade, quem está desejando punir demais, no fundo, no fundo, está querendo fazer o mal, se equipara um pouco ao próprio delinqüente". 6. A antecipação da execução penal, ademais de incompatível com o texto da Constituição, apenas poderia ser justificada em nome da conveniência dos magistrados – não do processo penal. A prestigiar-se o princípio constitucional, dizem, os tribunais [leia-se STJ e STF] serão inundados por recursos especiais e extraordinários e subseqüentes agravos e embargos, além do que "ninguém mais será preso". Eis o que poderia ser apontado como incitação à "jurisprudência defensiva", que, no extremo, reduz a amplitude ou mesmo amputa garantias constitucionais. A comodidade, a melhor operacionalidade de funcionamento do STF não pode ser lograda a esse preço. 7. No RE 482.006, relator o Ministro Lewandowski, quando foi debatida a constitucionalidade de preceito de lei estadual mineira que impõe a redução de vencimentos de servidores públicos afastados de suas funções por responderem a processo penal em razão da suposta prática de crime funcional [art. 2º da Lei n. 2.364/61, que deu nova redação à Lei n. 869/52], o STF afirmou, por unanimidade, que o preceito implica flagrante violação do disposto no inciso LVII do art. 5º da Constituição do Brasil. Isso porque – disse o relator – "a se admitir a redução da remuneração dos servidores em tais hipóteses, estar-se-ia validando verdadeira antecipação de pena, sem que esta tenha sido precedida do devido processo legal, e antes mesmo de qualquer condenação, nada importando que haja previsão de devolução das diferenças, em caso de absolvição". Daí porque a Corte decidiu, por unanimidade, sonoramente, no sentido do não recebimento do preceito da lei estadual pela Constituição de 1.988, afirmando de modo unânime a impossibilidade de antecipação de qualquer efeito afeto à propriedade anteriormente ao seu trânsito em julgado. A Corte que vigorosamente prestigia o disposto no preceito constitucional em nome da garantia da propriedade não a deve negar quando se trate da garantia da liberdade, mesmo porque a propriedade tem mais a ver com as elites; a ameaça às liberdades alcança de modo efetivo as classes subalternas. 8. Nas democracias mesmo os criminosos são sujeitos de direitos. Não perdem essa qualidade, para se transformarem em objetos processuais. São pessoas, inseridas entre aquelas beneficiadas pela afirmação constitucional da sua dignidade (art. 1º, III, da Constituição do Brasil). É inadmissível a sua exclusão social, sem que sejam consideradas, em quaisquer circunstâncias, as singularidades de cada infração penal, o que somente se pode apurar plenamente quando transitada em julgado a condenação de cada qual Ordem concedida (HC 84078, Relator(a): Min. EROS GRAU, TP, j. em 05/02/2009, DJe-035 DIVULG 25-02-2010 PUBLIC 26-02-2010 EMENT VOL-02391-05 p-01048).

inércia estatal em fazê-la executar. Evidentemente que não poderia ser essa a intenção do legislador de 1984 ao alterar a redação do art. 112, I, do CP, que dispunha originariamente, com maior rigor técnico: "No caso do art. 110, a prescrição começa a correr: a) do dia em que passa em julgado a sentença condenatória (...)".

Daí dizer Guilherme de Souza Nucci que, "se não houve desinteresse do Estado, nem inércia, para fazer o condenado cumprir a pena, não deveria estar transcorrendo a prescrição da pretensão executória".[8] De modo semelhante, Fernando Galvão escreve que "a disposição é benéfica ao condenado, mas apresenta impropriedade técnica", já que "a decisão não transitada em julgado ainda não é exequível, de modo que não se pode falar em pretensão executória".[9]

Em segundo lugar, porque, a não ser assim, estimular-se-ia a interposição de recursos com fins prescricionais e meramente procrastinatórios, tanto da acusação, visando a evitar a prescrição, quanto da defesa, a fim de consumá-la. Tem, pois, razão, o Desembargador Nelton dos Santos, quando, em acórdão proferido pelo Tribunal Regional Federal da 3ª Região, nos autos do agravo em execução nº 2006.61.81.014712-1, assinalou "a livre fluência do prazo prescricional desde a publicação da sentença condenatória de primeiro grau até o trânsito em julgado não tem, *data venia*, o menor sentido lógico, uma vez que colocaria, na mão e na vontade do réu, o inteiro controle da atividade jurisdicional".

Em terceiro lugar, porque não faria sentido admitir-se a fluência simultânea de dois lapsos prescricionais distintos: o da prescrição da pretensão punitiva e o da prescrição da pretensão executória[10]. Não por outra razão, aliás, a Ministra Ellen Gracie, quando do julgamento do HC n.º 86.125-3/SP, distinguiu, claramente, as fases da prescrição da pretensão punitiva e executória:

> *(...)* O que releva no caso é que, entre os marcos interruptivos da prescrição – data do crime, recebimento da denúncia, sentença condenatória recorrível –, não decorreu o prazo de prescrição da pretensão punitiva. E, na hipótese dos autos, o acórdão que confirmou a condenação foi proferido antes do prazo de dois anos contados da data da publicação da sentença condenatória, último marco interruptivo da prescrição. O aresto confirmatório da condenação, é certo, não é marco interruptivo de prescrição. Mas, se ele surge antes de fluído o prazo prescricional, que fora interrompido com o advento da sentença condenatória recorrível, não há mais cogitar de prescrição da pretensão punitiva. O órgão de segundo grau de jurisdição atuou a tempo e modo. O estado não descurou de sua função jurisdicional. *Está encerrada, portanto, a fase da prescrição da pretensão punitiva. Outra fase – a da prescrição da pretensão executória – terá início. E a partir do trânsito em julgado. Recursos especial*

---

[8] NUCCI, Guilherme de Souza. *Código Penal Comentado*. 2ª ed. São Paulo: RT, 2002, p. 355.

[9] GALVÃO, Fernando. *Direito Penal*. Rio de Janeiro: Impetus, 2004, p. 976.

[10] Essa possibilidade é admitida por Cézar Roberto Bittencourt, que assevera, ao cometar o termo inicial da prescrição da pretensão executória, que: "o prazo começa a correr do dia em que transita em julgado a sentença condenatória para a acusação, mas o pressuposto básico para essa espécie de prescrição é o trânsito em julgado para acusação e defesa, pois, enquanto não transitar em julgado para a defesa, a prescrição poderá ser a intercorrente. Nesses termos, percebe-se, podem correr paralelamente dois prazos prescricionais: o da intercorrente, enquanto não transitar definitivamente em julgado; e o da executória, enquanto não for iniciado o cumprimento da condenação, pois ambos iniciam na mesma data, qual seja, o trânsito em julgado para a acusação (BITTENCOURT, Cézar Roberto. Tratado de Direito Penal. Vol I. 11ª ed. São Paulo: Saraiva, 2007, p. 723). Igualmente: MAYA, André Machado. *Prescrição Penal: Temas atuais e controvertidos*. Vol. II. Porto Alegre: Livraria do Advogado, 2009, p. 134.

e extraordinários eventualmente interpostos, quando muito, protrairão o início da contagem dessa nova modalidade de prescrição que tem a ver com a pretensão executória, mas não afetam, porque já exaurida, a prescrição da pretensão punitiva. No caso, transitando em julgado em 04.11.04 a decisão monocrática que negou seguimento ao agravo de instrumento interposto contra o indeferimento do recurso extraordinário, teve início a contagem do prazo da prescrição executória. Esse prazo ainda não se encerrou. E desse tipo de prescrição não cuidou a inicial. 2. *Não custa lembrar, a propósito do tem em discussão, que o trânsito em julgado, da condenação é marco divisório de suas espécies de prescrição. Com o trânsito em julgado termina a fase da pretensão punitiva. E tem início a fase da prescrição executória.*

Em quarto lugar, porque, se o réu recorreu e assim retardou a execução da pena, não é correto dizer, como pretendem alguns, que ele seria prejudicado com a interposição do seu recurso, se se considerar o último trânsito em julgado para acusação no processo como marco inicial da prescrição da pretensão executória.[11] Com efeito, durante o trâmite recursal pode ser reconhecida a prescrição da pretensão punitiva superveniente, entre a publicação da sentença em cartório e o julgamento do recurso.

E prejuízo pode existir mesmo com a interpretação majoritária ao art. 112, I, primeira parte, do CP, pois, computando-se o tempo necessário para o julgamento de todos os recursos disponíveis em favor do acusado no processo penal (ex: embargos de declaração, apelação, embargos infringentes, recurso especial e/ou extraordinário, agravo de instrumento, agravo interno/regimental) dificilmente haverá alguma pena a ser executada ao final – salvo nos casos de crimes mais graves –, mesmo com toda diligência e presteza da acusação.

Conclusão

Em suma, o termo inicial da prescrição da pretensão executória é mesmo o dia do trânsito em julgado da sentença para a acusação. Mas isso não quer dizer trânsito em julgado para a acusação *em primeiro grau*, pois, ainda que tal ocorra, há sempre a possibilidade de interposição de múltiplos recursos (da acusação e da defesa) nas instâncias superiores (TRF, STJ, STF), motivo pelo qual só depois do julgamento definitivo de todos recursos interpostos (quando houver) é que se poderá cogitar de prescrição da pretensão executória, visto que só aí a sentença terá definitivamente transitado em julgado e se convertido em título executivo em favor do Estado.

Não se deve, pois, confundir *trânsito em julgado da sentença* com *trânsito em julgado da sentença em primeiro grau*, uma vez que a prescrição da preten-

---

[11] Nesse sentido: "Nos dias de hoje, porém, encontra eco da parcela majoritária da doutrina a compreensão de que o trânsito em julgado para ambas as partes processuais é requisito da prescrição da pretensão executória, muito embora seu termo inicial seja o trânsito em julgado somente para a acusação. Isso se justifica na medida em que, caso o termo inicial fosse considerado como o trânsito em julgado também para a defesa, o réu estaria sendo prejudicado pelo exercício do direito de recorrer, compreendido como uma das faces da garantia da ampla defesa" (MAYA, André Machado. *Prescrição Penal: Temas atuais e controvertidos.* Vol. II. Porto Alegre: Livraria do Advogado, 2009, p. 134).

são executória pressupõe, forçosamente, irrecorribilidade da decisão e inércia do Estado.

Enfim, somente com o último trânsito em julgado da sentença condenatória para a acusação, quando se constituirá o título executivo judicial, possibilitando a execução da pena, é que terá início o prazo da prescrição da pretensão executória.

Tema II

Prescrição: a identidade no tempo e a proporcionalidade

Fábio Guedes de Paula Machado

Introdução

Promulgada a Lei n. 12.234, em 6 de maio de 2010, à primeira vista, ela extinguiu do ordenamento positivo a prescrição retroativa, vindo a proibir o emprego de termo inicial de contagem de prazo em data anterior à denúncia ou queixa, *ex vi* da nova redação dada ao § 1º do art. 110. Aproveitou-se o legislador da ocasião e majorou o teto prescricional mínimo para 03 (três) anos, conforme o novo inciso VI do art. 109. O projeto de Lei foi apresentado pelo Deputado Antônio Carlos Biscaia, PL nº 1383/2009.

Por se mostrar relevante aos argumentos que serão apresentados ao longo deste trabalho, torna-se necessário apresentar a justificativa do citado projeto de lei. Argumentou S. Exa.:

[...] que a prescrição retroativa revelou-se como competentíssimo instrumento de impunidade, em especial naqueles crimes perpetrados por mentes preparadas, e que, justamente por isso, provocam grandes prejuízos seja à economia do particular, seja ao erário, ainda dificultando sobremaneira a respectiva apuração.

Disse ainda:

É sabido que essa casta de crimes (p. ex. o estelionato e o peculato) reclama uma difícil apuração, em regra exigindo que as autoridades se debrucem sobre uma infinidade de documentos, reclamando, ainda, complexos exames periciais, o que acaba redundando, quase sempre, em extinção da punibilidade, mercê da prescrição retroativa, que geralmente atinge justamente o período de investigação extra-processual.

Pior, os grandes ataques ao patrimônio público, como temos visto ultimamente, dificilmente são apurados na gestão do mandatário envolvido, mas quase sempre acabam descortinados por seus sucessores. Assim, nesse tipo de crime específico, quando apurada a ocorrência de desfalque do erário, até quatro anos já se passaram, quando, então, tem início uma intrincada investigação tendente a identificar os protagonistas do ilícito penal, o que pode consumir mais alguns anos, conforme a experiência tem demonstrado.

Outrossim, o instituto em liça é potencial causa geradora de corrupção, podendo incitar autoridades a retardar as investigações, providências, ou decisões, a fim de viabilizar a causa extintiva da punibilidade.

Por último, a pena diminuta de vários crimes, aliado ao grande número de feitos que se acumulam no Poder Judiciário – considerando-se, inclusive, a possibilidade de recursos até os Tribunais Superiores, bem como o entendimento de que as suas decisões confirmatórias da condenação não interrompem o curso do prazo prescricional, tornando tais crimes, na prática, não sujeitos a qualquer punição, o que seguramente ofende o espírito da lei penal.

Desse modo, o dispositivo de lei mencionado tem beneficiário determinado: o grande fraudador ou o criminoso de alto poder aquisitivo, capaz de manipular autoridades e normas processuais, por meio de infindáveis recursos.

Ademais, o instituto da prescrição retroativa, além de estar protagonizando uma odiosa impunidade, cada vez mais tem fomentado homens mal intencionados a enveredarem pelo ataque ao patrimônio público, cônscios de que se eventualmente a trama for descoberta a justiça tardará e, portanto, não terá qualquer efeito prático.

Também, viu-se abordado o instituto da prescrição pelo Superior Tribunal de Justiça, ao editar a Súmula n. 438, declarando a impossibilidade de reconhecimento antecipado da prescrição. *In verbis*: "É inadmissível a extinção da punibilidade pela prescrição da pretensão punitiva com fundamento em pena hipotética, independentemente da existência ou sorte do processo penal."

Em suma, relevantes modificações foram feitas no texto legal e jurisprudencial. Tem-se, consequentemente, que o prazo prescricional destinado para os delitos de menor intensidade lesiva a bens jurídicos foi elevado; o prazo prescricional não alcança o lapso temporal percorrido da realização do delito até o recebimento da denúncia ou queixa, incluindo-se, portanto, toda a fase de apuração da infração criminal, seja a realizada pela autoridade policial, pelo membro do Ministério Público ou outro órgão estatal, tal como o órgão fazendário; e, finalmente, a denominada prescrição virtual ou antecipada teve sua vedação de reconhecimento firmada pela Corte encarregada de interpretar a lei federal, o Superior Tribunal de Justiça.

Da interpretação feita acerca das inovações promovidas pode-se afirmar que fato notório é o alargamento do tempo como instrumento de viabilização da persecução penal. Mais nítida se materializa esta afirmação para as infrações com previsão menor de pena, e que naturalmente eram as mais atingidas pelo instituto da prescrição. Prazo que se refere a delitos em grande parte de competência do Juizado Especial Criminal, senão suscétiveis, também em sua maioria, à substituição da pena privativa de liberadade pela restritiva de direitos.

1. O breve histórico

Acerca da denominada prescrição retroativa, em 1963, através da Súmula 146, do Supremo Tribunal Federal, reconheceu-se a sua incidência na hipótese de transitada em julgado a sentença condenatória para a acusação, o cômputo de pena levado à tabela inserida no CP, seria aplicada entre os marcos de interrupção havidos antes desta sentença condenatória.

Seguiu-se a promulgação da Lei n. 6.416/77, estendendo-se a prescrição à pretensão executória, ganhando contornos finais com a reforma que sofreu a parte geral do CP, com a Lei n. 7.209/84.

Significa dizer que o instituto da prescrição retroativa figurou na práxis jurídica brasileira tempo superior a 37 anos, consolidando-se, portanto, com tal.

Desde a apresentação do projeto de lei, muitos foram os aplausos dirigidos à então pretendida extinção da prescrição retroativa, entre outros argumentos, porque faltava-lhe lógica na sua existência, eis que ela surgia somente após o término de um processo válido e regular, com a declaração de culpabilidade do imputado, o qual lhe fora imposta uma pena. Feito isto tudo, e se decorrido o prazo estabelecido em lei, o *jus puniendi* estatal desaparecia em face do excesso do lapso de tempo superior. Ainda que tais colocações soem convincentemente e se desenrolem dentro de uma lógica aparente, esta interpretação afastou-se do modelo constitucional vigente.

Além dos termos da recém promulgação, vislumbram-se, no curso daquele processo legislativo, várias discussões entorno da aplicação do *jus puniendi*, podendo-se resumir na assertiva da pretendida ampliação do prazo mínimo prescricional.

Acerca da elevação do prazo prescricional de delitos cujas penas fixadas em lei eram inferiores a um ano, o legislador a elevou de 2 (dois) para 3 (três) anos. Nota-se, aqui, o agravamento da persecução de delitos menos graves e em regra submetidos à competência do Juizado Especial Criminal.

Por grande parte da doutrina e da jurisprudência, firmou-se o entendimento de que a fixação pelo legislador da pena mínima e máxima atribuível a um delito obedeceria, respectivamente, aos níveis mínimo e máximo de culpabilidade, dentre os quais o Juiz deveria se situar para fixar a pena concreta. Neste sentido, inclusive, o Superior Tribunal de Justiça emitiu a Súmula n. 231, vedando a aplicação de pena concreta abaixo do mínimo legal, através da seguinte redação: "A incidência da circunstância atenuante não pode conduzir à redução da pena abaixo do mínimo legal".[1]

Mais recentemente, com o fortalecimento das teorias sobre o bem jurídico e reformulação da culpabilidade ante os vários problemas anotados contra o ontologismo,[2] cresce a compreensão de que os limites estabelecidos em lei são referentes à proporcionalidade, dadas as quotas de lesividade mínima e máxima destinadas à compreensão do valor do bem jurídico.[3] Ou, ainda, não é função do legislador ingressar no campo da culpabilidade, que, por suposto, é subjetiva e é inerente à função jurisdicional declarar. Ao legislador, como representante do povo e dos diversos segmentos sociais, cabe-lhe buscar a atualização permanente do ordenamento jurídico, e no campo penal, criando e extinguindo figuras penais, ou reformulando-as em obediência a valores respaldados no texto constitucional. Portanto, a legislação deve refletir não apenas a vigência, mas também a eficácia, aqui manifestada pela legitimidade, adequação e proporcionalidade ao fato ilícito de natureza penal.

---

[1] No mesmo sentido: JSTJ 14/289, RSTJ 131/149 e RT 769/524.

[2] Ver Fábio Guedes de Paula Machado, *Culpabilidade no direito penal*. São Paulo: Quartier Latin, 2009, p. 92-100.

[3] MACHADO, Fábio Guedes de Paula. *Culpabilidade no direito penal*, p. 247-249.

2. Os fundamentos da prescrição

Na prescrição revela-se a incidência do transcurso do tempo nas consequências jurídicas derivadas da realização de um injusto, podendo no caso concreto ter sido ou não declarada a culpabilidade do sujeito. Recorda-se que na declaração da prescrição da pretensão punitiva, na hipótese propriamente dita ou *in abstracto*, não houve apreciação da imputação subjetiva do autor.

Neste aspecto, conclui-se que na prescrição é considerada a ação do tempo sobre a conduta humana típica. Formalmente, diz-se que o tempo transcorrido impede o exercício do *jus puniendi* quando decorridos determinados prazos a contar do fato e ou da condenação proferida.

Vários argumentos são hábeis a justificar o conteúdo material da prescrição, a depender do critério metodológico elegido.[4] Dentre outros critérios existentes,[5] citamos, no plano político-criminal, e com origem desde Beccaria, o da segurança jurídica. Este consiste na idéia de se proibir que o Estado utilize indefinidamente o *jus puniendi* materializado no exercício da ação penal, no que acarretaria um perigo de lesão, senão a própria lesão ao bem jurídico fundamental da pessoa, dada a constante e ininterrupta ameaça de impor uma sanção ao cidadão.

Também desde o Iluminismo, a característica de que pronunciada a condenação muito tempo depois do cometimento do delito, o provimento jurisdicional se converte em verdadeiro instrumento de autêntica injustiça. É, igualmente direito fundamental do cidadão imputado, quanto ao processo que lhe for movido, não ter contra si dilações indevidas, e que ele se desenvolva num curto prazo de tempo. Aliás, este é o principal fundamento do princípio da duração razoável do processo, hoje levado a patamar constitucional pela Emenda Constitucional n. 45.[67]

2.1. A DURAÇÃO RAZOÁVEL DO PROCESSO

Significa o princípio da duração razoável do processo que o cidadão tem direito à decisão do Poder Público em qualquer nível ou plano, destacando-se que no Estado Democrático de Direito é o Estado que está a serviço do cidadão, e não este àquele. Em sentido macro, todos, pessoas físicas ou jurídicas, entes públicos ou privados, inclusive entes despersonalizados, têm direito à celeridade da decisão judicial ou administrativa.

---

[4] MACHADO, Fábio Guedes de Paula. *Prescrição penal – prescrição funcionalista.* São Paulo: RT, 2000, p. 86-99 e 180-199.

[5] Neste sentido: arts. 24.2 CE, 6 do Convênio Europeu de Direitos Humanos, e 14.3, C, do Pacto Internacional de Direitos Civis e Políticos.

[6] Art. 5.º, inciso LXXVIII – a todos, no âmbito judicial e administrativo, são assegurados a razoável duração do processo e os meios que garantam a celeridade de sua tramitação.

[7] A Constituição Espanhola no artigo 24.2 assegura que "todos tienen derecho al juez ordinario predeterminado por la ley, a la defensa y a la asistencia de letrado, a ser informados de la acusación formulada contra ellos, a un proceso público sin dilaciones indebidas y con todas las garantías, a utilizar los medios de prueba pertinentes para su defensa, a no declarar contra sí mismos, a no confesarse culpables y a la presunción de inocencia".

Em se tratando de norma definidora de direitos e garantias fundamentais, a sua aplicação é imediata por força do art. 5.º, § 1.º, eis que trata de estabelecer ao cidadão frente ao Estado uma cifra de maior importância e respeito, visando obter condições essenciais para uma vida digna e saudável.

Ao estabelecer o princípio da duração razoável do processo, o legislador constituinte derivado, obviamente, não apenas reconheceu a natureza processual deste novo princípio, como também impôs a celeridade à realização do direito material, pois este será reconhecido e efetivado, senão negado, numa decisão pronunciada pelo órgão investido de poder.[8] Trata-se, não se olvide, de um direito fundamental. Se transportado à esfera criminal, ainda maior é a obrigação de o Estado promover no espaço razoável de tempo a persecução criminal que pretender. Consequentemente, os funcionários do Estado que o representam e presentam têm o dever de dar efetividade a este princípio, dada a incidência do princípio da lateralidade.

Atuar em sentido contrário à regra constitucional tem o manifesto significado de violar o dever jurídico à prestação célere da tutela jurisdicional, equivalente ao inadimplemento insatisfatório ou mora.

Questão delicada e muito debatida é a que se refere à duração razoável do processo. Indaga-se: qual é a duração razoável de um processo? Sem resposta conclusiva por parte do ordenamento positivo, a sua compreensão advém de argumentos extraídos do estabelecimento e contagem de prazos para a realização de procedimentos e atos. Estes, a rigor, mostram-se como parâmetros a serem seguidos pelo servidor público ao impulsionar e realizar o processo, aqui visto como marcha para frente.

A conciliação da rapidez com a eficiência é a meta a ser perseguida pelo órgão jurisdicional, o que proporcionará a segurança, a qualidade do julgado, e portanto, a paz social, e a rapidez. Em sentido contrário, retardamento de atos e prática destes sem prévia fixação temporal possibilita prolongar o processo desnecessariamente.

Ainda que a missão de estabelecer prazos seja difícil ante a complexidade de fatos, provas, burocracias necessárias ao bom desenvolvimento da marcha das práticas públicas, somando-se às dificuldades permanentes na prestação da tutela jurisdicional em razão de fatores administrativos e outros que não nos cabe aqui apreciar, o certo é que o reverso não há de trazer dúvidas acerca da concordância no seu afastamento. Isto é, reformas legislativas ampliadoras dos prazos para a

---

[8] "Destacando-se a configuração de um Estado Democrático de Direito, a função do processo penal não pode identificar-se exclusivamente com a aplicação do *jus puniendi*, mas deve guardar respeito à proteção do direito à liberdade." *In* Fábio Guedes de Paula Machado, *Culpabilidade no direito penal*, op. cit., p. 292. Ainda: "Hoje, o Direito Penal e o Direito Processual Penal não devem guardar distância entre si, ou absoluta independência de compreensão. Ao contrário, devem pautar-se conjuntamente sob estrita obediência dos princípios constitucionais formais e materiais. Neste aspecto, acentua Fernando Fernandes, "que sob os aspectos da política criminal as duas regulamentações estão numa relação de complementariedade, ou de relação mútua de complementariedade funcional, conforme prescreve Figueiredo Dias, ao asseverar que "a conformação teleológica fundamental do direito substantivo exercerá influência decisiva na concepção de Direito Processual Penal". Op. cit., p. 293 e 294.

prática de atos pelos servidores públicos em todos os níveis, o mesmo ocorrendo para as partes do processo etc., facilmente serão apontadas como inconstitucionais à luz da flagrante violação do princípio constitucional da duração razoável do processo.

Decorre que, por assimetria, reformas legislativas que extingam prazos para a realização de atos, permitindo a sua prática ulterior ou até mesmo a possibilidade permanente de sua realização, que se aproximaria de uma perpetuidade, ou que elevem os prazos já fixados em lei hão de ser consideradas inconstitucionais dada a notória derivação e manifesta negativa do princípio constitucional.

Ainda sobre esta leitura, determinadas cláusulas de suspensão e/ou interrupção da prescrição funcionam como antinomias à duração razoável do processo. Permitidas serão aquelas que se referirem às razões de justiça material e segurança jurídica.

2.2. AS TEORIAS DOS FINS DA PENA E OUTROS FUNDAMENTOS DE LEGITIMIDADE À PRESCRIÇÃO

No âmbito das teorias sobre os fins da pena, a aplicação de uma condenação muito tempo depois do cometimento do fato frustra os objetivos perseguidos pela prevenção geral positiva, porque não motivará os indivíduos a cumprirem aquela norma penal incriminadora violada (teorias motivacionais). Ou não lhe proporcionarão o sentimento de quebra do contrato social a contar do descumprimento da cláusula contratual de não delinquir (teorias contratuais e neocontratuais). Tampouco como vulneração da pessoa deliberativa que participou do processo democrático de construção do arquétipo legal.[9]

No âmbito da prevenção geral negativa, tampouco surge algum efeito positivo a prolação de uma sentença penal condenatória tardia, visto que os membros da sociedade esquecem o acontecimento delituoso anteriormente havido, tampouco reacionam contra ele ou contra o seu autor.

No que se refere à prevenção especial positiva, destaca-se, também, que a atuação repressiva tardia sobre o autor da infração se manifestará, em verdade, muito provavelmente, noutra pessoa, dada a grande possibilidade de mudança na personalidade do sujeito em razão do largo transcurso de tempo que a tornariam disfuncional ou despropositada, conforme será exposto. Será, também, a condenação tardia, contraditória com o ideal de readaptação social do delinquente. Ou seja, resultaria uma ofensa para os objetivos humanitários e sociais impor o cumprimento de uma pena muito tempo depois da ocorrência do fato.

Agora, sob a motivação do Estado Democrático de Direito, o enfoque dado à prescrição é o de resguardar a dignidade humana atacada pelo exercício tardio da ação penal ou da aplicação da pena. Outrossim, promover a ação penal ou a

---

[9] Sob a nomenclatura "prevenção geral positiva", há um grande desenvolvimento teórico acerca das posições que nesta rubrica se encerram.

execução da pena muito tempo depois do cometimento do ilícito mostra-se como uma medida desnecessária e sem qualquer proveito, senão o de satisfazer os fins retributivos da pena.[10]

No aspecto processual penal, o transcurso do tempo dificulta a produção da prova e a sua realização e eficiência. Eis que pelas regras e máximas de experiência, o pleno domínio dos fatos e circunstâncias de conhecimento pela testemunha perdem nitidez, certeza e segurança. Consequentemente, perdem qualidade e fragiliza a defesa, aproximando-se muito mais da possibilidade de alcançar-se uma sentença eivada de erro judicial.

Processos longos e tardios afastam-se dos interesses da vítima, que reclama do Estado uma atuação rápida e eficaz. Ela experimenta a angústia e a incerteza da resposta jurisdicional, e lhe dá margem para novas reclamações contra o Estado. Tampouco se pode dizer que o processo criminal é o instrumento de satisfação dos interesses particulares da vítima, uma vez que este processo não é vocacionado para tal. Ou seja, seu objeto não é a recomposição civil, ainda que possa servir de certo modo para a satisfação parcial, pois, para que a reparação integral ocorra, a vítima, obrigatoriamente, utilizará de outros recursos previstos no ordenamento positivo e, inclusive, mais eficazes e rápidos.

Para a Criminologia e Dogmática penal, também o tempo e a prescrição têm uma forte influência. Como frisado acima, as pessoas, diante das experiências de vida que atravessam, mudam o seu caráter, e tornam-se, para o bem ou para o mal, pessoas diferentes daquelas que realizaram o injusto.

3. Identidade no tempo e responsabilidade criminal

Ao abordar o princípio da identidade pessoal no Direito Penal, Jesús-María Silva Sánchez afirma que no Direito Penal não se efetuam juízos meramente históricos, mas sim juízos do presente o qual se imputa responsabilidade a um sujeito presente. O que ocorre é que a imputação que se dá no momento presente refere-se a um acontecimento passado.[11] Isto é, "o juízo de imputação penal faz presente o fato passado como todavia presente."[12] Consequentemente, a culpabilidade declarada no processo presente, toma-a por idêntica àquela do fato passado. Significa dizer que o princípio da personalidade das penas está desde logo atingido quando a pena imposta a um sujeito é distinto daquele que se considerou responsável pelo delito. Igualmente, o princípio da responsabilidade pelo próprio fato é lesionado quando se considera responsável um sujeito distinto do que realizou o fato

---

[10] MACHADO, Fábio Guedes de Paula. *Prescrição penal – prescrição funcionalista*, p. 189-191.

[11] Identidad en el tiempo y responsabilidad penal. El juicio "jurisdiccional" de imputación de responsabilidad y la identidad entre agente y acusado. *Estudios penales en homenaje a Gimbernat Ordeig*. Madrid: Edisofer, 2008, tomo 1, p. 661.

[12] SILVA SÁNCHEZ, Jesús-María. Identidad en el tiempo y responsabilidad penal. El juicio "jurisdiccional" de imputación de responsabilidad y la identidad entre agente y acusado. *Estudios penales en homenaje a Gimbernat Ordeig*. Madrid: Edisofer, 2008, tomo 1, p. 661.

antijurídico.[13] A contrário *sensu*, quando a pena recai sobre o mesmo sujeito que foi considerado culpado, e quando se declara responsável o mesmo sujeito que realizou o fato antijurídico, ter-se-á respeitada a identidade de sujeito. Ou seja, haverá identidade entre o agente do fato e o sujeito passivo do juízo de imputação e da pena.[14]

Tal como frisa Silva Sánchez, a questão é determinar quando o sujeito passivo da imputação é o mesmo que cometeu o delito e quando não é. Formalmente, diz o citado professor, referindo-se à doutrina dominante, são considerados sujeitos distintos os indivíduos distintos. Conclui-se, assim, que se a imputação e a pena recaem sobre um indivíduo distinto daquele que realizou o fato antijurídico, estará vulnerada a identidade do sujeito.[15]

Continuando, a identidade individual é entendida como identidade corporal entre o sujeito do fato (antijurídico e culpável) e o destinatário do juízo de imputação e da pena. Não obstante isto, considera Silva Sánchez que a mera identidade corporal não é condição suficiente, sendo necessário algo mais.[16] Isto porque as mudanças no ser-humano são frequentes em razão dos acontecimentos que ultrapassam, e a depender destes há uma mudança radical, uma ruptura existencial. Ocorrido isto após a realização do fato delituoso, poderia se afirmar a mesma identidade do sujeito?

Para fundamentar uma posição acerca da pertinência ou não de se proceder a um juízo de imputação nestas condições, socorre-se Silva Sánchez de premissas filosóficas. Aponta a base de pensamento formulada pelos empiristas denominados de reducionistas, os quais afirmam que as experiências vividas pelos indivíduos negam a possibilidade de afirmar uma mesma identidade pessoal através do tempo. Em troca, poderia constatar-se uma continuidade de estados mentais sucessivos, fases ou etapas pessoais.

Sob outra perspectiva, agora radical, nega-se a possibilidade de uma responsabilidade do agente por fatos passados. Destarte, é geral a posição que, a partir da constatação de uma relativa vinculação mental e corporal entre as etapas pessoais de um indivíduo, admite-se a possibilidade que fases posteriores respondam por ações de etapas pessoais precedentes. Este seria o conceito normativo de identidade pessoal ou construtivista. Isto porque as expectativas sociais transcendem de cada uma das fases pessoais e se constituem como exigência normativa.[17]

Certo mesmo é que o problema da responsabilidade do sujeito presente pelo injusto culpável do passado transcende o plano das considerações de necessidade de pena. Nestes casos, se não for possível, por questões sociais, excluir de antemão a pena que ela seja, então, reduzida.

---

[13] Op. cit., p. 662.

[14] Op. cit., p. 662.

[15] Op. cit., p. 662.

[16] Op. cit., p. 664.

[17] Op. cit., p. 670.

4. O princípio da proporcionalidade

Toma-se aqui a compreensão de que o princípio da proporcionalidade não é considerado simplesmente a partir da gravidade do delito ou da pena, senão num patamar geral e de acepção constitucional, a partir da compreensão que se deve limitar toda atuação estatal que afete algum direito fundamental. Sendo o Estado Democrático de Direito a base da legitimação política do Direito Penal, sobre este há de recair toda a força normativa jurídico-positiva daquele.[18] Não se trata de uma possibilidade ou eleição, mas de uma aplicação imediata a partir das regras lógica e metodológica. Em assim sendo, este Estado deverá tratar todos os cidadãos como titulares de direitos fundamentais. Portanto, o princípio da proporcionalidade em sentido amplo seria um limite constitucional material fundamental, que condiciona a legitimidade da intervenção penal, atendendo a sua gravidade.[19]

Ainda sobre este Estado, a pena terá que ser necessária para a prevenção de delitos, e, ao mesmo tempo, deverá ser submetida aos limites relacionados com os direitos do acusado.[20] Outros tradicionais princípios, como o da necessidade de pena, subsidiariedade, *ultima ratio*, fragmentariedade e intervenção mínima, lesividade e exclusiva proteção de bens jurídicos, integram-se ao princípio da proporcionalidade em sentido amplo.[21]

Leciona Santiago Mir Puig, a partir da doutrina constitucional alemã, que o princípio da proporcionalidade, em sentido amplo, inclui três subprincípios: o da idoneidade da intervenção estatal para conseguir sua finalidade; o da necessidade da intervenção penal e o da proporcionalidade em sentido estrito, considerando-se o custo da intervenção em termos de afetação de direitos e o benefício representado pelo fim a ser obtido.[22]

Referindo-se ao modelo de pena, atesta que por si só as idéias de prevenção e retribuição não bastam, sendo necessário recorrer-se ao modelo político em cada momento histórico para se compreender o modelo de pena adequado. Significa dizer que se se trata de um Estado teocrático, adequada será a pena retributiva. Se se referir a um regime político totalitário, será o Direito Penal utilizado como meio de autoproteção e asseguramento de uma ordem pública baseada numa prevenção penal sem limites. Por fim, se em tela estiver o Estado democrático, não se poderá falar em realização de justiça divina sobre a terra, senão o de justificar o uso das

---

[18] MIR PUIG, Santiago. El principio de proporcionalidad como fundamento constitucional de límites materiales del derecho penal. *Constitución, derechos fundamentales y sistema penal (Semblanzas y estudios con motivo del setenta aniversario del profesor Tomás Salvador Vives Antón).* J. C. Carbonell Mateu, J. J. González Cussac e E. Orts Berenguer (Directores). Valencia: Tirant lo blanch, 2009, tomo II, p. 1.360.

[19] MIR PUIG, Santiago. El principio de proporcionalidad como fundamento constitucional de límites materiales del derecho penal. *Constitución, derechos fundamentales y sistema penal (Semblanzas y estudios con motivo del setenta aniversario del profesor Tomás Salvador Vives Antón),* p. 1.358 e 1.361-1.362.

[20] MIR PUIG, Santiago. El principio de proporcionalidad..., op. cit., p. 1.360.

[21] Idem, op. cit., p. 1.362.

[22] Op. cit., p. 1.358.

penas pela sua capacidade de proteger os cidadãos. Sobre isto, todos os cidadãos serão tratados como titulares de direitos fundamentais, inclusive os delinquentes. Quanto a estes, ressalta-se que também a pena vulnera seus direitos.

Ou seja, neste modelo, a pena haverá de ser necessária para a prevenção de delitos, porém ao mesmo tempo deverá submeter-se aos limites relacionados com os direitos dos acusados, o que chama de função de prevenção limitada.[23]

Diante destas considerações, o princípio da proporcionalidade em sentido amplo será o limite constitucional material que condiciona a legitimidade da intervenção penal atendendo a sua gravidade. Logo, toda intervenção penal deve estar justificada na finalidade de proteger interesses do cidadão, porém não servirá para legitimar em privações inidôneas, desnecessárias ou desproporcionais de direitos.

A idoneidade deve ser vista como o meio capaz de conseguir o fim de proteção pretendido. A necessidade resulta que o fim de proteção perseguido não possa ser obtido através de outro instrumento ou alternativa que não os de natureza penal (*ultima ratio*). Já pela proporcionalidade em sentido estrito, requer-se um juízo de ponderação entre a intervenção penal e a importância do bem. Ou seja, busca-se considerar que o custo da intervenção penal, representado pela limitação ou diminuição de direitos seja menor que o benefício conseguido. Noutras palavras, o interesse que se espera proteger seja maior que a gravidade da intervenção penal.

Portanto, resulta que a intervenção penal será legítima desde que trate de assegurar que direitos fundamentais não sejam lesionados em cifras maiores do que a do dano havido ao bem jurídico objeto de interesse social.

Ora, no que tange às reformas legislativas que alcançaram a prescrição, seja a que impediu a contagem do prazo havido do fato ao recebimento da peça acusatória, ou a que majorou o teto mínimo prescricional, como também a Súmula do Superior Tribunal de Justiça, que vedou a declaração da prescrição antecipada, não temos, em verdade, com estas medidas uma maior proteção dos nossos bens jurídicos. Tampouco tais reformulações se mostraram necessárias no sentido de que o fim perseguido seja alcançado. Quer se dizer, com isto, que o princípio da intervenção mínima foi desrespeitado.

E mais, agora sob o aspecto do princípio da proporcionalidade em sentido estrito, o embrutecimento da norma e da compreensão jurisprudencial não são idôneos para a proteção dos bens jurídicos, muito menos necessários.

Ao elevar o prazo prescricional dos delitos apenados brandamente (até 01 ano), de dois para três anos, não há argumentação séria que justifique esta margem de desproporcionalidade à gravidade da intervenção penal. Como assinala Santiago Mir Puig, ao se referir à intervenção penal, "o interesse que se espera proteger seja proporcional à gravidade da intervenção penal".[24]

---

[23] Op. cit., p. 1.360.

[24] Op. cit., p. 1.364.

Agiu mal o legislador infraconstitucional ao justificar a apresentação do projeto de Lei que tratou de reformar o instituto da prescrição ao argumento de acabar com a impunidade etc. Trata-se de um discurso vazio e irreal. Isto porque, simples leitura sobre o CP e Leis penais extravagantes, tomando-se aqui, por exemplo, algumas figuras penais cometidas por funcionário público no exercício da função contra o patrimônio público, *v.g.* art. 315, do CP brasileiro, emprego irregular de verbas ou públicas, pena: detenção de 1 a 3 meses ou multa; art. 319, prevaricação, pena: detenção de 3 meses a 1 ano, e multa; art. 320, condescendência criminosa, pena: detenção de 15 dias a um mês, ou multa; ou, se se preferir, outros crimes contra bens jurídicos difusos, *v.g.* Lei dos Crimes Ambientais, Código de Defesa do Consumidor, dentre outros, o que se vê é uma manifesta desproporção entre a necessidade de se proteger o bem jurídico fundamental e a previsão de pena constante no preceito secundário destes tipos penais. Daí uma significativa parte da doutrina e operadores do Direito buscar outros recursos para a promoção da tutela destes bens da vida. Refiro-me à Lei de Improbidade Administrativa, n. 8.429/92; à Lei da Ação Civil Pública, n. 7.347/85 etc. Isto é, a pena deve ser proporcional à gravidade do delito, e, assim, se mostrará adequada à finalidade da tutela.[25]

O legislador, ao estabelecer as penas mínima e máxima de um determinado tipo, deveria promover um juízo de ponderação entre a gravidade da pena e a gravidade do ataque ao bem jurídico, ou, ainda, entre a carga coativa da pena e o fim perseguido pela cominação legal. Para tanto, deveria ponderar o direito fundamental à liberdade plena e o valor do bem jurídico de pretendida tutela que não se quer ver lesionado e, efetivamente, o dano causado e suas consequências.

Portanto, considerando-se tratar de bem jurídico difuso, que a todos pertence, somando-se o interesse necessidade de proteção futura, tem-se que os delitos acima exemplificados são graves, o que significa dizer que a pena deveria ser grave, pois assim estaria adequada à tutela. Com isto não se defende o discurso de que a gravidade da pena deve superar a do delito *in abstracto*. O fim primeiro a se estabelecer na relação delito-pena é o da prevenção. E este objetivo é *ex ante* ao acontecimento da infração. Por sua vez, cometido o delito, a pena não deveria ter o fim de servir de instrumento do castigo, mas para confirmar a seriedade daquela ameaça legal produzida pelo tipo penal, e, assim, manter a sua eficácia futura, e, também, para obter o efeito de prevenção especial positiva no delinquente.

5. A prescrição antecipada

O princípio da proporcionalidade das penas prescreve que a gravidade da pena não deve superar em nenhum caso a do delito cominado em abstrato ou sancionado em concreto.[26] Some-se a isto a constante busca do Estado Democrático

---

[25] MIR PUIG, op. cit. p., 1367.

[26] Idem, op. cit., p. 1.367.

de Direito de reduzir a violência punitiva estatal, para em seu lugar alcançar cifras maiores de eficiência na persecução do crime e aplicação de uma pena justa e proporcional. Logo, qualquer ação estatal contrária a estes postulados significa desobediência ao princípio. Aumentar explícita ou implicitamente o poder punitivo estatal, ainda que por meio de Lei, porém desnecessária e desproporcional com o sistema penal democrático, exige do intérprete do Direito medida de incontestável rechaço.

O falso e simbólico discurso de luta contra o crime e a impunidade deste, utilizado pelo legislador para criminalizar condutas desprovidas de bens jurídicos a tutelar, ou majorar penas e consequências jurídicas do crime, não encontra adesão da dogmática jurídico-penal. Empregado o termo dogmática jurídico-penal como sinônimo de doutrina, renova-se o seu papel de fonte do Direito.

A partir das concepções próprias do Estado Democrático de Direito, é vedado à doutrina ampliar o *jus puniendi* estatal. Não lhe é permitido, sequer, efetuar interpretação extensiva contra *reo*. Neste sentido, é voz uníssona que a analogia *in malam parte* é de emprego proibido. Diferentemente ocorre quando a doutrina trata de estabelecer limites ao *jus puniendi*, seja no âmbito da teoria do delito, ou da pena, ou das consequências jurídicas do crime. Aliás, desde a construção da teoria do delito, na segunda metade do século XIX, o Direito Penal tem seus conceitos reconstruídos e voltados a uma aplicação mais racional, o que significa o estabelecimento de limites no âmbito de aplicação da norma. Neste sentido, tome-se como exemplo a aplicação dos princípios da adequação social e da insignificância, a teoria da imputação objetiva, as causas esculpantes supralegais etc. A propósito, levados pela doutrina aos tribunais.

Por sua vez, têm os Tribunais a missão de atuar como guardiões do texto constitucional, direta e indiretamente. Efetivamente, tem o Juiz o papel de zelar pelo fiel cumprimento das garantias fundamentais do cidadão no caso concreto.

Significa dizer que o Juiz, ao dizer o Direito, deve fazê-lo em estrita obediência aos ditames do Estado Democrático de Direito. Para que possa fazê-lo com liberdade e autonomia, o próprio ordenamento jurídico lhe permite efetuar controle de constitucionalidade, ainda que não provocado pelas partes do processo. Estas regras são básicas no campo jurídico.

Considera-se, assim, que, ante o abuso do poder legiferante, a doutrina e a jurisprudência, enquanto fontes do Direito, têm o papel de promover a sua aplicação em obediência aos postulados do Estado Democrático de Direito, censurando os excessos cometidos.

Neste sentido, as Súmulas dos Tribunais superiores, que se apresentam como posições consolidadas em determinados temas, não podem, em espécie alguma, ampliar o *jus puniendi*, direta ou indiretamente, ou restringir de qualquer modo o *status dignitatis* ou *libertatis* do cidadão, sob pena de violação do princípio da dignidade humana dentre outros.[27] Tampouco o formalismo processual posto pelo ordenamento jurídico deve se mostrar como instrumento do aumento da violência estatal na aplicação da lei penal.

Neste sentido, havendo a criação de Súmula que se mostre contrária ao Estado Democrático de Direito, no sentido de possibilitar a ampliação do *jus puniendi* ou limitar os direitos do cidadão, vê-se o magistrado com a missão de desatendê-la, ainda que a mesma tenha o significado de ser regra. E como regra, poderá ser ou não cumprida. Se a regra é válida, e se as suas determinações estão em ressonância com o texto constitucional, ela deve ser cumprida. Em caso contrário, não. Logo, se o Juiz tem o poder-dever de efetuar controle de constitucionalidade sobre a Lei, que é a fonte imediata do Direito, com mais razão deve descumprir a Súmula que possuir vício, até porque, se formalmente ela se mostra como a própria jurisprudência, fonte mediata do Direito, falta-lhe o conteúdo material que a legitimaria a tal.

Em verdade, e com amparo nas regras e postulados do Estado Democrático de Direito, extrai-se que, pelos elementos constantes no processo penal, o Juiz terá plenas condições de formar um juízo de limitação e aplicação eficiente do prosseguimento da persecução criminal e de um eventual *jus puniendi*. A partir da análise sobre o injusto penal, culpabilidade e necessidade ou não de pena, e pelas regras e máximas de experiência, poderá atestar a ineficiência ou desnecessidade sobre o mantimento da marcha processual.

Com estas considerações, a Súmula 438, do Superior Tribunal de Justiça, que veda a declaração antecipada da prescrição deve ser rechaçada, pois, embora vigente, carece de eficácia e constitucionalidade.

---

[27] Bons exemplos de Súmulas do STF com respaldo constitucional: *Súmula Vinculante 11*: Só é lícito o uso de algemas em casos de resistência e de fundado receio de fuga ou de perigo à integridade física própria ou alheia, por parte do preso ou de terceiros, justificada a excepcionalidade por escrito, sob pena de responsabilidade disciplinar, civil e penal do agente ou da autoridade e de nulidade da prisão ou do ato processual a que se refere, sem prejuízo da responsabilidade civil do Estado. *Súmula Vinculante 24*: Não se tipifica crime material contra a ordem tributária, previsto no art. 1o, incisos I a IV, da Lei no 8.137/90, antes do lançamento definitivo do tributo. *Súmula Vinculante 25*: É ilícita a prisão civil de depositário infiel, qualquer que seja a modalidade do depósito. *Súmula Vinculante 26*: Para efeito de progressão de regime no cumprimento de pena por crime hediondo, ou equiparado, o juízo da execução observará a inconstitucionalidade do art. 2º da Lei n. 8.072, de 25 de julho de 1990, sem prejuízo de avaliar se o condenado preenche, ou não, os requisitos objetivos e subjetivos do benefício, podendo determinar, para tal fim, de modo fundamentado, a realização de exame criminológico. Do STJ: *Súmula 241*: A reincidência penal não pode ser considerada como circunstância agravante e, simultaneamente, como circunstância judicial. Porém, a meu juízo, e em sentido contrário aos dispositivos constitucionais, este mesmo Tribunal editou as *Súmulas 231*: A incidência da circunstância atenuante não pode conduzir à redução da pena abaixo do mínimo legal; e *438*: É inadmissível a extinção da punibilidade pela prescrição da pretensão punitiva com fundamento em pena hipotética, independentemente da existência ou sorte do processo penal. Da *Súmula 231*, se crê que a fixação da pena mínima e máxima foi considerada como medida de culpabilidade, e não como se entende correto, fruto da proporcionalidade e ofensividade do bem jurídico protegido. Pelo princípio da proporcionalidade exige-se que a pena seja proporcional à gravidade do delito. E mais, a culpabilidade não afeta o dano do delito; tampouco pode ser um dano a evitar mediante o dano da pena. Sustenta-se, mais uma vez, que a culpabilidade só se opera no caso concreto. Também será manuseada na determinação judicial da pena, desde que seja adotada a metodologia jurídico-penal finalista. Cfe. Fábio Guedes de Paula Machado, *Culpabilidade no direito penal*, p. 102. No mesmo sentido de que a culpabilidade se opera na determinação judicial da pena e não em respeito à fixação da pena na lei pelo legislador, vd. Santiago Mir Puig, El principio de proporcionalidad como fundamento constitucional de límites materiales del derecho penal, op. cit., p. 1.374 e 1.382.

Conclusão

O merecimento de pena diminui à medida que o tempo avança e não há resposta jurisdicional condenatória, tampouco iniciado o cumprimento da pena. Dado o transcurso do lapso temporal é possível desaparecer a necessidade de pena a partir da mudança de identidade que experimentou o autor do delito. Noutra linguagem, quando a conexão entre as etapas posteriores e precedentes do indivíduo se estende demasiadamente.

Por outro lado, uma Lei que amplia o poder estatal, permitindo-lhe restringir o campo dos direitos fundamentais do imputado, no caso, a partir da extinção de modalidade da prescrição da pretensão punitiva, prescrição retroativa, e, ao mesmo tempo, amplia o prazo mínimo prescricional, fere os requisitos da idoneidade, necessidade e proporcionalidade em sentido estrito, quanto à concepção de prevenção de delitos. Este embrutecimento do regime não permite transformar esta intervenção em idônea ou legítima. Significa dizer que não se transformará em meio capaz de conseguir o fim de proteção pretendido. Ao invés, fará crescer a violência estatal desnecessariamente.

E mais, o fato de o Legislativo possuir competência para determinar uma intervenção penal não quer dizer que não esteja vinculado ao princípio da proporcionalidade. Até mesmo porque, excepcionalmente, o Supremo Tribunal Federal tem a missão de revisar a constitucionalidade da decisão do legislador, e esta prática vem se acentuando no Brasil, sem se olvidar, mais uma vez, que o próprio Juiz pode efetuar o controle de constitucionalidade incidental.

Diga-se, ainda, que a intervenção resultará necessária desde que o fim de proteção perseguido não possa ser alcançado através de outro instrumento ou alternativas menos lesivas. No caso em tela, a alegada impunidade devida pela declaração da prescrição retroativa se resolveria com a celeridade do processo e julgamento.

Destarte, deve o Legislador promover uma ampla e geral revisão nos preceitos secundários dos tipos penais, em especial aqueles que atentam contra bens jurídicos difusos, eis que, conforme demonstrado anteriormente, é flagrante a desproporcionalidade havia entre a gravidade do delito e a sua respectiva pena.

Ou seja, a lei que extinguiu a prescrição retroativa e majorou o teto legal mínimo era desnecessária em razão da existência de uma grande variedade de respostas não-penais para solucionar o entrave judiciário. Ferido, também, o princípio da intervenção mínima, que há de ser entendido, como diz Mir Puig, não no mínimo absoluto, mas no mínimo necessário para cumprir com a finalidade de proteção. Um mínimo relativo que implica que não existem meios menos graves, sendo este menos pena ou um meio não penal.[28]

Por fim, a decisão reiterada dos Tribunais, Súmulas, que reduzir de qualquer forma o direito fundamental do cidadão à ampla liberdade, deve ser declarada inconstitucional e, portanto, não produzir seus pretendidos efeitos jurídicos.

---

[28] Op. cit., p. 1364.

Bibliografia

MACHADO, Fábio Guedes de Paula. *Prescrição penal – prescrição funcionalista.* São Paulo: RT, 2000.

——. *Culpabilidade no direito penal.* São Paulo: Quartier Latin, 2009.

MIR PUIG, Santiago. *El principio de proporcionalidad como fundamento constitucional de límites materiales del derecho penal. Constitución, derechos fundamentales y sistema penal* (Semblanzas y estudios con motivo del setenta aniversario del profesor Tomás Salvador Vives Antón). J. C. Carbonell Mateu, J. J. González Cussac e E. Orts Berenguer (Directores). Valencia: Tirant lo blanch, 2009, tomo II.

SILVA SÁNCHEZ, Jesús-María. Identidad en el tiempo y responsabilidad penal. El juicio "jurisdicional" de imputación de responsabilidad y la identidad entre agente y acusado. *Estudios penales en homenaje a Gimbernat Ordeig.* Madrid: Edisofer, 2008.

Tema III

Da imprescritibilidade

Ney Fayet Júnior
Martha da Costa Ferreira

> *Ainda que todos perdoassem, a vontade geral não o poderia fazer. O próprio povo não pode apagar o crime de tirania. Não pode a vítima, em direito, retirar a queixa? Mas nós não nos encontramos no terreno do direito mas sim no da teologia. O crime do rei é ao mesmo tempo um pecado contra a ordem suprema. Um crime comete-se; depois, perdoa-se, castiga-se ou esquece-se. Mas o crime de realeza é permanente, encontra-se ligado à pessoa do rei, à sua existência. O próprio Cristo, se pode perdoar aos culpados, não pode absolver os falsos deuses. Estes devem desaparecer ou vencer. O povo, se hoje perdoar, irá amanhã encontrar o crime intacto, mesmo que o criminoso durma na paz das prisões. Não existe portanto outra saída. "Vingar o assassínio do povo por meio da morte do rei".*

> Albert Camus

Introdução

Numerosos trabalhos dogmáticos têm sido, ao longo da história, dedicados ao estudo da imprescritibilidade delitiva, notadamente no que diz respeito à sua aplicação aos crimes de guerra, genocídio e contra a humanidade.[1]

O presente artigo pretende debater o instituto da imprescritibilidade penal tendo em linha de consideração que, mais e mais, se tem advogado, tanto no âmbito interno como em diversas instâncias internacionais, o aumento do catálogo de tipos de injusto para os quais não haja a possibilidade de prescrição.

O tema oferece, portanto, um espaço bastante acentuado de interesse, na medida em que a utilização (e a ampliação) das ferramentas penais, como resposta política às exigências sociais punitivas, em face do incremento da criminalidade e da crescente sensação de insegurança,[2] vem sendo uma constante, de modo es-

---

[1] Heleno Cláudio Fragoso (1971, p. 126-127) indica inúmeros artigos e estudos da doutrina estrangeira e nacional sobre o tema.

[2] Como constata Zygmunt Bauman (2009, p. 13-16): "Nos últimos anos, sobretudo na Europa e em suas ramificações no ultramar, a forte tendência a sentir medo e a obsessão maníaca por segurança fizeram a mais espetacular das carreiras". Ainda: "poderíamos dizer que a insegurança moderna, em suas várias manifestações, é caracterizada pelo medo dos crimes e criminosos. Suspeitamos dos outros e de suas intenções, nos recusamos a confiar (ou não conseguimos fazê-lo) na constância e na regularidade da solidariedade humana".

pecial por discursos que visam a arrostar, no contexto de uma sociedade de risco, fenômenos altamente complexos.[3]

Procuraremos abordar esse atual conflito pela ótica da imprescritibilidade, analisando em um primeiro momento, além dos seus fundamentos, a sua inserção no ordenamento constitucional brasileiro. A mais disso, existem ainda outros tópicos que trazem incertezas na compreensão e no entendimento desse tema, sobre os quais igualmente devemos nos debruçar, tais como: a possibilidade de previsão infraconstitucional de regras sobre imprescritibilidade e a questão da retroatividade das leis que consideraram imprescritíveis determinados crimes.

Após a análise da imprescritibilidade no Direito brasileiro, faz-se necessária uma apreciação no plano internacional, partindo de um breve histórico da sua aplicação no Direito Internacional Penal até chegar ao modelo atual, previsto pelo Estatuto de Roma. Assim, poderemos, ao final, tecer algumas conclusões sobre os efeitos, em matéria prescricional, da adesão do Brasil ao referido estatuto.

1. Das noções fundamentais

O instituto da prescrição penal se traduz na extinção da pena (a ser ou já aplicada) pelo transcurso do tempo. Cuida-se, pois, de uma autolimitação do *jus puniendi* estatal, levada a efeito por inúmeras razões de ordem político-criminal, sendo a mais significativa a perda de interesse em se punir determinada conduta delituosa.[4] Contudo, vários ordenamentos jurídicos declaram imprescritíveis certos ilícitos penais, consagrando a regra segundo a qual, apesar do transcurso do tempo, determinados crimes mantêm sempre (e atual) a necessidade punitiva.

Como regra fundamental, o nosso sistema adota a prescritibilidade dos delitos (ainda que havidos como hediondos);[5] entretanto, excepcionalmente, poderá

---

[3] Convém acentuar que, como aponta Carlos Alberto Elbert (2009, p. 234), essas exigências punitivas atuais se confrontam com as teorias minimalistas, na medida em que: "os programas de limitação ou estreitamento do poder punitivo do Estado chocam-se constantemente contra argumentos 'realistas', como os de 'momento desfavorável' para debilitar a reação punitiva, ou de que a defesa social deve estar por cima de qualquer outra consideração teórica, em face do iminente perigo de transbordamento marginal e de 'caos social', ou ainda de que contra as ferramentas cruéis do narcotráfico, do terrorismo e da delinqüência moderna, *deve-se opor respostas não menos brutais de freio e dissuasão*".

[4] A doutrina expressa que, com a passagem do tempo, os delitos adquirem um 'caráter histórico', isto é, "no en el sentido estricto – que habría de referirse únicamente a los delitos políticos –, sino en el sentido amplio de tratarse de sucesos que han perdido su actualidad, en la medida en que 'ya no presentan ninguna relevancia inmediata en la configuración de la vida social presente'". Desse modo, haveria uma espécie de 'processo social de superação do delito', que no se dirige hacia la restitución, sino hacia el distanciamiento del mismo. Para su autor el hecho se convierte en parte de la historia de su vida y para la colectividad en parte de su historia criminal", com o que o crime "aparece contextualizado en una situación que no se corresponde con la actual, determinando la innecesaridad de actuar sobre su autor". (GILI PASCUAL, Antoni, 2001, p. 77.)

[5] No plano da legislação estrangeira, a exceção mais eloquente se refere ao crime de genocídio, especialmente porque a disposição sobre a imprescritibilidade foi adotada pelo CP alemão "antes del transcurso del plazo de prescripción previsto en dicha época para los delitos nacionalsocialistas" (MAURACH, Reinhart; GÖSSEL, Karl Heinz; ZIPF, Heinz, 1995, p. 971). Como descreve Heleno Cláudio Fragoso (1973, p. 34), "a prescrição do crime de genocídio suscitou, em data recente, largo debate, com a integração em várias legislações do prazo prescricional para os crimes praticados pelos nazistas durante a Segunda Guerra Mundial. Alguns países introdu-

haver delitos que não se sujeitam ao regime traçado no CP.[6] Com efeito, a CF de 1988, em seu art. 5°, estatuiu duas hipóteses de imprescritibilidade: os crimes de racismo (inc. XLII), definidos na Lei 7.716, de 5 de janeiro de 1989, com as alterações da Lei 9.459, de 15 de maio de 1997; e o crime de ação de grupos armados, civis ou militares, contra a ordem constitucional e o Estado Democrático (inc. XLIV).[7]

1.1. DA EVOLUÇÃO HISTÓRICA

De um modo geral, poucas têm sido, no curso da história do Direito continental, as categorias de crimes aos quais se obstaculiza a extinção punitiva por meio do instituto da prescrição. A imprescritibilidade só vigorava solitariamente na antiguidade,[8] uma vez que, desde os romanos, a prescrição já despontava como a regra, cujas exceções eram apenas os delitos de apostasia, parto suposto e parricídio.[9]

À época do Império Romano, não era admitida a prescrição executória[10] (prescrição da pena), modalidade que só veio a ser prevista em 1791 pelo Código francês, que fixava o prazo em 20 anos.[11]

Na Itália dos séculos XVIII e XIX, a imprescritibilidade era a regra para os delitos capitais em determinadas codificações, como nas leis napolitanas de 1808.

---

ziram em suas leis penais dispositivos declarando a imprescritibilidade do genocídio". Têm-no por imprescritível as legislações espanhola (CP de 1995, artigo 131: "Los delitos de lesa humanidad y de genocidio y los delitos contra las personas y bienes protegidos en caso de conflicto armado, no prescribirán en ningún caso") e francesa (CP, artigos 213-5: "L'action publique relative aux crimes prévus par le présent sous-titre, ainsi que les peines prononcées, sont imprescriptibles"). Também na Alemanha, como indicado, existem preceitos especiais para alguns grupos de delitos, aos quais se exclui a prescrição: genocídio e assassinato (JESCHECK, Hans-Heinrich, 1993, p. 825). Na Itália, como indicam Giovanni Fiandaca e Enzo Musco (2007, p. 780-781), "per alcuni reati è in ogni stabilita l'*imprescrittibilità*: sono quelli per i quali è prevista la pena (di morte e) dell'ergastolo, e ciò in considerazione della loro gravità, del fatto che più a lungo durano nel ricordo degli uomini e quindi non attenuano l'interesse statale alla loro repressione". Na contramão dos países europeus citados, Portugal não prevê a imprescritibilidade de crime algum, independentemente de sua natureza ou gravidade, segundo Jorge de Figueiredo Dias (1993, p. 703).

[6] Fernando Galvão (2007, p. 884) remarca que a "prescrição é, antes de tudo, fruto de opção político-criminal em favor não só do infrator, mas, principalmente, da sociedade. Por isso, é possível que a carta política fundamental da República identifique crimes considerados de especial impacto na sociedade brasileira e impeça que sobre eles operem os efeitos da prescrição".

[7] Claro está que, como adverte Ramon Ragués i Vallès (2004, p. 93), "y aunque parezca una obviedad, conviene poner de manifiesto que los códigos penales suelen prever la muerte del reo entre las causas de extinción de la responsabilidad penal, lo que permite afirmar que, en realidad, la declaración de imprescriptibilidad sólo supone la prolongación de los plazos de prescripción de ciertas infracciones hasta el fin de la vida de sus autores. De este modo incluso para los delitos imprescriptibles existe siempre un punto y final en el tiempo".

[8] TRIPPO, Mara Regina, 2004, p. 34.

[9] ANDRADE, Christiano José de, 1979, p. 43.

[10] LOZANO JÚNIOR, José Júlio, 2002, p. 36, e MANZINI, Vincenzo, 1950, p. 139. Conforme Mara Regina Trippo (p. 34), a maioria dos juristas adota a posição de que os romanos não admitiam a prescrição após a condenação.

[11] MANZINI, Vincenzo, p. 144.

De acordo com essas leis, também eram imprescritíveis os delitos quando o réu estava em rebeldia ou caso houvesse fugido.[12]

Na legislação brasileira, o Código Criminal de 1830 estabelecia, expressamente, a não prescrição das penas (art. 65).[13] Conforme Mara Regina Trippo, tal regra mostrava-se atrasada com relação às demais disposições de seu tempo sobre a prescrição, como o Código de Instrução Criminal francês de 1808 e o Código da antiga metrópole portuguesa de 1852, que previam a prescrição da pena; este, inclusive, admitindo-a em todos os delitos.[14]

A Lei 261, de 3 de dezembro de 1841, estabelecia a imprescritibilidade da ação nos crimes inafiançáveis, em que o réu estava ausente ou em lugar não sabido, ou ainda fora do Império (art. 33, parte final).[15] Por sua vez, o Código de 1890 não criou nenhuma hipótese de crime imprescritível.[16]

No início do século XX, com a Consolidação das Leis Penais (Decreto 22.213/32) a previsão de imprescritibilidade retorna, abrangendo os crimes políticos e de moeda falsa, desde que o réu estivesse domiciliado ou homiziado em país estrangeiro (§§ 5° e 8° do art. 85). O CP de 1940 previa a imprescritibilidade da execução das penas acessórias (art. 118, parágrafo único). Em sequência, a reforma da Parte Geral do CP (Lei 7.209/84) reconheceu a prescritibilidade de todas as penas; e, além disso, suprimiu as penas acessórias, medida que acabou eliminando a imprescritibilidade, trazendo de volta o sistema de 1890.[17]

Finalmente, com a promulgação da CF de 1988, houve a introdução das duas atuais hipóteses de imprescritibilidade.

1.2. DOS PRINCIPAIS FUNDAMENTOS À (IN)ADMISSIBILIDADE DA IMPRESCRITIBILIDADE

O instituto da imprescritibilidade penal, *grosso modo*, vincula-se à condição de viabilidade punitiva permanente e, em face disso, à perpétua perseguição do delinquente, impedindo que o fato criminoso seja riscado da memória social.

No curso do desenvolvimento histórico dos sistemas punitivos, as regras de imprescritibilidade, geralmente, encontram-se associadas aos crimes de maior gravidade, que causavam maior alarde social, ou seja, maior incômodo e perturbação aos membros da coletividade. Sendo assim, determinados delitos, por questionar as bases mais essenciais de determinados modelos da sociedade, exigiriam um tempo maior de superação, o que fundamentaria a perseguibilidade e o castigo aos respon-

---

[12] MANZINI, Vincenzo, p. 143.

[13] "Art. 65. As penas impostas aos réos não prescreverão em tempo algum." [Grafia original.] Disponível em: https://www.planalto.gov.br/ccivil_03/leis/lim/lim-16-12-1830.htm. Acesso em: 30 ago. 2009.

[14] TRIPPO, Mara Regina, p. 38.

[15] JAWSNICKER, Francisco Afonso, 2008, p. 73.

[16] PORTO, Antonio Rodrigues, 1998, p. 26.

[17] LOZANO JÚNIOR, José Júlio, p. 38-39.

sáveis enquanto estiverem vivos, além de todos os limites temporais.[18] É esse o principal embasamento que a doutrina costuma dar à imprescritibilidade, uma vez que, de modo amplo, está associada a crimes como o de genocídio, de lesa-humanidade e de guerra.[19] Nas palavras de Antoni Gili Pascual, a imprescritibilidade

> (...) encuentra su adecuada explicación precisamente en el principio de necesidad de pena. Dada la gravedad de determinadas conductas, la intolerabilidad social no experimenta esa aminoración producto del paso del tiempo y su comisión no se beneficia, por así decirlo, de ese proceso social de superación, tratándose de hechos que no pierden su relevancia en la configuración de la vida social del presente y respecto de los cuales, por tanto, debe seguir estimándose necesaria y justificada la pena.[20]

Pode-se dizer que a imprescritibilidade está fundamentada, em grande medida, nas teorias penais absolutas, considerando a pena como um fim em si mesma, vale indicar: a retribuição ao mal causado.[21] Dessa forma, para a corrente favorável à imprescritibilidade, o instituto da prescrição penal afronta a regra de que "a todo delito corresponde uma pena", sendo, portanto, [a prescrição] "antijurídica e refutada sob todas suas formas".[22]

Grande parte da doutrina mais atualizada em Direito Penal não encontra legitimidade nos fundamentos da imprescritibilidade.[23] Essa é a posição, por exem-

---

[18] RAGUÉS i VALLÈS, Ramon, p. 92-93.

[19] Mara Regina Trippo (p. 57-58) faz uma divisão dos fundamentos à imprescritibilidade, entre materiais e processuais. Segundo a autora, "os materiais podem ser divididos em totais ou parciais. Totais são os radicais, pois rechaçam, sem exceção, a prescrição. São eles: o dogma da punição dos delitos; a autoridade estatal. Parciais são aqueles que aceitam a prescrição sob dado ângulo e repelem-na sob outro, subjetivo (categoria do delinqüente) ou objetivo (natureza do crime). São eles: a permanência da periculosidade social e a perpetuidade da memória do fato. Ao lado, estão os argumentos de ordem processual, que também podem ser separados em absolutos e relativos. Absolutos quando são plenamente inafastáveis. Relativos quando podem ser superados. É o que se dá com um obstáculo, em princípio transponível, ao exercício de punir pelo Estado. Os processuais-relativos compreendem os casos de *quase-imprescritibilidade*".

[20] GILI PASCUAL, Antoni, p. 78.

[21] Segundo o modelo retributivista, cujo principal defensor foi Immanuel Kant (1994, p. 167), a pena não tem como finalidade a ressocialização, ou correção do criminoso, mas apenas a retribuição, da "devolução do mal com o mal". Para Salo de Carvalho (2003, p. 120), "o modelo penalógico de Kant é estruturado na premissa básica de que a pena não pode ter jamais a finalidade de melhorar ou corrigir o homem, ou seja, o fim utilitário seria ilegítimo. Se o direito utilizasse a pena como instrumento de dissuasão, acabaria por mediatizar o homem, tornando-a *imoral*. Logo, a penalidade teria como *thelos* a imposição de um mal decorrente da violação do dever jurídico, encontrando nesse mal (violação do direito) sua devida proporção".

[22] TRIPPO, Mara Regina, p. 59.

[23] Conforme Fábio Guedes de Paula Machado (2000, p. 163): "No estreitamento das relações entre o Direito Penal e a política criminal, com especial influência desta no campo legislativo penal, não há fundamento algum para se permitir a imprescritibilidade de um ilícito penal". Jorge de Figueiredo Dias (p. 703) adota o mesmo posicionamento: "Não há no catálogo penal crime algum, por mais repugnante que seja ao sentimento jurídico, relativamente ao qual possa dizer-se que as expectativas comunitárias de reafirmação contrafáctica da validade da norma violada e (porventura ainda menos!) as exigências de prevenção especial perduram indefinidamente". Ainda, Andrei Zenkner Schmidt (1997, p. 19-20): "São dois os fundamentos jurídicos da imprescritibilidade: a gravidade do ilícito praticado e a repressão à criminalidade. Ora, a gravidade de um delito não pode ser capaz de torná-lo imprescritível. Todos nós temos conhecimento de que existem crimes hediondos muito mais graves que a prática de racismo e a ação de grupos armados. Ou se consideram imprescritíveis todos os crimes de alta gravidade – o que é impossível, pois gravidade só pode ser averiguada no caso concreto –, ou, então, não se excepcione à regra da *prescritibilidade*. De outra banda, será que algum delinqüente deixará de praticar seu ato criminoso por ser este considerado imprescritível? A resposta negativa é evidente. Observa-se, dessarte, que seus

plo, de Jorge de Figueiredo Dias, ao afirmar que a imprescritibilidade só estaria embasada nas "(ilegítimas) necessidades 'absolutas' de punição", ou seja, nos sentimentos de "vingança e retribuição".[24] Os crimes de considerado grau de reprovação e repugnância (como, por exemplo, aqueles cometidos pela Inquisição e pelo nazifascismo) tendem a permanecer apenas na memória histórica,[25] que, segundo o autor, seria incapaz de fundamentar o caráter preventivo da punição. Pela passagem do tempo, a pena acabaria tornando-se desnecessária.[26]

Nesse contexto, merecem menção as palavras de Daniel Pastor a respeito da imprescritibilidade:

> Ya se sabe, entre los poderes del hombre no parece haber lugar para eternidades. La imprescriptibilidad, dado el carácter todavía finito de la existencia humana, supone, culturalmente, una pretensión de llevar el poder penal del Estado hasta la eternidad, algo incompatible, por definición, con la idea del Estado constitucional de derecho que se basa en la ya mentada condición mortal de la especie humana, condición que es el límite de todas sus aspiraciones, lo cual incluye a las aspiraciones del artificio inventado para representar su organización social y asegurar el mejor desarrollo de todos sus miembros. Una pretensión de justicia a ultranza y más allá de los tiempos, es contraria a la naturaleza política de la persona. La idea de perdón y compasión, aun para con el peor de los seres humanos, es un sentimiento respetable de nuestra especie. Cada uno sabrá si es la venganza o la compasión el sentimiento más adecuado a nuestra condición de humanos, pero para el Estado constitucional de derecho, la cuestión es más sencilla: sin límites temporales para la persecución y castigo de los crímenes el Estado de derecho se deprecia tanto a sí mismo, en la idea de que es un Estado limitado, que directamente desaparece. La imprescriptibilidad, que contradice todo humanismo, es la contraparadoja del Estado constitucional de derecho. Es el caso en cual este artificio vuelve a ser omnipotente y levanta una de las barreras que él mismo había creado como límite infranqueable de sus poderes.[27]

Partindo de fundamento constitucional-democrático para a prescrição, defendido por Fábio Guedes de Paula Machado,[28] a imprescritibilidade contraria as doutrinas de intervenção mínima do Direito Penal e o sistema de garantias, mais especificamente a da dignidade humana. E, seguindo a lógica funcionalista de prescrição penal trazida pelo mesmo autor,[29] a imprescritibilidade contrapõe a "dimensão simbólico-comunicativa do delito e da sanção", dimensão esta que, além da necessidade de reafirmar a vigência da norma penal, também objetiva integrar os cidadãos conforme a própria norma. Uma vez ausente essa função simbólico-comunicativa, desnecessária se faz a pena, motivo pelo qual não haveria razoabilidade na persecução eterna dos responsáveis por um ilícito penal.

---

fundamentos jurídicos são ineficazes, não atingindo o fim a que se destinam. A imprescritibilidade é instituto que vai de encontro à evolução do Direito Penal, pois a incerteza acerca de um crime é, por vezes, muito mais grave que a sua própria consumação".

[24] DIAS, Jorge de Figueiredo, p. 704.

[25] DIAS, Jorge de Figueiredo, p. 704. No mesmo sentido: MACHADO, Fábio Guedes de Paula, p. 163.

[26] MACHADO, Fábio Guedes de Paula, p. 190.

[27] PASTOR, Daniel R., 2004, p. 118-119.

[28] MACHADO, Fábio Guedes de Paula, p. 190 e segs.

[29] MACHADO, Fábio Guedes de Paula, p. 191.

2. Imprescritibilidade e Direito Penal brasileiro

2.1. DA COLOCAÇÃO DO PROBLEMA

O art. 5°, incs. XLII e XLIV, da CF, prevê, como vimos, as duas espécies de crimes imprescritíveis no Direito Penal brasileiro: a prática de racismo e a ação de grupos armados, civis ou militares, contra a ordem constitucional e o Estado Democrático.

Diante disso o problema recai basicamente sobre a definição típica desses crimes, e a partir daí, em um segundo momento, analisaremos a discussão doutrinária e jurisprudencial sobre a legitimidade da norma infraconstitucional para a imposição de regras de imprescritibilidade – tema ainda tormentoso em âmbito nacional. Objetivamos saber se, além dos crimes previstos na CF, demais casos de não prescrição poderiam ser criados pela legislação ordinária.[30]

2.1.1. Da imprescritibilidade do crime de prática de racismo

A fim de bem pontuar o problema, deve-se, em um primeiro momento, buscar uma definição clássica de "raça",[31] apenas e tão somente como norte

---

[30] Necessário se faz dizer que a imprescritibilidade se aplica a todas as espécies da prescrição penal, seja da pretensão punitiva, seja da executória. Conforme o voto do relator Ministro Gilson Dipp no acórdão do HC 15155/RS (STJ, 5ª T., Rel. Min. Gilson Dipp, j. 18/12/2001, DJ 18/03/2002): "O crime de racismo, gizado pela Constituição, é imprescritível, ou seja, a pena é perene, possibilitando que o Estado puna o autor do fato a qualquer tempo – imprescritibilidade, esta, que é aplicada no exercício tanto da pretensão punitiva quanto da pretensão executória". Nesse mesmo sentido: TRIPPO, Mara Regina, p. 81, e OSÓRIO, Fábio Medina; SCHAFER, Jairo Gilberto, 1995, p. 337.

[31] Moderna e inquestionavelmente, esse conceito – de cientificidade duvidosa; aliás, superado – implica maior relevância histórica e cultural do que qualquer interesse científico propriamente reconhecido. "If biologically distinct human races do exist, it seems odd that there is so little agreement on what they are. Indeed, the persistence of the idea of biologically distinct human races owes more to popular culture and pseudoscience than to science, and the idea's pedigree is not scientific, but historical and political. It emerged originally in the extended encounter between European and non-European peoples that began in the late 15th and early 16th centuries. Discovering human beings in Asia, Africa, and the Americas who looked – and often acted – very different from themselves, Europeans drew upon the Spanish concept of 'purity of blood,' which sanctioned discrimination against converted Jews and concluded that often, superficial differences surely indicated more fundamental differences as well (Fredrickson 2002). This conclusion, which asserted their own inherent superiority, helped them justify their efforts to colonize, enslave, and sometimes exterminate many of the people they encountered. Europeans came to believe that races are, in fact, distinct and identifiable human (and some of them, in extreme version, nonhuman) groups; that there are systematic, inherited, biological differences among races; and that the non-White races are innately inferior to Whites – that is, to Europeans (see also Jordan 1968). (...) "The Social Construction of Race" (...). "We can define a race, then, as a human group defined by itself or others as distinct by virtue of perceived common physical characteristics that are held to be inherent. A race is a group of human beings socially defined on the basis of physical characteristics. Determining which characteristics constitute the race – the selection of markers and therefore the construction of the racial category itself – is a choice human beings make, and it is the reason some social scientists put 'race' in quotes. Neither the categories themselves nor the markers we choose are predetermined by biological factors. These process of selection and construction are seldom the work of a moment. Racial categories are historical products and are often contested. In one famous case from the early 1980s, a Louisiana woman went to court to dispute the state's conclusion that she was Black, claiming a White racial identity. The state's argument was that her ancestry was at least 1/32nd 'Negro', which according to state law meant she was Black (Dominguez 1986). The law had roots in the long history of Black-

interpretativo em relação à definição legal. Segundo Michel Leiris, a noção de raça "funda-se na idéia de caracteres físicos transmissíveis que permitem distribuir a espécie *Homo sapiens* em vários grupos que equivalem ao que em botânica se chama 'variedade'".[32] E é a partir desse contraste que se origina o que se denomina de "racismo": quando determinado grupo justifica sua superioridade presumida a partir de "pretensas virtudes" e "qualidades inatas" relacionadas à sua raça.[33]

A CF estabeleceu que todas as práticas decorrentes dessa "discriminação que importa a ideia de domínio de uma raça sobre a outra", no conceito de José Afonso da Silva,[34] são crimes que não prescreverão a qualquer tempo.[35] Coube, entretanto, ao legislador penal (Lei 7.716/89) definir os tipos criminais que caracterizariam

-White relations in Louisiana and in the American South more generally, in slavery and in its legacy, and in the enduring White effort to maintain the supposed 'purity' of their race. It was a legal manifestation of what is known as *hypodescent*, or the 'one-drop' rule which in the United States holds that any degree of African ancestry at all is sufficient to classify a person as Black (see Davis 1991). This rule has a history. People have fought over it, and as the Louisiana case shows, it has been tested in the courts. It has been reserved largely for Blacks. Americans do not generally consider a person who is 1/32 Japanese or Dutch to be Japanese or Dutch, but 'one-drop' of Black blood has long been considered sufficient for racial categorization" (CORNELL, Stephen; HARTMANN, Douglas, 2007, p. 22-25).

[32] Michel Leiris (1970, p. 197). Interessante citar, ainda, a definição – que se poderia dizer ortodoxa – de Juan Comas (1970, p. 11), para quem: "Fàcilmente podemos observar que os homens não são semelhantes na aparência; há variações nas características físicas externas transmitidas, total ou parcialmente, de pai para filho. E são os grupos relativamente homogêneos, quanto a êste aspecto, que constituem o que genèricamente chamamos de 'raças'". Segundo Celso Lafer (2005, p. 55-56), a divisão dos seres humanos em raças se originou no sistema estabelecido pelo cientista sueco Lineu, no século XVIII, de classificação de animais e plantas (Lineu dividiu a espécie humana em seis raças, "de acordo com um critério preponderantemente geográfico: europeia, ameríndia, asiática, africana, selvagem e monstruosa (esta constituída por indivíduos com malformações físicas)". A tentativa de fazer uma divisão de raças, no entanto, pode esbarrar em uma grande variedade de critérios, o que tornaria impreciso o conceito. Na opinião de Mara Regina Trippo (p. 71), tal diferenciação é uma "criação social, sem científica comprovação". Para a autora, a miscigenação ocorrida em todos os grupos humanos, em "tempos remotos ou próximos", também afasta a ideia de que possa existir uma raça pura. Ainda, Celso Lafer (p. 58) aponta que "o avanço do conhecimento se incumbiu de mostrar que não há fundamento biológico em qualquer subdivisão racial da espécie humana e que os critérios das diferenças visíveis, a começar pela cor da pele, são apenas juízos de aparência. As diferenças genéticas individuais entre duas pessoas brancas são maiores que a diferença genética média entre brancos e negros, e não custa lembrar que a integridade genética da espécie humana, como unidade, é comprovada na reprodução entre pessoas de 'raças' diferentes, gerando descendentes normais e férteis". Para José Afonso da Silva (2005, p. 49), a palavra "raça" não é suficientemente clara, "porque, com a miscigenação, vai perdendo sentido. Convém, no entanto, verificar que sentido tem o termo 'raça' na Constituição, para que não se esvazie seu conteúdo condenatório sob o argumento de que não existe raça. A questão constitucional não está no perquirir se existe ou não 'raça', porque essa é uma indagação científica, que foge ao seu objeto. Ela parte da ideia de que há uma concepção social de 'raça', fundada em certas correntes antropológicas (Gobineau, por exemplo), que dá ao termo um sentido discriminatório sob o fundamento da existência de raças inferiores e raças superiores, de onde provém a ideologia do *racismo*, que indica teorias e comportamentos destinados a realizar e justificar a supremacia de uma raça".

[33] COMAS, Juan, p. 12. Nas palavras de Josiane Pilau Bornia (2007, p. 72), "o racismo é uma ideia que parte de um pressuposto irracional no qual determinado grupo humano inferioriza outro em função de diferenças físicas e biológicas".

[34] SILVA, José Afonso da, p. 139.

[35] Para Cezar Roberto Bitencourt (2009, p. 284-285) a adoção da imprescritibilidade para os crimes de prática de racismo foi um "retrocesso da Constituição 'cidadã' [...], que contraria a orientação contemporânea do moderno Direito Penal liberal".

"a prática de racismo", tendo por base um campo vasto, geral e indeterminado, deixado, propositalmente, pela CF.[36] [37]

A lei infraconstitucional trouxe, no entanto, regras de punição aos "crimes resultantes de discriminação ou preconceito de raça, cor, etnia, religião ou procedência nacional" (art. 1º). A ausência da palavra "racismo", na lei, exigiu da interpretação doutrinária e jurisprudencial a delimitação da previsão constitucional.[38] A partir disso, uma determinada corrente interpretativa propõe que todos os crimes resultantes de preconceito quanto à cor, religião (como, por exemplo, a propagação de doutrinas antissemitas), etnia e procedência nacional, e não apenas quanto à raça, também estariam sujeitos à imprescritibilidade.

Analisando a abertura de sentido da expressão "racismo", trazida pelo legislador constitucional, em conjunto com a finalidade do dispositivo ("garantir o direito de igualdade entre os grupos, para o mais amplo e digno exercício da cidadania, com a concretização dos direitos humanos e proteção das minorias"), Mara Regina Trippo entende que o significado da prática de racismo englobaria todo o "tratamento de inferiorização imposto às pessoas, disfarçado por falsas teorias científicas". Dessa forma, para a autora, a imprescritibilidade do crime de "prática de racismo" comportaria, exatamente, os crimes resultantes de discriminação ou preconceito com base em todas as características previstas no art. 1º da Lei 7.716/89.[39]

Sobre a questão, analisando a extensão da regra de imprescritibilidade aos preconceitos antissemitas, no emblemático "caso Ellwanger" (considerado o mais importante precedente sobre o tema), posicionou-se o STF:

> *HABEAS CORPUS.* PUBLICAÇÃO DE LIVROS: ANTI-SEMITISMO. RACISMO. CRIME IMPRESCRITÍVEL. CONCEITUAÇÃO. ABRANGÊNCIA CONSTITUCIONAL. LIBERDADE DE EXPRESSÃO. LIMITES. ORDEM DENEGADA. 1. Escrever, editar, divulgar e comerciar livros "fazendo apologia de idéias preconceituosas e discriminatórias" contra a comunidade judaica (Lei 7716/89, art. 20, na redação dada pela Lei 8081/90) constitui crime de racismo sujeito às cláusulas de inafiançabilidade e imprescritibilidade (CF, art. 5º, XLII). [...] (HC 82424, STF, Rel. Min. Moreira Alves, Rel. p/ acórdão: Min. Maurício Corrêa, Tribunal Pleno, j. 17/09/2003, DJ 19/03/2004).[40]

---

[36] TRIPPO, Mara Regina, p. 74. Conforme a autora (p. 78), "a Constituição não empregou as palavras *preconceito* e *raça*, nem mesmo vocábulo mais restrito, como *cor*. Ao acolher o termo *racismo*, amplo e flexível, a norma constitucional acentuou sua *textura aberta* e, propositadamente, deixou largo campo para atuação do legislador penal".

[37] Não se encaixa entre os crimes imprescritíveis a injúria agravada por elementos referentes à raça, cor, etnia, religião, origem ou à condição de pessoa idosa ou portadora de deficiência, prevista no art. 140, § 3º, do CP. Nesse sentido: TRIPPO, Mara Regina, p. 79, e ANDREUCCI, Ricardo Antonio, 2009, p. 74.

[38] TRIPPO, Mara Regina, p. 74-75.

[39] TRIPPO, Mara Regina, p. 79. A seu turno, Christiano Jorge Santos (2010, p. 91) entende que a imprescritibilidade, aplicável apenas aos crimes de preconceito ou discriminação por raça ("crime de racismo"), poderia alcançar, também, os crimes de preconceito ou discriminação por cor ou etnia, mas não ao que se refere a grupo humano religioso ou nacional. Para o autor, "existem católicos, evangélicos, muçulmanos e umbandistas de todas as raças, como há judeus negros e brancos. Logo, não existe raça católica, como também não existe raça budista ou judia. Existem grupos unidos por conta da fé professada. Discriminar as pessoas por conta disso será crime da Lei n° 7.716/1989, mas não racismo. Assim, o delito praticado contra alguém em razão de sua religião ou procedência nacional não será imprescritível".

[40] Adotando a mesma ideia, Celso Lafer (p. 101-102), ao comentar o caso Ellwanger, critica a interpretação minimalista e restritiva ao crime de "prática de racismo": "O sequenciamento do genoma humano confirmou que só existe uma raça – a raça humana. Assim, é certo que os judeus não são uma raça, mas não são uma raça

Preocupa-nos o entendimento do STF e de parte da doutrina que advoga uma interpretação extensiva da regra prevista pela CF. Ao contrário do argumento de que uma leitura do dispositivo – a partir do conceito de raça – acabaria por esvaziar seu conteúdo, acreditamos que é possível, sim, uma análise restritiva do texto, a fim de não incorrer em perigosa interpretação analógica *in malam partem*, sem que a referida norma perca seu sentido.[41]

Existem diversos métodos interpretativos da norma constitucional, e em função disso, nas palavras de Gilmar Ferreira Mendes, Paulo Gustavo Gonet Branco e Inocêncio Mártires Coelho,

> [...] o primeiro e grande problema com que se defrontam os intérpretes/aplicadores da Constituição parece residir, de um lado, e paradoxalmente, na riqueza desse repertório de possibilidades e, de outro, na inexistência de critérios que possam validar a escolha dos seus instrumentos de trabalho, nem resolver os eventuais conflitos entre tais instrumentos [...].[42]

Entretanto, posto que haja inúmeras possibilidades de interpretação, acreditamos que nenhuma delas pode contrariar os princípios.[43] Nesse caso, o princípio que embasaria a impossibilidade de estender a imprescritibilidade aos crimes resultantes de preconceitos baseados em etnia, religião e procedência nacional é o da legalidade, mais especificamente em seu corolário da taxatividade, segundo o qual "a lei deve descrever com o máximo de precisão possível os tipos penais incriminadores".[44] A nosso ver, essa extensão ultrapassaria o "limite semântico do texto legal".[45]

---

os brancos, os negros, os mulatos, os índios, os ciganos, os árabes, e quaisquer outros integrantes da espécie humana. Todos, no entanto, podem ser vítimas da prática do racismo. Por isso, discutir o crime da prática do racismo a partir do tema 'raça' é um equívoco. O crime da prática do racismo tem sua base e reside nas teorias e preconceitos que discriminam grupos ou pessoas a eles atribuindo características 'raciais'. Assim, qualificar o crime da prática do racismo a partir de 'raça' é esvaziar o conteúdo jurídico do preceito constitucional. Significa, no limite, aplicando-se o argumento *contrario sensu*, válido no campo penal, converter o crime da prática do racismo em crime impossível pela inexistência de objeto: as raças, até mesmo a 'raça negra' à qual se endereçaria especificamente o preceito constitucional [...]."

[41] Apesar de votar no sentido de incluir o antissemitismo como forma de racismo, vale mencionar a seguinte consideração do Min. Gilson Dipp, ao entender que não seria possível aplicar a analogia, no julgamento pelo STJ do 'caso Ellwanger': "A legislação infraconstitucional não previu a imprescritibilidade como característica do tipo penal do art. 20 da Lei n° 7.716/89, sendo certo que não se admite a analogia para fins de se aumentar a incriminação penal, ou seja, aplicar-se a analogia visando a estender, a outras condutas, a imprescritibilidade prevista especificamente para a prática do racismo. Dessa forma, se poderia argumentar que apenas a discriminação e o preconceito fundados em motivos raciais se amoldariam à imprescritibilidade constitucional, e que tal imprescritibilidade não atingiria outras motivações (etnia, convicção religiosa, etc.). Entretanto, a presente hipótese trata, efetivamente, de crime de racismo, tornando-se impróprias maiores digressões a respeito das demais condutas tipificadas no art. 20 da Lei n° 7.716/89 e se as mesmas seriam, ou não, imprescritíveis" (HC 15155/RS, STJ, 5ª T., Rel. Min. Gilson Dipp, j. 18/12/2001, DJ 18/03/2002). Vale também citar o trecho do voto do Min. Marco Aurélio, no julgamento do mesmo caso, já no STF: "a interpretação do inciso XLII do art. 5° da Constituição deve ser a mais limitada possível, no sentido de que a imprescritibilidade só pode incidir no caso de prática de discriminação racista contra o negro, sob pena de se criar um tipo constitucional penal aberto imprescritível, algo, portanto, impensável em um sistema democrático de direito" (HC 82424-2/RS, STF, Tribunal Pleno, Rel. Min. Moreira Alves, j. 19/09/2003, p. 19/04/2004).

[42] MENDES, Gilmar Ferreira; BRANCO, Paulo Gustavo Gonet; COELHO, Inocêncio Mártires, 2008, p. 97.

[43] Como sustenta Paulo Queiroz (p. 85), "[...] se interpretar é argumentar corretamente, isso significa, antes de tudo, argumentar a partir de princípios, e não só a partir de regras [...]".

[44] QUEIROZ, Paulo, p. 50.

[45] ZAFFARONI, Eugenio Raúl; PIERANGELI, José Henrique, 2007, p. 156. Alertam os autores que "o princípio do *in dubio pro reo* nos indica a atitude que necessariamente devemos adotar para entender uma expressão

Embora a classificação do ser humano em "raças" represente uma incorreção do ponto de vista biológico, ela é amplamente utilizada como forma de diferenciação antropológica de certos grupos, com base em características físicas genotípicas,[46] motivo pelo qual a expressão constitucional "prática de racismo" se relaciona, naturalmente, com a palavra "raça" da Lei 7.716/89.

Cabe dizer que os crimes resultantes de preconceito ou discriminação quanto à cor, por ser característica física hereditária, poderiam ser entendidos como imprescritíveis, uma vez que essa característica se encaixa no conceito de raça (e assim não se ultrapassaria o limite semântico do texto legal). Já os termos "etnia", "religião" e "procedência nacional" se distanciam dos conceitos de raça e de cor,[47] e consequentemente do que se pode chamar de "racismo". Portanto, partindo-se da premissa de que os judeus, por exemplo, não formam um grupo racial, uma vez que não há entre estes uma distinção de caracteres físicos hereditários que possa distingui-los,[48] entende-se que a imprescritibilidade penal não poderia ser estendida aos crimes de discriminação com caráter antissemita. Caso contrário, estar-se--ia transgredindo os limites impostos à interpretação da lei penal.

Diante disso, cremos que não se poderiam considerar imprescritíveis os delitos de discriminação ou preconceitos étnicos, religiosos, e os resultantes de procedência nacional; exceto aqueles relativos à raça e cor.[49]

Além do princípio da legalidade (em seu desdobramento específico – taxatividade),[50] a interpretação restritiva das regras de imprescritibilidade estaria

---

legal que tem sentido duplo ou múltiplo, mas pode ser descartado ante a contradição da lei assim entendida com o resto do sistema".

[46] Conforme Michel Leiris (p. 199), "aplicado a largos grupos de passado tumultuoso e distribuídos por extensas áreas, o têrmo 'raça' significa simplesmente que, para além das distinções nacionais ou tribais, pode-se definir conjuntos caracterizados por certas concentrações de caracteres físicos, conjuntos temporários, dado que precedem de massas necessàriamente variáveis (justamente por seu movimento demográfico) e comprometidas num jôgo histórico de contatos e de caldeamentos constantes".

[47] Na explicação de Ricardo Andreucci (p. 73): "*Etnia* significa coletividade de indivíduos que se diferencia por sua especificidade sociocultural, refletida principalmente na língua, religião e maneiras de agir. Há quem inclua fatores de natureza política no conceito de etnia (p. ex., índios, árabes, judeus, etc.). *Religião* é a crença ou culto praticados por um grupo social, ou ainda a manifestação de crença por meio de doutrinas e rituais próprios (p. ex., católica, protestante, espírita, muçulmana, islamita etc.). Procedência nacional significa o lugar de origem da pessoa, a nação da qual provém, o lugar de onde procede o indivíduo (p. ex., italiano, japonês, português, árabe, argentino etc.), incluindo, a nosso ver, a procedência interna do País (p. ex., nordestino, baiano, cearense, carioca, gaúcho, mineiro, paulista etc.)."

[48] Como afirma Juan Comas (p. 37): "Assim, a despeito do ponto de vista usualmente mantido, o povo judeu é racialmente heterogêneo; suas constantes migrações e suas relações – voluntárias ou não – com as mais diversas nações e povos originaram um grau de mestiçagem que faz com que possamos encontrar *no chamado povo de Israel exemplos dos traços característicos de todos os povos*. [...] Portanto, até onde chega nosso conhecimento, podemos afirmar que os judeus em conjunto apresentam um grau tão grande de diferenciação morfológica entre si como o que podemos encontrar entre membros de duas ou mais raças diferentes".

[49] No mesmo sentido, contrário à referida analogia *in malam partem*, Josiane Pilau Bornia (p. 158-159). Adotando um posicionamento diverso, Fabiano Augusto Martins Silveira (2006, p. 98 e 101) entende que a imprescritibilidade pode ser admitida somente nos casos em que a discriminação relativa à procedência nacional ou à religião guarda relação com o preconceito de raça, cor ou etnia de forma inextrincável.

[50] Como anota Guillermo J. Yacobucci (2002, p. 275), "en el principio de legalidad, la ley debe desarrollar con exactitud y claridad los términos de la imputación. En este nivel se habla de una *lex stricta*, por cuanto desen-

em consonância com os mais atualizados postulados político-criminais garantistas que pregam a diminuição da intervenção penal.[51]

2.1.2. Da imprescritibilidade dos crimes contra a ordem constitucional e o Estado Democrático

No art. 5º, inc. XLIV, da CF, está prevista a imprescritibilidade para os crimes de "ação de grupos armados, civis ou militares, contra a ordem constitucional e o Estado Democrático".

Mais uma vez deparamo-nos com uma norma cuja redação é bastante aberta, o que, embora seja característica inerente ao texto constitucional, deixa margem a diversas interpretações e inclusive a "incursões políticas".[52] Essa é a razão pela qual tal regra sofre importantes críticas por grande parte dos autores que escreveu sobre o assunto.[53] Conforme Christiano Jorge Santos, "a ação de grupos armados pode ser entendida como 'Golpe de Estado' e não está claramente definida em nenhum tipo penal".[54] Não há, portanto, nenhuma lei infraconstitucional que regule os crimes previstos pelo inc. XLIV do art. 5º, mas o mesmo não se pode dizer do significativo número de Projetos que tramita nos órgãos legislativos.[55]

Além da indefinição dos referidos crimes, há uma crítica à má localização da regra. Para Celso Ribeiro Bastos e Ives Gandra da Silva Martins, "não se consegue, por maior que seja o esforço feito, vislumbrar aqui uma proteção de direito individual. Trata-se de dispositivo que, às claras, pertine à seara da defesa do Estado".[56]

---

vuelve de manera taxativa qué comportamiento prevé el legislador como extremo de imputación de una sanción y, respecto de esta última, su clara determinación".

[51] Importa trazer à baila a lição de Alfredo Cataldo Neto e Eliane Peres Degani (2010, p. 37-38), segundo a qual, "o Brasil, há mais de meio século, busca eliminar o preconceito, a discriminação e o racismo pela via da contravenção penal ou da criminalização. Constata-se, porém, que a cada alteração legislativa, visando um maior rigorismo, a justificativa do aumento do preconceito e das práticas discriminatórias das mais diversas ordens se repete. Inserem-se, assim, novos tipos penais e aumentam-se as penas cominadas em abstrato, sem se atentar para o fato de que nada adianta a intensificação da intervenção penal quando não são acionados (ou não são acionados eficientemente) outros mecanismos capazes de internalizar a consciência social acerca do problema – os quais, sem dúvida, estão muito além de um mero regramento legal".

[52] TRIPPO, Mara Regina, p. 85.

[53] Nesse sentido, SCHMIDT, Andrei Zenkner, p. 20.

[54] SANTOS, Christiano Jorge, 2007, p. 215. No mesmo sentido, José Afonso da Silva (p. 141), diz que "[...] o crime previsto depende de lei, até porque esta precisa fixar também a sanção correspondente. O texto não está propriamente tipificando o crime (função da lei), mas declarando que ele será inafiançável e imprescritível. A função principal do texto está na vedação desses benefícios. Mas, evidentemente, o contexto importa instituir um delito especial que não constava nem consta ainda da lei penal, e, assim, fundamenta sua definição legal com o núcleo típico já constante da norma constitucional: 'ação de grupos armados, civis ou militares, contra a ordem constitucional e o Estado Democrático'".

[55] Na Câmara dos Deputados, há o Projeto 4783/1990, que "Introduz, no CP, Título relativo aos crimes contra o Estado Democrático e a Humanidade, revoga a Lei de Segurança Nacional e dá outras providências", além das proposições 6764/2002 e 2462/1991, entre outros, com objetivos semelhantes, mas sem perspectiva no curto prazo, ao que parece, de converter-se em lei.

[56] BASTOS, Celso Ribeiro; MARTINS, Ives Gandra da Silva, 2004, p. 249.

A Lei 7.170 de 1983 define os crimes contra a segurança nacional, mais precisamente, conforme o seu art. 1º, aqueles "que lesam ou expõem a perigo de lesão: a integridade territorial e a soberania nacional; o regime representativo e democrático, a Federação e o Estado de Direito; a pessoa dos chefes dos Poderes da União". Pelos bens jurídicos que a lei visa a proteger, poder-se-ia imaginar que ela pretenderia apresentar-se como o complemento do texto constitucional citado. No entanto, analisando-se as tipificações trazidas por essa lei em conjunto com a impossibilidade de violação do princípio da taxatividade, não pode incorrer-se no erro de aplicar a imprescritibilidade aos crimes nela previstos, na medida em que, segundo Mara Regina Trippo, além de não ser feita menção à imprescritibilidade,

> não há, também, um artigo que corresponda precisamente aos elementos inseridos na Constituição: os arts. 16 e 24 [...], remetem à organização de grupamento armado, mas não aludem à ação (limitam-se à ideia de associação); os arts. 17 e 18 embutem a noção de ação, mas não referem a grupamento.[57]

Nesse quadro, necessária se faz a edição de lei infraconstitucional que regule a matéria; do contrário, o art. 5º, inc. XLIV, permanecerá inteiramente inócuo.[58]

2.1.3. Da imprescritibilidade na legislação infraconstitucional

Um dos motivos de debate – dentro do tema da imprescritibilidade penal – é a possibilidade de a legislação infraconstitucional estabelecer crimes imprescritíveis (ou regras de imprescritibilidade).

Parte da doutrina acredita que isso seja matéria exclusiva de índole constitucional, como Fernando Galvão:

> A imprescritibilidade constitui exceção à regra de que se deve evitar o prolongamento demasiado da situação jurídica que possibilita a punição do réu. Tal exceção fundamenta-se em opção política que reconhece especial gravidade aos fatos não atingidos pela prescrição, sendo que as hipóteses excepcionais somente podem ser identificadas por opção político-constitucional. Isso significa que o legislador infraconstitucional não pode estabelecer outras hipóteses de imprescritibilidade.[59]

No entanto, não são raros os posicionamentos em sentido contrário, motivo pelo qual o tema ainda não se mostra pacífico. Para Paulo Queiroz, parece que a lei ordinária pode ampliar o rol de crimes imprescritíveis, pois, no entendimento

---

[57] TRIPPO, Mara Regina, p. 85.

[58] Conforme Celso Ribeiro Bastos e Ives Gandra da Silva Martins (p. 250): "A legislação ordinária haverá de adaptar-se ao novo comando constitucional, alargando a figura da autoria, que hoje se vê restrita àqueles que fazem parte de grupos ilegais. O Texto Constitucional não cuida da legalidade ou não dos grupos armados; incluídos estão, portanto, os grupos civis e militares. Seus dois requisitos básicos são: o serem armados e o atentarem contra a ordem constitucional e o Estado Democrático".

[59] GALVÃO, Fernando, p. 884. Adota a mesma opinião Mara Regina Trippo (p. 94), ao dizer que "as hipóteses de imprescritibilidade são aquelas previstas na Constituição; lei federal que instituísse outra seria inconstitucional". E também Fábio Guedes de Paula Machado (p. 173): "a Lei Maior proibiu implicitamente em seu art. 5º, incisos XLII a XLIV, que normas infraconstitucionais estabelecessem a imprescritibilidade a outras infrações".

do autor, trata-se de "típica matéria infraconstitucional", em concurso com a previsão de "crimes bem mais graves" fora da CF.[60]

Muito embora nos posicionemos contrariamente à utilização excessiva e simbólica dos instrumentos persecutórios de intervenção estatal, convimos que a CF não proibiu, de modo expresso, que pudesse haver previsão infraconstitucional sobre imprescritibilidade; e mais: se o legislador ordinário pode eliminar ou alterar o regramento prescricional, pode, também, tornar, excepcionalmente, certos crimes (significativamente graves) inacessíveis à implementação prescritiva (esse posicionamento, aliás, permite, sob todos os títulos, dar viabilidade maior à internalização do regime internacional, especialmente o que se mostra consentâneo com a preservação dos direitos humanos).

Discute-se, ainda, se o art. 366[61] do atual CPP seria um caso atípico de imprescritibilidade, criado pela lei infraconstitucional. Ao prever a suspensão do processo e dos prazos prescricionais, se o acusado, citado por edital, não comparecer, nem constituir advogado, tal dispositivo obstaculizaria por tempo imprevisto a prescrição. O fundamento para a ocorrência de imprescritibilidade de ordem processual estaria calcado no princípio civilista *contra non valentem agere non currit praescriptio*, ou seja, não (o)corre prescrição contra quem não pode agir. Assim, analogamente, no processo penal, o prazo prescricional seria sustado sempre que o MP, por situação alheia à sua vontade, visse impedida a sua capacidade de agir.[62] O caso de uma possível imprescritibilidade relativa do art. 366 do CPP é tratado de forma controvertida pela doutrina e jurisprudência.

Para o STF, o referido dispositivo não configura hipótese de imprescritibilidade, uma vez que a suspensão indeterminada do prazo "não impede a retomada do curso da prescrição, apenas a condiciona a um evento futuro e incerto, situação substancialmente diversa da imprescritibilidade";[63] e, além disso, a CF não proíbe,

---

[60] QUEIROZ, Paulo, 2010, p. 471-472.

[61] Art. 366: "Se o acusado, citado por edital, não comparecer, nem constituir advogado, ficarão suspensos o processo e o curso do prazo prescricional, podendo o juiz determinar a produção antecipada das provas consideradas urgentes e, se for o caso, decretar prisão preventiva, nos termos do disposto no art. 312". Ao que parece, a discussão permanecerá após a aprovação do novo CPP, cujo Projeto encontra-se em tramitação no Senado. O atual art. 366 se repete no art. 147 do Projeto: "Se o acusado, citado por edital, não apresentar resposta escrita, nem constituir advogado, ficarão suspensos o processo e o curso do prazo prescricional, podendo o juiz determinar a produção antecipada das provas consideradas urgentes e, se for o caso, decretar quaisquer das medidas cautelares previstas no art. 521".

[62] TRIPPO, Mara Regina, p. 58.

[63] "I. Controle incidente de inconstitucionalidade: reserva de plenário (CF, art. 97). 'Interpretação que restringe a aplicação de uma norma a alguns casos, mantendo-a com relação a outros, não se identifica com a declaração de inconstitucionalidade da norma que é a que se refere o art. 97 da Constituição' (cf. RE 184.093, Moreira Alves, DJ 05/09/97). II. Citação por edital e revelia: suspensão do processo e do curso do prazo prescricional, por tempo indeterminado – C.Pr.Penal, art. 366, com a redação da L. 9.271/96. 1. Conforme assentou o STF, no julgamento da Ext. 1042, 19.12.06, Pertence, a CF não proíbe a suspensão da prescrição, por prazo indeterminado, na hipótese do art. 366 do C.Pr.Penal. 2. A indeterminação do prazo da suspensão não constitui, a rigor, hipótese de imprescritibilidade: não impede a retomada do curso da prescrição, apenas a condiciona a um evento futuro e incerto, situação substancialmente diversa da imprescritibilidade. 3. Ademais, a CF se limita, no art. 5º, XLII e XLIV, a excluir os crimes que enumera da incidência material das regras da prescrição, sem proibir, em tese, que a legislação ordinária criasse outras hipóteses. 4. Não cabe, nem mesmo sujeitar o período de suspensão de que trata o art. 366 do C.Pr.Penal ao tempo da prescrição em abstrato, pois, 'do contrário, o que

expressamente, que a legislação ordinária crie outras hipóteses de imprescritibilidade.

Já entre os doutrinadores, há aqueles que partilham da mesma posição do STF, por entender que a suspensão é temporária e o seu termo final fica condicionado à "vontade do réu",[64] além de o referido dispositivo também "resguardar o princípio do *judicial review*",[65] não configurando, portanto, uma hipótese de imprescritibilidade. Há outros autores, no entanto, que acreditam estar diante de um atípico caso de imprescritibilidade.[66]

Entendemos que a hipótese do art. 366 não configuraria um caso de imprescritibilidade relativa, pois, analisando-se sob a ótica dos princípios do contraditório e ampla defesa, tal regra pode ser interpretada para a preservação de uma garantia constitucional,[67] ou seja, o réu tem o "direito de participar, de manter uma contraposição em relação à acusação e de estar informado de todos os atos desenvolvidos no *iter procedimental*".[68] Uma vez que isso não aconteça, devido à ausência do réu, não há falar-se sequer na existência estrutural do processo penal, pois é dever do juiz ouvir ambas as partes; caso contrário, estaria julgando com base na versão e alegações de apenas um dos lados, ou seja, parcialmente.[69]

Apesar disso, necessário lembrar o posicionamento de certos autores,[70] propondo que o prazo máximo para suspensão do processo se relacione com o prazo máximo da pena abstratamente prevista no art. 109 do CP, não o ultrapassando. Do contrário, visivelmente criar-se-ia uma figura atípica e ilegítima de imprescritibilidade. Mas parece-nos ainda mais sensata a doutrina de Antônio Alberto Machado, com quem dividimos a opinião de que o prazo de suspensão processual

---

se teria, nessa hipótese, seria uma causa de interrupção, e não de suspensão.' 5. RE provido, para excluir o limite temporal imposto à suspensão do curso da prescrição" (RE 460971, Rel. Min. Sepúlveda Pertence, 1ª T, STF, j. 13/02/2007, DJ 30/03/2007).

[64] Posicionamento de Maximiliano Führer (1997, p. 7-8).

[65] Posicionamento de Mara Regina Trippo (p. 90). A autora lembra que o STJ já acolheu a correlação entre o tempo da suspensão e o tempo da prescrição pela pena máxima em abstrato, entendendo que o limite máximo para a suspensão do prazo "corresponde ao que está fixado no artigo 109 do CP", no Recurso de *Habeas Corpus* 7.052-RJ, j. 7.4.1998, Rel. Min. Félix Fischer, DJU, 18.05.98. No mesmo sentido: *Habeas Corpus.* Contravenção penal. Suspensão do processo e da prescrição. Art. 366 do CPP. Lei 9.271/96. Limite da suspensão. Máximo da pena. Regra do art. 109 do CP. Ordem concedida. A necessidade de manter a congruência com os princípios constitucionais relativos à seara penal, além de se evitar a odiosa idéia da imprescritibilidade de condutas conhecidamente incluídas no rol de menor potencial ofensivo, tem levado esta Corte a impor limites ao prazo de suspensão da prescrição, a partir do que determina o art. 109 do CP, impedindo a consecução eterna da pretensão punitiva. *In casu*, tomando-se por base a natureza delitiva, e reiniciado o prazo após cumprida a fluência prescricional do art. 109, vê-se que a pretensão punitiva ultrapassou e muito a exigência legal. Ordem concedida para extinguir a pretensão punitiva em face da prescrição (Recurso de *Habeas Corpus* 25.734-SP, j. 11.11.2003, Rel. Min. José Arnaldo da Fonseca, DJ, 09.12.2003.)

[66] Esse é o entendimento de Adriano Ricardo Claro (2008, p. 140).

[67] "Art. 5º, LV – aos litigantes, em processo judicial ou administrativo, e aos acusados em geral são assegurados o contraditório e a ampla defesa, com os meios e recursos a ela inerentes".

[68] LOPES JR., Aury, 2008, p. 183.

[69] LOPES JR., Aury, p. 182-183.

[70] No mesmo sentido, além da posição do STJ, Fábio Guedes de Paula Machado (p. 173-174) e Mara Regina Trippo (p. 91-92).

não deve ultrapassar o prazo prescricional regulado pelo mínimo da pena aplicável ao delito, pois, segundo o autor, isso "se mostra mais coerente com o princípio da presunção de inocência e com a aplicação *in bonam partem* da lei penal em matéria de prescrição".[71]

2.2. DA (NÃO) RETROATIVIDADE DOS CASOS DE IMPRESCRITBILIDADE PREVISTOS NA CONSTITUIÇÃO DE 1988

Outro tema de importância com relação à imprescritibilidade é a possibilidade ou não de efeito retroativo do art. 5º, incs. XLII e XLIV, da CF, aos crimes praticados antes de sua promulgação. Sobre o assunto, Fernando Galvão escreveu:

> [...] as hipóteses de imprescritibilidade estabelecidas na Carta Constitucional de 1988 são aplicáveis aos fatos ocorridos anteriormente, desde que não tenha ocorrido a prescrição na época da entrada em vigor dos dispositivos constitucionais. Nesses casos, a Constituição entra em vigor quando ainda existente o poder-dever de punir do Estado, e declara expressamente a impossibilidade de extinção da responsabilidade pela prescrição. Não se trata de aplicação de norma penal prejudicial ao réu retroativamente, mas em relação a pretensões que são viáveis e ainda podem ser satisfeitas. Nesse caso, não se pode alegar que a Constituição proíbe, no inc. XL do art. 5º, a aplicação retroativa de dispositivo penal prejudicial ao réu. A imprescritibilidade dos crimes ainda não atingidos pela prescrição não importa aplicação retroativa. De qualquer forma, a restrição constitucional refere-se aos dispositivos legais, e não aos constitucionais.[72]

Adotando posicionamento diverso, Damásio de Jesus entende que "os incisos XLII e XLIX, embora situados na CF, contêm normas penais", e, consoante a impossibilidade de retroação da lei penal mais grave, prevista no art. 5º, inc. XL, não tem aplicação a imprescritibilidade "aos delitos cometidos antes da vigência da nova Carta".[73]

Diante do entendimento de que a prescrição é instituto de Direito Penal material,[74] todas as suas regras estão sujeitas ao princípio da proibição da irretroatividade da lei penal mais grave.[75] Criar a figura da imprescritibilidade é uma lei prejudicial ao réu; portanto, não se aplicaria aos processos em curso na data de sua edição.[76]

Poder-se-ia alegar, por outro lado, que a norma a respeito da imprescritibilidade é constitucional, não penal, e, por isso, não estaria abrangida pelo princípio da irretroatividade da *lex gravior*. Contudo, a imprescritibilidade prevista no art. 5º, inc. XLII, é um exemplo de norma constitucional não autoaplicável, pois, para sua execução, "se faz indispensável a mediação do legislador, editando normas infraconstitucionais regulamentadoras".[77] Não houvesse lei prevendo os crimes de preconceito

---

[71] MACHADO, Antônio Alberto, 2009, p. 119.

[72] GALVÃO, Fernando, p. 884-885.

[73] JESUS, Damásio Evangelista de, 2009, p. 25.

[74] FAYET JÚNIOR, Ney; FAYET, Marcela; BRACK, Karina, 2007, p. 44-45.

[75] CF, art. 5º, XL – "a lei penal não retroagirá, salvo para beneficiar o réu".

[76] No mesmo sentido: MACHADO, Fábio Guedes de Paula, p.164-165.

[77] MENDES; Gilmar Ferreira; BRANCO, Paulo Gustavo Gonet; COELHO, Inocêncio Mártires, p. 28.

e discriminação racial, sobraria uma norma constitucional incompleta e ineficaz, uma vez que, pelo princípio da reserva legal, art. 5º, XXXIX, da Carta Maior, "não há crime sem lei anterior que o defina, nem pena sem prévia cominação legal". Tendo em vista que a lei que especificava os crimes supracitados só foi editada em 1989, entendemos ser impossível a aplicação da imprescritibilidade aos crimes anteriores a sua entrada em vigor, porque antes disso não havia ainda uma definição de tipos penais.[78] No que tange aos crimes de ação de grupos armados, civis ou militares, contra a ordem constitucional e o Estado Democrático, por ainda não estarem definidos em lei, a questão da retroatividade, portanto, estaria superada.

3. Da imprescritibilidade e o Direito Internacional Penal

A repercussão do problema da imprescritibilidade não se restringe, exclusivamente, ao ordenamento jurídico interno. Pelo contrário, a relação entre o decurso de prazo e o exercício do *jus puniendi* estatal apresenta particular relevância na perspectiva do Direito Internacional, haja vista a alentada evolução de seu ramo penal após a Segunda Guerra Mundial e a existência de convênios internacionais específicos destinados a estabelecer a imprescritibilidade de alguns crimes internacionais.

Em particular, a recente trajetória evolutiva do Direito Internacional Penal[79] – desde a criação dos tribunais militares internacionais de Nuremberg e Tóquio até a instituição do Tribunal Penal Internacional (TPI)[80] – vem demonstrando uma especial preocupação da comunidade internacional em perseguir e punir crimes que afrontam valores fundamentais de sua *ordre public*.[81]

---

[78] No mesmo sentido: BASTOS, Celso Ribeiro; MARTINS, Ives Gandra da Silva, p. 244.

[79] Acerca da distinção entre Direito Penal Internacional e Direito Internacional Penal, ver Ferrando Mantovani, 2007, p. 871 e segs.

[80] O TPI – criado a partir do chamado ER, que entrou em vigor em 2002 – tem natureza "complementar às jurisdições penais nacionais", "com caráter permanente e independente no âmbito do sistema das Nações Unidas, e com jurisdição sobre os crimes de maior gravidade que afetem a comunidade internacional no seu conjunto", conforme o preâmbulo do Estatuto. O tratado de criação do TPI foi assinado no ano 2000, pelo Brasil, ratificado em 2002 e inserido em seu ordenamento jurídico pela EC 45/2004, que incluiu o § 4º no art. 5º da CF: "§ 4º – O Brasil se submete à jurisdição de Tribunal Penal Internacional a cuja criação tenha manifestado adesão" (JAPIASSÚ, Carlos Eduardo Adriano, 2009, p. 106-107).

[81] O filósofo italiano Danilo Zolo (2007, p. 51-52) é especialmente crítico com o que classifica de "sistema dualista" da justiça internacional penal, estabelecido desde o Pós-Guerra de 1945. Para o autor, o sistema estaria marcado por uma "justiça dos vencedores", em que crimes de guerra, crimes contra a humanidade e, particularmente, o genocídio, encontraram espaço em um forte aparato repressivo de convenções – como as de Genebra de 1949 – e tribunais internacionais, deixando, porém, o crime de agressão sem tipificação precisa e, portanto, sem aplicação prática. Para Danilo Zolo (p. 51-52), "fué así afirmándose de hecho el sistema dualista de justicia penal internacional, una suerte de doble vía por la cual, a la par de una justicia para los derrotados y los pueblos oprimidos, funciona una 'justicia a medida' para las grandes potencias del planeta y sus líderes vencedores. En particular, ocurrió que crímenes internacionales de *ius in bello*, por lo general de menor gravedad que el crimen de agresión, hayan sido perseguidos con ensañamiento e incluso castigados con gran severidad, en especial por el Tribunal de la Haya para la antigua Yugoslavia. Al mismo tiempo, la guerra de agresión, crimen cometido mayormente por las autoridades políticas y militares de grandes potencias, fue ignorada sistemáticamente. A pesar de que el Tribunal de Nuremberg la haya calificado como 'crimen internacional supremo', sus responsables permanecen impunes en los vértices de la pirámide del poder internacional".

Comprovada pelas experiências dos tribunais internacionais *ad hoc* para a antiga Iugoslávia[82] e para Ruanda[83] e, ainda, por vivências mistas como as de Serra Leoa,[84] Camboja[85] e Líbano[86] – a internacionalização crescente da experiên-

[82] **International Criminal Tribunal for the former Yugoslavia (ICTY)**. Já no contexto Pós-Guerra Fria, o ICTY é o primeiro Tribunal *ad hoc* criado pelo Conselho de Segurança das Nações Unidas, por meio da Resolução 827/1993, e segue em atividade até a presente data, com seu estatuto emendado diversas vezes por resoluções das Nações Unidas. Com sede em Haia, nos Países Baixos, o ICTY tem jurisdição para processar e julgar os responsáveis por violações graves ao Direito Internacional Humanitário ocorridas no território da antiga Iugoslávia desde 1991 até 2001. No âmbito de competência do Tribunal recaem as graves violações às Convenções de Genebra de 1949, violações às leis e aos costumes da guerra, genocídio e crimes contra a humanidade cometidos durante os conflitos armados nos Bálcãs. Dentre os mais destacados casos, oferecendo um entendimento da mecânica e matéria do Tribunal, encontram-se os já concluídos: *Krstić (IT-98-33) Srebrenica-Drina Corps* e *Tadić (IT-94-1) Prijedor*.

[83] **International Criminal Tribunal for Rwanda (ICTR)**. O TPI para Ruanda instituiu-se, inicialmente, como resposta ao requerimento do próprio governo ruandês às Nações Unidas (S/1994/1115). Criado por meio da Resolução 955/1994 do Conselho de Segurança, o Tribunal – em atividade e com sede em Arusha – tem por competência o processamento dos responsáveis pelos crimes de genocídio e outras violações graves ao Direito Internacional Humanitário cometidos em Ruanda e nos territórios vizinhos entre 1º de janeiro de 1994 e 31 de dezembro de 1994. Entre os julgados do Tribunal, destaca-se o caso *"AKAYESU, Jean Paul (ICTR-96-4)"* que, como esclarece Antonio Cassese (2003, p. 100), constituiu significativa contribuição na elaboração da noção de genocídio. Sobre a tragédia humana decorrente do conflito e o funcionamento do próprio Tribunal, a partir da experiência da juíza Inés Weinberg de Roca, ver o documentário "Los 100 días que no conmovieron al mundo" (2009/Argentina), da jornalista Susana Reinoso.

[84] **Special Court for Sierre Leone (SC-SL)**. Em 2000, atendendo ao pedido do Governo de Serra Leoa, o Conselho de Segurança, pela Resolução 1315, decidiu prestar assistência àquele país para instituir um tribunal misto (com magistrados indicados em parte pelo governo de Serra Leoa, em parte pelo Secretário-Geral das Nações Unidas, conforme Estatuto – art. 12). A SC-SL tem por objeto o processamento e julgamento dos responsáveis (maiores de 15 anos ao tempo do cometimento dos crimes) por graves violações do Direito Internacional Humanitário, ocorridas no território serra-leonês a partir de 30 de novembro de 1996. Também na competência da SC-SL restou o julgamento de outros crimes específicos da lei local como o abuso de menores de 14 anos do sexo feminino. Vale notar, ainda, que o Tribunal, mantendo a tradicional política de imunidades das Nações Unidas, garantiu aos membros de seus operativos para manutenção da paz – que se viram envolvidos em conflitos armados na região – o julgamento exclusivo pelo foro do país de origem das tropas (Estatuto SC-SL – art. 1º, § 2º).

[85] **Extraordinary Chambers in the Courts of Cambodia (ECCC)**. As Câmaras Extraordinárias nas Cortes do Camboja (disponível em: http://www.eccc.gov.kh/) são uma experiência mista, criada a partir de um acordo entre as Nações Unidas e o Governo do Camboja, em que cortes domésticas são auxiliadas por pessoal disponibilizado pela organização internacional para aplicar a lei local, suplementada pelo Direito Internacional. Nas câmaras, são julgados os líderes do *Khmer Rouge* por crimes previstos na lei local; por genocídio – nos termos definidos pela Convenção de 1948; por crimes contra a humanidade – nos termos do ER de 1998; e, ainda, por graves violações das Convenções de Genebra de 1949. O período temporal de cometimento dos crimes estende-se de 17 de abril de 1975 a 06 de janeiro de 1979, portanto, decorridos, pelo menos, 27 anos dos fatos até o efetivo estabelecimento das câmaras, em 2006. As Cortes cambojanas contam com o auxílio técnico da UNAKRT, a missão de assistência das Nações Unidas aos julgamentos dos *Khmer Rouge* (disponível em: http://www.unakrt-online.org). Ainda, sobre o funcionamento e controvérsias geradas no âmago do sistema híbrido das ECCC, como as divergências entre promotores (nacional e internacional) quanto ao indiciamento ou não de atores de menor relevância nas cadeias de comando, conferir o artigo de Neha Jain (2010, p. 247-290): "Between the Scylla and Charybdis of Prosecution and Reconciliation: The Khmer Rouge Trials and the Promise of International Criminal Justice".

[86] **Special Tribunal for Lebanon (STL)**. O Tribunal Especial para o Líbano foi criado a partir da Resolução 1757 do Conselho de Segurança das Nações Unidas, em 2007, a pedido do Governo libanês, e iniciou suas atividades em 1º de março de 2009. Sua tarefa é a de apurar responsabilidades pelo atentado terrorista de 14 de fevereiro de 2005, que vitimou 23 pessoas em Beirute, entre elas o ex-Primeiro Ministro Rafic al-Hariri. Ainda que se trate de uma corte internacional de composição mista, sua jurisdição se encontra restrita aos crimes, em especial o terrorismo, conforme tipificação prevista pelo CP libanês, sem enfrentar, assim, a questão do terrorismo como crime internacional (ver: APTEL, Cécile, 2007, p. 1107-1108). Atualmente, preside o STL o jurista italiano Antonio Cassese, ex-presidente do ICTY, entre 1993-1997.

cia jurisdicional penal reclama um estudo focalizado do instituto da prescrição dos crimes internacionais,[87] ponto de quebra na compatibilização entre alguns ordenamentos internos e a ordem jurídica internacional vigente.

3.1. BREVE HISTÓRICO DA NOÇÃO DE IMPRESCRITIBILIDADE NO DIREITO INTERNACIONAL PENAL

Sem dúvida, as raízes do que hoje concebemos como Direito Internacional Penal se encontram nos julgamentos conduzidos pelos vitoriosos ao final da Segunda Guerra Mundial. Nesse sentido, as cartas dos tribunais militares internacionais para Alemanha (Tribunal de Nuremberg) e para o Extremo Oriente (Tribunal de Tóquio) foram omissas sobre o tema da (im)prescritibilidade dos crimes internacionais sob sua jurisdição, situação nada surpreendente se considerarmos a aplicação imediata e pontual a que se destinavam.

A regra geral dos instrumentos internacionais silentes sobre o tema imperou nas primeiras duas décadas do Pós-Guerra. Sua notável exceção foi a Lei nº 10 do Conselho de Controle Aliado, de 20 de dezembro de 1945, cujo conteúdo determinava, expressamente, que os acusados de (i.) crimes de guerra, (ii.) crimes contra a paz, (iii.) crimes contra a humanidade e (iv.) participação em grupos ou organizações declarados criminosos pelo Tribunal de Nuremberg não teriam direito aos benefícios de qualquer estatuto prescricional, com relação ao período entre 30 de janeiro de 1933 e 1º de julho de 1945.[88]

O objetivo da Lei nº 10 era garantir aos Aliados, em suas respectivas zonas de ocupação no território alemão, o exercício do *jus puniendi* sobre criminosos nazistas não processados previamente pelo Tribunal de Nuremberg. Nesse contexto, inclinamo-nos à leitura do art. 2º, § 5°, da referida Lei, como uma medida de exceção que suspende o benefício prescricional, e não uma declaração geral e definitiva de imprescritibilidade.[89]

Contudo, remetendo novamente à tendência geral, importantes instrumentos adotados pela comunidade internacional, nos anos seguintes, omitiram o tema do vínculo entre a prescrição e os crimes internacionais, entre os quais podem ser indicados: (i.) a confirmação dos princípios de Direito Internacional reconhecidos pelo estatuto do Tribunal de Nuremberg pela Assembleia Geral das Nações Unidas (Res. 95 de 1946); (ii.) a Convenção para a Prevenção e a Punição dos Crimes de

---

[87] Micaela Frulli (2004, p. 301) afirma que "a maioria dos instrumentos jurídicos para a prevenção e repressão dos crimes internacionais não aborda a questão da prescrição".

[88] "Countrol Council Law n. 10. Article II. [...] 5. In any trial or prosecution for a crime herein referred to, the accused shall not be entitled to the benefits of any statute of limitation in respect to the period from 30 January 1933 to 1 July 1945, nor shall any immunity, pardon or amnesty granted under the Nazi regime be admitted as a bar to trial or punishment." Disponível em: "The Avalon Project" – http://avalon.law.yale.edu/imt/imt10.asp.

[89] Nesse sentido, Ruth A. Kok (2007, p 89) entende que a disposição da Lei nº 10 do Conselho de Controle Aliado não constitui efetiva declaração de imprescritibilidade, mas, sim, mera suspensão da prescrição, vez que os procedimentos com base da Lei nº 10 terminaram em 1953, tendo como sequência o processamento nas cortes alemãs de acordo com a lei doméstica.

Genocídio (Res. 260 de 1948);[90] e (iii.) as quatro Convenções de Genebra sobre o Direito Aplicável aos Conflitos Armados de 1949, pilares do Direito Internacional Humanitário.[91]

Não obstante tenham alguns poucos Estados adotado soluções individuais, no impacto do Pós-Guerra, para estabelecer a imprescritibilidade de crimes específicos,[92] o debate, no plano internacional, só cobraria força a partir da segunda metade da década de 1960, período em que se aproximava, em muitos ordenamentos, o termo médio de 20 anos para viabilizar o processamento das atrocidades cometidas durante o regime nacional-socialista alemão.

Segundo Ana Flavia Velloso,[93] diante de tal premência, organizaram-se inúmeras conferências para debater a questão, entre elas o Colóquio Internacional de Varsóvia, de 1964, que resultou em uma resolução firmada por juristas de todo o continente europeu a favor da imprescritibilidade dos crimes nazistas. O debate prosseguiria no interior dos ordenamentos nacionais, levando a processos de revisão da legislação para os quais se mostraram mais proclives os Estados do leste europeu.[94]

---

[90] A Convenção foi aprovada na 3ª Sessão da Assembleia Geral das Nações Unidas por votação unânime de seus, então, 56 membros. Hoje, conta com 141 Estados-Partes e 41 signatários. Se observarmos o anteprojeto elaborado pelos juristas Henri Donnedieu de Vabres, Raphael Lemkin e Vespasien Pella, nele não se encontra referência sobre a questão prescricional; porém, há de se notar uma franca preocupação em não interferir em demasia nas legislações penais internas, como demonstra o comentário sobre a proposta do art. 6º, relacionada com obrigação dos Estados de garantir efetiva punição para os crimes de genocídio em seu Direito interno: "It did not seem advisable to establish in the Convention the punishments to be applied to various acts of genocide, because penal systems vary and because it is preferable to leave some freedom of action to States, whenever this does not present any real disadvantages. It should be enough to say that the penalties should be sufficiently rigorous to make punishment effective" (ONU, doc. E/447.) Posteriormente, nos debates do Comitê para a questão do genocídio (formado pelos seguintes países: Estados Unidos, União Soviética, Líbano, China, França, Polônia e Venezuela), o mesmo art. 6º do anteprojeto suscitou problemas quanto à obrigatoriedade de alterações das leis penais domésticas (ver ONU, doc. E/794). Entendemos, assim, difícil precisar se a questão da prescrição foi omitida no anteprojeto original propositalmente ou não. Fato é que sua inclusão poderia suscitar dificuldades reais na aprovação da Convenção desejada por consenso.

[91] No ano de 1949, firmaram as Convenções de Genebra 54 Estados, entre eles o Brasil. Atualmente, são 194 Estados-Partes comprovando a relevância indiscutível desses instrumentos para o Direito Internacional Humanitário (ver: http://www.icrc.org/Web/Eng/siteeng0.nsf/html/party_main_treaties).

[92] Já em 1946 a Dinamarca estabeleceu a imprescritibilidade dos crimes de traição e crimes contra a independência e segurança do Estado, enquanto a China nacionalista adotou a imprescritibilidade dos crimes de guerra (KOK, Ruth A., p. 36). Em Israel, a Lei 5.710 de 1950, conhecida como "Nazi and Nazi-Colaborators (Punishment) Law" (disponível no sítio eletrônico do Ministério de Relações Exteriores israelense: http://www.mfa.gov.il/MFA/), dispunha a inaplicabilidade da prescrição para os delitos mais graves (art. 12) e desautorizava também o princípio da *res judicata*, uma vez que um indivíduo poderia ser julgado, em Israel, mesmo que já tivesse sido julgado no estrangeiro, por tribunal nacional ou internacional, pela mesma ofensa (art. 9º). Sobre o tema, Hannah Arendt, relatando o julgamento de Adolf Eichmann, em Jerusalém, observa que os três últimos itens de sua acusação se referiam à pertinência a três das organizações reputadas criminosas pelo Tribunal de Nuremberg (a *SS*, o Serviço de Segurança ou *SD* e a Polícia Secreta de Estado ou *Gestapo*) a despeito de que "sua filiação a elas antes de maio de 1940"; portanto, se enquadrasse "nas normas de prescrição (vinte anos) para crimes menores da Lei de 1950". (ARENDT, Hannah, 1999, p. 267-268).

[93] VELLOSO, Ana Flavia, 2009, 3-4.

[94] Ana Flavia Velloso (p. 4) menciona, em ordem cronológica entre 1964 e 1965, a superveniência de soluções provisórias para evitar o decurso da prescrição relativa aos crimes da Segunda Guerra Mundial nos territórios da República Democrática Alemã, Tchecoslováquia, Hungria, Bélgica, França, Áustria e, finalmente, da República Federal da Alemanha.

Os debates finalmente carrearam à iniciativa das Nações Unidas de elaborar um convênio internacional sobre a matéria. Assim, em 1968, pela Resolução de nº 2391 da Assembleia Geral, aprovou-se a Convenção sobre a Imprescritibilidade dos Crimes de Guerra e dos Crimes Contra a Humanidade.[95] Contudo, o número de Estados-Partes permaneceu limitado ao longo dos anos, alcançando apenas o número total de 54. A retroatividade penal – estabelecida pelo art. 1º da Convenção[96] – é provavelmente um dos fatores que contribuíram para a baixa adesão dos Estados Democráticos de Direito. Nesse rumo, as esferas de influência da Guerra Fria aparecem sublinhadas se observarmos que, entre os primeiros países a ratificar a Convenção, estão Bielorrússia, Bulgária, Cuba, Hungria, Polônia, Romênia, Ucrânia e a própria URSS, hoje Federação Russa. Por outro lado, as grandes potências europeias, Estados Unidos, Canadá, Japão, e mesmo o Brasil, nunca aderiram ao referido tratado.[97]

Seis anos depois, o Conselho Europeu decidiu elaborar um instrumento próprio sobre a matéria, surgindo, assim, a Convenção Europeia sobre a Imprescritibilidade dos Crimes Contra a Humanidade e dos Crimes de Guerra de 1974.[98] Desta vez, o tema da retroatividade foi tratado de maneira distinta. O art. 2º da Convenção previa sua aplicação apenas aos crimes cometidos após sua entrada em vigência para o respectivo Estado ou, ainda, nas hipóteses de crimes cometidos anteriormente, caso o prazo prescricional original não houvesse transcorrido integralmente à data da entrada em vigor.[99] Ainda assim, não houve entusiasmo entre os Estados pertencentes ao Conselho Europeu, contando a Convenção tão somente com as ratificações, na década de 1980, dos Países Baixos e, mais recentemente, já nos anos 2000, da Bélgica, da Bósnia-Herzegovina, de Montenegro, da Romênia, da Sérvia e da Ucrânia.

A inexistência de consenso sobre a matéria pode ser inferida também a partir da omissão nos Protocolos Adicionais I e II, de 1977, complementares às Convenções de Genebra sobre o Direito Aplicável aos Conflitos Armados.[100] Se, em 1949, quando da elaboração das Convenções de Genebra, se poderia dizer que

---

[95] Convention on the Non-Applicability of Statutory Limitations to War Crimes and Crimes against Humanity (1968).

[96] "Art. 1º. São imprescritíveis, *independentemente da data em que tenham sido cometidos*, os seguintes crimes: (1) os crimes de guerra [...]; (2) os crimes contra a humanidade, sejam cometidos em tempo de guerra ou em tempo de paz [...]." [Grifo nosso.] Para Micaela Frulli (p. 302), "a Convenção não introduz novos crimes, ela se limita a constatar a sua gravidade e, portanto, a visar a sua imprescritibilidade. A questão de saber se as regras sobre a prescrição são regras de fundo ou regras processuais não tem uma resposta unívoca. O estatuto do TPI estabelece o princípio da imprescritibilidade entre os princípios gerais do direito penal".

[97] Sobre o problema da retroatividade penal, opuseram reservas específicas México e Peru em suas ratificações à Convenção, respectivamente em 2002 e 2003 (para maiores detalhes, ver: http://treaties.un.org/Pages/ParticipationStatus.aspx).

[98] European Convention on the Non-Applicability of Statutory Limitations to Crimes Against Humanity and War Crimes.

[99] Article 2. / 1. The present Convention applies to offences committed after its entry into force in respect of the Contracting State concerned; 2. It applies also to offences committed before such entry into force in those cases where the statutory limitation period had not expired at that time.

[100] KOK, Ruth A., p. 90.

o silêncio era involuntário em razão da proximidade com os ocorridos na Segunda Guerra, no caso de seus Protocolos Adicionais, em 1977, o debate sobre a imprescritibilidade de determinados crimes internacionais já se encontrava aberto e, portanto, não tratar o tema era uma das formas de "tratá-lo".

De particular importância para os países da América Latina, vale observar, brevemente, a abordagem do tema da prescrição quanto aos crimes de desaparições forçadas nos respectivos instrumentos internacionais dirigidos ao tema. Em seu preâmbulo, a Convenção Interamericana sobre os desaparecimentos forçados de 1994[101] qualifica como crime de lesa-humanidade a prática sistemática do desaparecimento; entretanto, o art. 7° dispõe:

> A ação penal decorrente do desaparecimento forçado de pessoas e a pena que for imposta judicialmente ao responsável por ela não estarão sujeitas à prescrição. No entanto, quando existir uma norma de caráter fundamental que impeça a aplicação do estipulado no parágrafo anterior, o prazo da prescrição deverá ser igual ao do delito mais grave na legislação interna do respectivo Estado Parte.

Trata-se, claramente, de uma solução de consenso visando ao maior número de adesões entre os países da Organização dos Estados Americanos, evitando a imposição da solução de imprescritibilidade aos países que a tenham, por alguma maneira, obstruída em seu ordenamento jurídico.

Recentemente, em 2006, foi aprovada, por meio da Resolução 177 do 61° período de sessões da Assembleia Geral das Nações Unidas, a Convenção Internacional para a Proteção de Todas as Pessoas contra o Desaparecimento Forçado,[102] tendo entrado em vigor no dia 23 de dezembro de 2010.[103] A mencionada Convenção conta, desde o dia 29 de novembro último, com a ratificação do Brasil, que, desse modo, faz coro ao compromisso já assumido pela Argentina, pelo Chile e pelo Uruguai.

Sobre nossa temática, a referida Convenção deixa a cargo dos Estados-Partes a definição sobre a aplicação ou não de estatutos prescricionais para o crime de desaparecimento forçado no âmbito doméstico. O art. 8° apenas demanda que, se aplicados prazos prescricionais, estes devem observar períodos longos e proporcionais à gravidade da ofensa, bem como seu termo inicial deve dar-se no momento em que cessa o desaparecimento, considerando a natureza permanente do crime.[104] Por outro lado, o art. 5° da Convenção consigna a *prática generaliza-*

---

[101] O Brasil é signatário dessa Convenção, porém não a ratificou até o presente momento.

[102] International Convention for the Protection of All Persons from Enforced Disappearance (ONU, doc. A/61/488).

[103] A entrada em vigor da Convenção, conforme seu art. 39, dar-se-á no 30° dia após o depósito do 20° instrumento de ratificação. O Iraque depositou sua ratificação em 23 de novembro de 2010, tornando-se, assim, o 20° Estado-Parte da Convenção, seguido, imediatamente, pelo Brasil, em 29 de novembro de 2010.

[104] "Article 5. The widespread or systematic practice of enforced disappearance constitutes a crime against humanity as defined in applicable international law and shall attract the consequences provided for under such applicable international law. / Article 8. Without prejudice to article 5, / 1. A State Party which applies a statute of limitations in respect of enforced disappearance shall take the necessary measures to ensure that the term of limitation for criminal proceedings: (a) Is of long duration and is proportionate to the extreme seriousness of this offence; (b) Commences from the moment when the offence of enforced disappearance ceases, taking into account its continuous nature. / 2. Each State Party shall guarantee the right of victims of enforced disappearance to an effective remedy during the term of limitation."

da e sistemática da desaparição forçada como crime contra a humanidade, o que poderia implicar a imprescritibilidade dos crimes nesta última hipótese.

Retomando a questão da imprescritibilidade dos crimes internacionais em geral, após a década de 1990 a matéria ganhou tratamento nas experiências recentes dos tribunais internacionais *ad hoc* e tribunais mistos. Exemplificativamente, a câmara de julgamento do Tribunal para a antiga Iugoslávia (ICTY), no caso *Anton Furunžija* (10/12/1998), ao tratar da tortura na condição de crime internacional, afirmou:

> 156. Furthermore, at the individual level, that is, that of criminal liability, it would seem that one of the consequences of the *jus cogens* character bestowed by the international community upon the prohibition of torture is that every State is entitled to investigate, prosecute and punish or extradite individuals accused of torture, who are present in a territory under its jurisdiction.(...)This legal basis for States' universal jurisdiction over torture bears out and strengthens the legal foundation for such jurisdiction found by other courts in the inherently universal character of the crime. It has been held that international crimes being universally condemned wherever they occur, every State has the right to prosecute and punish the authors of such crimes. (...)"
>
> 157. *It would seem that other consequences include the fact that torture may not be covered by a statute of limitations*, and must not be excluded from extradition under any political offence exemption.[105] [Grifo nosso.]

Também, nesse sentido, a Carta de 2000, estabelecendo a formulação mista das Câmaras Extraordinárias nas Cortes do Camboja para julgamento dos crimes do *Khmer Rouge*, estabelece, em seus arts. 4° e 5°, a não oponibilidade de estatutos prescricionais para os crimes de genocídio e crimes contra a humanidade, enquanto o art. 3° estende por mais 30 anos o prazo prescricional disposto no CP de 1956 para homicídio, tortura e persecução religiosa.[106]

Por fim, em 2002, com a entrada em vigor do TPI, a matéria tem um novo giro. Cuida-se de um importante instrumento convencional, por meio do qual, até agora, ao menos, 114 Estados expressaram sua concordância com a imprescritibilidade de quatro categorias de crimes internacionais e suas respectivas tipificações (sobre o conteúdo do ER e seu impacto na questão da prescrição penal na esfera internacional e no âmbito brasileiro, discorreremos a seguir).

3.2. DA VIGÊNCIA DO ESTATUTO DE ROMA E SEU IMPACTO SOBRE A IDEIA DA IMPRESCRITIBILIDADE DOS CRIMES INTERNACIONAIS COMO REGRA GERAL DE DIREITO DAS GENTES

Crimes internacionais são violações de regras internacionais que engendram responsabilidade penal individual, em contraste com a responsabilidade que o

---

[105] ICTY Case n.: IT-95-17/1-T (*Trial Chambers Judgment*, 18/12/1998).

[106] CASSESE, Antonio, 2003, p. 317.

Estado, como sujeito de Direito Internacional, possa vir a assumir pela ação desses indivíduos na condição de seus agentes ou órgãos.[107]

O elenco de tipos penais que configuram crimes internacionais não é assunto pacífico. Indiscutivelmente, os crimes de guerra,[108] os crimes contra a humanidade[109] e o genocídio[110] compõem o núcleo duro dessa classificação. Porém, ao seu lado, emergem questões importantes e controvertidas como as relativas ao *status* do crime de agressão,[111] ao renascimento da pirataria[112] e à inclusão

---

[107] CASSESE, Antonio, 2003, p. 23. Podemos citar, ainda, como característica dos crimes internacionais, a existência de um interesse universal em sua repressão, conforme o entendimento de Fernanda Florentino Fernandez Jankov (2009, p. 58).

[108] A expressão "crimes de guerra" faz, hoje, referência ao cometimento de graves violações às regras e aos princípios impostos aos combatentes pelo Direito Internacional Humanitário (DIH) no curso de conflitos armados, com ou sem caráter internacional. Complexo sistema de direito consuetudinário e convencional que entrelaça limitações aos meios e métodos empregados em combate (direito da Haia) e a proteção da população civil e dos indivíduos *hors de combat*, como feridos, enfermos e prisioneiros de guerra (direito de Genebra), o DIH apresenta dois princípios cardinais: (i.) primeiramente, a proteção da população civil e dos objetos civis, demandando uma distinção entre combatentes e não combatentes (princípio da discriminação); e (ii.) a proibição de práticas que visem a infligir sofrimento desnecessário aos combatentes, limitando a liberdade de eleição de armas e meios, com objetivo de evitar o sofrimento ou seu agravamento desnecessários (princípio da proporcionalidade) (ver: International Court of Justice. Legality of the Threat or Use of Nuclear Weapons, Advisory Opinion, I. C.J. Reports 1996, p. 226, §78. Disponível em: http://www.icj-cij.org/). Como mais destacados instrumentos do DIH estão as Convenções da Haia, de 1899 e 1907, e os quatro Convênios de Genebra, de 1949, bem como os seus Protocolos Adicionais, de 1977.

[109] A noção de crimes contra a humanidade preexiste à Segunda Guerra Mundial, tendo sido utilizada em um sentido não técnico desde 1915 (primeiramente, em referência aos assassinatos em massa de armênios pelo Império Otomano) e aludida, implicitamente, no preâmbulo das Convenções da Haia de 1899 e 1907, por meio da chamada *Cláusula Martens* (CASSESE, Antonio, 2008, p. 457-458). Contudo, como conceito jurídico independente e gerador de responsabilidade penal individual, seu surgimento data de 1945, com o art. 6º (c) do Estatuto do Tribunal Militar Internacional para a Alemanha (Tribunal de Nuremberg) que abarca, nominalmente, atos de: "homicídio, exterminação, escravização, deportação ou outros atos inumanos cometidos contra qualquer população civil, antes ou durante a guerra; ou persecuções em termos políticos, raciais ou religiosos em execução ou em conexão com qualquer crime sob a jurisdição do Tribunal, seja ou não violação da lei doméstica do país onde seja perpetrado" (tradução livre). A partir da experiência de Nuremberg (bastante criticada com base no princípio *nullum crimen, nulla poena sine lege*), a categoria de crime contra a humanidade evoluiu, em especial nas experiências dos Tribunais *ad hoc* para Iugoslávia e Ruanda, para, finalmente, alcançar a tipificação do art. 7º do ER, que incluiu, entre outros, a tortura, a desaparição forçada de pessoas, o crime de *apartheid* e atentados graves à saúde física e mental, sempre e quando realizados como parte de um ataque generalizado ou sistemático contra uma população civil.

[110] O genocídio – inicialmente concebido como subcategoria dos crimes contra a humanidade, conforme os termos da Carta de Nuremberg – adquiriu autonomia como crime internacional a partir da adoção pela Assembleia Geral das Nações Unidas da Convenção para Prevenção e Repressão do Crime de Genocídio de 1948, da qual o Brasil é signatário, tendo sido promulgada, no país, por meio do Decreto 30.822 de 1952. O texto da referida Convenção, em seu art. 2º, entende por genocídio: "qualquer dos seguintes atos, cometidos com a intenção de destruir, no todo ou em parte, um grupo nacional, étnico, racial ou religioso, como tal: a) matar membros do grupo; b) causar lesão grave à integridade física ou mental de membros do grupo; c) submeter intencionalmente o grupo à condição de existência capazes de ocasionar-lhe a destruição física total ou parcial; d) adotar medidas destinadas a impedir os nascimentos no seio de grupo; e) efetuar a transferência forçada de crianças de grupo para outro grupo".

[111] O crime de agressão encontra particular resistência, junto à comunidade internacional, para obter tipificação definitiva. Seu equivalente funcional seriam, em linhas gerais, os chamados crimes contra a paz, pelos quais foram processadas e julgadas algumas lideranças do Eixo no Pós-Guerra (1945-1946). As ações consistentes em crimes contra a paz foram, então, arroladas como: "planning, preparation, initiation or waging of a war of aggression, or a war in violation of international treaties, agreements or assurances, or participation in a common plan or conspiracy for the accomplishment of any of the foregoing". Os Tribunais de Nuremberg e Tóquio foram os únicos, até o presente, a empreender julgamentos com base nessa categoria de crime internacional (ver: GLENNON, Michael J., 2010, p. 71-114). Como solução de consenso, porém sem força vinculante, tem-se a Resolução 3314, de 14 de de-

ou não da tortura[113] e do terrorismo[114] no contexto dos *delicta juris gentium*.

---

zembro de 1974, aprovada durante a 29ª Sessão da Assembleia Geral das Nações Unidas, que trouxe em seu anexo a seguinte definição para o ato de agressão: "Article 1: Aggression is the use of armed force by a State against the sovereignty, territorial integrity or political independence of another State, or in any other manner inconsistent with the Charter of the United Nations, as set out in this Definition./ Explanatory note: In this Definition the term State: (a) is used without prejudice to questions of recognition or to whether a State is a member of the United Nations; (b) includes the concept of a "group of States" where appropried." / Article 5: "(…) 2. A war of aggression is a crime against international peace. Aggression gives rise to international responsibility".

[112] A pirataria – prática tradicionalmente associada às ações que floresceram nos oceanos Atlântico e Índico e no leste asiático nos séculos XVII e XVIII – tem recebido nova atenção da comunidade internacional diante de recentes e violentos eventos ocorridos na costa leste africana, em especial no Golfo de Áden (BOOT, Max, 2009, p. 94). Também outras áreas na costa da Índia, Caribe e o Mar do Sul da China são objeto de preocupação da Organização Internacional Marítima pela elevação da atividade corsária. Conhecida como "inimiga da humanidade" (*hostes humani generis*), a pirataria em alto-mar foi criminalizada e teve a jurisdição universal estabelecida por força do Direito Internacional consuetudinário, definitivamente codificado no texto da Convenção das Nações Unidas sobre Direito do Mar de 1982 (ver arts. 101 e 105). Contudo, sua inclusão no rol de crimes internacionais é bastante controvertida, em especial por não se tratar de delito submetido à jurisdição de tribunal internacional, senão, às cortes nacionais dos Estados responsáveis pelas apreensões (ver: DUBNER, Barry Hart, 1997, p. 17 e segs.). Para Antonio Cassese (2003, p. 24), no que parece ser uma revisão de sua posição anterior (ver: CASSESE, Antonio, 2001, p. 246), a pirataria não poderia ser considerada crime internacional porque sua punição não se dá em nome da proteção de um valor importante para a comunidade internacional como um todo, senão em consequência de um interesse conjunto (*joint interest*) em combater um perigo comum e um dano (real ou potencial) cuja ocorrência se daria fora da jurisdição territorial de qualquer Estado.

[113] A discussão em torno da classificação da tortura, quando praticada, instigada ou, ainda, consentida ou aquiescida por um agente público ou pessoa agindo em capacidade oficial, como crime internacional *per se* – ou seja, independente de um contexto mais abrangente de crimes de guerra ou crimes contra a humanidade – não é tema pacífico. Nesse sentido, Antonio Cassese sustenta, modernamente, a emergência de uma regra consuetudinária que proibiria indivíduos de perpetrar tortura, independentemente se cometida ou não em larga escala, autorizando Estados a processar e punir os delinquentes com base em uma jurisdição universal (2003, p. 119). Contudo, o mesmo autor reconhece a relutância, no cenário internacional, para o reconhecimento da tortura como crime internacional próprio: "In the case of torture as a discrete international crime (see *infra*, 6.5-7), the fact that to date no international court or tribunal has been authorized to exercise its jurisdiction over such crime may probably be explained by noting that torture as a crime connected with armed conflicts (a war crime) or as large-scale or widespread criminal conduct (a crime against humanity) has been considered more in need of attention. In contrast, States feel that torture practiced by State officials or with their connivance or complicity is a matter pertaining to their domestic domain, where international intrusions are not welcome, hence in principle falling under their own criminal jurisdiction. (It is common knowledge that despite the major merits of 1984 Convention against Torture, State prosecutors and courts still are somewhat loath to prosecute and punish torturers allegedly committing offences abroad against foreigners.)" (2003, p. 110).

[114] A questão do terrorismo, *de per si*, como crime internacional (quando seus atos não se encontram absorvidos nos contextos mais amplos dos crimes de guerra ou crimes contra a humanidade), é complexa e controvertida. Entre os autores que vislumbram a possibilidade de enquadrar o terrorismo como crime internacional consolidado pelo costume, encontra-se Antonio Cassese (2003, p. 129), que, escrevendo logo após os atentados de 11 de Setembro de 2001, ofereceu a seguinte definição: "Terrorist acts amount to international crimes when, first, they are not limited in their effects to one State solely, but transcend national boundaries as far as the persons implicated, the means employed, and the violence involved are concerned; and, secondly, they are carried out with the support, the toleration, or the acquiescence of the State where the terrorist organization is located or o f a foreign State. The element of State promotion or State toleration, or even State acquiescence due to inability to eradicate the terrorist organization, seems crucial for elevating the offence to the rank of international crime. This is so because it is at this stage that terrorism stops being a criminal activity against which States can fight by bilateral or multilateral cooperation, to become (an this is the third element) a phenomenon of concern for the whole international community and a threat to the peace". Contudo, como aponta Cherif M. Bassiouni (2010, p. 295), não existe ainda consenso na comunidade internacional sobre a definição de terrorismo, nem mesmo uma convenção abrangente sobre a matéria. Sobre os problemas de coerência nas definições de terrorismo no âmbito internacional e uma proposta para sua inclusão na categoria de crimes internacionais, por meio do estatuto do TPI, ver ainda: DI FILIPPO, Marcello, 2008, p. 533-570 e MUCH, Christian, 2006, p. 121.

Para Antonio Cassese, crimes internacionais seriam necessariamente violações a regras de direito consuetudinário (ou de regras de tratados em que o costume tenha sido codificado, expresso, ou para cuja formação o tratado haja contribuído)[115] que têm por finalidade a proteção de valores considerados importantes por toda a comunidade internacional, vinculando todo Estado e indivíduo. Haveria, portanto, um interesse universal na repressão desses crimes; e, atuando o perpetrador na condição de agente (*de jure* ou *de facto*) de um Estado, este estaria impedido de reclamar imunidades de jurisdição (cível ou criminal) perante o Estado estrangeiro.[116]

Inserida em uma matriz jurídica romano-germânica, a doutrina brasileira tende a perceber o instituto da prescrição como elemento estrutural; e, portanto, indissociável da edificação da teoria penal.[117] Contudo, na tradição da *common law*, as questões referentes à extinção da punibilidade em virtude do transcurso do tempo são bastante mais flexíveis, e a existência de *statutes of limitation*, como são conhecidas as disposições sobre a prescrição, é a exceção, não a regra.[118]

Se existe, portanto, uma relativa uniformidade quanto ao princípio da prescrição no direito continental, essa se torna ausente na tradição anglo-saxã[119] que

---

[115] Razão pela qual Antonio Cassese exclui, expressamente, os crimes de narcotráfico internacional, tráfico internacional de armas, contrabando de material nuclear e lavagem de dinheiro – "for one thing, this broad range of crimes is only provided for in international treaties or resolutions of international organizations, not in customary law. For another, normally it is private individuals or criminal organizations which perpetrate these offences; States fight against them, often by joint official action. In other words, as a rule these offences are committed against States. Usually they do not involve States as such or, if they involve State agents, these agents typically act for private gain, perpetrating what national legislation normally regards as ordinary crimes" (CASSESE, Antonio, 2003, p. 24-25).

[116] CASSESE, Antonio, 2003, p. 23-24.

[117] Sobre fundamentos da prescrição, na visão dos autores brasileiros, ver MACHADO, Fábio Guedes de Paula, 2000, p. 100-102.

[118] Nas palavras de Ruth A. Kok (p. 23): "In common law systems, the rule applies that crimes are not subject to statutory limitations, unless particular statutory provisions explicitly indicate so. In common law systems, different traditions with regard to statutes of limitation exist. Pursuant to the rule *nullum tempus occurrit regi,* criminal offences do not prescribe, with the exception of a few ones. [...] However, considering the fact that none of the States belonging to a common law tradition have addressed the question of the (non-)applicability of statutory limitations to international crimes in their legislation implementing the 1998 ICC Statute, it is clear that in these law systems, international crimes are excluded from statutory limitations." Ver ainda: VELLOSO, Ana Flavia, 2009.

[119] Nesse ponto, cabe ressalva sobre a complexa heterogeneidade do sistema penal norte-americano. Em razão das prerrogativas estaduais de um sistema federativo bastante rígido, nos Estados Unidos não há regra uniforme; entretanto, em geral, aplica-se a prescrição para as ofensas consideradas de menor gravidade. Nesses termos, o *US Model Penal Code* (espécie de modelo facultativo para uniformização da legislação, elaborado pelo *American Law Institute*) sugere aos Estados da Federação a utilização de *statutes of limitations* – que variam de seis meses a seis anos a contar do cometimento do delito, com exceção para os casos envolvendo assassínio (*murder*) e crimes capitais (KOK, Ruth A., p. 26). Já o Código Federal norte-americano, em seu título 18, parte II, capítulo 213, dispõe sobre as limitações prescricionais dos delitos federais, no caso, escapando à prescrição ofensas tidas como particularmente graves, como, por exemplo, aquelas puníveis com a pena de morte (*capital offenses*), os atos de terrorismo internacional que resultem em, ou criem risco previsível de, morte ou sérios danos físicos a outrem ("resulted in, or created a forseeable [sic] risk of, death or serious bodily injury to another person") e a abdução, sequestro ou abuso sexual de menores (ver: http://www.law.cornell.edu/uscode/).

compreende – segundo Ruth A. Kok – 62 Estados.[120] Em contrapartida, no caso dos países onde se dá a aplicação da lei islâmica, a *Xariá* (ةعيرش), seja de forma exclusiva ou complementar, as variações relacionam-se com as interpretações dos *ulemás* (sábios religiosos); porém, no geral, também não opera a prescrição sobre as ofensas consideradas particularmente graves.[121]

Considerada a heterogeneidade das diferentes matrizes jurídicas no trato do assunto, muito embora o Direito Internacional reconheça e acolha entre suas fontes formais os chamados "princípios gerais de direito"[122] – que, além daqueles exclusivos da ordem internacional, compreende também princípios comuns aos ordenamentos internos[123] –, não seria possível sustentar, com base neles, a existência de qualquer regra sobre a prescrição penal no sistema jurídico internacional.

Por outro lado, os tratados vigentes versando sobre a questão – com a importante ressalva do recente ER – impuseram regras de imprescritibilidade específicas a um número bastante restrito de Estados. Resta-nos, assim, investigar se já existiria regra baseada no costume internacional impondo à generalidade dos Estados a noção de imprescritibilidade para crimes internacionais.

Como destaca Malcolm N. Shaw, ao contrário da perspectiva que nos ordenamentos internos associa o costume a valores nostálgicos e relativamente

---

[120] África do Sul, Antígua e Barbuda, Austrália, Bahamas, Bangladesh, Barbados, Belize, Butão, Botsuana, Brunei Darussalam, Canadá, Chipre, Dominica, Estados Unidos da América, Fiji, Gâmbia, Gana, Granada, Guiana, Ilhas Marshall, Ilhas Salomão, Índia, Irlanda, Jamaica, Quênia, Kiribati, Kuwait, Lesoto, Libéria, Malauí, Malásia, Maldivas, Mianmar, Micronésia, Namíbia, Nauru, Nepal, Nova Zelândia, Nigéria, Omã, Palau, Paquistão, Papua-Nova Guiné, Reino Unido, Samoa, Santa Lúcia, São Cristóvão e Nevis, São Vicente e Granadinas, Seicheles, Serra Leoa, Singapura, Sri Lanka (Ceilão), Suazilândia, Sudão, Tanzânia, Tonga, Trinidad e Tobago, Tuvalu, Uganda, Vanuatu, Zâmbia e Zimbábue. (KOK, Ruth A., p. 22).

[121] Ruth A. Kok (p. 26-27) elenca como países onde a Xariá é vigente: (i.) de forma exclusiva: Arábia Saudita; e (ii.) em complementaridade com a lei pública codificada: Irã, Líbia Nigéria (região norte), Paquistão, Sudão e Iêmen. Para detalhes sobre a estrutura da Xariá e seu contexto histórico: HOURANI, Albert, 1994, p. 81-85 e 170-181.

[122] Veja-se o autorizado rol do art. 38 do ECIJ: "Art. 38. 1) A Corte, cuja função é decidir de acordo com o direito internacional as controvérsias que lhe forem submetidas, aplicará: (a) as convenções internacionais, quer gerais, quer especiais, que estabeleçam regras expressamente reconhecidas pelos Estados litigantes; (b) o costume internacional, como prova de uma prática geral aceita como sendo o direito; (c) *os princípios gerais de direito, reconhecidos pelas Nações civilizadas*; e (d) sob ressalva das disposições do art. 59, as decisões judiciárias e a doutrina dos publicistas mais qualificados das diferentes Nações, como meio auxiliar para a determinação das regras de direito. 2) A presente disposição não prejudicará a faculdade da Corte de decidir uma questão *ex aequo et bono*, se as partes com isto concordarem" (no Brasil, promulgado pelo Decreto 19.841 de 1945).

[123] Conforme Ch. Rousseau, "bajo el nombre genérico de 'principios generales de derecho' se designan ciertos principios comunes a los sistemas jurídicos de los diferentes Estados civilizados que nos recuerdan el *jus gentium* de los Romanos" (ROUSSEAU, Ch., 1966, p. 106). Ainda segundo Rousseau (p. 107), o conteúdo destes princípios gerais de "direito" sem epíteto, justificaria o entendimento de que tanto o Direito Internacional como o Direito interno estariam englobados pela definição, compreendendo princípios extraídos do Direito interno a partir de regras de Direito material ou processual "cuyo carácter de necesidad lógica pareció justificar su transposición al Derecho Internacional", como princípios especificamente aplicáveis às relações interestatais, não se confundindo com o costume ou os tratados. Para Ian Brownlie, ainda, o tribunal internacional pode escolher, corrigir e adaptar elementos das ordens jurídicas internas, resultando em um novo princípio de Direito Internacional, influenciado histórica e logicamente pelo Direito interno (BROWNLIE, Ian, 1997, p. 28). Sobre as controvérsias na definição do conteúdo dos "princípios gerais de direito" ver: DIHN, Nguyen Quoc; DAILLIER, Patrick; PELLET, Alain, 1999, p. 315-321.

desimportantes, no plano internacional, à luz da natureza do sistema e da ausência de órgãos governamentais centralizados, o costume é fonte dinâmica do Direito.[124]

O art. 38 do ECIJ define o costume como "prova de uma prática geral aceita como sendo de direito". Essa prova se faz, assim, a partir da conjugação de dois elementos: o objetivo e o subjetivo. Por um lado, está a conduta ou prática generalizada entre os sujeitos de Direito Internacional (*diuturnitas*).[125] De outro, a convicção de que essa conduta ou prática reflete uma verdadeira obrigação legal ou, ainda, atende exigências sociais, econômicas ou políticas (*opinio juris sive necessitatis*), não respondendo unicamente a uma tradição ou mera cortesia. (A avaliação, portanto, sobre a existência de uma norma consuetudinária referente à imprescritibilidade de crimes internacionais, consolidada ou em estado nascente, demandaria um exame exaustivo sobre as práticas da comunidade internacional [incluindo as legislações internas dos Estados] e as convicções que as mobilizam.[126] O exaurimento da questão não é pretendido neste texto; nem seria possível dado o escopo do presente estudo; porém, alguns indicativos podem ser extraídos a partir do reconto histórico realizado no item 3.1. deste capítulo e agora complementado.)

Como vimos, o interregno entre o fim da Segunda Guerra Mundial e os idos da década de 1960 foi marcado por um relativo silêncio sobre a matéria. O período subsequente, iniciado com a Convenção sobre a Imprescritibilidade dos Crimes de Guerra e dos Crimes Contra a Humanidade, em 1968, seguida pela Convenção Europeia sobre a Imprescritibilidade dos Crimes Contra a Humanidade e dos Crimes de Guerra, de 1974, mostra esforços ainda incipientes no sentido de criar normas de imprescritibilidade específicas. Contudo, a baixa adesão a esses instrumentos demonstra dissenso sobre a matéria, ainda mais quando consideradas as

---

[124] SHAW, Malcolm N., 2003, p. 69.

[125] Não é necessário que a referida prática seja universal; porém, ela deve apresentar uniformidade substancial e generalidade. Segundo Valério de Oliveira Mazzuoli (2007, p. 90), os "precedentes" que, multiplicados, justificam o costume "devem demonstrar não a existência de uma prática passageira ou fugaz, mas uma prática reiterada (constante e uniforme) desses mesmos atos. Em razão disso, para uma regra ser considerada norma de Direito Internacional, deve ser ela *geralmente aceita*, tácita ou expressamente, pelos Estados ou organizações internacionais (sendo certo que estas últimas, ao contrário do que se pensava há algumas décadas atrás, também participam do processo de formação do costume). Essa *repetição* de atos estatais ou organizacionais dá origem a um *hábito* por parte de seus atores, que não necessita ser obrigatoriamente imemorial e tampouco comissivo, podendo perfeitamente constituir-se em uma abstenção ou num não-fazer perante determinado quadro de fato. Não se exige, ademais, uma repetição de atos obrigatoriamente *idênticos*, devendo apenas estarem relacionados a uma mesma matéria ou a uma mesma questão de fato".

[126] Sobre os elementos de prova do costume, Ian Brownlie (p. 17) esclarece: "[a]s fontes materiais do costume são muito numerosas. Contam-se entre elas a correspondência diplomática, as declarações de política externa, os comunicados de imprensa, os pareceres de consultores jurídicos oficiais, os manuais oficiais sobre questões jurídicas – *e.g.*, manuais de Direito Militar –, as decisões e práticas do Executivo, as ordens transmitidas às forças navais, etc., os comentários feitos pelos governos aos projectos da Comissão do Direito Internacional, a legislação nacional, as decisões judiciais internacionais e nacionais, os considerandos em tratados e outros instrumentos internacionais, um padrão de tratados com a mesma forma, a prática dos órgãos internacionais, e as resoluções da Assembléia Geral das Nações Unidas relativas a questões jurídicas. Obviamente, o valor destas fontes varia e depende muito das circunstâncias".

vocações respectivamente universal e regional de ditos convênios. É nosso entendimento, desse modo, que não há falar-se em norma costumeira nesse período.

Sem maior expressão nos anos de 1980, o tema voltou à baila na década seguinte, em alguns episódios de interesse, contudo, ainda, sem uniformidade. No âmbito americano – conforme mencionamos –, a Convenção Interamericana sobre o Desaparecimento Forçado de Pessoas, de 1994, lança-se sobre a matéria prescricional, porém ainda de forma flexível. De outra banda, no mesmo ano, o Relatório da Comissão de Direito Internacional (CDI) à Assembleia Geral das Nações Unidas, tratando do anteprojeto de código sobre Crimes contra a Paz e Segurança da Humanidade (parte dos esforços que levaria ao ER), expunha as discordâncias existentes entre seus especialistas a respeito da matéria.[127] Também o relator especial Doudou Thiam, em seu 12º relatório, indicava que os comentários recebidos dos governos demonstrariam que a regra da imprescritibilidade não seria universalmente aceita pelos Estados, pelo que recomendava a retirada do art. 7º do texto do anteprojeto.[128]

Somente em julho de 1998, com a aprovação do Estatuto do TPI, por 120 votos favoráveis na Conferência de Roma, vislumbramos uma base mais sólida para a matéria. A imprescritibilidade prevista para os crimes na jurisdição do Tribunal, em nosso entendimento, provoca uma modificação significativa no panorama. A seguir, em dezembro de 1998, viria a lume a sentença do TPI para a antiga Iugoslávia, no caso *Anton Furunžija*, na qual o Tribunal reflete sobre a imprescritibilidade do crime de tortura.

No novo milênio, podemos observar uma intensificação no enfoque de sustentação da imprescritibilidade para crimes internacionais. Nesse passo, Antonio Cassese chama atenção para a Carta do Camboja de 2000 – que estabeleceu as Câmaras Extraordinárias nas Cortes do Camboja para processamento dos crimes do *Khmer Rouge* –, na qual os artigos 4º e 5º dispõem sobre a imprescritibilidade dos crimes de genocídio e crimes contra a humanidade, bem como para a seção 17 da Regulação nº 2000/15 visando ao estabelecimento de painéis com jurisdição sobre sérias ofensas criminais, adotada pela Administração Transitória das Nações Unidas em Timor Leste e que dispõe que o genocídio, os crimes de guerra, os crimes contra a humanidade e a tortura não deverão estar sujeitos a estatutos de prescrição.[129] Também, em 2001, a CIDH, no caso de *Barrios Altos*,[130] envolvendo a revisão da lei de anistia peruana de 1995, pronunciou-se:

---

[127] Report of the International Law Commission on the work of its forty-sixth session (2 May-22 July 1994). §§ 147-153, p. 80-81. Disponível em: http://www.un.org/law/ilc/index.htm.

[128] O art. 7º do anteprojeto determinava: "No statutory limitation shall apply to crimes against the peace and security of mankind". Ver: Report of the International Law Commission on the work of its forty-sixth session (2 May-22 July 1994). §147. Disponível em: http://www.un.org/law/ilc/index.htm.

[129] CASSESE, Antonio, 2003, p. 317-318.

[130] O chamado caso de *Barrios Altos*, julgado em 14 de março de 2001 pela CIDH, representa um divisor de águas no tema das leis de anistia no panorama latino-americano. Na noite de 3 de novembro de 1991, na cidade de Lima, no Peru, seis indivíduos encapuzados e fortemente armados invadiram uma residência na Rua *Jirón Huanta*, nº 840, vizinhança de *Barrios Altos*, obrigando seus ocupantes a deitarem-se no chão para, em seguida,

41. Esta Corte considera que *son inadmisibles* las disposiciones de amnistía, *las disposiciones de prescripción* y el establecimiento de excluyentes de responsabilidad que pretendan impedir la investigación y sanción de los responsables de las violaciones graves de los derechos humanos tales como la tortura, las ejecuciones sumarias, extralegales o arbitrarias y las desapariciones forzadas, todas ellas prohibidas *por contravenir derechos inderogables reconocidos por el Derecho Internacional de los Derechos Humanos*. [Grifos nossos.]

Como se observa, existe uma tendência marcada dirigindo-se, com mais e mais intensidade, ao reconhecimento da imprescritibilidade de determinados crimes internacionais. Contudo, essa tendência não se mostra precisa quanto ao alcance da imprescritibilidade a todos os crimes internacionais.

Com a participação de 114 Estados como partes no ER que consentem em obrigar-se, internacionalmente, por suas regras, entre elas a da não aplicação de estatutos de prescrição para os crimes sob sua jurisdição, pensamos que seja possível identificar suficiente *opinio juris* em favor da imprescritibilidade dos crimes de genocídio, crimes contra a humanidade e crimes de guerra. Deixamos de lado o crime de agressão, uma vez que se encontra vazio de definição no próprio Estatuto.

Ainda que muitas legislações internas devam enfrentar processos de adaptação – o que não é simples! –, arriscamos dizer que, no plano internacional, a norma costumeira se encontra consolidada na extensão específica dessas três categorias de crimes internacionais (crimes de guerra, crimes contra a humanidade e genocídio), ou, ao menos, em adiantada fase de consolidação.

O alcance da norma, entretanto, se deteria nesse ponto. Cremos que não é possível estender sua abrangência para outras categorias de crimes, pois a prática ainda é heterogênea nesse sentido, inclusive ousando discordar de Antonio Cassese, para quem a tortura, como crime em categoria própria, já poderia ser incluída no rol da imprescritibilidade como norma consuetudinária.[131]

---

realizar disparos indiscriminados durante aproximadamente dois minutos, matando quinze pessoas e ferindo gravemente outras quatro. Por meio de posteriores investigações judiciais e relatos jornalísticos, constatou-se que os seis executores eram membros do exército peruano, integrantes do chamado "Grupo Colina", esquadrão da morte que levava a cabo um programa antissubversivo próprio, configurando o episódio de *Barrios Altos*, aparentemente, uma represália contra presumidos integrantes do Sendero Luminoso. As efetivas investigações sobre o caso só começaram em 1995, porém o procedimento judicial do 16° Juízo Penal de Lima foi bruscamente interrompido pela sanção do Congresso peruano à Lei de Anistia (Lei 26.479), que exonerava de responsabilidade militares, policiais e civis que houvessem cometido violações a direitos humanos ou participado nas mesmas, entre o período de 1980 e 1995. A referida lei foi aprovada no parlamento como apresentada e sem debates, e imediatamente foi sancionada pelo Presidente Alberto Fujimori. Em junho de 2000, o caso foi levado pela CIDH ao conhecimento da Corte, com os pedidos de: (i.) reabertura da investigação judicial sobre os fatos; (ii.) outorga de reparação integral por danos materiais e morais aos familiares das quinze vítimas fatais, assim como aos quatro sobreviventes; (iii.) derrogação ou a retirada dos efeitos da Lei 26.479 (lei de anistia) e da Lei 26.492 (que precisava a interpretação e os alcances da anistia); e (iv.) o pagamento de custas, gastos e honorários em que houvessem incorrido as vítimas e/ou seus familiares para litigar no caso, nos âmbitos interno e internacional. Após o processamento do caso, em sentença de 14 de março de 2001, entre outras definições, a Corte Interamericana decidiu "declarar que as leis de anistia 26.479 e 26.492" eram "incompatíveis com a Convenção Americana sobre Direitos Humanos" e que, em consequência, careceriam de efeitos jurídicos, declarando, ainda, o dever do Peru de reabrir as investigações do caso de *Barrios Altos* e sancionar os responsáveis.

[131] "It would therefore seem that the better view is that no customary rule endowed with a far-reaching content has yet evolved on this matter. In other words, no rule has come into being prohibiting the application of

3.3. DOS EFEITOS DA RATIFICAÇÃO AO ESTATUTO DE ROMA PARA A MATÉRIA PRESCRICIONAL NO BRASIL

Independentemente do debate sobre a existência de uma norma consuetudinária, fato é que o advento do TPI veio a estabelecer uma regulação parcial para a matéria ao impor, em face aos Estados participantes no ER, a imprescritibilidade dos crimes de genocídio,[132] dos crimes contra a humanidade,[133] dos crimes de guerra[134] e do crime de agressão.[135] "Art. 29. Imprescritibilidade. Os crimes da competência do Tribunal não prescrevem".[136]

Contudo, como bem aponta Ana Flávia Velloso, a simplicidade aparente do dispositivo acima é enganosa. Existe, de fato, uma elipse no texto final do Estatuto que deixa de esclarecer se existiria um dever dos Estados-Partes de alterar suas legislações internas sob pena de – em não o fazendo – dar cabida à jurisdição complementar do TPI[137] (prevista nos arts. 1º e 17):

statutes of limitations to all international crimes. It appears to be a sounder view that specific customary rules render statutes of limitation inapplicable with regard to some crimes: genocide, crimes agains humanity, torture" (CASSESE, Antonio, 2003, p. 319).

[132] ER – Art. 6º: "Crime de Genocídio. Para os efeitos do presente Estatuto, entende-se por 'genocídio', qualquer um dos atos que a seguir se enumeram, praticado com intenção de destruir, no todo ou em parte, um grupo nacional, étnico, racial ou religioso, enquanto tal: a) Homicídio de membros do grupo; b) Ofensas graves à integridade física ou mental de membros do grupo; c) Sujeição intencional do grupo a condições de vida com vista a provocar a sua destruição física, total ou parcial; d) Imposição de medidas destinadas a impedir nascimentos no seio do grupo; e) Transferência, à força, de crianças do grupo para outro grupo".

[133] ER – Art. 7º: "Crimes contra a Humanidade. 1. Para os efeitos do presente Estatuto, entende-se por 'crime contra a humanidade', qualquer um dos atos seguintes, quando cometido no quadro de um ataque, generalizado ou sistemático, contra qualquer população civil, havendo conhecimento desse ataque: a) Homicídio; b) Extermínio; c) Escravidão; d) Deportação ou transferência forçada de uma população; e) Prisão ou outra forma de privação da liberdade física grave, em violação das normas fundamentais de direito internacional; f) Tortura; g) Agressão sexual, escravatura sexual, prostituição forçada, gravidez forçada, esterilização forçada ou qualquer outra forma de violência no campo sexual de gravidade comparável; h) Perseguição de um grupo ou coletividade que possa ser identificado, por motivos políticos, raciais, nacionais, étnicos, culturais, religiosos ou de gênero, tal como definido no parágrafo 3º, ou em função de outros critérios universalmente reconhecidos como inaceitáveis no direito internacional, relacionados com qualquer ato referido neste parágrafo ou com qualquer crime da competência do Tribunal; i) Desaparecimento forçado de pessoas; j) Crime de *apartheid;* k) Outros atos desumanos de caráter semelhante, que causem intencionalmente grande sofrimento, ou afetem gravemente a integridade física ou a saúde física ou mental".

[134] Os crimes de guerra se encontram definidos em detalhe no ER pelo art. 8º. Porém, resumidamente, consistem em: (i.) violações graves das disposições das quatro Convenções de Genebra de 1949; (ii.) outras violações às leis e usos aplicáveis aos conflitos armados internacionais no marco do direito internacional; (iii.) nos casos de conflitos armados sem caráter internacional, violações graves previstas no art. 3º comum às quatro Convenções de Genebra de 1949, assim como outras violações às leis e usos dos conflitos armados que não possuam índole internacional prevista dentro do marco do Direito internacional.

[135] O crime de agressão, ou crime contra a paz, se encontra sem definição no ER, aguardando emenda – sem qualquer perspectiva a curto ou médio prazo – para estabelecimento de seu conteúdo. Sem a precisão do conceito de agressão, fica vedado o correspondente exercício de jurisdição pelo TPI.

[136] Texto da tradução promulgada no ordenamento interno brasileiro pelo Decreto 4.388, de 2002. Lê-se no original em língua inglesa: "Non-applicability of statute of limitations. / The crimes within the jurisdiction of the Court shall not be subject to any statute of limitations".

[137] O chamado "princípio da complementaridade" – consagrado no ER – determina que o TPI não deve interferir de forma indevida nos sistemas judiciais domésticos, retendo os Estados a primazia para investigar e processar crimes que recaiam sob sua jurisdição, salvo quando demonstrada sua incapacidade ou ausência de vontade efetiva para processar e punir os criminosos (MAZZUOLI, Valério de Oliveira, p. 747.). Para William A. Schabas,

A omissão abre a possibilidade de interpretações contraditórias. Primeira possibilidade: a regra se impõe só perante o Tribunal Penal Internacional, e a justiça do Estado-parte tem o direito de declarar prescrito um crime sem abrir espaço à competência complementar do TPI. Segunda interpretação possível: os Estados-Partes estão comprometidos de forma implícita a modificar suas próprias leis para adaptá-las à regra da *imprescritibilidade objetiva* dos crimes definidos no Estatuto de Roma.[138]

No entendimento de Ana Flávia Velloso, seria possível compreender a norma como destinada unicamente a estabelecer a imprescritibilidade perante a jurisdição do Tribunal. As legislações domésticas manteriam a possibilidade de aplicar estatutos de prescrição sem que isso engendrasse a competência complementar do Tribunal nos termos do art. 17 do Estatuto.[139] Entre os argumentos sustenta-

---

a utilização do termo "complementaridade" pode ser considerada, de certa forma, inadequada, uma vez que, no caso, a relação estabelecida entre a justiça internacional e a justiça nacional se faz distante de complementar. Para o autor, "Rather, the two systems function in opposition and to some extent with hostility *vis-à-vis* each other. The concept is very much the contrary of the scheme established for the *ad hoc* tribunals, referred to as 'primacy', whereby the *ad hoc* tribunals can assume jurisdiction as of right, without having to demonstrate the failure or inadequacy of the domestic system. It is more analogous with the approach taken by international human rights bodies, which require a petitioner or complainant to demonstrate that domestic remedies have been exhausted. National systems are given priority in terms of resolving their own human rights problems, and only when they fail to do so may the international bodies proceed. Probably most international human rights petitions are dismissed at this stage, for failure to exhaust domestic remedies" (2007, p.175). Segundo Luis Maria Bonetto (2001, p. 698-699), o problema da relação entre a corte internacional e as jurisdições penais foi resolvido pela opção da complementaridade, "[…] como una fórmula más flexible respecto de la rigidez de los modelos ideales, impulsada sobre todo por la necesidad del consenso político entre los diferentes Estados, como así también por motivos prácticos relacionados con la manera de llevar a cabo la persecución de los crímenes, que sostenían que la Corte no debía reemplazar a los sistemas nacionales, dado que eso podría significar su propio colapso, se argumentó también que sería más provechoso crear una sistema que incentivara a los Estados a perseguir este tipo de crímenes, dejando en sus manos la responsabilidad primaria de perseguirlos y juzgarlos, impidiendo a la Corte entender sobre ellos cuando exista una Estado deseoso y capaz de hacerlo. Se establece entonces una presunción a favor del Sistema Nacional, es decir, 'son los Estados los que tienen el deber inicial de perseguir penalmente los crímenes enumerados en el Estatuto'". Portanto, invocado pelo Estado-Parte do ER o "princípio da complementaridade" marca um reclamo de primazia em favor da jurisdição doméstica, sinalizando um limite à interferência internacional. Consequentemente, a "jurisdição complementar" do TPI tem cabida a partir de um juízo de admissibilidade à luz do art. 17 do ER (ver nota 382, *infra*), quando configurada a hipótese de incapacidade ou ausência de vontade do Estado de levar a bom termo o processamento penal, pelo que se aproxima, em realidade, do que denominaríamos uma competência *subsidiária*.

[138] VELLOSO, Ana Flavia, 2009, p. 15.

[139] Art. 17: "1. Tendo em consideração o décimo parágrafo do preâmbulo e o art. 1°, o Tribunal decidirá sobre a não admissibilidade de um caso se: a) o caso for objeto de inquérito ou de procedimento criminal por parte de um Estado que tenha jurisdição sobre o mesmo, salvo se este não tiver vontade de levar a cabo o inquérito ou o procedimento, ou, não tenha capacidade para o fazer; b) o caso tiver sido objeto de inquérito por um Estado com jurisdição sobre ele e tal Estado tenha decidido não dar seguimento ao procedimento criminal contra a pessoa em causa, a menos que esta decisão resulte do fato de esse Estado não ter vontade de proceder criminalmente ou da sua incapacidade real para o fazer; c) A pessoa em causa já tiver sido julgada pela conduta a que se refere a denúncia, e não puder ser julgada pelo Tribunal em virtude do disposto no parágrafo 3° do art. 20; d) o caso não for suficientemente grave para justificar a ulterior intervenção do Tribunal. 2. A fim de determinar se há ou não vontade de agir num determinado caso, o Tribunal, tendo em consideração as garantias de um processo eqüitativo reconhecidas pelo direito internacional, verificará a existência de uma ou mais das seguintes circunstâncias: a) o processo ter sido instaurado ou estar pendente ou a decisão ter sido proferida no Estado com o propósito de subtrair a pessoa em causa à sua responsabilidade criminal por crimes da competência do Tribunal, nos termos do disposto no art. 5°; b) ter havido demora injustificada no processamento, a qual, dadas as circunstâncias, se mostra incompatível com a intenção de fazer responder a pessoa em causa perante a justiça; c) o processo não ter sido ou não estar sendo conduzido de maneira independente ou imparcial, e ter estado ou estar sendo conduzido de uma maneira que, dadas as circunstâncias, seja incompatível com a intenção de levar a pessoa em causa perante a justiça; 3. A fim de determinar se há incapacidade de agir num determinado caso, o Tribunal verificará se

dos para defender esse entendimento estão: (a) inexistência de pronunciamentos definitivos dos delegados sobre o tema durante os trabalhos da Conferência que deu origem ao Estatuto; (b) a leitura do art. 29 no "contexto" do tratado, que se referiria exclusivamente à competência da Corte, sem imposições às jurisdições nacionais; e (c) a interpretação restritiva do tratado em razão de cuidar-se de uma limitação de soberania.[140]

Ainda que muito relevantes as ponderações acima referidas, somos de expor alguns outros aspectos que, em sentido contrário, parecem apontar para a existência de um dever pendente sobre os Estados-Partes do ER de ajustar suas legislações sobre a matéria prescricional, com vistas a permitir o efetivo e pleno funcionamento do TPI.

Recorremos, para tanto, às disposições sobre a interpretação dos tratados da Convenção de Viena sobre Direito dos Tratados, de 1969, recentemente incorporada ao ordenamento brasileiro.[141] Sua regra geral prevê que a interpretação do tratado deva ser realizada "de boa-fé segundo o sentido comum atribuível aos termos do tratado em seu contexto e à luz de seu objetivo e finalidade" (art. 31, 1).

No aspecto do "contexto" do tratado, compreende-se com especial valor seu preâmbulo, que indica, muitas vezes, marcos que orientam um tratado, seu espírito e as expectativas depositadas pelas partes em sua celebração.

O preâmbulo do ER é, nesse sentido, bastante elucidativo. Nele, as partes afirmam "que os crimes de maior gravidade, que afetam a comunidade internacional no seu conjunto, não devem ficar impunes". A "prevenção de tais crimes" e o "fim à impunidade dos autores" são motivações do tratado, considerando-se a "adoção de medidas em nível nacional" e o "reforço da cooperação internacional" devidos para assegurar a efetividade da repressão dessas ofensas.

Tais considerações, somadas à decisão de declarar imprescritíveis os crimes sob a jurisdição do Tribunal, parecem-nos inconciliáveis com a ideia de que os ordenamentos internos dos Estados-Partes possam seguir aplicando estatutos de prescrição às referidas ofensas, sem que isso venha dar azo à jurisdição complementar do Tribunal.

Mesmo estando diante de uma limitação criada pelo Estado que o obste de exercer seu poder-dever de punir sobre o réu (por razões de Política Criminal, como é o exemplo da extinção da punibilidade pela prescrição) – ao não apurar

o Estado, por colapso total ou substancial da respectiva administração da justiça ou por indisponibilidade desta, não estará em condições de fazer comparecer o acusado, de reunir os meios de prova e depoimentos necessários ou não estará, por outros motivos, em condições de concluir o processo".

[140] VELLOSO, 2009, p. 14 e segs.

[141] Em 1969, o Brasil esteve entre os primeiros países a assinar a Convenção de Viena sobre Direito dos Tratados, que entraria em vigor somente em 27 de janeiro de 1980, 30 dias após o depósito da ratificação do 35º Estado. Entretanto, o Congresso brasileiro manteve nosso respectivo processo de ratificação em suspenso por quatro décadas até que finalmente se aprovou a Convenção em 17 de julho de 2009 (Decreto Legislativo 496). Com isso, o Governo pôde ratificar o tratado em 25 de setembro de 2009, promulgando-o internamente por meio do Decreto Presidencial 7.030, de 14 de dezembro do mesmo ano.

sua responsabilidade, nem lhe atribuir uma pena – existe a possibilidade de o TPI exercer a sua jurisdição complementar. Para Ruth A. Kok, nessa situação, a Corte Internacional pode declarar que o Estado é incapaz de prosseguir a ação penal, tomando para si o direito de julgar o réu (em consonância com o art. 17, 1, "a", segunda parte, do ER); ou, ainda, não tendo o Estado adaptado sua legislação de acordo com as regras do Estatuto, estaria demonstrada a sua falta de vontade de agir, o que ensejaria, igualmente, a competência do TPI no caso (art. 17, 1, "a", primeira parte, do ER).[142] Na esteira desta última hipótese parece seguir a posição de Kai Ambos:

> Cualquier plazo de prescripción para los delitos comprendidos en la jurisdicción de la Corte está excluido en el artículo 29. Tal regla es posible a la causa de que la jurisdicción del Tribunal está limitada a los delitos definidos en los artículos 5 a 9, es decir, crímenes de extrema gravedad. En anteriores instrumentos o proyectos, o bien no se excluía la prescripción o bien quedaba la duda acerca de los delitos que se debían incluir en el instrumento. Schabas puntualizó acertadamente que podía surgir un problema de complementariedad cuando la acusación de un delito fuera obstaculizada por plazos de prescripción contemplados en el derecho nacional pero su persecución fuera posible por la Cpi. En tales casos, la regla de complementariedad (art. 17), si la Cpi asumiría la jurisdicción, sería eludida. Puede afirmarse, sin embargo, que hoy en día con la posición predominante del derecho internacional no se admiten plazos de prescripción para tales delitos, por lo cual se debe corregir la legislación nacional en estos casos. Si un Estado no lo admitiera, demostraría su desinterés en la persecución de tales delitos, no pudiéndose invocar el principio de complementariedad.[143]

Juntamente com o contexto, outro elemento a ser considerado na regra geral de interpretação, segundo a própria Convenção de Viena de 1969, são as práticas subsequentes na aplicação do tratado que possam revelar o acordo das partes quanto à sua interpretação (art. 31, 3, "b").[144]

Naturalmente, dada a vigência ainda recente do ER, seria prematuro falar em termos definitivos sobre sua aplicação. No entanto, legislações promulgadas com a

---

[142] KOK, Ruth A., p. 121: "The so-called 'complementarity' provision contained in Article 17 of the 1998 ICC Statute provides that states have the main responsibility for the adjudication of international crimes. Schabas points out that a problem of complementarity may arise if the prosecution of a crime at a national level is barred by a domestic statute of limitations but still possible pursuant to the 1998 ICC Statute. *The ICC could declare that this state is 'unable' to prosecute*; the ICC would then be entitled to exercise its jurisdiction. For this reason, most states' parties that still had domestic provisions on statutes of limitation to crimes within the jurisdiction of the ICC have abolished or amended then, although not all states' parties have done so. However, if a state has not done so, *it shows its unwillingness to prosecute these crimes, thus entailing that the case is admissible before the ICC*." [Grifo nosso.] Para Micaela Frulli, a imprescritibilidade dos crimes prevista no art. 29 do ER dirige-se, em primeiro lugar, aos Estados, bem como evitar a impunidade é a *ultima ratio* do próprio Estatuto, pelo que estaria justificada uma interpretação ampla de seu art. 17: "Como a jurisdição da Corte é complementar à dos Estados signatários, estes últimos são obrigados a introduzir em seus sistemas penais as modificações necessárias à adaptação a essa regra se não quiserem que suas cortes sejam destituídas de competência. Graças ao mecanismo da complementaridade, se os Estados não respeitam as obrigações previstas no Estatuto – especialmente, segundo o art. 17, se eles não têm vontade ou se realmente estão incapacitados de conduzir a bom termo uma investigação ou os processos – a Corte pode exercer seu direito à avocação e chamar a si o deslinde de um caso" (2004, p. 305).

[143] AMBOS, Kai, 2001, p. 48-49.

[144] "Art. 31. Regra Geral de Interpretação [...] 3. Serão levados em consideração, juntamente com o contexto: [...] (b) qualquer prática seguida posteriormente na aplicação do tratado, pela qual se estabeleça o acordo das partes relativo à sua interpretação [...]"

finalidade de implementar o ER e regular a cooperação com o TPI em países como Alemanha,[145] Argentina,[146] Austrália,[147] Canadá,[148] Nova Zelândia,[149] Portugal[150] e Uruguai[151] parecem apontar para a necessidade de promover ajustes nos ordenamentos internos, com a imprescritibilidade sendo incorporada nos âmbitos domésticos.

Outros países, como a Itália,[152] e mesmo o Brasil,[153] enfrentam processos legislativos morosos para a aprovação das reformas necessárias, porém, em todos os Projetos, a imprescritibilidade dos crimes previstos no ER parece ser uma constante. De outro curso, a França, em agosto de 2010, aprovou, em sua Assembleia Nacional, a lei de adaptação do direito penal à instituição da Corte Penal Internacional; contudo, mantendo a previsão de prescrição, fixada em 30 anos, para os crimes de guerra (*article 462-10, Code Pénal*). Ainda durante sua tramitação, iniciada em 2006, o

---

[145] Na Alemanha, o Estatuto de Introdução do Código de Crimes Contra o Direito Internacional (Act to Introduce the Code of Crimes Against International Law of 26 June 2002, tradução do alemão ao inglês por Brendan Bleehan e Brian Duffett; cortesia do Instituto Max Planck e disponível em: http://www.unhcr.org/refworld/docid/4374af404.html), de 26 de junho de 2002, ajustou a legislação estabelecendo expressamente a imprescritibilidade do processamento e da execução de sentenças relativas aos crimes contra o Direito Internacional, entre eles o genocídio, os crimes contra a humanidade e os crimes de guerra (v. seção 5 do Estatuto).

[146] Na Argentina, a Ley de Implementación del Estatuto de Roma (Ley 26.200), promulgada em 5 de janeiro de 2007, prevê, expressamente, a imprescritibilidade da ação e da pena para os delitos de genocídio, crimes contra a humanidade e crimes de guerra (v. art. 11).

[147] A Austrália também instituiu, em 2002, leis destinadas a "facilitar o cumprimento das obrigações" assumidas internacionalmente por meio do ER e atender aos seus propósitos (International Criminal Court Act 2002), assim como realizar os necessários ajustes na legislação penal existente (International Criminal Court [Consequential Amendments] Act 2002) incorporando no texto da primeira a imprescritibilidade dos crimes (disponíveis em: http://www.comlaw.gov.au/).

[148] No Canadá, onde a exigência constitucional determina que, para obrigar-se internacionalmente, o parlamento deve legislar sobre a matéria antes da assinatura do tratado (HATCHELL, Michael P., 2005, p. 195), o ordenamento interno foi adequado ao ER antes mesmo de sua ratificação, através do Estatuto dos Crimes Contra a Humanidade e Crimes de Guerra de 29 de junho de 2000 (Crimes Against Humanity and War Crimes Act, disponível em: http://laws.justice.gc.ca/en/C-45.9/FullText.html).

[149] A Nova Zelândia adequou sua legislação para processamento e punição dos crimes previstos no ER, bem como para cooperação com o TPI por meio do International Crimes and International Criminal Court Act de 2000. Nele, encontramos: "12. General principles of criminal law / (1) For the purposes of proceedings for an offence against section 9 or section 10 or section 11 / (a) the following provisions of the Statute apply, with any necessary modifications: [...] (vii) article 29 (which excludes any statute of limitations)".

[150] Em Portugal, as obrigações do ER foram implementadas pela Lei 31, de 22 de julho de 2004, que alterou o CP português. Seu art. 7º dispõe: "Imprescritibilidade – o procedimento criminal e as penas impostas pelos crimes de genocídio contra a humanidade e de guerra são imprescritíveis".

[151] No Uruguai, a Lei 18.026, de 13 de setembro de 2006, adaptou a legislação penal nacional ao ER, prevendo, em seu art. 7º, a imprescritibilidade para os crimes de genocídio, crimes contra a humanidade e crimes de guerra e de suas respectivas penas.

[152] Na Itália, o primeiro Projeto visando à implementação do ER foi o de nº 2724, apresentado pelo deputado Giovanni Kessler que, em seu art. 7º, prevê a imprescritibilidade dos crimes de genocídio, crimes contra a humanidade, crimes contra a liberdade e dignidade do ser humano e dos crimes de guerra, bem como das respectivas penas. Outras propostas muito similares surgiram junto à Câmara e ao Senado; porém, nenhuma recebeu aval definitivo do parlamento, aguardando, ainda, a tramitação.

[153] No Congresso brasileiro, tramitam os Projetos 301/2007 (de iniciativa do deputado Dr. Rosinha) e 4038/2008 (de iniciativa do Poder Executivo) visando, ambos, a adaptar o ordenamento pátrio ao ER. No Projeto 301, lê-se: "Art. 9º. O procedimento criminal e as penas impostas pelos crimes previstos nesta lei são imprescritíveis"; já no Projeto 4038: "Art. 11. Os crimes de genocídio, contra a humanidade e de guerra são imprescritíveis e insuscetíveis de anistia, graça, indulto, comutação ou liberdade provisória, com ou sem fiança".

projeto de lei foi duramente criticado por seu esvaziamento de conteúdo e morosidade na aprovação.[154]

Ainda os trabalhos preparatórios (*travaux préparatoires*) da Conferência de Roma constituem um meio suplementar de interpretação para o Estatuto, sem que sua importância, contudo, deva ser superdimensionada.[155] Quatro propostas sobre a matéria da prescrição foram debatidas durante a elaboração do tratado, prevalecendo, enfim, a que declarou a imprescritibilidade dos crimes previstos no Estatuto (proposta nº 2 para o art. 27 do anteprojeto, convertido posteriormente em art. 29). Nesse sentido, ainda que os delegados não tenham realizado pronunciamentos definitivos sobre a interpretação da disposição que fixou a imprescritibilidade, o problema não deixou de ser ventilado nas reuniões, como mostra o registro oficial sobre o pronunciamento do representante da África do Sul:

> *Mr. de Klerk* (South Africa) supported proposal 2 for the reasons given by other speakers. Swift justice was important, but that did not mean that a limitation period was justified. *All States with statutes of limitations would do well to look at their statute books to avoid the danger of finding themselves without jurisdiction because of the effect of such limitations.*[156] [Grifo nosso.]

---

[154] Ainda quando de sua tramitação, o "Projet de Loi Portant Adaptation du Droit Pénal à l'Institution de la Cour Pénale Internationale" (disponível em: http://www.senat.fr/leg/tas07-107.html) foi duramente criticado pela CNCDH (Commission Nationale Consultative des Droits de l'Homme), entre outras questões, por manter a prescrição de 30 anos para os crimes de guerra, no art. 462-10 do CP francês, o que seria, segundo a Comissão, uma afronta à unidade de regime aplicável pelo ER. Senão vejamos fragmento do parecer: 2. "Concernant la prescription / Contrairement au principe général d'imprescriptibilité applicable à tous les crimes relevant de la compétence de la Cour pénale internationale prévu à l'article 29 du Statut de Rome, le projet de loi soumet les crimes de guerre à une prescription de l'action publique et de la peine, à partir de la condamnation définitive, de 30 ans et les délits de guerre à une prescription de 20 ans (article 7 futur article 462-10 du Code pénal). / La CNCDH considère qu'une telle disposition va à l'encontre de l'unité du régime applicable à l'ensemble des crimes relevant de la compétence du Statut de Rome et qu'elle affaiblit ainsi la répression des crimes et délits de guerre, menaçant l'harmonisation de la répression de ces crimes au niveau international. Le Conseil Constitutionnel a en outre décidé le 22 janvier 1999 qu' "aucune règle, ni aucun principe de valeur constitutionnelle, n'interdit l'imprescriptibilité des crimes les plus graves qui touchent l'ensemble de la communauté internationale" / La CNCDH recommande que, conformément à l'article 29 du Statut de Rome, le principe général d'imprescriptibilité soit intégré dans le Code pénal et s'applique à tous les crimes relevant de la compétence de la Cour pénale internationale." (CNCDH, Avis sur la loi portant adaptation du droit pénal à l'institution de la Cour Pénale Internationale. 06/12/2008. Disponível em: http://www.cncdh.fr).

[155] "Art. 32. Meios Suplementares de Interpretação. Pode-se recorrer a meios suplementares de interpretação, inclusive aos trabalhos preparatórios do tratado e às circunstâncias de sua conclusão, a fim de confirmar o sentido resultante da aplicação do artigo 31 ou de determinar o sentido quando a interpretação, de conformidade com o artigo 31: a) deixa o sentido ambíguo ou obscuro; ou b) conduz a um resultado que é manifestamente absurdo ou desarrazoado". Sobre o peso atribuído aos trabalhos preparatórios na interpretação de um tratado pela Convenção de Viena, Valério Mazzuoli (p. 209) esclarece: "O problema da interpretação dos tratados ficou, durante a Conferência de Viena, basicamente, dividido em duas correntes de opiniões: uma, que entendia que a interpretação de um tratado tem como finalidade a busca da real e comum intenção das partes; e outra, que via na determinação do significado de seu texto o verdadeiro objetivo da interpretação de um tratado. É dizer, a primeira corrente colocava em primeiro plano a intenção das partes, ao passo que a segunda levava em conta o estudo e análise do texto convencional. Na prática, a divergência consistia na importância que cada uma das duas correntes emprestava aos trabalhos preparatórios (*travaux préparatoires*) para a interpretação de tratados. A tese que saiu ao final vencedora foi a segunda, tendo a Convenção de Viena de 1969 dado mais importância ao texto do tratado (por ser a fiel intenção das partes) que aos seus trabalhos preparatórios (que devem servir apenas como *meio suplementar* de interpretação)".

[156] United Nations Conference of Plenipotentiaries on the Establishment of an International Criminal Court. Rome, 15 June – 17 July 1998. Official Records, Volume II (A/CONF.183/13 [Vol II], p. 142, item 65).

Igualmente, Dinh, Daillier e Pellet apontam, entre os métodos que possibilitam a melhor utilização dos meios de interpretação, a regra do "efeito útil" que permite alcançar uma interpretação "eficaz", segundo a qual "o intérprete deve supor que os autores do tratado elaboraram uma disposição para que seja aplicada", devendo, portanto, "escolher entre os vários sentidos possíveis desta disposição aquele que permita a sua aplicação efectiva (*ut res magis valeat quam pereat*)".[157]

Sustentar a possibilidade de que, em aplicando internamente a prescrição aos crimes considerados imprescritíveis pelo ER, o Estado-Parte não estaria abrindo passo à jurisdição do TPI, é esvaziar – ao menos parcialmente – a eficácia da disposição do art. 29. Construído sobre os pilares da cooperação internacional e da complementaridade da jurisdição do Tribunal, o ER não comporta uma leitura dicotômica para separar absolutamente a (im)prescritibilidade no plano internacional e no plano interno. *In extremis*, tal raciocínio redundaria – se todos os Estados decidissem simultaneamente utilizar seu "direito" de aplicar estatutos de prescrição sobre os crimes do art. 5º do Estatuto – na exaustão da eficácia da norma no plano internacional, uma vez que são os próprios Estados os responsáveis, ao fim e ao cabo, pela rendição dos indivíduos responsáveis para julgamento pelo TPI (ver arts. 89 e segs. do Estatuto).[158]

Agora, uma vez que o ER se tornou vigente – para o Brasil – em 1º de setembro de 2002, obedecendo ao disposto por seu art. 126,[159] existe, em nosso entendimento, clara obrigação internacional a reclamar, desde aquela data, a adaptação da matéria prescricional na legislação pátria.

Para efeitos domésticos, o Estatuto foi promulgado por meio do Decreto Presidencial 4.388, de 25 de setembro de 2002, que lhe deu vigência à data de sua publicação (efetivada em 26/09/2002), atendendo à tradição da internação dos tratados consagrada no Direito brasileiro.[160] Porém, para que surtam plenamente seus

---

[157] DIHN, Nguyen Quoc; DAILLIER, Patrick; PELLET, Alain, p. 240.

[158] Podemos citar os argumentos da autora Fernanda Florentino Fernandez Jankov (p. 268-269) a respeito da cooperação e o direito interno dos Estados: "A obrigação dos Estados de implementar o Estatuto do TPI em sua legislação nacional não admite escusa. Quando um Estado ratifica um tratado, trata-se de manifestação inequívoca de que consente ser afirmativamente obrigado segundo os princípios consagrados". E ainda: "O Estado parte de um tratado está subordinado ao dever geral de implementar as obrigações deste em seu sistema jurídico nacional. Esse dever surge dos princípios da boa-fé e da natureza das obrigações convencionais (dos tratados), como determina a Convenção de Viena sobre Direito dos Tratados: 'Art. 26 [*Pacta Sunt Servanda*] – Todo tratado em vigor obriga as partes e deve ser cumprido por elas de boa-fé'".

[159] **Article 126. Entry into force.** 1. This Statute shall enter into force on the first day of the month after the 60th day following the date of the deposit of the 60th instrument of ratification, acceptance, approval or accession with the Secretary-General of the United Nations. 2. For each State ratifying, accepting, approving or acceding to this Statute after the deposit of the 60th instrument of ratification, acceptance, approval or accession, the Statute shall enter into force on the first day of the month after the 60th day following the deposit by such State of its instrument of ratification, acceptance, approval or accession.

[160] Aqui, faz-se necessária uma importante ressalva: ainda que o entendimento do STF tenha, até o presente momento, se mantido no sentido de conceber limitações ao Direito Internacional com base no ordenamento interno, independentemente da assunção, pelo país, de compromissos e responsabilidades por meio da ratificação de determinados instrumentos na esfera internacional, nada obsta que o tema venha a ser revisitado, em breve, à luz da internalização da Convenção de Viena sobre Direito dos Tratados, só ocorrida em 2009, uma vez que

efeitos, o tratado depende dos ajustes correspondentes no que tange à legislação preexistente e conflitante.

Salvo melhor juízo, os crimes de genocídio, crimes contra a humanidade e crimes de guerra, no direito brasileiro, não se encontram cobertos pela garantia de imprescritibilidade do ER, devido à falta de regulamentação adequada, o que engendraria, no caso concreto, a jurisdição complementar do TPI.[161] [162]

a mesma interdita a utilização do Direito interno e da limitação da competência para celebrar tratados como escusa para o não cumprimento dos instrumentos internacionais (vide arts. 27 e 46 da Convenção). Contudo, para compreensão da posição ainda corrente do STF, retornamos ao caso paradigma da ADIn MC 1480-3/DF, de 1997, que em sua ementa dispõe: "o *iter* procedimental de incorporação dos tratados internacionais – superadas as fases prévias da celebração da convenção internacional, de sua aprovação congressional e da ratificação pelo Chefe de Estado – conclui-se com a expedição, pelo Presidente da República, de decreto, de cuja edição derivam três efeitos básicos que lhe são inerentes: (a) a promulgação do tratado internacional; (b) a publicação oficial de seu texto; e (c) a executoriedade do ato internacional, que passa, então, e somente então, a vincular e obrigar no plano do direito positivo interno. [...] No sistema jurídico brasileiro, os tratados ou convenções internacionais estão hierarquicamente subordinados à autoridade normativa da Constituição da República. Em conseqüência, nenhum valor jurídico terão os tratados internacionais, que, incorporados ao sistema de direito positivo interno, transgredirem, formal ou materialmente, o texto da Carta Política. O exercício do *treaty-making power*, pelo Estado brasileiro – não obstante o polêmico art. 46 da Convenção de Viena sobre o Direito dos Tratados (ainda em curso de tramitação perante o Congresso Nacional) –, está sujeito à necessária observância das limitações jurídicas impostas pelo texto constitucional". Para finalizar, elencamos precedente mais recente, do Ag. Reg. no MI 772-1/RJ, de 2007, em que o STF mantém a posição sustentada em 1997, com a devida ressalva às conseqüências da EC 45 de 2004: "Desse modo, a relação de eventual antinomia entre o tratado internacional e a Constituição da República impõe que se atribua, dentro do sistema de Direito positivo vigente no Brasil, irrestrita precedência hierárquica à ordem normativa consubstanciada no texto constitucional, ressalvada a hipótese excepcional prevista no §3° do art. 5° da própria Lei Fundamental e aquela que resulta do §2° desse mesmo art. 5° da nossa Constituição, que traduz verdadeira cláusula geral de recepção das convenções internacionais em matéria de direitos humanos".

[161] Demonstrando a necessidade de adaptação da legislação brasileira diante das normas do TPI, Fauzi Hassan Choukr (2005, p. 73) também defende que os crimes previstos no ER são imprescritíveis apenas na jurisdição da corte internacional, e não no direito interno, à exceção daqueles delitos previstos na norma constitucional. Em igual sentido, Felipe Machado Caldeira (2009, p. 2): "[...] o artigo 29 do ER não está em conformidade com a normatividade interna constitucional porque prevê hipóteses não contempladas na CRFB/88, além de não possuir o condão de remover ou modificar o conteúdo das disposições constitucionais confrontantes. Com efeito, a preservação deste dispositivo estatutário com a normatividade interna constitucional exige a interpretação conforme a CRFB/88, extraindo-se, por conseguinte, que a única interpretação compatível e harmônica com a CRFB/88 é admitir a imprescritibilidade dos crimes previstos no ER apenas quando guardarem relação com o racismo ou com a ofensa à normatividade constitucional e ao Estado Democrático, tal como ocorre, por exemplo, no crime de genocídio praticado com a intenção de destruir um grupo racial, em todo ou em parte (artigo 6°, do ER)". Trazemos também o posicionamento de Mara Regina Trippo (p. 121), quando sustenta que incluir novas hipóteses de incidência da imprescritibilidade "solaparia o vigente sistema positivo-constitucional de direitos fundamentais". Como exemplo, a imprescritibilidade seria dificilmente conciliável com o princípio do devido processo legal, previsto no art. 5°, inc. LIV, da CF; isso porque, "a punição, como resultado do justo processo, demanda provas seguras e convincentes, que dificilmente emergem cinquenta anos depois do delito". Portanto, a incorporação da imprescritibilidade dos crimes internacionais implicaria limitações aos direitos fundamentais, "incorrendo em óbice", que, segundo a autora, seriam dificilmente superáveis, pois provenientes de cláusulas pétreas. Discordando desse posicionamento, ao sustentar que a prescrição penal "não é garantia fundamental constitucional", além do que, em momento algum a CF estabelece regime geral para a prescrição, Marlon Alberto Weichert afirma (2008, p. 204): "No máximo, o controle constitucional pertinente à prescrição refere-se ao devido processo legal substantivo, mediante juízo de razoabilidade e proporcionalidade das normas que definem sua aplicação. E, nesse particular, a gravidade inerente aos crimes de guerra e contra a humanidade, e a especial circunstância de serem, em regra, delitos praticados por agentes estatais, são elementos justificadores do tratamento especial. É razoável e proporcional que esses delitos – que atingem toda a humanidade e tendem a quedar impunes por decorrência de ingerências políticas – não se submetam aos critérios ordinários de esquecimento pelo tempo".

Considerações finais

Ao encerrar este trabalho, retomamos algumas conclusões e ideias que foram expostas ao longo do texto.

1. No sistema jurídico brasileiro, via de regra, a prescritibilidade é aplicada a todos os delitos. Excepcionalmente, no entanto, existem delitos que não se sujeitam ao regime traçado no CP. São os casos de imprescritibilidade trazidos pela CF de 1988, em seu art. 5º: os crimes de racismo (inc. XLII); e o crime de ação de grupos armados, civis ou militares, contra a ordem constitucional e o Estado Democrático (inc. XLIV).

2. Vimos que, no decorrer da história, a prescrição se fez presente em grande parte dos ordenamentos jurídicos continentais, deixando pouco espaço para normas de imprescritibilidade. No Brasil, a total ausência de prazo para processamento e punição dos crimes só se fez presente no Código Criminal de 1830. Não

---

[162] A controvérsia em torno da lei da anistia brasileira guarda íntima relação com o tema da imprescritibilidade, apesar da diferença entre os institutos da prescrição e da anistia. Isso porque determinados atos praticados durante o regime militar poderiam ser considerados crimes contra a humanidade, o que geraria dúvida quanto à sua imprescritibilidade. E diante da possibilidade de uma investigação e punibilidade desses crimes, em virtude de uma futura revogação da lei, semelhante ao que aconteceu em outros países da América Latina (como Chile e Argentina), nos depararíamos com o problema quanto à ocorrência ou não de prescrição (uma vez que já se passaram muito anos desde a época dos fatos). Nesse contexto, podemos citar como posicionamento favorável à imputação penal dos responsáveis pelos delitos ocorridos durantes regime militar o entendimento de Marlon Alberto Weichert (p. 206), o qual afirma que o princípio da imprescritibilidade dos crimes de lesa-humanidade está introduzido no Brasil e integra o corpo do *jus cogens*, constituindo, portanto, "uma obrigação *erga omnes* para toda a comunidade internacional", o que tornaria irrelevante a não-ratificação da referida convenção. Para o autor (p. 192), "o Brasil está inadimplindo suas obrigações convencionais de apurar e responsabilizar crimes contra a humanidade perpetrados durante o regime militar, ao deixá-los sem investigação e persecução penal, especialmente após ter ratificado o Pacto de São José". Seguindo o mesmo posicionamento, Luciano Feldens (2008, p. 125) constata que "a análise desses fatos envolve sua consideração como *graves violações de direitos humanos* e mesmo como *crimes contra a humanidade*, de sorte a atrair a normatividade das regras do Direito Internacional dos Direitos Humanos, inclusive no que respeita à imprescritibilidade desses delitos". E, em sentido contrário, trazemos a lição de Nilo Batista (2010, p. 8-9): "em primeiro lugar, instrumentos normativos constitucionais só adquirem força vinculante após o processo constitucional de internalização, e o Brasil não subscreveu a Convenção sobre Imprescritibilidade dos Crimes de Guerra e dos Crimes contra a Humanidade de 1968 nem qualquer outro documento que contivesse cláusula similar; em segundo lugar, 'o costume internacional não pode ser fonte de direito penal' sem violação de uma função básica do princípio da legalidade; e, em terceiro lugar, conjurando o fantasma da condenação pela Corte Interamericana, a exemplo do precedente *Arellano* x *Chile*, a autoridade de seus arestos foi por nós reconhecida plenamente em 2002 (Decreto 4.463, de 8 de novembro de 2002) porém apenas 'para fatos posteriores a 10 de dezembro de 1998'". A enorme controvérsia política sobre a constitucionalidade e validade da Lei 6.683/79 foi enfrentada pelo STF com a arguição de descumprimento de preceito fundamental n° 153, promovida pela Ordem dos Advogados do Brasil. O objetivo da ADPF era a declaração de que a anistia concedida aos crimes políticos ou conexos não se estenderia aos crimes comuns praticados pelos agentes da repressão contra seus opositores políticos, conforme a petição inicial. No dia 29/04/2010, o STF julgou improcedente a ação, mantendo os efeitos da referida Lei. A propósito, vale lembrar, que a CIDH declarou em sentença, de 24 de novembro de 2010, que "las disposiciones de la Ley de Amnistía brasileña que impiden la investigación y sanción de graves violaciones de derechos humanos son incompatibles con la Convención Americana, carecen de efectos jurídicos y no pueden seguir representando un obstáculo para la investigación de los hechos del presente caso, ni para la identificación de los responsables, ni pueden tener igual o similar impacto respecto de otros casos de graves violaciones de derechos humanos consagrados en la Convención Americana ocurridos en Brasil" (Caso Gomes Lund y Otros [Guerrilha do Araguaia] *vs.* Brasil). Convém, finalmente, o registro de que se encontra, ainda, em aberto o modo pelo qual se dará a compatibilização entre as decisões do STF e da CIDH.

obstante, o ordenamento pátrio sempre seguiu as tendências internacionais que colocam a prescrição como regra, salvo algumas exceções.

3. Podemos dizer que a maior parte da doutrina criminal aceita a prescrição como um instituto legítimo, e que, à sua falta, se viabilizaria uma eterna, e inócua, perseguição do delinquente, fundamentada apenas em teorias penais absolutas. Contudo, a imprescritibilidade, no plano internacional, tem sido apontada pela doutrina (igualmente em um amplo espectro) – especialmente no contexto de crimes extremamente graves – como um importante instrumento jurídico de enfrentamento às mais severas violações dos direitos humanos.

4. Analisando-se o texto da CF, que prevê a imprescritibilidade para o crime de prática de racismo, bem como a lei específica que visa a complementar tal regra, pudemos detectar alguns pontos obscuros: a Lei 7.716/89 incriminou novas formas de discriminação (etnia, religião e procedência nacional) que não se enquadram, diante de uma visão antropológica, no que se entende por prática de "racismo". Estender a imprescritibilidade prevista na CF, a partir de uma interpretação *in malam partem*, contraria princípios de Direito Penal, tais como a legalidade e a taxatividade. Dessa forma, entendemos serem imprescritíveis apenas os crimes cometidos por discriminação ou preconceito de raça e cor.

5. Tratando-se da imprescritibilidade prevista no art. 5º, inc. XLIV, concluímos haver a necessidade de criar-se uma lei específica que tipifique os crimes de ação de grupos armados, civis ou militares, contra a ordem constitucional e o Estado Democrático. A falta de lei que complemente o referido artigo constitucional torna o seu texto sem efeito.

6. Ao enfrentar a discussão sobre a possibilidade de previsão infraconstitucional de regras sobre imprescritibilidade, ressaltamos que, muito embora nos posicionemos contrariamente à utilização excessiva e simbólica dos instrumentos persecutórios de intervenção estatal, somos de convir que a CF não proibiu, de modo expresso, que pudesse haver previsão infraconstitucional sobre imprescritibilidade; e mais: se o legislador ordinário pode eliminar ou alterar o regramento prescricional, pode, também, tornar, excepcionalmente, certos crimes (significativamente graves), inacessíveis à implementação prescritiva (esse posicionamento, aliás, permite, sob todos os títulos, dar viabilidade maior à internalização do regime internacional, especialmente o que se mostra consentâneo com a preservação dos direitos humanos).

7. Entendemos que o art. 366 do atual CPP não configuraria um caso de imprescritibilidade relativa, exceto se a suspensão do processo, pelo não comparecimento do acusado, perdurar por prazos maiores do que aqueles previstos para a prescrição em abstrato. Ou seja, defendemos uma limitação para o tempo de suspensão do processo, com a mesma duração da prescrição regulada pela pena mínima cominada ao delito.

8. A imprescritibilidade prevista aos crimes de prática de racismo entra em vigor concomitantemente à edição de lei prevendo tais crimes, editada em 1989,

em razão da irretroatividade de lei penal mais grave. E o mesmo deve valer para os crimes previstos no art. 5º, inc. XLIV, da CF: a regra constitucional passará a valer a partir do momento em que tais delitos sejam tipificados, e não se aplicará aos casos anteriores à lei.

9. No âmbito internacional, a discussão sobre imprescritibilidade é crescente, o que impede o esgotamento do tema neste trabalho. Ainda assim, após análise histórica, enfrentamos a questão com enfoque no ER, regulamentador do atual TPI. Investigando a possível existência de regra baseada no costume internacional impondo à generalidade dos Estados a noção de imprescritibilidade para crimes internacionais, podemos concluir que: a) em razão de significativa adesão de 114 países ao ER, no plano internacional, a norma costumeira de imprescritibilidade se encontra, se não consolidada, ao menos em adiantada fase de consolidação, na extensão específica de três categorias de crimes internacionais: crimes de guerra, crimes contra a humanidade e genocídio; b) tal norma não se aplica ainda, a nosso ver, aos demais crimes internacionais, por não haver uniformidade e suficiente *opinio juris* entre Estados nesse sentido.

10. Com relação aos efeitos da adesão do Brasil ao ER, podemos dizer que: a previsão de imprescritibilidade para os crimes ali previstos, juntamente com os objetivos do tratado mais as expectativas nele depositadas pelas partes, parece irreconciliável com a manutenção das limitações prescricionais previstas pelo nosso ordenamento jurídico interno às referidas ofensas. Por essa razão, nos parece existir a possibilidade de exercício da jurisdição complementar do TPI, mesmo estando diante de um crime já prescrito segundo as regras pátrias: por não exercer o seu poder-dever de punir, o Estado estaria demonstrando a sua incapacidade de prosseguir com a ação penal ou, ainda, a falta de vontade de adaptar sua legislação interna aos preceitos do Estatuto – configurando os requisitos de admissibilidade do caso perante o TPI. Atualmente, os crimes previstos no ER não são imprescritíveis no Brasil, em razão da ausência de regulamentação adequada. Isso impede que eles sejam julgados a qualquer tempo na esfera nacional, o que não acontece, no entanto, quando submetidos à jurisdição complementar da Corte internacional.

Referências bibliográficas

AMBOS, Kai. *Temas del Derecho Penal Internacional.* Traducción de Fernando del Cacho, Mónica Karayán y Oscar Julián Guerrero. Bogotá, Colombia: Universidad Externado de Colombia, 2001.

ANDRADE, Christiano José de. *Da prescrição em matéria penal.* São Paulo: RT, 1979.

ANDREUCCI, Ricardo Antonio. *Legislação penal especial.* São Paulo: Saraiva, 2009.

APTEL, Cécile. Some Innovations in the Statute of the Special Tribunal for Lebanon. *Journal of International Criminal Justice,* Oxford, UK: Oxford University Press, v. 5, n. 5, p. 1107-1108, nov. 2007.

ARENDT, Hannah. *Eichmann em Jerusalém*: um relato sobre a banalidade do mal. Tradução de José Rubens Siqueira. São Paulo: Companhia das Letras, 1999.

BASSIOUNI, Cherif M. Perspectives on International Criminal Justice. *Virginia Journal of International Law,* Charlottesville, US, v. 50, n. 2, p. 269-323, winter, 2010.

BASTOS, Celso Ribeiro; MARTINS, Ives Gandra da Silva. *Comentários à Constituição do Brasil*: promulgada em 5 de outubro de 1988. São Paulo: Saraiva, 2004. v. 2.

BATISTA, Nilo. Prefácio. In: MARTINS, Antonio; DIMOULIS, Dimitri; SWENSSON JUNIOR, Lauro Joppert; NEUMANN, Ulfrid. *Justiça de transição no Brasil*. São Paulo: Saraiva, 2010.

BAUMAN, Zygmunt. *Confiança e medo na cidade*. Tradução de Eliana Aguiar. Rio de Janeiro: Jorge Zahar, 2009.

BITENCOURT, Cezar Roberto. *Código Penal comentado*. 5ª ed. São Paulo: Saraiva, 2009.

BONETTO, Luis Maria. Corte Penal Internacional. In: LASCANO (h), Carlos Julio; *et al. Nuevas formulaciones en las ciencias penales*. Homenaje a Claus Roxin. Córdoba: Marcos Lerner Editora, 2001.

BOOT, Max. *Pirates, Then and Now*. Foreign Affairs, New York, US, vol. 88, n. 4, p. 94, july/august, 2009.

BORNIA, Josiane Pilau. *Discriminação, preconceito e direito penal*. Curitiba: Juruá, 2007.

BROWNLIE, Ian. *Princípios de direito internacional público*. Tradução de Maria Manuela Farrajota et. al. Lisboa: Fundação Calouste Gulbenkian, 1997.

CALDEIRA, Felipe Machado. A conformação do Estatuto de Roma com a Constituição de 1988: a imprescritibilidade e os princípios do Estado Democrático de Direito e da segurança e estabilidade das relações jurídicas. In: *Boletim IBCCRIM*, São Paulo: Instituto Brasileiro de Ciências Criminais, ano 17, n. 198, p. 2, mai. 2009.

CARVALHO, Salo de. *Pena e garantias*. 3ª ed. Rio de Janeiro: Editora Lumen Juris, 2003.

CASSESE, Antonio. Crimes Against Humanity: Comments on Some Problematical Aspects. In: ——. *The Human Dimension of International Law* – Selected Papers. New York: Oxford University Press, 2008.

——. *International Criminal Law*. New York: Oxford University Press, 2003.

——. *International Law*. New York: Oxford University Press, 2001.

CATALDO NETO, Alfredo; DEGANI, Eliane Peres. Em busca da igualdade prometida: redescobrindo a criminalização do preconceito no Brasil. In: GAUER, Ruth Maria Chittó (org.). *Criminologia e sistemas jurídico-penais contemporâneos*. Porto Alegre: EDIPUCRS, 2010. Publicação eletrônica.

CHOUKR, Fauzi Hassan. O Brasil e o Tribunal Penal Internacional: Abordagem à Proposta de Adaptação da Legislação Brasileira. In: AMBOS, Kai; CARVALHO, Salo de (orgs.). *O direito penal no Estatuto de Roma*: Leituras sobre os Fundamentos e a Aplicabilidade do Tribunal Penal Internacional. Rio de Janeiro: Lumen Juris, 2005.

COMAS, Juan. Os mitos raciais. In: *Raça e Ciência I*. Tradução de Dora Ruhmaan e Geraldo Gerson de Souza. São Paulo: Perspectiva, 1970.

CORNELL, Stephen and HARTMANN, Douglas. *Ethnicity and Race – Making Identities in a Changing World*. 2nd Ed. Thousand Oaks, California: Pine Forges Press, 2007.

CLARO, Adriano Ricardo. *Prescrição penal*. Porto Alegre: Verbo Jurídico, 2008.

DIAS, Jorge de Figueiredo. *Direito penal português*: parte geral II: as consequências jurídicas do crime. Lisboa: Aequitas e Editorial Notícias, 1993.

DI FILIPPO, Marcello. Terrorist Crimes and International Co-operation: Critical Remarks on the Definition and Inclusion of Terrorism in the Category of International Crimes. *European Journal of International Law*, Firenze, IT, v. 19, n. 3, p. 533-570, jun. 2008.

DIHN, Nguyen Quoc; DAILLIER, Patrick; PELLET, Alain. *Direito internacional público*. Tradução de Maria Irene Gouveia e Felipe Delfim Santos. Lisboa: Fundação Calouste Gulbenkian, 1999.

DUBNER, Barry Hart. Human Rights and Environmental Disaster: Two Problems that Defy the "Norms" of the International Law of Sea Piracy. *Syracuse Journal of International Law and Commerce*, Syracuse, US, v. 23, p. 17 e ss., spring, 1997.

ELBERT, Carlos Alberto. *Novo manual básico de criminologia*. Tradução de Ney Fayet Júnior. Porto Alegre: Livraria do Advogado, 2009.

FAYET JÚNIOR, Ney; FAYET, Marcela; BRACK, Karina. *Prescrição penal*: temas atuais e controvertidos. Porto Alegre: Livraria do Advogado, 2007. v. 1

FELDENS, Luciano. *Direitos fundamentais e direito penal*: garantismo, deveres de proteção, princípio da proporcionalidade, jurisprudência dos tribunais de direitos humanos. Porto Alegre: Livraria do Advogado, 2008.

FIANDACA, Giovanni; MUSCO, Enzo. *Diritto penale*: parte generale. 5ª ed. Bologna: Zanichelli Editore, 2007.

FRAGOSO, Heleno Cláudio. *Revista de Direito Penal*, Rio de Janeiro: Borsoi, n. 1, p. 126-7, jan./mar. 1971.

——. Genocídio. *Revista de Direito Penal*, São Paulo: RT, n. 9-10, jan./jun. 1973.

FRULLI, Micaela. O direito internacional e os obstáculos à implantação de responsabilidade penal para crimes internacionais. In: CASSESE, Antonio; DELMAS-MARTY, Mireille (orgs.). *Crimes internacionais e jurisdições internacionais*. Barueri: Manole, 2004.

FÜHRER, Maximiliano Roberto Ernesto. O artigo 366 do CPP e a revolta da doutrina. *Boletim IBCCrim*, n. 50, p. 7-8, jan. 1997.

GALVÃO, Fernando. *Direito penal.* Curso completo. Parte geral. 2ª ed. Belo Horizonte: Del Rey, 2007.

GILI PASCUAL, Antoni. *La prescripción en Derecho penal.* Elcano: Editorial Aranzadi, 2001.

GLENNON, Michael J. The Blank-Prose Crime of Aggression. *Yale Journal of International Law,* New Haven, US, v. 35, p. 71-114, Winter 2010.

HATCHELL, Michael P. Closing the Gaps in United States Law and Implementing the Rome Statute: a Comparative Approach. *ILSA Journal of International and Comparative Law,* Chicago, US, v. 12, p. 183 e ss., Fall 2005.

HOURANI, Albert. *Uma história dos povos árabes.* Tradução de Marcos Santarrita. São Paulo: Companhia das Letras, 1994.

JAIN, Neha. Between the Scylla and Charybdis of Prosecution and Reconciliation: The Khmer Rouge Trials and the Promise of International Criminal Justice. *Duke Journal of Comparative and International Law,* Durham, US, v. 20, p. 247-290, winter 2010.

JANKOV, Fernanda Florentino Fernandez. *Direito internacional penal:* mecanismo de implementação do Tribunal Penal Internacional. São Paulo: Saraiva, 2009.

JAPIASSÚ, Carlos Eduardo Adriano. *O direito penal internacional.* Belo Horizonte: Del Rey, 2009.

JAWSNICKER, Francisco Afonso. *Prescrição penal antecipada.* 2ª ed. Curitiba: Juruá, 2008.

JESCHECK, Hans-Heinrich. *Tratado de derecho penal:* parte general. 4ª ed. Traducción del Dr. José Luis Manzanares Samaniego. Granada: Comares, 1993.

JESUS, Damásio Evangelista de. *Prescrição penal.* 18ª ed. São Paulo: Saraiva, 2009.

KANT, Immanuel. *La metafísica de las costumbres.* 2ª ed. Tradução de Adela Cortina Orts e Jesus Conill Sancho. Madrid: Editorial Tecnos, 1994.

KOK, Ruth A. *Statutory Limitations in International Criminal Law.* The Netherlands, The Hague: T.M.C. Asser Press, 2007.

LAFER, Celso. *A internacionalização dos direitos humanos:* Constituição, racismo e relações internacionais. Barueri: Manole, 2005.

LEIRIS, Michel. Raça e Civilização. In *Raça e Ciência I.* Tradução de Dora Ruhmaan e Geraldo Gerson de Souza. São Paulo: Perspectiva, 1970.

LOPES JR., Aury. *Direito processual penal e sua conformidade constitucional.* 2ª ed. rev. atual. Rio de Janeiro: Lumen Juris, 2008.

LOZANO JÚNIOR, José Júlio. *Prescrição penal.* São Paulo: Saraiva, 2002.

MACHADO, Antonio Alberto. *Curso de processo penal.* São Paulo: Atlas, 2009.

MACHADO, Fábio Guedes de Paula. *Prescrição penal:* prescrição funcionalista. São Paulo: RT, 2000.

MANTOVANI, Ferrando. *Diritto penale.* Parte generale. 5ª ed. Padova: CEDAM, 2007.

MANZINI, Vincenzo. *Tratado de derecho penal:* primera parte: teorías generales. Tradução de Santiago Sentis Melendo. Buenos Aires: Ediar, 1950. v. 5 t. 5.

MAURACH, Reinhart; GÖSSEL, Karl Heinz; ZIPF, Heinz. *Derecho penal:* parte general. Traducción de la 7ª edición alemana por Jorge Bofill Genzsch. Buenos Aires: Desalma, 1995. t. 2

MAZZUOLI, Valério de Oliveira. *Curso de direito internacional público.* 2ª ed. rev., atual. e ampl. São Paulo: RT, 2007.

MENDES, Gilmar Ferreira; BRANCO, Paulo Gustavo Gonet; COELHO, Inocêncio Mártires. *Curso de direito constitucional.* São Paulo: Saraiva, 2008.

MUCH, Christian. The International Criminal Court (ICC) and Terrorism as an International Crime. *Michigan State Journal of International Law,* East Lansing, US, v. 14, issue 1, p. 121, 2006.

OSÓRIO, Fábio Medina; SCHAFER, Jairo Gilberto. Dos Crimes de Discriminação e Preconceito: anotações à lei 8.081, de 21.9.90. *Revista dos Tribunais,* São Paulo: RT, v. 714, p. 329-38, abr. 1995.

PASTOR, Daniel R. *Tensiones:* ¿derechos fundamentales o persecución penal sin límites? 1. ed. Buenos Aires: Editores Del Puerto, 2004.

PORTO, Antonio Rodrigues. *Da prescrição penal.* 5ª ed. São Paulo: RTs, 1998.

QUEIROZ, Paulo. *Direito penal:* parte geral. 6ª ed. Rio de Janeiro: Lumen Juris, 2010.

RAGUÉS I VALLÈS, Ramón. *La prescripción penal:* fundamento y aplicación. Texto adaptado a la LO 15/2003 de reforma del Código Penal. Barcelona: Atelier, 2004.

ROUSSEAU, Ch. *Derecho internacional publico profundizado.* Tradução de Delia García Daireaux. Buenos Aires: La Ley, 1966.

SANTOS, Christiano Jorge. *Direito penal:* parte geral. Rio de Janeiro, Elsevier, 2007.

——. *Prescrição penal e imprescritibilidade.* Rio de Janeiro, Elsevier, 2010.

SILVA, José Afonso da. *Comentário contextual à Constituição.* São Paulo: Malheiros, 2005.

SILVEIRA, Fabiano Augusto Martins. *Da criminalização do racismo*: aspectos jurídicos e sociocriminológicos. Belo Horizonte: Del Rey, 2006.

SCHABAS, William A. *An introduction to the International Criminal Court.* 3rd Ed. New York: Cambridge University Press, 2007.

SCHMIDT, Andrei Zenkner. *Da prescrição penal*: de acordo com as Leis nºs 9.268/96 e 9271/96: doutrina, prática, jurisprudência. Porto Alegre: Livraria do Advogado, 1997.

SHAW, Malcolm N. *International Law.* 5ª ed. Cambridge (UK): Cambridge University Press, 2003.

TRIPPO, Mara Regina. *Imprescritibilidade penal.* São Paulo: Juarez de Oliveira, 2004.

VELLOSO, Ana Flavia. A Imprescritibilidade dos Crimes Internacionais. *Revista Eletrônica Ânima*, Curitiba: OPET, n. 01, p. 242-261, 2009. Disponível em: <http://www.opet.com.br/revista/direito/anima_1.html>.

WEICHERT, Marlon Alberto. Crimes contra a humanidade perpetrados no Brasil. Lei da Anistia e prescrição penal. In: *Revista Brasileira de Ciências Criminais.* São Paulo: RT, ano 16, n. 74, p. 170-229, set.-out. 2008.

YACOBUCCI, Guillermo J. *El sentido de los principios penales.* Buenos Aires: Ábaco de Rodolfo Depalma, 2002.

ZAFFARONI, Eugenio Raúl; PIERANGELI, José Henrique. *Manual de direito penal brasileiro.* 7ª ed. São Paulo: RT, 2007.

ZOLO, Danilo. *La justicia de los vencedores*: de Nuremberg a Bagdad. Traducción: Elena Bossi. Revisión: Pablo Eiroa. Madrid: Trotta, 2007.

Sites consultados:

http://www.eccc.gov.kh/

http://www.unakrt-online.org

http://avalon.law.yale.edu/imt/imt10.asp

http://www.icrc.org/Web/Eng/siteeng0.nsf/html/party_main_treaties

http://www.mfa.gov.il/MFA/

http://treaties.un.org/Pages/ParticipationStatus.aspx

http://www.icj-cij.org/

http://www.law.cornell.edu/uscode/

http://www.un.org/law/ilc/index.htm

http://www.unhcr.org/refworld/docid/4374af404.html

http://www.comlaw.gov.au/

http://laws.justice.gc.ca/en/C-45.9/FullText.html

http://www.amnesty.fr

http://www.senat.fr/leg/tas07-107.html

Tema IV

Do instituto da prescrição penal no âmbito da responsabilidade criminal das pessoas jurídicas

Karina Brack

Introdução

Com a crescente necessidade de proteção do meio ambiente, que vem sendo degradado proporcionalmente ao desenvolvimento da sociedade, as diversas áreas da ciência lançaram mão dos recursos ao seu alcance, engendrando esforços na tentativa de preservação do meio natural e de recuperação do já destruído. O meio jurídico não demorou a voltar-se para a regulamentação da intervenção humana na natureza, contribuindo com a causa na sua área de incidência.

A proteção jurídica logo também avançou para a seara penal, criminalizando um rol extenso das mais variadas condutas atentatórias ao meio ambiente. Mas não era suficiente. A constante prática criminosa por meio de entidades coletivas, que diluem a responsabilidade das pessoas físicas e geram a punição, no mais das vezes, apenas dos responsáveis aparentes, em vez daqueles que realmente detêm o poder, clamava pela responsabilização criminal das pessoas jurídicas.

Dessa forma, a CF, em seu art. 225, § 3º, inovou no ordenamento jurídico e previu a responsabilidade penal dos entes coletivos. A Lei 9.605/98, por sua vez, consolidou essa possibilidade e regulamentou a matéria. Indubitavelmente, essa previsão, normatizada pela lei dos crimes ambientais, pode ser considerada como uma das mais notáveis inovações no âmbito jurídico pátrio em tempos recentes.

Os estudiosos do Direito Penal não tardaram em lançar mãos do estudo dessa inovadora matéria, focando suas atenções, sobretudo, na discussão sobre a real viabilidade de se responsabilizar criminalmente a pessoa jurídica, especialmente diante de um quadro de aparente rompimento com a tradicional estrutura que alicerça o Direito Penal. Mesmo diante de um tema de estimável profundidade, foi-se sedimentando, ao longo de acalorados debates, no âmbito acadêmico e jurisprudencial, o entendimento da efetiva permissão, pelo nosso ordenamento jurídico, da imputação penal às pessoas jurídicas.

Embora, atualmente, ao menos no âmbito prático, possa ser considerada tranquila a possibilidade de responsabilização do ente fictício, sobretudo em virtude da posição dos Tribunais Superiores, ainda persistem inúmeras dúvidas e divergências em relação a temas que circundam a matéria, essencialmente porque a lei dos crimes ambientais, ao concretizar a alternativa de imputação penal aos entes fictícios, não trouxe uma previsão de procedimentos, bem como de outros aspectos de importância extrema.

Nessa seara, a Lei 9.605/98 não estabeleceu as sanções aplicáveis à pessoa jurídica especificamente em cada tipo penal, com o respectivo mínimo e máximo, mas tão somente estabeleceu, na parte geral da legislação, as espécies de penas aplicáveis aos entes coletivos, sem qualquer alusão à forma de dosimetria das medidas.

Igualmente, a lei dos crimes ambientais não trouxe qualquer previsão relativa à prescrição penal, e tal fato, aliado à grande desordem na aplicação da pena, gerou graves problemas no cálculo prescricional. Interessa-nos, nesse estudo, exatamente analisar a prescrição penal no âmbito da responsabilidade criminal das pessoas jurídicas, adiantando-se, desde já, que são poucas as manifestações doutrinárias sobre o tema, encontrando-se alguns precedentes jurisprudenciais divergentes nas soluções apresentadas.

O tema revela-se de extrema importância exatamente pela absoluta omissão legislativa e discordância jurisprudencial no trato da matéria. Ademais, a prescrição penal é tema importantíssimo do Direito Penal, já que implica a extinção da punibilidade, com o próprio desaparecimento do crime e de suas consequências, na hipótese de prescrição da pretensão punitiva, ou a extinção da pena, no caso da prescrição da pretensão executória. No atinente às pessoas jurídicas, a matéria ganha ainda mais relevo, tendo em vista toda a inovação no ordenamento e a reformulação necessária para adaptar o tradicional Direito Penal à nova previsão.

1. Da proteção do meio ambiente e do direito ambiental

Não muito distante de hoje, o homem ainda acreditava na ilusão de um planeta com recursos naturais inesgotáveis. Nesse tempo, a natureza apresentava-se não como uma aliada do homem, mas como uma inimiga. Era necessário, dessa forma, conquistá-la e subjugá-la. Pouco a pouco se foi, efetivamente, invertendo a relação de preponderância: a natureza, que antes amedrontava e dominava o homem, passou a ser conquistada e transformada.

Paralelamente, com o desenvolvimento da sociedade, foram-se consumindo, cada vez mais, os bens ambientais. A produção, o crescimento populacional, e, principalmente, a tecnologia foram fatores que multiplicaram de forma estonteante a capacidade destruidora da natureza. Governava o pensamento de que a marcha rumo à perfeita situação social, em andamento principalmente por meio do progresso, dependia da dominação e aniquilação do meio natural. Não tardou, é claro, a revelar-se um quadro assustador: esse processo desenfreado estava levando ao fenecimento dos bens ambientais, e o resultado disso já se apresentava a olho nu. Assim, o credo ecológico subjugou o homem pelos sentidos:

pela visão dos rios assoreados e da desertificação das florestas; pela audição dos decibéis ensurdecedores; pelo olfato do monóxido de carbono e dos odores nauseantes dos centros urbanos e industriais; pelo sabor acre da água clorificada; das verduras com agrotóxicos e dos alimentos enlatados e conservados à custa da química cancerígena; pela sensação do calor insuportável e das mudanças climáticas, não raro catastróficas, que provocam o esquentamento do planeta e o degelo das calotas polares.[1]

Os incessantes anos de descaso com o ambiente já revelavam um revés aterrorizante.

A consequência exata disso tudo era, e continua a ser, uma incógnita, com perspectivas, é claro, bastante pessimistas. Já se sabe, no entanto, que "o sonho da perenidade dos recursos naturais, que convertia a própria audácia em único limite para o homem no processo histórico de dominação da natureza, está contestado por acontecimentos terríveis e por números inquietantes".[2]

E, nesse rumo, hoje se pode visualizar com maior nitidez o resultado de toda essa era de despreocupação e extermínio do meio ambiente. No dizer de Antônio Herman Benjamin, "não carece ser romântico para reconhecer que somos todos herdeiros e vítimas dessa percepção simplista das relações homem-natureza que, casada com o perverso desequilíbrio social, com ilhas de riqueza pontilhando sobre um mar de pobreza, haveria de redundar na gravidade e larga escala de nossos problemas ambientais atuais".[3] Percebendo-se, então, as graves consequências advindas de tanto tempo de destruição, estava formada a crise ambiental, e o homem foi praticamente obrigado a voltar a sua atenção ao meio ambiente, envidando esforços na preservação do ainda não exterminado e na recuperação, o tanto quanto possível, das parcelas já assoladas.[4] De fato,

se considerarmos que em apenas três séculos de industrialização, que representam cem vezes menos tempo do que a era da civilização agrícola, chegamos ao atual estágio de flagelo do meio ambiente, o que dizer dos anos que se seguirão, se mantido o ritmo crescente de destruição ambiental, cada vez mais agravado pela explosão demográfica, pela urbanização exacerbada, pelo desperdício inaudito no consumo da massa, pelo acúmulo de embalagens descartáveis e pelo volume gigantesco do lixo doméstico, hospitalar e industrial (...) que desafia a suficiência das tecnologias de compostagem e reaproveitamento dos detritos da sociedade de consumidores alienados pela avidez material.[5]

E, por essas razões, se evidenciou lógico que se mudanças não fossem processadas não haveria viabilidade de se manter a vida no planeta. O maior desafio que se apresenta ao homem, agora, é a busca da conciliação do desenvolvimento com a proteção ambiental. É certo que no estágio em que nos encontramos seria ilusório pregar uma reversão ou até estagnação do processo tecnológico e consumista. No entanto, é essencial que se possam desenvolver esses processos com

---

[1] CASTRO, Carlos Roberto de Siqueira, 1992, p. 65-71.

[2] BASTOS, Aurélio Wander; BATISTA, Nilo, 1992, p. 47-64.

[3] BENJAMIN, Antônio Herman V., 1999, p. 48-82.

[4] Como bem pondera Wilson Luiz Bonalume (1989, p. 230-255)," a famosa conferência realizada em Estocolmo em 1972 sob o patrocínio das Nações Unidas, a propósito da necessidade de proteger o ameaçado meio ambiente, teve o condão de despertar, no mundo, a esquecida consciência ecológica! Desde então, a exploração dos recursos naturais renováveis passou a ser encarada sob um prisma diverso, tendo em vista a proteção ao meio ambiental, até então totalmente desprezado ou, mesmo, desconhecido".

[5] CASTRO, Carlos Roberto de Siqueira, p. 65-71.

a inserção de valores ambientais, para que a sociedade adote uma nova maneira sustentável de viver. Contrapõe-se, atualmente, à ávida ganância de progresso sem limites, um forte movimento ambientalista, voltado à recuperação e preservação do meio ambiente. Essas forças oponentes devem chegar a um equilíbrio, de molde que se possa ainda viver sem retrocessos, mas com a consciência ambiental sempre presente.

O movimento global de tentativa de proteção e revitalização ambiental, em oposição, no mais das vezes, ao avanço tecnológico e consumista, exteriorizou-se nas mais diversas áreas de conhecimento, e a busca de soluções mobilizou de forma importante também a esfera jurídica.[6]

1.1. DA RELEVÂNCIA DO DIREITO AMBIENTAL

Exatamente em razão da necessidade de contribuição do direito com a questão ambiental, pouco a pouco, foi-se desenvolvendo um novo ramo jurídico, voltado exatamente ao socorro do sacrificado meio ambiente, e, entre tantas outras denominações, foi chamado de Direito Ambiental. Utilizando-se do conceito de Paulo Affonso Leme Machado,

> o Direito Ambiental é um Direito sistematizador, que faz a articulação da legislação, da doutrina e da jurisprudência concernentes aos elementos que integram o ambiente. Procura evitar o isolamento dos temas ambientais e sua abordagem antagônica. (...) O Direito Ambiental não ignora o que cada matéria tem de específico, mas busca interligar estes temas com a argamassa da identidade dos instrumentos jurídicos de prevenção e de reparação, de informação, de monitoramento e de participação.[7] [8]

Dentro desse ramo do conhecimento, não se pode deixar de sublinhar, inicialmente, a importância da proteção constitucional do meio ambiente. Muito embora a regulamentação infraconstitucional não seja dependente da previsão na Carta Magna – e, no caso do Brasil, realmente a precedeu –, não se pode deixar de reconhecer o grande valor do reconhecimento constitucional de direitos e deveres para com o meio ambiente. No sistema jurídico pátrio, somente a CF de 1988 agasalhou, de forma expressa, a proteção ambiental; e o fez de forma bastante completa e imperativa.[9] O pilar fundamental desse sistema protetivo do diploma constitucional, sem dúvida, repousa no art. 225, que disciplina: "Todos têm direito ao meio ambiente ecologicamente equilibrado, bem de uso comum do povo

---

[6] Gustavo Cassola Perezutti refere que "la protección jurídica del medio ambiente tiende a asegurar la existencia de recursos renovables que inplican un significado fundamental para la sociedad, y que en mérito al aumento significativo de sus explotaciones y de sus usos, tienen cada vez menos posibilidad de regeneración" (PEREZUTTI, Gustavo Cassola, 2005, p. 19).

[7] MACHADO, Paulo Affonso Leme, 2010, p. 54-55.

[8] No dizer de Carlos Roberto de Siqueira Castro, "o Direito Ambiental desponta como o mais abrangente e penetrante ramo da ciência jurídica, revolvendo nas profundezas todo o conjunto de institutos e valores romanísticos enraizados na ordem privada, a ponto de instabilizar sadiamente a própria arquitetura do pensamento jurídico contemporâneo" (CASTRO, Carlos Roberto de Siqueira, p. 65-71).

[9] BENJAMIN, Antônio Herman V., p. 48-82.

e essencial à qualidade de vida, impondo-se ao Poder Público e à coletividade o dever de defendê-lo e preservá-lo para as presentes e futuras gerações".

Desse dispositivo refletem as mais extraordinárias consequências, que criam todo um sistema de tutela seguro e fechado. O artigo 225 do diploma maior fornece uma base constitucional para a implementação de toda uma rígida legislação, que tem, cada vez mais, entrado em sintonia com o sentimento generalizado de uma necessária brusca mudança de comportamento, única medida viável para uma sonhada salvação do restante da vida natural, e recuperação da já não mais existente.

No tocante à legislação infraconstitucional, no Brasil, como bem observa Antônio Herman Benjamin,[10] as primeiras manifestações relevantes de uma normativa ambiental protetiva surgiram a partir da década de 60 do século passado, sem, no entanto, revelarem uma preocupação com o meio ambiente considerado em si mesmo, mas tão-só com as classes de recursos naturais, essencialmente pelo interesse econômico. Ainda que não se possa formular uma divisão exata de períodos – porque a valoração ético-jurídica do ambiente, embora genericamente se apresente em fases, não se revela de forma tão estanque, tendo sempre ocorrido uma interpenetração nos mais variados períodos –, pode-se considerar a Lei de Política Nacional do Meio Ambiente (Lei 6.938/81) como a primeira legislação que protegeu o meio ambiente integralmente, superando-se, então, o modelo de tutela dispersa. Com esse mesmo sentido de proteção do sistema ecológico de forma integrada, a Lei 9.605/98, que nos interessa neste ensaio de forma especial, concluiu esse círculo de regulamentação legal.[11]

A Lei 9.605/98 apresenta-se como um importante diploma legal. Trata da tutela penal e administrativa do meio ambiente, delineando normas de caráter administrativo, penal e processual penal. Foi o documento que procurou sistematizar os crimes contra o meio ambiente, embora não o tenha feito de forma integral, pois ainda subsistem tipos penais esparsos em outros diplomas legais. De qualquer sorte, teve importância significativa no campo da criminalização do Direito Ambiental, com, inclusive, variadas inovações.

1.2. DA CRIMINALIZAÇÃO DO DIREITO AMBIENTAL

A resposta jurídica ao caótico cenário de destruição do meio ambiente deu-se inicialmente por diplomas de cunho essencialmente administrativo ou civil. Nos últimos tempos, no entanto, possivelmente pela visível ineficácia dessas modalidades legais de proteção, clamou-se também pela intervenção do Direito Penal. Como bem assevera Gustavo Cassola Perezutti,

> la importante y elevada degradación del médio ambiente que hoy padecemos, por el mal uso y abuso de los recursos naturales y, por ende, las trágicas consecuencias que englobaría un progresivo dete-

---

[10] BENJAMIN, Antônio Herman V., p. 48-82.

[11] BENJAMIN, Antônio Herman V., p. 48-82.

rioro de la situación, poniendo en riesgo la propia supervivencia humana; y la probada ineficiencia de otras ramas del ordenamiento jurídico como el derecho administrativo y civil, para evitar la degradación, conllevan, a mi juicio, la necesaria implementación de una legislación penal proteccionista y defensora del medio ambiente, de los recursos naturales, del aire, del suelo, del subsuelo, de las aguas, de la flora, de la fauna, del patrimonio artístico y cultural, así como del ordenamiento territorial.[12]

A ingerência do Direito Penal na área ambiental, contudo, é tema delicado e bastante discutido pelos operadores da matéria, que enxergam pontos de atrito entre o clássico sistema criminal e a proteção desses novos direitos de caráter difuso. Sem se descuidar também, é claro, do princípio da intervenção mínima do Direito Penal, que faz nascer indagações quanto à efetiva necessidade de utilização desse ramo jurídico para a proteção do meio ambiente. De fato, como leciona Juan Bustos Ramírez,

la necesidad de la pena implica que el Derecho penal es extrema ratio y, por tanto, que tiene un carácter subsidiario, es decir, sólo se há de aplicar en caso extremo y cuando hayan fracasado todos los demás medios posibles o no se tenga otra a disposición. Esto presupone el reconocimiento que el Derecho penal no es sino una forma de control social, la más formalizada y negativa, y que por ello mismo ha de ceder su paso a otras formas de control social y aun a otras políticas sociales, en cuanto los controles sociales quedan englobados dentro del marco amplio de las políticas sociales.[13]

Dessa forma, conclui o autor: "la primera cuestión a debatir es si en relación a la materia medio ambiente se da el principio de necesidad de la pena".[14]

A discussão que se trava, efetivamente, é se o bem jurídico objeto de tutela do Direito Penal Ambiental realmente estaria dentro daquele elenco de bens de extrema relevância social, cuja preservação é essencial à garantia das condições mínimas de existência em sociedade e pleno desenvolvimento da pessoa humana com dignidade, a ponto de justificar a atuação do Direito Penal, que atinge intensamente a esfera de liberdade dos indivíduos. Dessa forma, deve-se analisar se o Direito Penal, como *ultima ratio* que é, faz-se necessário e imprescindível no campo do Direito Ambiental.[15]

Inicialmente cabe salientar que, a respeito desse tema, o próprio legislador constituinte recomendou a proteção penal do meio ambiente. Com efeito, disciplina o § 3º do art. 225 da CF: "As condutas e atividades consideradas lesivas

---

[12] PEREZUTTI, Gustavo Cassola, p. 9-10.

[13] BUSTOS RAMÍREZ, Juan, 1995, p. 105

[14] BUSTOS RAMÍREZ, Juan, p. 102. Pondera Fernando Fragoso: "Na verdade, o Direito Penal é a *ultima ratio* de qualquer sistema legal, apresentando caráter fragmentário, ocupando-se de algumas violações do ordenamento social, intoleráveis em razão do elevado valor dos bens atingidos. A *descriminalização* é uma das principais características do Direito Penal moderno (...). O Autor não hesita em reconhecer que as condutas que contribuam para a degradação da qualidade de vida coletiva devam merecer tratamento adequado pelo Direito Penal, compreendendo-se precisamente que também merece proteção o correto andamento da economia e do trabalho" (FRAGOSO, Fernando, 1992, p. 109-113).

[15] Refere Claus Roxin: "Não se pode castigar – por falta de *necessidade* – quando outras medidas de política social, ou mesmo as próprias prestações voluntárias de delinquente garantam uma protecção suficiente dos bens jurídicos e, inclusivamente, ainda que se não disponham de meios mais suaves, há que renunciar – por falta de *idoneidade* – à pena quando ela seja política e criminalmente inoperante, ou mesmo nociva. Estes postulados correspondem aos princípios da subsidiariedade e efectividade da pena estatal" (ROXIN, Claus, 1998, p. 57-58).

ao meio ambiente sujeitarão os infratores, pessoas físicas ou jurídicas, a sanções penais e administrativas, independentemente da obrigação de reparar os danos causados". Afora esse reconhecimento expresso na Carta Magna, não há dúvidas de, como veremos, afigurar-se o meio ambiente como um bem jurídico com dignidade criminal.

Embora a questão não seja clara e pacífica, pensa-se que o bem jurídico protegido pelo Direito Penal Ambiental é o próprio meio ambiente, que diz respeito a toda a coletividade, porquanto interligado intrinsecamente a todo um sistema biológico altamente complexo que mantém todas as formas de vida no planeta, inclusive a humana.[16] No entanto, ainda que diretamente o objeto jurídico seja o meio ambiente, evidentemente, um atentado a esse bem pode vir também a atingir, reflexa ou diretamente, direitos individuais, tais como a vida e a saúde das pessoas. O bem jurídico meio ambiente possui caráter extremamente difuso, e, quando se lhe ofende, se está a atentar contra toda a coletividade: tanto contra as presentes gerações, como também as futuras, nos exatos termos do art. 225 da CF.[17] [18]

O bem jurídico ambiental possui extraordinária importância nos dias de hoje, conforme exaustivamente argumentado ao longo deste trabalho, o que poderia se resumir em afirmar que o seu equilíbrio é essencial para assegurar a continuidade da vida no planeta. Exatamente por essa relevância do meio ambiente ecologicamente equilibrado, seja para as pessoas individualmente consideradas, seja para toda a coletividade, ou mesmo pela relevância do espaço natural propriamente

---

[16] "As infrações contra o meio ambiente, assim como as demais de Direito Econômico, como as contra as relações de consumo, são infrações de massa, contra a coletividade, atentando contra interesses coletivos e difusos, e não só contra bens individuais, como a saúde e a vida das pessoas. (...) O Direito Penal Ambiental incrimina não só o colocar em risco a vida, a saúde dos indivíduos e a perpetuação da espécie humana, mas o atentar contra a própria natureza. Como destaca NESTOR JOSÉ FORSTER, o homem nasce, vive e cresce dentro da natureza, de modo que o meio ambiente tem seu valor e como tal (meio ambiente da espécie humana) deve ser preservado e objeto de tutela. Assim, ditas infrações atentam contra o próprio ambiente, como bem supraindividual a transcender a tutela dos indivíduos. O ambiente é tutelado como um valor em si mesmo, pelo que representa às gerações presentes e futuras, como destaca a Constituição do Brasil. No tocante ao bem-interesse protegido, o Direito Penal Ambiental difere sensivelmente da dogmática tradicional. Como acentua JUAN BUSTOS RAMIREZ, os bens próprios ao direito penal tradicional eram de fácil determinação, porque surgiam ligados diretamente à pessoa e sua ofensa se mostrava particularizada e precisa (dano à saúde, à vida, ao patrimônio do indivíduo). Tinham um caráter microssocial, referindo-se a relações de pessoa(s) a pessoa(s), sendo de fácil de delimitação. Com a vida moderna e seu dinamismo, em especial no âmbito econômico, se chegou à configuração de bens jurídicos que não estão ligados diretamente à pessoa, dizendo mais com o funcionamento do sistema. É o caso de bens como a qualidade do consumo e o meio ambiente, dentre outros, bens jurídicos de determinação mais difícil, pelo que denominados de bens difusos. Ditos bens têm relação com 'todas e cada uma das pessoas do sistema social'. A ofensa ao meio ambiente não diz uma pessoa, mas com a coletividade, incidindo difusamente. Há uma acentuada danosidade social. Se movem, na lição do citado PROFESSOR RAMIREZ, no âmbito macrossocial" (LECEY, Eládio, 2003, p. 37-51).

[17] LECEY, Eládio, 2004, p. 65-82.

[18] Além disso, em qualquer estudo de direito ambiental, deve-se sempre ter em mente que a CF, em seu art. 225, reconheceu o direito ao meio ambiente ecologicamente equilibrado como direito fundamental da pessoa humana. Além disso, "o direito fundamental ao meio ambiente equilibrado é, por força da abertura material consagrada no art. 5º, parágrafo 2º, da CF de 1988, cláusula pétrea e sujeito à aplicabilidade direta, mesmo não constando do catálogo do art. 5º, uma vez que o constituinte optou por inseri-lo no âmbito das disposições constitucionais sobre a ordem social" (MARCHESAN, Ana Maria Moreira; STEIGLEDER, Annelise Monteiro; CAPPELI, Sílvia, 2008, p. 19).

dito, lesar ou pôr em risco esse bem de extremo valor é conduta de extrema gravidade. E daí um primeiro elemento a justificar a reprovação penal.[19]

Mas a extraordinária importância do bem jurídico, por si só, não justificaria a intervenção penal, se não fosse a insuficiência das outras formas de tutela. De fato, a previsão de regras e sanções administrativas e civis não foram suficientes para estancar a fúria destruidora, tampouco serviram para que se cumprissem as obrigações de recuperação ambiental. Assim, "a verdade é que são tantas as agressões ao meio ambiente provocadas pela poluição do ar, do solo e da água, e suas consequências, que somente com a aplicação de sanção penal – funcionando, conforme retroassinalado, também como meio de prevenção – conseguir-se-á refreá-las".[20]

Por essas razões é que se apresentou, realmente, importante e necessária a penalização do Direito Ambiental.[21] Até porque, "o direito ao meio ambiente ecologicamente equilibrado, na sua concepção moderna, é um dos direitos fundamentais da pessoa humana, o que, por si só, justifica o sancionamento penal das agressões contra ele perpetradas, como *extrema ratio*".[22]

A bem da verdade, o Direito Penal se apresenta como um ótimo instrumento para compelir os infratores à resolução do conflito, bem como ao cumprimento dos deveres ambientais. Nesses moldes, a criminalização do Direito Ambiental termina por servir como mecanismo de efetividade às demais normas deste ramo do Direito. Ocorre que "o conteúdo ético associado a uma reprovação penal é bem mais forte do que o sancionamento na esfera administrativa ou na esfera civil".[23]

Na realidade, o Direito Penal tem-se mostrado um grande aliado na luta do direito ambiental, revelando-se um mecanismo de grande efetividade. Vladimir e Gilberto Passos de Freitas referem que "a luta na defesa do meio ambiente tem encontrado no Direito Penal um de seus mais significativos instrumentos. (...) O estigma de um processo penal gera efeitos que as demais formas de repressão não alcançam".[24]

De fato, considerando essa realidade do processo de penalização do Direito Ambiental, temos de saber que o sistema penal ambiental brasileiro é representado, nos dias de hoje, basicamente, pela Lei 9.605/98. Essa legislação possui um espírito de adesão aos princípios da prevenção, da precaução e da reparação do dano ambiental. Com certeza, o principal foco é evitar o dano, e, se ocorrido,

---

[19] MARCHESAN, Ana Maria Moreira; STEIGLEDER, Annelise Monteiro; CAPPELI, Sílvia, p. 163.

[20] FREITAS, Vladimir Passsos de; FREITAS, Gilberto Passos de, 2006, p. 31-32.

[21] Como bem obtempera Eladio Lecey, "a tutela penal do ambiente, pela extrema relevância do bem-interesse protegido, se mostra necessária como resposta social às condutas atentatórias de danosidade coletiva e macrossocial" (LECEY, Eládio, 1999, 79-99). Também se posicionando favoravelmente à tutela penal do meio ambiente, ressalta Luiz Regis Prado: "a imprescindível tutela do meio ambiente encontra supedâneo jurídico-formal no indicativo constitucional do art. 225, § 3.º, da Carta Magna, e, em termos materiais, nas próprias necessidades existenciais do homem" (PRADO, Luiz Regis, 2001, p. 31).

[22] MILARÉ, Edis, 1999, p. 90-134.

[23] MARCHESAN, Ana Maria Moreira; STEIGLEDER, Annelise Monteiro e CAPPELI, Sílvia, p. 161.

[24] FREITAS, Vladimir Passsos de; FREITAS, Gilberto Passos de, p. 31.

repará-lo. Para se coadunar a esses princípios, criou tipos penais de risco, que criminalizam a conduta independente da ocorrência de um resultado naturalístico. No dizer de Eládio Lecey, as

> características especiais do bem tutelado pela norma ambiental penal reflexos tiveram no direito ambiental penal, de modo a diferenciá-lo do direito penal tradicional, acentuando-se a *prevenção geral*, com adoção de tipos de perigo a fim de serem atingidos os riscos, o *caráter educativo*, com tipos dotados de elementos normativos e até normas penais em branco, considerada também a interdisciplinaridade da questão ambiental e a *prevenção especial* com tipos culposos, omissivos e até omissivos culposos.[25]

Nessa perspectiva, a penalização do Direito Ambiental, cercando-se dessas especiais peculiaridades, provocou o surgimento de novos institutos. Assim, a Lei 9.605/98, além de ter sistematizado a proteção penal do meio ambiente e modernizado as figuras criminais, também foi responsável por importantes inovações, como a responsabilização criminal da pessoa jurídica, instituto que, por sua importância e interligação com o objeto deste trabalho, será analisado com mais vagar.

1.3. DA RESPONSABILIZAÇÃO PENAL DA PESSOA JURÍDICA

Bem se sabe, na sociedade moderna, as maiores agressões ao meio ambiente são, em regra, protagonizadas pelos entes coletivos, os quais, em grande medida, representam, a bem da verdade, o interesse de (grupos de) indivíduos. O modo de vida contemporâneo, cercado de suas inúmeras particularidades, tem conduzido, cada vez mais, as pessoas a se refugiarem na figura das entidades jurídicas. E essa circunstância acaba por servir como um escudo protetor para os verdadeiros responsáveis (pessoas físicas) pelas atividades danosas. A forma como se dá a prática de condutas dentro da organização de um ente fictício – por meio de deliberações coletivas –, seja para o cumprimento do fim social, seja para a prática de atos que fujam desse intuito, é fator essencial para a diluição da responsabilidade. Assim, seja pela complexidade dos mecanismos de funcionamento e de tomada de decisão, ou pela existência, muitas vezes, do chamado "homem de palha", ou ainda pelo desvio da responsabilidade para o funcionário subalterno sem qualquer poder gerencial e decisório, os verdadeiros responsáveis terminam por lograr impunes.[26] Torna-se árdua a tarefa de identificar os culpados, sobretudo na seara criminal.[27]

---

[25] LECEY, Eládio, 2004, p. 65-82.

[26] LECEY, Eládio, 1999, p. 79-99.

[27] "Novos paradigmas se fizeram necessários, e, entre eles, destaca-se a responsabilização criminal da pessoa jurídica, tendo em vista as mais expressivas degradações a promanarem na sociedade de massa e de risco da atualidade, através e no interesse ou benefício dos grandes conglomerados de empresas. Na busca de uma mais efetiva justiça ambiental e social, criminalizou-se a pessoa coletiva e seus dirigentes, até por omissão, deixando-se muitas vezes de criminalizar os funcionários subalternos, autênticos 'peixes miúdos' que, não raramente, acabam por sofrer injusta imputação quando não poderiam agir doutra forma na estrutura da empresa" (LECEY, Eládio, 2004, p. 65-82).

Aliada a outros fatores, essa é uma das razões fundamentais pela qual se passou a visualizar necessária a responsabilização criminal da pessoa jurídica.[28] No dizer de Gustavo Cassola Perezutti, "es todo un problema, arduo y complejo, criminalizar a las personas jurídicas; pero necesario y fundamental, ya que sin lugar a dudas, ellas son las causantes de los mayores desastres ecológicos".[29]

Pode-se afirmar, em linhas gerais, existirem, no âmbito do direito, historicamente, dois sistemas que se embatem no tocante à possibilidade da responsabilização penal da pessoa jurídica: prega pela impossibilidade, de um lado, o sistema anglo-germânico; de outro, visualiza-se, nos países nos quais impera a *commow law*, a perfeita viabilidade da imputação criminal aos entes coletivos. Esse quadro, no entanto, está, cada vez mais, em processo de mudança, passando, lentamente, alguns países do primeiro sistema a adotar a orientação que leciona pela possibilidade da responsabilização penal dos entes fictícios. Isso se dá exatamente pela mencionada "criminalidade moderna", na qual as pessoas jurídicas desempenham papel de grande destaque.[30] Esse grupo de países que passaram a admitir a responsabilidade penal da pessoa jurídica tem formado um terceiro modelo, que admite essa responsabilização em situações particulares, previstas expressa e casuisticamente pelo legislador. É o caso de Portugal, França, Luxemburgo, Dinamarca e Brasil.[31]

O Brasil, exatamente, caminhou no rumo da responsabilização penal da pessoa jurídica. A CF de 1988 expressamente admitiu essa possibilidade; o clássico artigo que evidenciou essa opção político-criminal (art. 225, § 3º)[32] dispõe que "as condutas e atividades lesivas ao meio ambiente sujeitarão os infratores, pessoas físicas ou jurídicas, a sanções penais e administrativas, independentemente da obrigação de reparar os danos causados".[33] Regulamentando esse dispositivo, foi editada a Lei 9.605/98, a qual implementou a responsabilização penal da pessoa

---

[28] Referem Édis Milaré e Paulo José da Costa Júnior: "A responsabilidade penal da pessoa jurídica, nos tempos hodiernos, especialmente no âmbito do direito privado, no qual estão presentes grandes conglomerados, empresas multinacionais, grupos econômicos, é uma necessidade para fazer frente à criminalidade tributária, econômica, financeira e ecológica. A criminalidade, ao longo do tempo, assumiu diferentes formas e modalidades, que não mais se restringem aos clássicos delitos constantes do CP: homicídio, furto, roubo, aborto. Urge que o Direito Penal passe por uma adaptação de seus conceitos e princípios para proporcionar adequada prevenção e repressão aos crimes. Isso não significa que as conquistas do Direito Penal liberal devam ser abandonadas. Devem ser elas mantidas, com as necessárias modificações, para enfrentar a criminalidade que padece mutações contínuas" (MILARÉ, Edis; COSTA JÚNIOR, Paulo José, 2002, p. 19-20.)

[29] PEREZUTTI, Gustavo Cassola, p. 83.

[30] BITENCOURT, Cezar Roberto, 1999, p. 238-245.

[31] LECEY, Eládio, 2003, p. 37-51.

[32] Ainda se aponta o reconhecimento da responsabilidade penal da pessoa jurídica no art. 173, §5º, da CF.

[33] Apesar da aparente clareza do dispositivo, ainda houve quem o interpretasse para concluir que não teria havido nítida previsão à responsabilização penal da pessoa jurídica, sob o argumento de que, em verdade, o artigo teria estipulado, com sua redação, sanções penais às *condutas* praticadas pelas pessoas físicas e sanções administrativas às atividades desempenhadas pelas pessoas jurídicas. A exemplo, posicionam-se no sentido de que a CF não teria pretendido criar a responsabilidade penal da pessoa jurídica: BITENCOURT, Cezar Roberto, 1999, p. 238-245; DOTTI, René Ariel, 2001, p. 157-194 e LUISI, Luiz, 2001, p. 27-42.

jurídica e criou um sistema, ainda que bastante lacunoso, para se viabilizar essa imputação.

Dessa forma, pode-se entender tranquila, no Direito brasileiro, a possibilidade de responsabilização penal da pessoa jurídica.[34] [35] Embora o estágio atual, a questão não passou a salvo de volumosas controvérsias. Muitos autores brasileiros de relevo manifestaram-se em oposição a essa possibilidade, por argumentos de valor essencialmente dogmático.[36] Outros tantos, com posicionamento pragmático, prontamente entenderam plausível se adequar o Direito Penal, por meio do alargamento de alguns conceitos tradicionalmente usados na seara criminal, a essa nova realidade.[37]

Pensa-se que, em razão do patamar a que já se chegou, seja legislativo, doutrinário ou jurisprudencial, e dos vastos debates que já se travaram, não cabe mais se revisitar toda a discussão da possibilidade, ou não, da responsabilização penal dos entes fictícios, tampouco os argumentos das correntes contrárias e favoráveis.[38] Tem vez, no entanto efetuar-se um breve apanhado da forma como a nossa legislação tratou da matéria.

---

[34] Como bem refere Fernando Galvão, "quando se discute o tema da responsabilidade penal da pessoa jurídica, não se pode esquecer que o equacionamento da questão deve ser feito no âmbito político. E a opção política sobre o tema já foi feita, e por aqueles que detinham legítimo poder para tanto. O ponto de vista contrário à responsabilização penal da pessoa jurídica foi vencido no debate institucional, segundo as regras do jogo democrático. A opção política foi inserida no ordenamento jurídico, o que significa a preponderância do entendimento da conveniência e oportunidade de utilizar a responsabilidade penal da pessoa jurídica como instrumento eficaz no combate à criminalidade ambiental. Com certeza, toda opção política faz nascer um discurso institucional de justificação que pretende harmonizar os mecanismos de proteção aos valores tidos como mais importantes e, ainda, um contradiscurso que exerce a crítica desses valores e denuncia a ilegitimidade do exercício do poder. Mas, o fato é que no momento da vigência da norma jurídica o ponto de vista que ela consagra é o predominante. (...) Não se pode deixar de perceber que a responsabilidade penal da pessoa jurídica decorre de opção político criminal sobre uma possível estratégia de combate à criminalidade moderna. Não se trata de um posicionamento aleatório, irrefletido, inconseqüente. Mas de uma tomada de posição perante o fato social, que é legítima e deve ser observada. O operador do Direito não pode desatender à opção política legitimamente acolhida pelo Direito Positivo. Pode até considerá-la inadequada, mas, no Estado Democrático de Direito, só lhe resta observar a norma jurídica. O doutrinador, por sua vez, deve construir caminho teórico necessário à sustentação da vontade política, orientando a realização prática da opção política. Essa é justamente a meta da ciência jurídica." (ROCHA, Fernando A. N. Galvão da, 2003, p. 445-528).

[35] O STJ logo referendou o entendimento da possibilidade de responsabilização penal da pessoa jurídica e admitiu as ações penais movidas contra os entes coletivos. Diante desses pronunciamentos, e com o decorrer do tempo, os ânimos foram se apaziguando e, enfim, passou-se mais a aventar sobre as construções necessárias a adaptar esse novel instituo ao Direito brasileiro do que propriamente a sua viabilidade, ou não.

[36] A título exemplificativo, cita-se: ANTUNES, Paulo de Bessa, 2008, p. 672-673; PRADO, Luiz Regis, 2001, p. 125-156; BITENCOURT, Cezar Roberto, 1999, p.238-245; e DOTTI, René Ariel, p. 157-194.

[37] Entre outros, exemplificativamente, assim se posicionaram: LECEY, Eládio, 2002, p. 24-48; SHECAIRA, Sérgio Salomão, 1998, p. 42-65; FREITAS, Vladimir Passsos de; e FREITAS, Gilberto Passos de, p. 64-65; MACHADO, Paulo Affonso Leme, p. 741-742; MILARÉ, Edis, 2009.

[38] Somente para que se possa compreender brevemente a discussão que se estabeleceu, cabe aqui traçar um rápido esboço da argumentação utilizada na não-aceitação da responsabilidade penal da pessoa jurídica e das soluções propostas para essas dificuldades. Os argumentos contrários consistem, basicamente: a) desrespeito ao princípio da culpabilidade, pois não se admite responsabilidade penal sem culpa, e a necessidade de um elemento subjetivo do injusto não se compatibiliza com a imputação à pessoa jurídica; b) afronta ao princípio da personalidade das penas, já que a punição do ente coletivo representaria também um castigo a terceiros, como acionistas e cotistas que não possuem poder decisório; c) impossibilidade de aplicação de pena privativa de liberdade, típica sanção criminal; d) inviabilidade de intimidação e reeducação por meio da pena, tendo em vista que a pessoa

A doutrina e a jurisprudência, com base no art. 3º da Lei 9.605/98,[39] têm apontado alguns requisitos necessários para a criminalização dos entes coletivos, quais sejam: a) a prática da infração deve ocorrer por decisão da administração; b) a realização da atividade criminosa deve se dar no interesse ou benefício da pessoa jurídica; c) a autoria material da infração, por intermédio de pessoa natural vinculada à pessoa jurídica. Com a precisão que lhe é peculiar, ensina Fernando Galvão:

> Como se poderá facilmente comprovar, os requisitos estabelecidos para a responsabilidade penal da pessoa jurídica são suficientes para evitar os abusos na repressão das pessoas morais. Se a noção de culpabilidade pretende estabelecer limites para a intervenção punitiva estatal em prol da liberdade individual, as restrições impostas pelo art. 3º da Lei n. 9.605/98 garantem legitimidade à punição da pessoa jurídica, na medida do que seja necessário para a garantia do meio ambiente, bem jurídico de importância vital para a sociedade humana.[40]

Faz-se necessário, inicialmente, para a responsabilização penal da pessoa jurídica – tal como explicitado no art. 3º da Lei 9.605/98 – que a infração à norma se dê por resolução no contexto de poder com legitimidade para representação e orientação do ente coletivo. No teor exato da lei, a infração deve ser praticada

---

jurídica não é capaz de realizar conduta e é desprovida de vontade. A esses contrapontos foram apresentadas as mais variadas soluções. Todas, de alguma forma, apontam certa ruptura com as clássicas formulações do Direito Penal, chamando a atenção para uma criminalidade moderna, que necessita ser adequada a novos paradigmas e construções. No tocante à culpabilidade, afirma-se que, efetivamente, o Direito Penal clássico precisaria ser repensado, pois não responde satisfatoriamente a essa objeção formulada. A culpabilidade necessita ser reavaliada e refletida por um novo prisma, diferente daquele tradicional destinado à pessoa individual. Além disso, tendo em vista a impossibilidade de haver uma avaliação da culpabilidade (nos termos em que se formulou para a pessoa individual), faz-se necessário repensá-la para as pessoas jurídicas como um juízo de reprovabilidade da empresa. Tem-se ponderado, para o aclaramento dessas questões, que, com relação à pessoa jurídica, a vontade dos homens se dissolve de forma tal a constituir uma nova vontade, absolutamente autônoma, peculiar à entidade abstrata. Essa nova vontade nasce e cresce da conjugação da vontade individual dos integrantes do ente abstrato, mas é independente, e pode, muitas vezes, ser, inclusive, divergente da vontade de grandes facções. Esse sentimento coletivo, assim como o individual em cada pessoa, é capaz de provocar ações, pelas quais haverá, se for o caso, posterior responsabilização. O argumento da afronta à personalidade das penas foi facilmente superado. Ora, as penas do Direito Penal tradicional fixadas ao criminoso (pessoa física) também refletem em terceiros: a sanção de privação de liberdade do chefe de família indistintamente acaba por atingir também o seio familiar. Existem ainda outras modalidades de penas, e se torna mais evidente ainda o reflexo em terceiros quando se tratar de pena de multa; ao certo a perda dos valores aos quais houve condenação irá gerar um prejuízo a toda a família do réu. E, ademais, as próprias sanções civis e administrativas fixadas às pessoas jurídicas teriam esse mesmo efeito de atingir indiretamente terceiros, e, por isso, o argumento da personalidade das penas se esvazia por completo. Já no que diz respeito à impossibilidade de aplicação de pena privativa de liberdade, mais uma vez, com tranquilidade afastou-se a objeção. Ocorre que o próprio Direito Penal tem, cada vez mais, feito uso e dado preferência a outras modalidades de sanção, que não a privação da liberdade. Em se tratando de pessoas jurídicas, evidentemente, serão aplicadas penas compatíveis com a sua condição, tais como as efetivamente previstas na L. 9.605/98. Por fim, a argumentação da inviabilidade de intimidação e reeducação por meio da pena também tem sido rebatida facilmente. Diz-se que, ao certo, a possibilidade da sanção penal, provida de grave conteúdo de reprovação ética, assim como a publicidade negativa que a criminalidade atribui a determinada empresa, geraria na própria pessoa jurídica um temor de delinquir ou de voltar a fazê-lo. Isso porque é muito diferente para a imagem do ente coletivo o fato de algum de seus empregados ou diretores, acionistas, etc., sofrerem uma imputação criminal ou de ela mesma ter o seu nome comprometido.

[39] Art. 3º As pessoas jurídicas serão responsabilizadas administrativa, civil e penalmente conforme o disposto nesta Lei, nos casos em que a infração seja cometida por decisão de seu representante legal ou contratual, ou de seu órgão colegiado, no interesse ou benefício da sua entidade.

[40] ROCHA, Fernando A. N. Galvão da, p. 445-528.

por decisão do seu representante legal ou contratual, ou de seu órgão colegiado. Nesse sentido, "como se vê, atribui-se a responsabilidade da pessoa jurídica pela atividade desenvolvida com base em seu centro de decisão. Nessa hipótese é a pessoa jurídica que está agindo".[41]

Dessa forma, para a efetivação da imputação criminal ao ente coletivo é requisito elementar que a conduta delituosa seja realizada por ato decisório de autor qualificado – representante legal, ou contratual, ou órgão colegiado. Para tanto, é necessária a comprovação do liame existente entre a infração e a decisão do representante que deliberou em conformidade com os poderes conferidos pela pessoa jurídica.

Com relação a esses agentes enumerados no dispositivo, nas palavras de Vladimir Passos de Freitas, "representante legal é aquele que exerce a função em virtude da lei. A hipótese pressupõe que a lei, e não o ajuste dos sócios, indique o representante da pessoa jurídica. (...) Se o contrato for omisso, todos serão considerados habilitados a gerir e, consequentemente, serão representantes da pessoa jurídica. É o que determina o art. 1.013 do CC de 2002".[42] Já com relação ao representante contratual, prossegue o autor: "a regra é que ele seja apontado no contrato social. O art. 997, inc. VI, do CC/2002, determina que o contrato disponha sobre quem pode gerir a sociedade. Portanto é no ato constitutivo da sociedade que o fato deve ser esclarecido".[43] Conclui o autor que, no tocante ao órgão colegiado, "pressupõe sociedade anônima e, nela, ao conselho de administração cabe dar as orientações gerais à companhia (Lei 6.404/76, art. 142)".[44] [45]

A segunda condição necessária para se implementar a responsabilização penal da pessoa jurídica é que o ato criminoso tenha sido praticado no interesse ou benefício da entidade. Conforme doutrina Fábio Bittencourt da Rosa, "isso significa que a decisão do colegiado em nome e no proveito social é como se a vontade da sociedade tivesse sido movimentada".[46] [47]

---

[41] ROSA, Fábio Bittencourt da, 2003, p. 37-57.

[42] FREITAS, Vladimir Passsos de; FREITAS, Gilberto Passos de, p. 71.

[43] FREITAS, Vladimir Passsos de; FREITAS, Gilberto Passos de, p. 71-72.

[44] FREITAS, Vladimir Passsos de; FREITAS, Gilberto Passos de, p. 72.

[45] O requisito da necessidade de decisão do representante legal ou contratual, ou do órgão colegiado da entidade é de tamanha importância que a jurisprudência tem, inclusive, reconhecido como ineptas as denúncias que não formulam a narrativa dessa circunstância: "– É inepta a denúncia que, ao responsabilizar pessoa jurídica por crime ambiental, não faz menção à decisão tomada pelo representante contratual da empresa, determinando a execução de conduta que, em tese, violaria o art. 38, *caput*, da Lei n° 9605/98, ficando completamente desconhecido, nos autos, como se deu o processo decisório que culminou a prática descrita na exordial" (MS 413768/1, 12ª CC do TACrimSP, Rel. Amador Pedroso, DJ de 03.12.2003). No mesmo sentido: MS 349.440/8, 3ª CC do TACrimSP, Rel. Juiz Fábio Gouvêa, j. em 01.02.2000 e TRF 4ª Região, MS 2002.04.01.054936-2, 7ª T., Rel. Des. Vladimir Passos de Freitas, j. em 25.02.2003.

[46] ROSA, Fábio Bittencourt da, p. 37-57.

[47] Também a jurisprudência tem reconhecido esse requisito: "o art. 3.º da Lei 9.605/1998 condiciona a responsabilidade criminal da empresa ao fato de ter sua direção atuado *no interesse ou benefício de sua entidade*. O que se deve examinar para saber se o tipo penal do art. 3.º da Lei 9.605/1998 acabou por ser subsumido é analisar o conteúdo da decisão do órgão diretivo. Se ela foi tomada no desenvolvimento empresarial e para garantir o sucesso dele, não há interesse individual do gerente na decisão, mas da sociedade. Logo, a mesma surgiu para

Embora a lei tenha-se utilizado de palavras aparentemente sinônimas – interesse e benefício –, essas locuções apontam circunstâncias diferentes. Isso porque a existência de interesse da pessoa jurídica nem sempre implica que algum benefício esteja sendo alcançado.[48] Realmente, "interesse é a vinculação que se estabelece entre a pessoa e o objeto a ser alcançado, já o benefício é a obtenção do objeto de interesse".[49] Além disso, não se faz necessário que a satisfação do interesse ou benefício realmente se concretize, bastando que o ato tenha sido praticado com tal intuito.[50] Como regra, se a empresa estiver desempenhando suas regulares atividades e, nesse contexto, praticar algum delito, de forma dolosa ou culposa, estará configurado o requisito interesse da entidade.[51]

Deve-se observar que essa exigência do dispositivo foi prevista para que não se sancionasse o ente coletivo por fatos estranhos ao seu interesse e dos quais nada lhe aproveita. Estará excluída a responsabilidade, por conseguinte, no caso de o ato ser praticado para a satisfação de interesses pessoais de algum empregado ou diretor. Nesse caso, o indivíduo responderá sozinho pelo ato.[52]

O último requisito imprescindível a ser apontado é a vinculação do autor material à pessoa jurídica. Isso significa que não basta ter havido a deliberação pelo(s) representante(s) da pessoa jurídica para a prática da infração, deve também ter, em decorrência dessa decisão, ocorrido a violação concreta da norma por parte de pessoa física, escolhida para a materialização da atividade delitiva pelo ente coletivo.[53] O autor material deve possuir uma ligação com a pessoa coletiva.

Mais uma vez, nas palavras de Fernando Galvão:

> É necessário verificar relação de causalidade entre a decisão e a violação concreta da norma. Tal verificação exige a identificação do indivíduo que materialmente viola o comando normativo. Um exame precipitado poderia levar a entender que bastaria comprovar a ocorrência da deliberação do representante da pessoa jurídica. Mas, tal compreensão não é adequada. Não basta constatar a ocorrência da decisão pela prática delitiva, também será preciso identificar a pessoa física que, com sua conduta, lesionou o bem jurídico por causa da deliberação.[54]

Esses requisitos exigidos para a responsabilização penal da pessoa jurídica terminam por gerar consequências práticas bastante significativas. Muito se tem comentado sobre a denúncia que imputa delitos ambientais à pessoa coletiva. Sem dúvida, esses critérios trazidos pelo art. 3º da Lei 9.605/98 repercutem em

---

satisfazer o interesse da garantia do resultado da produção. Esse sucesso para o proveito da empresa pode ser intencional (dolo) ou fruto de negligência (culpa)". (TRF4ª Região, MS 2002.04.01.0138-43-0-PR, Rel. Des. Fábio Bittencourt da Rosa) Decisão citada por: LECEY, Eládio, 2004, p. 65-82.

[48] "'Interesse' e 'benefício' são termos assemelhados, mas não idênticos. (...) 'Interesse' não diz respeito só ao que traz vantagem para a entidade, mas aquilo que importa para a entidade. (...) Não é, portanto, somente a idéia de vantagem ou lucro que existe no termo 'interesse'" (MACHADO, Paulo Affonso Leme, p. 744-745).

[49] ROCHA, Fernando A. N. Galvão da, p. 445-528.

[50] ROCHA, Fernando A. N. Galvão da, p. 445-528.

[51] LECEY, Eládio, 2004, p. 65-82.

[52] ROSA, Fábio Bittencourt da, p. 37-57.

[53] ROCHA, Fernando A. N. Galvão da, p. 445-528.

[54] ROCHA, Fernando A. N. Galvão da, p. 445-528.

um necessário rigorismo na elaboração da peça acusatória, ou seja, todos esses elementos devem vir descritos com clareza.[55] Exatamente abordando esse novo dinamismo, disserta Eládio Lecey:

> Em termos de direito penal ambiental, estamos diante de novos paradigmas, entre eles a responsabilização criminal da pessoa jurídica. Assim, o agente do Ministério Público deve estar atento às peculiaridades desses novos direitos, a exigirem mecanismos procedimentais especiais, de modo que se recomendam denúncias bem mais arrazoadas, bem mais detalhadas, explicitando todos os requisitos àquela responsabilização, autêntico novo paradigma. Assim, deverão arrazoar como pressupostos: a) deliberação por quem de direito, inclusive a forma da decisão; b) interesse ou benefício da pessoa jurídica; c) narrar a conduta do(s) executores, com a qual se confundirá a atividade da pessoa jurídica, já que aqueles executam conduta por esta; d) incluir as pessoas físicas identificadas como co-autoras ou partícipes.[56]

A par desses elementos expressamente indicados na lei ambiental, a jurisprudência também tem entendido como requisito para a responsabilização penal da pessoa jurídica o concomitante direcionamento à(s) pessoa(s) física(s) condutora(s) da atividade do ente fictício. Com efeito, como decorrência dessas condições explícitas tem-se estabelecido o entendimento segundo o qual a imputação de crime à pessoa jurídica somente será possível quando identificada a intervenção dos agentes humanos (na decisão e efetivação da conduta em nome e em prol do ente fictício). A jurisprudência do STJ pacificou-se nesse sentido de que a denúncia da pessoa jurídica somente poderá ocorrer depois de identificadas as

---

[55] A propósito do tema, com brilhantismo leciona Tupinambá Pinto de Azevedo: "(...) O microsistema da lei ambiental oferece especiais dificuldades para elaboração da denúncia. Primeiro, porque um microsistema abala os paradigmas já tradicionais, impondo ao denunciante não apenas estudo aprofundado dos novos institutos e práticas, mas a transposição, para a peça acusatória, dos fundamentos que embasam as novidades. A denúncia, peça objetiva, de cunho descritivo, assume feição didática. A este tipo de peça inicial acusatória tenho chamado de 'denúncia-arrazoado'. Segundo, porque a dupla ou múltipla imputação obriga à descrição de fatos diversos. Deve o Promotor de Justiça descrever a atividade danosa ao ambiente, desenvolvida pela pessoa jurídica; e relacioná-la com a decisão adotada pelo representante legal ou contratual, ou ainda do órgão colegiado, autorizando ou determinando dita atividade. Para isso, a denúncia conterá também a descrição do modo como se deu tal decisão, o teor da mesma, época, etc. (...) A surrada afirmação, sempre presente em nossa jurisprudência – 'o acusado defende-se dos fatos descritos na denúncia, e não da capitulação', tradução atualizada da veneranda máxima *da mihi factum et dabo tibi ius* – demonstra à saciedade que o essencial é a descrição pormenorizada dos fatos, ficando até mesmo a *classificação do crime* em posição secundária. (...) Deve o Promotor de Justiça descrever a atividade danosa ao ambiente, desenvolvida pela pessoa jurídica; ao fazê-lo, caso identificado o executor direto do ilícito, também este deverá ser referido na denúncia; finalmente, impõe-se ao denunciante relacionar a atividade com a decisão adotada pelo representante legal ou contratual, ou ainda do órgão colegiado, autorizando/determinando dita atividade. Para isso, a denúncia conterá também, se for o caso, a descrição do modo como se deu tal decisão. (...). Também necessário descrever a vantagem buscada ou alcançada com a atividade ilícita. Quanto mais complexa a organização empresarial, maiores as exigências para oferecimento da denúncia. Em alguns casos será necessário juntar cópia do contrato social. Essa obrigação de descrever fatos distintos pode acarretar problemas para denúncia. Os requisitos para a responsabilização penal da pessoa jurídica podem ser assim arrolados: a) deliberação da administração; b) prática da atividade determinada, no interesse ou benefício da pessoa jurídica; c) autoria material da infração através de pessoa vinculada à pessoa jurídica. (...). Desse modo, fica assentada, quanto à autoria, a necessidade de conduta punível, no cumprimento de ato decisório de autor qualificado – representante legal/contratual ou órgão colegiado (presidente, administrador, gerente, assembléia geral, diretoria, conselho de administração, etc.) da pessoa jurídica. Se a iniciativa é de empregado, sem poder de decidir, inocorre a responsabilidade da pessoa jurídica. O mecanismo de imputação à pessoa jurídica é simples, como se vê, mas nem sempre a descrição dos fatos, na denúncia, terá a mesma singeleza.(...)". AZEVEDO, Tupinambá, 2003, p.361-407.

[56] LECEY, Eládio, 2004, p. 65-82.

105

atuações das pessoas físicas, as quais, obrigatoriamente, deverão ser denunciadas conjuntamente ao ente fictício, sob pena de inépcia da inicial acusatória.[57]

Embora a lei ambiental tenha previsto criteriosamente os requisitos necessários para a responsabilização penal do ente fictício, deixou inúmeras lacunas em outros aspectos, sobretudo no campo processual. Veja-se, por exemplo, que o documento legal contém apenas três dispositivos (arts. 26, 27 e 28) com previsão de normas processuais ou procedimentais.

Como decorrência dessas omissões, inúmeras dificuldades jurídicas operacionais têm sido apontadas pela doutrina e pela jurisprudência, que têm, igualmente, buscado indicar as soluções. Uma dessas problemáticas, e que nos interessa especialmente, pela relação direta que possui com o objeto do presente trabalho, é exatamente as penas criminais previstas e a sua forma de aplicação às pessoas jurídicas.

1.3.1. Da dosimetria das sanções aplicáveis à pessoa jurídica

A lei dos crimes ambientais instituiu a responsabilidade penal da pessoa jurídica, sem, contudo, indicar em quais tipos penais poderia o ente coletivo incidir. Mais ainda, não formulou uma previsão de sanção própria à entidade fictícia em cada crime, mas somente elencou genericamente as penas aplicáveis na "parte geral" da legislação. Isso, sem dúvida, fez com que a doutrina e a jurisprudência tivessem que lançar mão de soluções para o emprego das sanções.[58]

As penas cominadas aos entes coletivos estão previstas no art. 21 da Lei 9.605/98 e consistem em: multa, restritiva de direitos e prestação de serviços à comunidade. Nos dispositivos seguintes, a lei especificou as modalidades de sanções restritivas de direito e de prestação de serviços à comunidade.

O legislador deixou ao arbítrio do juiz quais as penas serão aplicadas ao ente coletivo, assim como o modo de fixação: se cumuladas ou alternativas. Dessa for-

---

[57] "I – Admite-se a responsabilidade penal da pessoa jurídica em crimes ambientais desde que haja a imputação simultânea do ente moral e da pessoa física que atua em seu nome ou em seu benefício, uma vez que 'não se pode compreender a responsabilização do ente moral dissociada da atuação de uma pessoa física, que age com elemento subjetivo próprio' cf. Resp nº 564960/SC, 5ª Turma, Rel. Ministro Gilson Dipp, DJ de 13/06/2005 (Precedentes). II – No caso em tela, o delito foi imputado tão-somente à pessoa jurídica, não descrevendo a denúncia a participação de pessoa física que teria atuado em seu nome ou proveito, inviabilizando, assim, a instauração da *persecutio criminis in iudicio* (Precedentes)" (STJ, RMS 20601/SP, 5ª T., Rel. Min. Felix Fischer, j. 29.06.2006). No mesmo sentido: STJ, RMS 16696/PR, 6ª T., Rel. Min. Hamilton Carvalhido, j. 09.02.2006, STJ, Resp 610114/RN, 5ª T., Rel. Min. Gilson Dipp, j. 17.11.2005) e STJ, RHC 19119/MG, 5ª T., Rel. Min. Felix Fischer, j. 12.06.2006).

[58] "No tocante ao alegado princípio *nulla poena sine lege*, entendo não ferido pela lei ambiental penal. Uma norma, para ser penal no sentido estrito, de norma incriminadora, por óbvio, deverá conter dois preceitos: o primário, a expressar a conduta proibida ou exigida, e o secundário, expressando a coercibilidade por meio da sanção a ser imposta a quem descumprir o preceito primário. Todavia, nem sempre preceito e sanção precisam estar num mesmo dispositivo legal, bastando lembrar as conhecidas normas ditas imperfeitas, mas que completas são no sentido de configurarem norma penal incriminadora, contendo num dispositivo de lei o preceito e noutro a sanção aplicável a quem descumprir aquele, como as previstas na Lei de Abuso de Autoridade, Lei 4.898/1965, que, nos diversos incisos dos arts. 3.º e 4.º, descreve os tipos e no art. 6.º, § 3.º, prevê as sanções penais aplicáveis" (LECEY, Eládio, 2004, p. 65-82).

ma, "ao juiz caberá a escolha da pena mais adaptada a constituir a resposta eficaz do Estado diante do crime ambiental praticado pelo ente social".[59]

No que diz respeito à dosimetria da pena, serão aplicados os dispositivos da Lei Ambiental e, subsidiariamente, os do CP, conforme arts. 79 da Lei 9.605/98 e 12 do CP. Dessa forma, para a fixação da sanção ao ente coletivo utilizar-se-á o art. 68 do CP e o seu sistema trifásico: inicialmente, com base nas circunstâncias judiciais previstas no art. 6º da Lei 9.605/98 e no art. 59 do CP (se ajustadas à pessoa jurídica), será fixada a pena-base; após, serão consideradas as agravantes e as atenuantes elencadas na lei especial e, subsidiariamente, as existentes no CP, caso compatíveis; por fim, serão aplicadas as causas de aumento e diminuição.[60]

O maior obstáculo no tocante à fixação das penas para as pessoas jurídicas, e isso ocorre em todas as modalidades de sanção, é que a lei não estabelece o prazo (nem os limites temporais) das penalidades. Dessa forma, a definição do período de apenamento fica a critério do juiz.

Na solução do problema, é entendimento consolidado que o limite máximo a ser observado será o estabelecido no tipo penal para a pena privativa de liberdade.[61] Com relação ao parâmetro mínimo, mais de uma solução é apontada. Para Paulo Affonso Leme Machado, "o juiz poderá, conforme o caso, fixar em horas, em um dia ou em uma semana a suspensão das atividades".[62] De outro lado, também há o entendimento de que o prazo mínimo da sanção será o limite mínimo previsto no tipo para a pena privativa de liberdade.[63] [64]

---

[59] ROSA, Fábio Bittencourt da, p. 37-57.

[60] LECEY, Eládio, 2004, p. 65-82.

[61] LECEY, Eládio, 2004, p. 65-82.

[62] MACHADO, Paulo Affonso Leme, p. 749.

[63] ROSA, Fábio Bittencourt da, p. 37-57. Refere o autor: "A solução menos prejudicial é limitar o aspecto temporal aos limites mínimo e máximo da pena privativa de liberdade prevista no dispositivo de cada tipo da Lei 9.605/98, embora ele se refira apenas à pessoa física. Não há analogia *in malam partem* no caso. Muito ao contrário. Se não se lançasse mão de um parâmetro para limitar a pena restritiva de direitos, o tempo da mesma poderia ser ilimitado. Logo, os mesmos limites impostos à pessoa física haverão de ser considerados para a sanção da pessoa jurídica. (...) A solução é considerar os limites abstratos da pena privativa de liberdade previstos no tipo. Essa medida é necessária, outrossim, para que para que o juiz possa dimensionar a pena. A dosagem parte do mínimo e, conforme as circunstâncias judiciais, legais e causas de aumento, pode ir aumentando. Tomando por base os limites temporais do tipo, vai-se ajustando a pena à pessoa jurídica pelo grau de censura. Qualquer outra forma seria estabelecer completo arbítrio ao juiz, que não teria a considerar um limite para o início da gradação da sanção" (ROSA, Fábio Bittencourt da, p. 37-57). Também nesse sentido: ADEDE Y CASTRO, João Marcos, 2004, p. 81 e DELMANTO, Roberto; DELMANTO JÚNIOR, Fábio; DELMANTO, Fábio M. de Almeida, 2006, p. 415.

[64] Quanto ao prazo das medidas, na sugestão de Paulo Affonso Leme Machado, no que diz respeito à pena do inc. II do art. 22 da Lei ambiental, que consiste na interdição temporária de estabelecimento, obra ou atividade (e é modalidade de pena restritiva de direito, que veremos posteriormente), "diante do silêncio da lei quanto ao prazo da vigência da interdição temporária de direitos para a pessoa jurídica, é razoável aplicar-se os prazos do referido art. 10" (MACHADO, Paulo Affonso Leme, p. 749). Disciplina o art. 10 da Lei 9.605/98: "As penas de interdição temporária de direito são a proibição de o condenado contratar com o Poder Público, de receber incentivos fiscais ou quaisquer outros benefícios, bem como de participar de licitações, pelo prazo de cinco anos, no caso de crimes dolosos, e de três anos, no de crimes culposos".

A nosso ver, não há obstáculos a que a pena seja fixada abaixo do mínimo previsto para a pena privativa de liberdade cominada no tipo penal, caso seja essa a solução mais justa. Até porque existem sanções previstas na lei que, caso não pudessem ser fixadas abaixo do mínimo previsto na lei, se tornariam inviáveis de aplicação, pelos incontáveis problemas sociais que seriam gerados, sendo o principal deles exatamente a própria falência da empresa. Em determinados casos, por exemplo, a suspensão das atividades da entidade pelo exíguo prazo de um mês pode acarretar a quebra da companhia. Por isso, o ideal é que se deixe o prazo mínimo a critério do juiz, limitando-se o máximo, no entanto, ao teto da pena privativa de liberdade cominada ao tipo.

É válido, compreendidas essas regras gerais, analisar-se, detalhadamente, as sanções aplicáveis às pessoas jurídicas.

1.3.2. Das penas previstas na Lei 9.605/98

As penas cominadas aos entes coletivos estão previstas no art. 21 da Lei 9.605/98 e consistem em: multa, restritiva de direitos e prestação de serviços à comunidade. As penas restritivas de direitos, por sua vez, subdividem-se em suspensão parcial ou total de atividades, interdição temporária de estabelecimento, obra ou atividade e proibição de contratar com o Poder Público, bem como dele obter subsídios, subvenções ou doações (art. 22 da Lei Ambiental); as de prestação de serviços à comunidade consistem em custeio de programas e projetos ambientais, execução de obras de recuperação de áreas degradadas, manutenção de espaços públicos e contribuições a entidades ambientais ou culturais públicas.

Vejamos, com mais detalhes, cada modalidade de apenamento.

1.3.2.1. Pena de multa

A pena de multa prevista para a pessoa jurídica (art. 21, inc. I, da Lei 9.605/98), contrariando as expectativas, não ganhou uma regulamentação própria.[65] Diante dessa omissão, não existem critérios claros para sua aplicação, motivo pelo qual utiliza-se a regra comum presente no art. 18 da Lei Ambiental. Tal lacuna legal é realmente lamentável, pois, além de gerar um sistema confuso, perdeu-se a oportunidade de criar um mecanismo de aplicação da multa mais eficaz, que realmente imponha valores que guardem correspondência às condições de cada empresa.

O art. 18 da legislação em foco estabelece que "a multa será calculada segundo os critérios do CP; se revelar-se ineficaz, ainda que aplicada no valor máximo, poderá ser aumentada até três vezes, tendo em vista o valor da vantagem econômica auferida". Vê-se, portanto, que o legislador optou por seguir os tradicionais critérios do CP, tendo apenas alterado, conforme se verificará, o

---

[65] MILARÉ, Edis, 2009, p. 996.

fundamento da possível triplicação do valor da multa. Nas palavras de Sérgio Salomão Shecaira,

> punir-se-á, da mesma forma, a pessoa jurídica e a pessoa física, com valores que foram equalizados, em face da sua equiparação, o que é inconcebível. Melhor seria se o legislador houvesse transplantado o sistema de dias-multa do CP para a legislação protetiva do meio ambiente, com as devidas adaptações, de modo a fixar uma unidade específica que correspondesse a um dia de faturamento da empresa e não ao padrão de dias-multa contidos na Parte Geral do Código Penal. Da maneira como fez o legislador, uma grande empresa poderá ter uma pena pecuniária não condizente com sua possibilidade de ressarcimento do dano ou mesmo com a vantagem obtida pelo crime.[66]

O sistema do CP de aplicação da multa é bifásico.[67] Inicialmente deve ser fixada a quantidade de dias-multa (entre 10 e 360, nos termos do art. 49 do CP), que deve ser estabelecida atentando-se para os critérios de dosimetria da pena, ou seja, analisam-se as vetoriais do art. 59 do CP, as agravantes e atenuantes genéricas (arts. 61 ao 66 do CP) e as causas de aumento e diminuição de penas.[68] [69] Deve corresponder, enfim, ao "gravame do injusto, do grau de culpabilidade, visando à retribuição e à prevenção do delito".[70]

Posteriormente à fixação da quantidade de dias-multa, será definido o valor do dia-multa, o qual não poderá ser inferior a um trigésimo do maior salário mínimo mensal vigente ao tempo do fato, nem superior a 5 (cinco) vezes esse salário. O valor do dia-multa deverá ser guiado de acordo com a situação econômica do réu.[71]

Dessa forma, pode-se dizer que "o número de dias-multa exprime o conteúdo de injusto e de culpabilidade da ação, enquanto a estipulação do montante

---

[66] SHECAIRA, Sérgio Salomão, p. 127-128.

[67] A lei ambiental, fazendo remissão à aplicação do método do CP, acabou adotando o sistema dos dias-multa: "O sistema de dias-multa consiste em determinar a pena de multa não por uma soma em dinheiro (quantidade fixa), como no sistema tradicional, mas por um número de unidades artificiais (dias-multa), segundo a gravidade da infração. Cada dia-multa equivalerá a certo valor pecuniário (importância em dinheiro), variável de acordo com a situação econômica do condenado. Assim, o procedimento para a fixação da multa obedece a duas fases absolutamente distintas. Preliminarmente, o juiz estabelece um número determinado de dias-multa, segundo a culpabilidade do autor e considerações de ordem preventiva. Em seguida, de conformidade com a sua condição econômica, arbitra o dia-multa em uma quantidade concreta de dinheiro. Multiplicando-se o número de dias-multa pela cifra que representa a taxa diária, obtém-se a sanção pecuniária que o condenado deve pagar" (PRADO, Luis Regis, p. 561-562).

[68] BARROS, Flávio Augusto Monteiro de, 2010, p. 529-530.

[69] Doutrina Guilherme de Souza Nucci, "nada impede – ao contrário, tudo recomenda – utilize o julgador o mesmo critério estabelecido pelo art. 68 do CP para a concretização do número de dias-multa. Portanto, levará em consideração não somente as circunstâncias judiciais (art. 59, CP), como também as agravantes e atenuantes, além das causas de aumento e diminuição da pena. Tal medida permite ao réu conhecer exatamente os passos que levaram o magistrado a chegar a determinado número de dias-multa. Não há uniformidade quanto a tal método. Determinados julgados continuam entendendo ser suficiente, para o estabelecimento do número de dias-multa, apenas a avaliação dos requisitos do art. 59 do CP" (NUCCI, Guilherme de Souza, 2008, p. 378). De fato, esse critério de fixação da quantidade de dias-multa não é pacífico. Heleno Cláudio Fragoso, a exemplo, entende que "as circunstâncias agravantes e atenuantes legais não influem sobre a multa imposta" (FRAGOSO, Heleno Cláudio, 2003, p. 413).

[70] COSTA JUNIOR, Paulo José, 2010, p. 235.

[71] BARROS, Flávio Augusto Monteiro de, p. 530.

(valor) de cada dia-multa serve exclusivamente para ajustar a pena à respectiva capacidade de relação econômica do sentenciado".[72]

De qualquer sorte, o fator preponderante será sempre a condição financeira do condenado. O legislador, no art. 61 do CP, foi enfático em estabelecer que o magistrado deverá atentar principalmente para a situação econômica do réu.[73] Dessa forma, "verificando-se que sua situação financeira é consistente e elevada, deverá ter o valor de cada dia-multa estabelecido em valores superiores a um trigésimo do salário mínimo. Se, feito isso, continuar insuficiente, pode o juiz elevar o número de dias-multa. O mais importante é que a sanção pecuniária tenha repercussão considerável no patrimônio do condenado".[74]

Transpondo-se essa sistemática prevista no CP para a Lei dos Crimes Ambientais, especialmente para as pessoas jurídicas, temos que a multa ao ente coletivo será fixada em dias-multa; para o cálculo da quantidade de dias-multa (entre 10 e 360) será levada em consideração a gravidade do delito, o grau de reprovação da conduta, a condição econômica da empresa e o resultado do dano ambiental.[75] [76] agravantes e atenuantes genéricas e causas de aumento e diminuição da pena. Já o valor do dia-multa será estabelecido unicamente em razão da situação econômica da empresa.[77] Conforme ensina Fausto de Sanctis,

> o montante da multa, muitas vezes, não é fácil de estabelecer. A gravidade da infração constata-se com a análise das conseqüências da conduta criminosa. Porém, a avaliação do dano causado torna-se extremamente penosa, mormente quando se percebe que a prática delituosa acarreta ofensa geral ao interesse público. Como exemplo, uma empresa que polua o ar dolosamente, atingindo milhares ou milhões de pessoas, provocaria uma lesão pública quase impossível de dimensionar. Por outro lado, não existem maiores dificuldades para se verificar o tamanho da pessoa jurídica violadora da legislação criminal. De fato, o juiz, para aplicação de uma multa eficaz, o que impõe a consideração da importância econômica do ente coletivo, verificará os documentos demonstradores de seu patrimônio. Não se pode deixar de realçar, ainda, os benefícios desejados ou obtidos com a conduta delituosa, tarefa não muito fácil a cargo do magistrado. Essa operação satisfará a regra da individualização ou personalidade da pena e evitará o perigo de se estabelecer uma multa desarrazoada, quer porque excessivamente elevada, quer porque baixa em demasia. Uma vez que se aplique uma pena de multa desproporcional, pode isto resultar no comprometimento das atividades futuras do ente coletivo, se consideravelmente alta ou, então, desservir os fins da pena, a prevenção, quando ínfima. Note-se que a aplicação de uma multa muito alta poderá resultar num desvirtuamento da pena, pois constituiria em verdadeira dissolução indireta da empresa.[78]

---

[72] PRADO, Luis Regis, p. 562.

[73] NUCCI, Guilherme de Souza, p. 378.

[74] NUCCI, Guilherme de Souza, p. 378.

[75] FREITAS, Vladimir Passsos de; FREITAS, Gilberto Passos de, p. 75-76.

[76] Em se tratando de pessoas jurídicas (ou até pessoa física, se tiver praticado crime previsto na Lei n.º 9.605/98), será utilizado, para a imposição e gradação da penalidade, primordialmente, o art. 6º da citada lei, que traz os (citados) critérios próprios de fixação da pena. O art. 59 do CP será utilizado subsidiariamente. (DELMANTO, Roberto; DELMANTO JÚNIOR, Fábio; DELMANTO, Fábio M. de Almeida, p. 390-391).

[77] FREITAS, Vladimir Passsos de; FREITAS, Gilberto Passos de, p. 75-76.

[78] SANCTIS, Fausto Martin de, 1999, p. 145-146.

Deve-se ressaltar que a Lei 9.605/98 permite o aumento da multa, caso se revele ineficaz, em três vezes, ainda que já aplicada no valor máximo, tendo em vista o valor da vantagem econômica auferida (art. 18 da Lei dos Crimes Ambientais). O CP, diferentemente, em sua previsão, possibilita a triplicação da multa, se, já fixada no máximo, mostrar-se ineficaz em razão da situação econômica do réu (art. 60, §1º, do CP).[79] Vê-se, portanto, que o legislador preferiu alterar, na lei dos crimes ambientais, o critério fundamento da triplicação da multa.

1.3.2.2. Pena restritiva de direitos

A segunda modalidade de pena prevista para a pessoa jurídica é a restritiva de direitos. Ao contrário do que ocorre para a pessoa física, essa sanção é originária, e não substitutiva.

De acordo com o art. 22 da Lei 9.605/98, as penas restritivas de direitos aplicáveis às pessoas jurídicas são: I – suspensão total ou parcial de atividades; II – interdição temporária de estabelecimento, obra ou atividade; e III – proibição de contratar com o Poder Público, bem como dele obter subsídios, subvenções ou doações.

A suspensão parcial ou total de atividades será aplicada quando a pessoa jurídica não estiver obedecendo às disposições legais ou regulamentares relativas à proteção do meio ambiente (art. 22, §1º, da Lei 9.605/98). No dizer de Paulo Affonso Leme Machado,

constata-se no processo penal a desobediência "às disposições legais ou regulamentares". Primeiramente, os dispositivos regulamentares aplicam-se para a responsabilização penal da pessoa jurídica, diferentemente da responsabilização penal da pessoa física (art. 11 da Lei 9.605/98). Em segundo lugar, deve-se pesquisar não só a desobediência aos termos da autorização, licença ou permissão ambiental, mas o acatamento ou não a todo o corpo das "disposições legais ou regulamentares". Assim, se as exigências do licenciamento ambiental forem débeis e o tipo penal não estiver subordinado aos termos do ato administrativo, pode o juiz impor a suspensão das atividades com base, no descumprimento das "disposições legais ou regulamentares".[80]

A suspensão *parcial* de atividades significa que apenas determinada parte das atividades ficará suspensa; a suspensão *total* indica a proibição de funcionamento de todas as atividades da empresa.[81] Dessa forma, "sendo o fato muito grave e o condenado reincidente, o juiz determinará que toda a atividade da empresa fique suspensa, pelo prazo da pena".[82] No entanto, caso o fato seja de gravidade menor, e o ente coletivo primário, o magistrado terá a opção de suspender apenas

---

[79] Luís Paulo Sirvinskas entende que poderão incidir ambas as triplicações, ou seja, poderá primeiro aplicar o aumento de três vezes previsto no CP, e, se ainda assim persistir a ineficácia, novamente se triplicaria o valor, daí com base no art. 18 da Lei 9.605/98. (SIRVINSKAS, Luís Paulo, 2004, p. 65).

[80] MACHADO, Paulo Affonso Leme, p. 748.

[81] ADEDE Y CASTRO, João Marcos, p. 81-82.

[82] ADEDE Y CASTRO, João Marcos, p. 81-82.

parcialmente as atividades da empresa.[83] Em se tratando de suspensão parcial, logicamente, o setor que ficará paralisado será aquele que gerou o perigo ou causou o dano ambiental.[84] De qualquer sorte, recomenda-se que o juiz sempre opte, inicialmente, pela suspensão parcial, e somente depois, se necessário, pela total.[85] No que se refere à duração da medida, apesar das polêmicas que encerram a matéria, no nosso entendimento, essa suspensão das atividades poderá ser temporária ou permanente.[86]

A interdição temporária de estabelecimento, obra ou atividade terá vez quando o estabelecimento, obra ou atividade estiver funcionando sem a devida autorização, ou em desacordo com a concedida, ou com violação de disposição legal ou regulamentar.

A razão de o legislador ter utilizado, no inc. I, o termo *suspensão* e, no inc. II, *interdição* não é clara. Em realidade, ambas parecem ter o mesmo significado, porque, "como a *interdição* não é para sempre, mas apenas durante o prazo da sentença, nos termos da lei ambiental, na verdade a atividade fica suspensa, podendo ser retomada após o fim do prazo da pena, desde que atendendo às regras de funcionamento fixadas na lei e em regulamentos ambientais".[87] Dessa forma, basicamente, a suspensão total de atividades não perpétua acaba sendo a mesma pena que a interdição temporária de atividade. De qualquer sorte, ainda que com significados idênticos, no inc. II parece haver uma abrangência maior, já que há a

---

[83] ADEDE Y CASTRO, João Marcos, p. 81-82.

[84] ADEDE Y CASTRO, João Marcos Op. cit. p. 81-82.

[85] MILARÉ, Edis; COSTA JÚNIOR, Paulo José, p. 19-20.

[86] A bem da verdade, a compreensão sobre a penalidade de suspensão das atividades não é pacífica. Uma leitura inicial do inc. I do art. 22 da Lei 9.605/98 enseja o entendimento de que a suspensão é a paralisação passageira, de parte ou da totalidade das atividades. No entanto, ao deparar com o inc. II, temos a cominação da pena de interdição temporária de atividade. Os dois dispositivos parecem estar dizendo a mesma coisa. A confusão formulada pelo legislador não é de fácil resolução, havendo diversos entendimentos sobre a matéria. Fábio Bittencourt da Rosa parece entender que a pena de suspensão será sempre transitória: "É forçoso um limite temporal por uma questão lógica, senão a interdição não seria temporária ou a suspensão se transformaria em extinção da empresa". (ROSA, Fábio Bittencourt da, p. 37-57). No mesmo sentido Roberto Delmanto e outros: "Naturalmente, a suspensão das atividades, como o próprio nome diz, deve ser por tempo limitado, razoável e proporcional" (DELMANTO, Roberto; DELMANTO JÚNIOR, Fábio; DELMANTO, Fábio M. de Almeida, p. 415). Para Tupinambá Pinto de Azevedo, a suspensão parcial das atividades da empresa terá um prazo fixado, e a suspensão total "implica encerramento puro e simples da empresa". (AZEVEDO, Tupinambá Pinto de, 1998, p. 261-278). Luis Paulo Sirvinskas parece comungar desse entendimento, na medida em que afirma que "na suspensão parcial, o juiz deverá fixar o período de dias em que a empresa ficará paralisada" (SIRVINSKAS, Luís Paulo, p. 65). A *contrário sensu*, está a afirmar que a suspensão total não terá prazo de paralisação, logo, será definitiva. Além disso, afirma, em outro momento: "a interdição será sempre temporária. Já na suspensão poderá ou não ser definitiva" (SIRVINSKAS, Luís Paulo, p. 65-66). Paulo Affonso Leme Machado refere que "conforme a potencialidade do dano ou sua origem, uma empresa poderá ter suas atividades suspensas somente num setor, ou seja, de forma parcial", e "a suspensão de atividades pode não ser temporária" (MACHADO, Paulo Affonso Leme, p. 749). A nosso sentir, tendo em vista que o legislador acrescentou ao inc. II expressamente a temporalidade da medida, parece que, não o tendo feito no inc. I, realmente a suspensão das atividades poderá ser fixada pelo juiz de forma transitória ou definitiva. A lei é confusa, e o entendimento adotado não está a salvo de críticas, mas, por outro lado, exigir que a suspensão fosse sempre permanente significa estipular-se uma pena gravosa demais, desassociada da realidade social em que envolta a pessoa jurídica. Então, o ideal é que seja sempre fixada primeiramente a medida temporária, e, só em caso extremo, a suspensão definitiva.

[87] ADEDE Y CASTRO, João Marcos, p. 83.

possibilidade de interdição não só da atividade, como também do estabelecimento e das obras.[88]

A mais disso, quanto ao objetivo dessa espécie de sanção, nas palavras de Paulo Affonso Leme Machado, a interdição "será imposta visando a levar a entidade a adaptar-se à legislação ambiental, isto é, a somente começar a obra ou iniciar a atividade com a devida autorização. (...) A interdição equivale ao embargo ou paralisação da obra, do estabelecimento ou da atividade".[89]

A última modalidade de pena restritiva de direito é a proibição de contratar com o Poder Público, bem como dele obter subsídios, subvenções ou doações.[90] De acordo ao § 3º do art. 22 da Lei dos Crimes Ambientais, essas restrições não poderão exceder o prazo de dez anos.

Assim, por meio dessa penalidade, fica estipulada a proibição de contratar com o Poder Público, seja por meio de procedimento licitatório ou não. Aliás, como consequência do dispositivo, há o próprio impedimento da empresa condenada de *participar* de licitações[91]. Tanto a proibição de contratação como a de obtenção de subsídios, subvenções ou doações "atende plenamente aos princípios de que não pode a administração pública, direta, indireta ou fundacional, manter relações negociais ou facilitadoras da atividade de poluição da pessoa jurídica de direito privado. Ao contrário, toda a tendência governamental, no Brasil e no mundo, é afastar-se das empresas poluidoras".[92]

A lei traz a previsão de que essa sanção não poderá exceder o prazo de dez anos, no entanto essa disposição não possui repercussão prática, já que o tempo de cumprimento não poderá, de qualquer sorte, exceder ao prazo máximo da pena privativa de liberdade cominada ao tipo penal, conforme já referido.

---

[88] ADEDE Y CASTRO, João Marcos, p. 83.

[89] MACHADO, Paulo Affonso Leme, p. 749.

[90] "*Subvenção*, nos termos do art. 12 da Lei Federal 4320/64, são 'as transferências destinadas a cobrir despesas com custeios das entidades beneficiadas' e são 'sociais' quando se destinarem a instituições pública ou privadas de caráter assistencial ou cultural, sem finalidade lucrativa, sendo 'econômicas' quando se destinarem a empresas públicas ou privadas de caráter industrial, comercial, agrícola ou pastoril. São também consideradas subvenções econômicas aquelas destinadas a empresas de prestação de serviço, aliás, as que mais contratam com o Poder Público. (...) A proibição de recebimento de subvenção engloba não apenas aquelas de caráter monetário, mas, também, aquelas representadas por bens móveis e imóveis, veículos e semoventes. Outro raciocínio determinaria a possibilidade de descumprimento da pena através do encaminhamento de bens não monetários, tais como terras, terrenos, prédios, caminhões máquinas e direitos. Seriam consideradas *doações* aquelas transferências de recursos monetários ou bens de caráter não monetário sem contrapartida e sem devolução, os chamados "empréstimos a fundo perdido", que não mais retornam aos cofres públicos, por serem gratuitos. Nos termos do art. 1.165 do Código Civil, *doação é o contrato em que uma pessoa, por liberalidade, transfere seu patrimônio, bens ou vantagens para o de outra pessoa, que os aceita. Subsídio*, por seu turno, é todo e qualquer auxílio concedido pelo Poder Público, que pode se materializar através de descontos especiais em tributos ou no pagamento privilegiado de juros ou outra forma de atualização de valores. Aqueles descontos concedidos a todos os cidadãos ou empresas que preencherem determinados requisitos, estabelecidos como forma de incentivar o pagamento de tributos não são considerados subsídios, pois oferecidos à sociedade em geral e não a uma pessoa em especial" (ADEDE Y CASTRO, João Marcos, p. 83-84).

[91] MACHADO, Paulo Affonso Leme, p. 749.

[92] ADEDE Y CASTRO, João Marcos, p. 83.

1.3.2.3. Pena de prestação de serviços à comunidade

A última categoria de sanção prevista na lei dos crimes ambientais, de aplicação à pessoa jurídica, é a pena de prestação de serviços à comunidade (art. 20, inc. III, da Lei 9.605/98).

Observa-se que, diferentemente do que ocorre no CP (art. 43, inc. IV) e na própria Lei 9.605/98, na cominação de penas às pessoas físicas (art. 8º, inc. I), a Lei Ambiental, no que toca às sanções aplicáveis às pessoas jurídicas, não elencou a prestação de serviços à comunidade como uma espécie de pena restritiva de direito. Mais ainda, "com evidente aberração, incluiu no elenco das prestações de serviços penas de clara natureza patrimonial e que, induvidosamente, não tem natureza de serviços".[93]

De acordo ao art. 23 da Lei Ambiental, "a prestação de serviços à comunidade pela pessoa jurídica consistirá em: I – custeio de programas e de projetos ambientais; II – execução de obras de recuperação de áreas degradadas; III – manutenção de espaços públicos; IV – contribuições a entidades ambientais ou culturais públicas".

A pena de custeio de programas de projetos ambientais, sem dúvida, representa uma iniciativa para a conscientização ambiental do infrator e de toda a população. Nessa sanção, não se faz necessário que o condenado execute e realize os programas e projetos ambientais, mas tão-só que os mantenha financeiramente. Nada impede, é claro, que, querendo, além de custeá-los, execute-os diretamente.[94] Esses programas e projetos ambientais

> podem ser de iniciativa de terceiros, financiados pela pessoa jurídica condenada, como podem ser idealizados e executados por ela, mas sempre com o sentido de acrescentar ao ambiente. Ou seja, não se trata aqui de desenvolver projetos e programas com o fito de recuperar o meio ambiente que foi degradado pela pessoa jurídica, mas sim de viabilizar recursos financeiros para recuperação das áreas degradadas por outras pessoas jurídicas ou físicas.[95]

Quanto à sanção de execução de obras de recuperação de áreas degradadas, deve-se observar que não se relacionará com a recomposição da própria lesão causada pela pessoa jurídica, já que essa obrigação surgirá, de qualquer maneira, nas searas civil e administrativa, mas, sim, com a recuperação de espaços ofendidos por outrem não identificado.[96] Recomenda-se que essa penalidade tenha um prazo de cumprimento fixado na sentença, mas não há proibição de que seja apenas estabelecida a obrigação, a ser cumprida nos moldes em que se entender mais vantajoso.

A terceira pena de prestação de serviços à comunidade prevista é a de manutenção de espaços públicos. Esses espaços públicos deverão se relacionar com lugares de valor ecológico. Pode se dar, dessa forma,

---

[93] LUISI, Luiz, p. 79-99.

[94] ADEDE Y CASTRO, João Marcos, p. 85.

[95] ADEDE Y CASTRO, João Marcos, p. 85-86.

[96] ADEDE Y CASTRO, João Marcos, p. 85-86.

através de cuidados de jardinagem, roça, cercamento e melhoramentos em geral de praças, ruas, áreas verdes ou de lazer (...). Deve o juiz evitar ao máximo condenar a pessoa jurídica (ou até mesmo a pessoa física) a cumprir pena de prestação de serviços à comunidade em atividades deslocadas, divorciadas do interesse de proteção do meio ambiente. A manutenção de espaços públicos com valor ambiental servirá para aumentar ou despertar a consciência ecológica do condenado, ressaltando o aspecto recuperatório das penas, em detrimento da simples sanção retributiva.[97]

A última modalidade de pena restritiva de direito prevista para as pessoas jurídicas são as contribuições a entidades ambientais ou culturais públicas. Essas contribuições podem ser pecuniárias ou de qualquer outra natureza. Pode, por exemplo, consistir em "cessão de veículos e espaços de terrenos e prédios, participando diretamente de organização de palestras, cursos, levantamentos, perícias, etc. Afinal, tais contribuições, se não são diretamente financeiras, têm valor econômico".[98] Ainda, deve-se buscar que as entidades beneficiadas tenham envolvimento em atividades de natureza ambiental.[99]

Cabe observar, com relação às penas de prestação de serviços à comunidade, que "será oportuno que se levantem os custos dos serviços previstos no art. 23 para que haja proporcionalidade entre o crime cometido, as vantagens auferidas do mesmo e os recursos econômicos e financeiros da entidade condenada. O justo equilíbrio haverá de conduzir o juiz na fixação da duração da prestação de serviços e do *quantum* a ser despendido".[100]

No que toca à duração dessas sanções, assim como de todas as restritivas de direito, é de observar-se que todas, preferencialmente, deverão ter prazo determinado. Ainda, obedecerão à regra geral, ou seja, não deverão ultrapassar o período máximo de pena privativa de liberdade fixado no tipo penal; ficando o período mínimo a critério do juiz. Por outro lado, claramente se percebe que em algumas situações, tal como custeio de programas e projetos ambientais, mas, essencialmente, na hipótese de contribuições a entidades ambientais ou culturais públicas, poderá ocorrer a prestação por um aporte único de recursos, o que, como veremos mais adiante, acaba gerando problemas com a prescrição penal.

Compreendidas as penas previstas, sua forma de aplicação e, principalmente, o limite temporal, cabe agora passarmos à análise do instituto da prescrição penal, para, ao fim, verificarmos suas relações com as penas aplicadas às pessoas jurídicas.

---

[97] ADEDE Y CASTRO, João Marcos, p. 86.

[98] ADEDE Y CASTRO, João Marcos, p. 87.

[99] "Deverão ser ainda entidades ambientais e culturais *públicas*, assim consideradas aquelas criadas, organizadas e mantidas pelo Poder Público, ou que façam parte da administração pública, direta ou indireta. Assim, por mais nobres que sejam os objetivos, é certo que as entidades privadas, tais como ONGs, não poderão ser beneficiadas pelas contribuições da pessoa jurídica. Tal limitação é realmente uma pena, pois são estas as entidades que mais defendem o meio ambiente" (ADEDE Y CASTRO, João Marcos, p. 87).

[100] MACHADO, Paulo Affonso Leme, p. 750.

115

2. Da prescrição penal

A norma penal incriminadora cria para o Estado o direito abstrato de punir. Surge, então, pela prática criminosa, a pretensão concreta de castigar o seu autor; a punibilidade, logo, é uma consequência do delito.[101] E "esse *jus puniendi* concreto, verdadeiro poder-dever de punir, e não simples faculdade de punir, estabelece uma relação real, de natureza jurídico-penal".[102] Esse direito-dever, no entanto, não pode se perpetuar no tempo ilimitadamente, e, por isso, o Estado cria critérios limitadores, e, com base na gravidade da conduta delituosa e da respectiva pena, estabelece laços temporais para o exercício do direito de punir.[103]

A pretensão punitiva será deduzida em Juízo por meio da ação penal. Com a realização da prestação jurisdicional, em havendo uma sentença condenatória, com o seu trânsito em julgado nascerá para o Estado o direito à execução da pena imposta na sentença,[104] o que se denomina de *ius punitionis*.[105] Nasce, assim, a pretensão executória. Igualmente, o Estado estará sujeito a um determinado prazo para executar a pena.

O instituto da prescrição pode ser conceituado, exatamente, como a perda do direito do Estado, em razão da passagem do tempo e da sua inércia, de exercitar a pretensão punitiva ou a executória.[106]

Da diferenciação entre o *ius puniendi* e o *ius punitionis* brota a divisão da prescrição em prescrição da pretensão punitiva (também chamada inadequadamente de prescrição da ação penal) e prescrição da pretensão executória, denominada igualmente de prescrição da pena.[107]

Cabe, com mais vagar, analisar essas duas espécies prescricionais.

2.1. DA PRESCRIÇÃO DA PRETENSÃO PUNITIVA

Como já referido, a prescrição da pretensão punitiva é a perda do direito de punir do Estado diante de sua inércia e da passagem do tempo. Com o intuito de não se sujeitarem as partes perpetuamente ao processo, o sistema jurídico estabelece prazos dentro dos quais a pretensão punitiva poderá ser exercida, e a jurisdição, concretizada.

Tendo em vista que a consequência da prescrição da pretensão punitiva é exatamente a perda, pelo Estado, do direito de obter uma decisão a respeito da imputação formulada contra alguém, a sua ocorrência não implicará responsabilidade ou culpabilidade para o acusado, tampouco influenciará como antecedentes ou

---

[101] SCHMIDT, Andrei, 1997, p. 17.

[102] JESUS, Damásio de, 2010, p. 17.

[103] BITENCOURT, Cezar Roberto, 2009, p. 772.

[104] JESUS, Damásio de, p. 20-21.

[105] BITENCOURT, Cezar Roberto, 2009, p. 775.

[106] PORTO, Antônio Rodrigues, 1998, p. 13.

[107] BITENCOURT, Cezar Roberto, 2009, p. 775.

servirá para a posterior configuração de reincidência.[108] A bem da verdade, todos os efeitos do crime são eliminados, como se nunca tivessem existido.[109]

Como a prescrição é consequência da inércia do Estado e da passagem do tempo, faz-se imprescindível que o legislador fixe previamente os prazos em que deve ser exercido o direito de punir. Assim, pode-se dizer que os lapsos temporais cujo transcurso provoca a prescrição devem estar fixados na lei.

As penas privativas de liberdade e as restritivas de direito prescrevem em prazos de acordo com a sua quantidade (prevista abstratamente ou fixada em sentença), em combinação com lapsos previamente estabelecidos no art. 109 do CP, ou seja, o *quantum* de pena possui um correspondente termo fixado na lei. A prescrição da pena de multa possui um regramento próprio.[110]

O marco inicial de contagem da prescrição é a data da consumação do crime ou da cessação da atividade criminosa ou da permanência, ou ainda, nas hipóteses de bigamia e de falsificação ou alteração de assentamento do registro civil, na data em que o fato se tornou conhecido (art. 111 e incisos). Existem, contudo, causas que suspendem e interrompem o curso prescricional.

A prescrição da pretensão punitiva pode ser dividida em três modalidades: a) prescrição da pretensão punitiva abstrata; b) prescrição da pretensão punitiva retroativa; e c) prescrição da pretensão punitiva intercorrente ou subsequente.

Vejamos com mais detalhes cada uma dessas espécies.

2.1.1. Prescrição da pretensão punitiva abstrata

A prescrição da pretensão punitiva abstrata é a única que pode ocorrer antes de haver uma sentença penal condenatória. Exatamente por isso, pela inexistência da decisão com condenação e sanção fixada, utiliza-se a pena máxima cominada ao tipo penal.

O fundamento legal dessa modalidade prescricional está no art. 109 do CP, que dispõe: "a prescrição, antes de transitar em julgado a sentença final, salvo o disposto nos §§ 1º e 2º do art. 110 deste Código, regula-se pelo máximo da pena privativa de liberdade cominada ao crime (...)".

A forma de cálculo é bastante simples, ou seja, considera-se a pena máxima prevista para o crime e encontra-se o prazo prescricional respectivo nos incisos do art. 109 do CP. Dessa forma, a prescrição verifica-se:

I – em vinte anos, se o máximo da pena é superior a doze; II – em dezesseis anos, se o máximo da pena é superior a oito anos e não excede a doze; III – em doze anos, se o máximo da pena é superior a quatro anos e não excede a oito; IV – em oito anos, se o máximo da pena é superior a dois anos e não excede a quatro; V – em quatro anos, se o máximo da pena é igual a um ano ou, sendo superior, não excede a dois; VI – em dois anos, se o máximo da pena é inferior a um ano.

---

[108] ZAFFARONI, Eugenio Raúl; PIERANGELI, José Henrique, 2007, p. 646.

[109] BITENCOURT, Cezar Roberto, 2009, p. 775.

[110] MAGALHÃES NORONHA, Edgard, 2000, p. 363.

Deve-se observar também que as majorantes e as minorantes devem ser levadas em consideração no cálculo prescricional. Dessa forma, doutrina e jurisprudência apontam, diante da omissão legal, que se utilizará, no caso da majorante, a pena máxima e a fração que mais aumenta; no caso de minorante, a fração que menos diminua. No entanto, os aumentos referentes ao concurso formal próprio e ao concurso continuado não deverão ser sopesados, pois cada delito será analisado, para fins de prescrição, de forma autônoma. As agravantes e atenuantes não influem no cômputo da prescrição pela pena em abstrato.[111]

Elevada a pena máxima prevista no tipo penal, já com a incidência das majorantes e minorantes, se existentes, ao correspondente inciso do art. 109 do CP, tem-se o prazo prescricional buscado na hipótese. Faz-se necessário, então, observar se existe alguma causa modificadora do lapso; no caso da prescrição punitiva abstrata, o único fator existente é a menoridade e a velhice. Com efeito, determina o art. 115 do CP, "são reduzidos pela metade os prazos de prescrição quando o criminoso era, ao tempo do crime, menor de 21 anos, ou, na data da sentença, maior de 70 anos". Nessa hipótese, é diretamente reduzido o prazo prescricional, e não a pena abstrata.[112]

Estando definido o lapso temporal prescricional, importa, então, verificar se não houve o transcurso desse período entre o termo inicial e os marcos de interrupção do curso da prescrição. Assim, deve-se analisar, inicialmente, se houve o decurso entre a data do fato[113] e o primeiro marco interruptivo, qual seja, a data do recebimento da denúncia ou queixa (art. 117, inc. I do CP). Não tendo se implementado o prazo prescricional, deve-se averiguar se esse mesmo prazo não escoou entre a primeira interrupção (recebimento da denúncia ou queixa) e o segundo corte, consistente na publicação de sentença condenatória recorrível (art. 117, inc. IV do CP), ou, no caso de sentença absolutória, na sessão de julgamento do acórdão condenatório recorrível.

Caso se trate de crimes da competência do Tribunal do Júri, existirão outras causas de interrupção. De fato, o lapso prescricional também será cortado pela pronúncia do réu e pelo acórdão confirmatório da pronúncia (art. 117, incs. II e III, do CP).

Essas são, em síntese apertada, as principais características da prescrição da pretensão punitiva abstrata.

2.1.2. Prescrição da pretensão punitiva retroativa

Até a Lei 12.234, de maio de 2010, existia, no ordenamento jurídico brasileiro, sem dificuldade de contornos, a chamada prescrição da pretensão punitiva

---

[111] SCHMIDT, Andrei, p. 58.

[112] SCHMIDT, Andrei, p. 58.

[113] Art. 111 – A prescrição, antes de transitar em julgado a sentença final, começa a correr: I – do dia em que o crime se consumou; II – no caso de tentativa, do dia em que cessou a atividade criminosa; III – nos crimes permanentes, do dia em que cessou a permanência; IV – nos de bigamia e nos de falsificação ou alteração de assentamento do registro civil, da data em que o fato se tornou conhecido.

retroativa. A Lei 12.234/2010 nasceu com o objetivo de por fim a essa modalidade prescricional, conforme se verá posteriormente. De qualquer sorte, apesar da recente alteração legislativa, é importante que se analise, brevemente, o instituto prescrição da pretensão punitiva retroativa existente anteriormente à recente reforma. Ademais, desde já se adianta, discute-se, doutrinariamente, se a mudança da lei, de fato, pôs fim por completo a essa espécie prescricional.

A prescrição da pretensão punitiva retroativa tomava como parâmetro a pena concretizada na sentença; logo, à obviedade, necessitava de um édito condenatório para se fazer operar, diferentemente do que ocorre com a prescrição *in abstrato*. Seu fundamento legal encontrava-se nos §§ 1º e 2º do art. 110 do CP, que assim dispunham: "§1º – A prescrição, depois da sentença condenatória com trânsito em julgado para a acusação, ou depois de improvido seu recurso, regula-se pela pena aplicada. § 2º – A prescrição, de que trata o parágrafo anterior, pode ter por termo inicial data anterior à do recebimento da denúncia ou da queixa".

Essa forma prescricional reclamava, para sua incidência, certos requisitos. Inicialmente, era imprescindível que não tivesse havido incidência, no caso, da prescrição abstrata. Se essa modalidade prescricional se implementasse, não seria cabível a análise da retroativa, baseada na pena em concreto. Fazia-se necessária, também, a existência de uma sentença condenatória, ou de um acórdão que impusesse uma condenação posteriormente a uma sentença absolutória. O terceiro pressuposto era o trânsito em julgado da sentença para a condenação ou improvimento de seu recurso. Esse requisito se dava exatamente pela necessidade de que não existisse mais possibilidade de agravamento da pena. Também se dizia que, mesmo diante de apelação da acusação, se o apelo não visasse ao aumento de pena, e não tivesse o condão de produzir esse agravamento, seria possível a verificação da prescrição retroativa, pois, nesse caso, já se fazia presente a chamada *pena justa*.[114] Por essa razão, não impediam "a declaração da extinção da punibilidade pela prescrição retroativa o recurso da acusação que pleiteie a cassação do *sursis*, o aumento da pena pecuniária, a substituição da pena por medida de segurança, a imposição de pena restritiva de direitos e acessórias e o aumento da pena por concurso de crimes (...)".[115]

No tocante à contagem do prazo da prescrição retroativa, computava-se a integralidade da pena fixada na sentença condenatória, logo, com a aplicação das agravantes e atenuantes, causas de aumento e diminuição etc., à exceção da majoração decorrente do concurso formal próprio e do crime continuado.[116] [117] Esse *quantum*, tal como no caso da prescrição abstrata, seria ajustado a algum dos incisos do art. 109 do CP. Encontrado o prazo prescricional, aplicava-se sobre ele a

---

[114] BALTAZAR, Antônio Lopes. Prescrição penal. São Paulo: Edipro, 2003, p. 79-81.

[115] SCHMIDT, Andrei, p. 58.

[116] BITENCOURT, Cezar Roberto, 2009, p. 778.

[117] Súmula nº 497 do STF: "Quando se tratar de crime continuado, a prescrição regula-se pela pena imposta na sentença, não se computando o acréscimo decorrente da continuação". Para mais detalhes sobre o crime continuado e a prescrição: FAYET JÚNIOR, Ney, 2007, p. 23-38.

redução à metade, caso fosse hipótese de menoridade relativa ou de velhice (art. 115 do CP).

Finalmente, averiguava-se se esse lapso prescricional encontrado encaixava-se em algum dos espaços entre os marcos da prescrição, ou seja, entre a data da consumação do crime[118] e o recebimento da denúncia ou da queixa (art. 117, inc. I, do CP), e entre esse último marco e a publicação da sentença ou acórdão condenatórios recorríveis[119] (art. 117, inc. IV, do CP).

Nos crimes de competência do Tribunal do Júri, o escoamento do prazo seria apurado, em regra, entre a data do julgamento condenatório e a última causa interruptiva, que poderia ser a publicação da sentença de pronúncia (art. 117, inc. II, do CP) ou a publicação do acórdão confirmatório da pronúncia (art. 117, inc. III, do CP). Em verdade, o prazo prescricional poderia ser examinado em cada um desses períodos entre os marcos interruptivos; logo, havia a possibilidade de constatação entre a data do fato e do recebimento da denúncia ou queixa, entre esse último corte e a sentença de pronúncia e entre essa e a sua confirmação pelo Tribunal.

A Lei 12.234/2010, conforme expressamente dispõe seu art. 1º, objetivou excluir a prescrição retroativa. Para tanto, alterou o caput do art. 109[120] e o §1º do art. 110, bem como revogou o §2º desse segundo dispositivo. Passou o § 1º a viger com a seguinte redação: "§ 1º A prescrição, depois da sentença condenatória com trânsito em julgado para a acusação ou depois de improvido seu recurso, regula-se pela pena aplicada, não podendo, em nenhuma hipótese, ter por termo inicial data anterior à da denúncia ou queixa".

Conforme se verifica da nova redação, é vedada, no regime atual, a possibilidade de ser calculada a prescrição pela pena concretizada na sentença entre a data do fato e a do recebimento da denúncia ou queixa, como tradicionalmente se operava. No entanto, apesar da orientação do art. 1º da lei ("Esta Lei altera os arts. 109 e 110 do Decreto-Lei nº 2.848, de 7 de dezembro de 1940 – CP, para excluir a prescrição retroativa"), as alterações formuladas pelo legislador terminaram, a nosso ver, não colocando fim à prescrição da pretensão punitiva retroativa, mas apenas a parte dela.

De fato, não há dúvidas de que, no regime atual, não é mais possível o cálculo da prescrição retroativa entre a data do fato e a do recebimento da denúncia ou queixa. Em contrapartida, não existe nenhuma proibição de incidência dessa forma prescricional no período entre o recebimento da denúncia ou queixa e a publicação da sentença ou acórdão condenatório recorríveis, ou, no caso do Júri, entre os marcos acima mencionados.

---

[118] Observando-se as definições do art. 111 do CP.

[119] JESUS, Damásio de, p. 139. Em havendo uma sentença absolutória e posterior acórdão condenatório, poderá incidir a prescrição retroativa entre a data do recebimento da denúncia ou queixa e a do acórdão condenatório recorrível.

[120] Art. 109. A prescrição, antes de transitar em julgado a sentença final, salvo o disposto no § 1º do art. 110 deste Código, regula-se pelo máximo da pena privativa de liberdade cominada ao crime, verificando-se: (...)

Dessa forma, pode-se afirmar, a nosso sentir, que ainda sobrevive parte da prescrição da pretensão punitiva retroativa no ordenamento jurídico brasileiro. Aplicam-se, portanto, quanto a esse espectro sobrevivente, todas as regras expostas nesse capítulo.

2.1.3. Prescrição da pretensão punitiva intercorrente ou subsequente

A prescrição da pretensão punitiva intercorrente, assim como a prescrição retroativa, também é calculada com base na pena concretizada na sentença, mas, diferentemente, enquanto a retroativa se volta para o passado, a intercorrente dirige-se para o futuro, ou seja, incidirá entre a data da última interrupção e o trânsito em julgado da sentença condenatória.[121] Com efeito, a pretensão punitiva estatal desenvolve-se até o trânsito em julgado da decisão, e, por essa razão, entre a última causa interruptiva e o trânsito em julgado há um interregno, dentro do qual, justamente, poderá incidir a prescrição intercorrente. Exatamente, "diz-se *intercorrente* ou *subseqüente* porque a prescrição ocorre após a origem de seu prazo, ou seja, incide após a sentença condenatória".[122]

Essa espécie de prescrição tem como finalidade dar mais celeridade à intimação do réu da sentença condenatória, assim como promover o julgamento mais rápido dos recursos pelo órgão *ad quem*, exatamente porque a lentidão desses atos pode fazer com que incida a prescrição intercorrente, pelo transcurso do prazo entre a sentença condenatória e o seu trânsito em julgado.[123]

O cálculo dessa modalidade prescricional será feito exatamente da mesma forma que o da retroativa, ou seja, deverá ser considerada quantidade de pena fixada na sentença condenatória (com a aplicação das agravantes e atenuantes, causas de aumento e diminuição, etc., desconsiderando-se, no entanto, a majoração referente ao concurso formal próprio e ao crime continuado), para a qual se encontra o adequado período prescricional em algum dos incisos do art. 109 do CP. Sobre esse prazo de prescrição, aplica-se a redução à metade se for caso de menoridade relativa ou de velhice (art. 115 do CP).

Finalmente, encontrado esse prazo prescricional, verificar-se-á se houve a sua concretização entre a data do último marco interruptivo, subsequentemente, até o trânsito em julgado da decisão.

A questão mais sensível a se analisar nesse campo é, justamente, qual será o último marco interruptivo. Ao certo, a sentença condenatória, em não havendo nenhuma decisão posterior, será o derradeiro corte produzido, e, então, dever-se-á analisar se entre a sua publicação e o trânsito em julgado da decisão se perfectibilizou o lapso prescricional. Também não enseja maiores dúvidas o acórdão condenatório, posterior a uma sentença absolutória: o dia da sessão de julgamento

---

[121] SCHMIDT, Andrei, p. 153.
[122] SCHMIDT, Andrei, p. 153.
[123] BALTAZAR, Antônio Lopes, p. 99.

será considerado o termo inicial de contagem da prescrição intercorrente.[124] A dúvida surge, no entanto, quanto ao acórdão que confirma a condenação, aumenta ou diminui a pena.

Sempre existiu grande divergência no que diz respeito aos efeitos, na prescrição, do acórdão que confirma a condenação, aumenta ou diminui a pena. A Lei 11.596/2007 pretendeu pôr fim à polêmica, alterando a redação do inc. IV do art. 117,[125] que passou a dispor: "Art. 117 – O curso da prescrição interrompe-se: (...) IV – pela publicação da sentença ou acórdão condenatórios recorríveis". Basicamente, acrescentou-se ao inc. IV a expressão "acórdão condenatório", com o nítido intuito de acrescentar o acórdão confirmatório da condenação como marco interruptivo da prescrição.

Em síntese da problemática, pode-se dizer que, antes da alteração produzida no art. 117, inc. IV, pela Lei 11.596/2007, doutrina e jurisprudência eram pacíficas quanto ao entendimento de que o acórdão confirmatório da condenação ou apenas redutor de pena não interromperia o curso da prescrição. No que dizia respeito à decisão colegiada que aumentasse a sanção, a doutrina, de forma majoritária, compreendia que não produziria o corte no lapso prescricional; a jurisprudência dos Tribunais Superiores, no entanto, decidia, preponderante, no sentido de que esse acórdão consistiria uma nova decisão condenatória, capaz, portanto, de interromper a prescrição.

Após a alteração produzida, as posições dividiram-se. Nos dias atuais, para parte da doutrina, com o acréscimo da expressão "acórdão condenatório" no inc. IV do art. 117 do CP, também agora o acórdão confirmatório da condenação (e o que diminui ou aumenta a pena) produzirá efeito interruptivo da prescrição. De outro lado, outra facção doutrinária, à qual se filiou, compreendeu que a alteração produzida pela Lei 11.596/2007 não produziu qualquer modificação no anterior entendimento da matéria, tendo, portanto, somente tornado legal a compreensão reinante na doutrina e na jurisprudência. Dessa forma, o acórdão que confirma a condenação, diminui a pena ou a aumenta (observe-se que, quanto ao acórdão que aumenta a pena, a matéria já não era pacífica, entendendo parte da doutrina e a jurisprudência majoritária dos Tribunais Superiores que haveria o corte do lapso prescricional) não possuem, mesmo agora, força interruptiva.[126]

---

[124] Mesmo antes da alteração produzida no inc. IV do art. 117 do CP, pela Lei 11.596/2007, a doutrina e a jurisprudência já haviam se pacificado no sentido de que o acórdão condenatório, tanto o originariamente consolidado, em ações de competência originária dos Tribunais, como o que reformava a sentença absolutória de primeiro grau, era apto a interromper o curso da prescrição. A Lei 11.596/2007, ao introduzir no inc. IV do art. 117 do CP a expressão "acórdão condenatório", tornou legal esse entendimento já pacificado.

[125] Antes da alteração produzida pela Lei 11.596/2007, dispunha o inc. IV do art. 117 do CP: IV - pela sentença condenatória recorrível.

[126] A propósito do tema, verificar, com mais detalhes: FAYET JÚNIOR, Ney; BRACK, Karina, 2009.

2.2. DA PRESCRIÇÃO DA PRETENSÃO EXECUTÓRIA

Depois do trânsito em julgado da decisão de condenação, o direito de punir concreto se transmuda em *jus executionis*, e o Estado adquire então o poder-dever de executar a pena imposta ao condenado. Esse poder-dever, no entanto, não é perpétuo, e, pelo decurso do tempo, o Estado pode vir a perdê-lo.[127][128] No momento em que a sentença condenatória torna-se imutável, formando-se a coisa julga, nasce uma nova modalidade prescricional, chamada pelo CP de "prescrição depois de transitar em julgado a condenação",[129] denominada também pela doutrina de prescrição da pretensão executória, e, impropriamente, de "prescrição da pena" e "prescrição da condenação".[130]

Diferentemente da prescrição da pretensão punitiva, o efeito da prescrição da pretensão executória limita-se à extinção da pena, conservando-se inalterado o restante dos efeitos da condenação, penais e extrapenais.[131]

Os termos iniciais de contagem da prescrição da pretensão executória estão disciplinados no art. 112 do CP, que dispõe: "No caso do art. 110 deste Código, a prescrição começa a correr: I – do dia em que transita em julgado a sentença condenatória, para a acusação, ou a que revoga a suspensão condicional da pena ou o livramento condicional; II – do dia em que se interrompe a execução, salvo quando o tempo da interrupção deva computar-se na pena".

Embora pareça lógico que a prescrição da pretensão executória, exigindo para a sua existência o trânsito em julgado da decisão, devesse iniciar a sua contagem exatamente nessa ocasião, o legislador optou por definir como marco inicial o trânsito em julgado somente para a acusação. Assim,

> transitando a decisão em julgado para a acusação (Promotor de Justiça, querelante e assistente da acusação), é dessa data que se conta o lapso prescricional, ainda que não tenha sido intimado o réu. Isso, entretanto, depende de uma condição: que a sentença também tenha transitado em julgado para a defesa. Ocorrendo esse requisito, a contagem se faz da data do trânsito em julgado para a acusação.[132]

Também se iniciará a contagem da prescrição executória no dia em que transita em julgado a sentença que revoga a suspensão condicional da pena ou o livramento condicional.[133] Igualmente será prazo inicial da prescrição da pretensão

---

[127] JESUS, Damásio de, p. 106.

[128] Disciplina o art. 110 do CP: "A prescrição depois de transitar em julgado a sentença condenatória regula-se pela pena aplicada e verifica-se nos prazos fixados no artigo anterior, os quais se aumentam de um terço, se o condenado é reincidente".

[129] PORTO, Antônio Rodrigues, p. 82.

[130] JESUS, Damásio de, p. 106.

[131] BITENCOURT, Cezar Roberto, 2009, p. 779.

[132] JESUS, Damásio de, p. 12.1

[133] "Não corre o prazo prescricional da pretensão executória durante o *sursis* e o livramento condicional. Como constituem formas de execução da pena, isso demonstra que o Estado se encontra atento, impedindo o decurso do prazo prescricional. Nesse sentido: STF, HC 68.608, *RT, 676:384* e *RTJ, 136:664*. Revogada a medida, nos termos do inciso I, tem início, na data do trânsito em julgado da decisão revocatória, o prazo prescricional,

executória o dia em que se interromper a execução da pena, ou seja, no caso de fuga, a prescrição começa a correr da data da evasão. No entanto, se a interrupção decorrer de internação em hospital de custódia e tratamento, o tempo será computado na sanção, e, nesse interregno, não fluirá a prescrição, porque "esta supõe que a pena seja suscetível de execução; além do que, o condenado está, na realidade, sob a ação do órgão punitivo".[134]

Assim como as duas modalidades vistas anteriormente (prescrição da pretensão punitiva retroativa e intercorrente), a prescrição da pretensão executória baseia-se na pena concretizada na sentença condenatória,[135] descontando-se o prazo em que houve restrição cautelar do condenado, ou seja, opera-se a detração para a verificação da pena que será levada a efeito no cálculo prescricional.[136] Encontrando-se os prazos prescricionais por meio do ajuste aos incisos do art. 109 do CP,[137] verificar-se-á se existe alguma causa modificadora, consistente na menoridade relativa ou velhice (art. 115 do CP), ou, ainda, na reincidência. Com efeito, reza o art. 110 do CP que os prazos de prescrição da pretensão executória aumentam de um terço se o condenado é reincidente. Na hipótese de fuga ou de revogação do livramento condicional, tomar-se-á, para o cálculo da prescrição, nos termos do art. 113 do CP, o restante da pena a cumprir.

2.3. DA PRESCRIÇÃO DA PENA DE MULTA

Nosso CP adotou a *prescrição conforme a penalidade* para a hipótese da pena de multa, estipulando-lhe o prazo fixo de dois anos.[138] Dispõe o art. 114 do CP: "A prescrição da pena de multa ocorrerá: I – em 2 (dois) anos, quando a multa for a única cominada ou aplicada; II – no mesmo prazo estabelecido para prescrição da pena privativa de liberdade, quando a multa for alternativa ou cumulativamente cominada ou cumulativamente aplicada".

Com relação à prescrição da pretensão punitiva abstrata, tem-se que, se a pena de multa for a única cominada ao delito, a prescrição dar-se-á sempre em

---

devendo ser regulado pela quantidade da pena suspensa (*sursis*) ou pelo restante do livramento (livramento condicional; CP, arts. 88 e 113). Na hipótese do art. 161 da LEP, em que o *sursis* é tornado sem efeito em face do não-comparecimento do condenado à audiência admonitória, não é aplicável a segunda parte do inciso I e sim a primeira: o prazo se inicia a partir do trânsito em julgado da sentença condenatória para a acusação. Não se trata de caso de 'revogação' da medida, que não se encontra em seu período de prova, mas, sim, de insubsistência de sua aplicação" (JESUS, Damásio de, p. 122-123).

[134] PORTO, Antônio Rodrigues, p. 82.

[135] Também aqui se desprezará para o cálculo prescricional a majoração referente ao crime continuado e ao concurso formal.

[136] O tema da detração penal e seus efeitos na prescrição da pretensão executória não é pacífico. Doutrina e jurisprudência divergem quanto à efetiva possibilidade de se descontar o período de prisão provisória, no Brasil ou no estrangeiro, o de prisão administrativa e o de internação em hospital de custódia e tratamento psiquiátrico, ou à falta, outro estabelecimento adequado, da pena que será levada em consideração para o cálculo da prescrição da pretensão executória. Para mais detalhes, conferir: FAYET JÚNIOR, Ney; BRACK, Karina, 2009.

[137] SCHMIDT, Andrei, p. 170.

[138] PORTO, Antônio Rodrigues, p. 65.

dois anos. Será verificado, assim, o transcurso bienal entre a data do fato e a do recebimento da denúncia ou queixa, e entre esse último marco e a data da publicação da sentença ou acórdão condenatórios recorríveis.[139] No entanto, se a multa for cominada alternativa ou cumulativamente, a prescrição abstrata da pena de multa acompanhará a da pena privativa de liberdade, inclusive em obediência ao art. 118 do CP.[140] [141]

No que diz respeito às modalidades prescricionais (da pretensão punitiva) que dependem de pena concretizada (retroativa e intercorrente), quando a sanção de multa for a única aplicada na sentença, o prazo será sempre de dois anos, devendo-se verificar se entre os marcos interruptivos dessas modalidades prescricionais (de forma retroativa ou subsequentemente), se perfectibilizou o biênio legal. Caso a pena de multa tenha sido aplicada cumulativamente, prescreverá no mesmo prazo e conjuntamente à sanção mais grave.[142]

Apesar da tranquilidade do cálculo prescricional no tocante à prescrição punitiva, dúvidas emergem quando se trata da prescrição da pretensão executória da pena de multa.

Com efeito, determina o art. 51 do CP, com a redação dada pela Lei 9.268/1996: "Transitada em julgado a sentença condenatória, a multa será considerada dívida de valor, aplicando-se-lhes as normas da legislação relativa à dívida ativa da Fazenda Pública, inclusive no que concerne às causas interruptivas e suspensivas da prescrição". Esse dispositivo, explicitando que serão aplicadas as normas atinentes à dívida da Fazenda Pública, inclusive no que se refere às causas interruptivas e suspensivas da prescrição, gerou um celeuma doutrinário e jurisprudencial, refletindo de forma direta na prescrição executória da pena de multa.

Parte da doutrina passou a entender que, a partir da redação do art. 51 do CP, dada pela Lei 9.268/1996, não mais haveria que se falar em prescrição da pretensão executória *penal* da multa, já que, transitada em julgado a sentença condenatória, o valor será inscrito como dívida ativa da Fazenda Pública. Além disso, argumenta-se que o dispositivo do CP (art. 51) foi claro em enunciar que deverão se aplicar todas as normas da legislação concernentes à dívida ativa da Fazenda Pública, *inclusive* as relativas às causas suspensivas e interruptivas da prescrição. Isso denotaria a clara intenção de que, de fato, todas as normas compatíveis fossem aplicadas, inclusive as que tratam dos prazos. Como último argumento, diz-se que, "se o legislador quisesse manter o prazo prescricional da multa em 2 anos também para a pretensão executória, teria inserido – da mesma forma que no revogado art. 114 – as seguintes elementares ao final do inciso I: *'ou é a que ainda não foi cumprida'*. Ao fazer tal exclusão no inciso I do art. 111, deixou claro que essa

---

[139] Observa-se, enfim, o regramento da contagem já exposto no item da prescrição da pretensão punitiva abstrata, ao qual se remete, a fim de evitar tautologia.

[140] SCHMIDT, Andrei, p. 199-200.

[141] Art. 118 – As penas mais leves prescrevem com as mais graves.

[142] SCHMIDT, Andrei, p. 201-203.

norma não se aplica à prescrição da pretensão executória".[143] Dessa forma, conclui essa corrente doutrinária que o prazo prescricional da pretensão executória será de cinco anos, nos termos do art. 174 do CTN.[144] [145]

Em sentido contrário, entende outra facção da doutrina que o prazo prescricional, mesmo na hipótese de pretensão executória, será de dois anos. Isso porque, em verdade, o art. 51 do CP não teria transformado a pena de multa em dívida de valor, mas tão só a equiparado. Dessa forma, a sanção de multa continuaria possuindo natureza penal, seguindo, portanto, as regras prescricionais do CP, à exceção daquelas referentes à suspensão e interrupção. Também se afirma inexistir determinação expressa para que se aplique o prazo de cinco anos previsto no CTN.[146] [147]

Parece assistir razão à primeira corrente. Efetivamente, depois da vigência do art. 51 do CP, a pena de multa, depois do trânsito em julgado da decisão condenatória, receberá o tratamento de dívida de valor, sujeitando-se, nos termos do dispositivo legal, a todo o regramento referente à espécie. Não parece fazer sentido que a prescrição da pena de multa obedeça a todas as normas da legislação relativa à dívida ativa da Fazenda Pública, inclusive concernentes às causas interruptivas e suspensivas da prescrição, e não o faça quanto ao prazo prescricional. Dessa forma, sendo considerada dívida de valor, é mais correto que observe todo o regramento destinado a essa categoria, e, portanto, siga o art. 174 do CTN, sendo, pois, de cinco anos a prescrição da pena de multa depois de transitar em julgado a sentença condenatória.

---

[143] SCHMIDT, Andrei, p. 201-203.

[144] Assim se posicionam: PORTO, Antônio Rodrigues, p. 86; JESUS, Damásio de, p. 80-81; SCHMIDT, Andrei, p. 201-203; BALTAZAR, Antônio Lopes, 2003, p. 138; CAPEZ, Fernando; PRADO, Stela, 2008, p. 114.

[145] No STJ, encontra-se um precedente sobre o tema: Recurso especial – art. 114 do CP – pena de multa cumulativa com a corporal – prescrição da pretensão executória – prazo bienal – pretensão de sua contagem contar do cumprimento da pena privativa de liberdade – lapso de tempo já ultrapassado, mesmo fazendo a contagem dessa forma – matéria que perdeu objeto, ainda mais pela edição da Lei num. 9.268/96, que, dando nova redação ao art. 51 do CP, não mais considera a multa como sanção. 1. Tratando-se de pena de multa, cumulada com a corporal, mesmo que contado o prazo de dois anos, do cumprimento desta última, tal limite já está ultrapassado, até o presente momento. 2. Além do mais, com a Edição da Lei num. 9.268/96, que deu nova redação ao art. 51 do CP, a multa não mais se considera uma sanção, não mais se podendo falar, destarte, em prescrição da pretensão executória com relação a pena de multa, como apregoava o art. 114, última parte. 3. Apelo extremo prejudicado. STJ, Resp 89754/MG, 6ª T., Rel. Min. Anselmo Santiago, j. em 30.03.1998.

[146] Adotam esse posicionamento: MESQUITA JÚNIOR, Sidio Rosa de, 2007, p.146; DELMANTO, Celso et al, 2010, p. 424-425; GOMES, Luiz Flávio; MOLINA, Antonio García-Pablos de, 2009, p. 653; PRADO, Luiz Regis, 2008, p. 661; MIRABETE, Julio Fabbrini; FABBRINI, Renato N., 2009, p. 389; FRAGOSO, Heleno Cláudio, 2003, p. 521; BITENCOURT, Cezar Roberto, 2009, p. 790 e PEDROSO, Fernando de Almeida, 2008, p. 852-853.

[147] Também há decisões nesse sentido: "o art. 51 do CP, alterado pela referida Lei, é expresso ao estabelecer que as causas interruptivas e suspensivas da prescrição devem ser buscadas fora do CP, ou seja, na Lei n. 6.830/80, não dizendo o mesmo sobre o prazo de prescrição, prevalecendo, por isso, aquele previsto no art. 114 do CP" (TACrimSP, RSE 1.274.517/1, 16ª C, Rel. Des. Eduardo Pereira, j. em 4.10.2001. Ainda: TJDFT, Apel. Crim. 20000610054683, 2ª TC, Rel. Des. Valdir Leôncio Junior, j. em 14.08.2003, e TACrimSP, Apel. Crim. 1117137/6, 15ª C, Rel. Des. Carlos Biasotti, j. em 15.10.1998. Decisões citadas por: CAPEZ, Fernando; PRADO, Stela, p. 114.

Compreendido esse regramento geral da prescrição penal, cumpre agora analisar esse instituto no âmbito da responsabilização penal da pessoa jurídica.

2.4. DA PRESCRIÇÃO NO ÂMBITO DA RESPONSABILIDADE PENAL DAS PESSOAS JURÍDICAS

Conforme já se teve oportunidade de referir, a lei dos crimes ambientais, que tornou concreta a possibilidade de responsabilização penal das pessoas jurídicas, não previu os delitos nos quais poderia o ente coletivo incidir, tampouco trouxe em cada tipo penal as sanções aplicáveis e os respectivos limites mínimo e máximo. Se foi omissa em aspectos tão cruciais, também, é claro, não regulamentou a prescrição penal. No dizer de Tupinambá Pinto de Azevedo, "inexiste, no texto comentado, referência à prescrição, seja da ação, do crime, da condenação, da pena ou da execução. Essa lacuna se torna relevante na medida em que – e isso também já foi destacado anteriormente – as penas privativas de liberdade só serão aplicáveis às pessoas físicas".[148]

Diante de tal quadro, a doutrina e a jurisprudência têm apontado as mais variadas soluções, permanecendo a matéria, no entanto, sem entendimento pacífico.

2.4.1. Da aplicação do regramento prescricional da pena de multa

Deve-se, de início, apontar posicionamento sobre o tema, e o único de possível delimitação do entendimento, no sentido de que o prazo prescricional da pretensão punitiva abstrata, retroativa e intercorrente,[149] no campo dos crimes praticados pelas pessoas jurídicas, será sempre de dois anos, independentemente da penalidade fixada na sentença. Diz-se que, na ausência de normas específicas e de parâmetros temporais para as sanções previstas para os entes coletivos, deve-se aplicar o regramento da pena de multa, disposto no art. 114, inc. I, do CP, que determina um prazo prescricional exatamente de dois anos. Além disso, afirma-se que, diante do vácuo legislativo, deve ser tomada a solução mais benéfica para a pessoa jurídica, no caso, o menor prazo prescricional – dois anos –, fazendo-se uso da analogia *in bonam partem*.

Essa é a posição que tem sido adotada no TJRGS, nos poucos arestos que se encontram sobre o tema:

Apelação. Crime ambiental. Art. 38 da Lei nº 9.605/98. Aplicação somente de multa. Circunstâncias favoráveis. Prescrição. Favoráveis todas as circunstâncias do art. 59 do CP, possível a aplicação somente da pena de multa que, contudo, resta prescrita. Apelos providos, para declarar a extinção da punibilidade, pela prescrição. (...) Quanto à pessoa jurídica, deve ser declarada extinta a punibilidade, pela ocorrência de prescrição, uma vez que fixadas penas restritivas de direitos autônomas,

---

[148] AZEVEDO, Tupinambá Pinto de, 1998, p. 261-278.

[149] No tocante à prescrição da pretensão executória, não há manifestação específica desse primeiro posicionamento.

aplicando-se a regra prevista para a multa, no art. 114 do CP, na ausência de norma específica. Logo, como entre as datas do recebimento da denúncia (27/12/04) e publicação da sentença (12/08/08, fls. 218) decorreu lapso temporal superior a 02 (dois) anos, *está extinta a punibilidade, pela ocorrência da prescrição.*[150]

Ainda:

Crime ambiental. Prescrição. 1. Em razão da pena privativa de liberdade aplicada ao réu pessoa física, impõe-se o reconhecimento da prescrição. 2. Quanto à pessoa jurídica, a pena de multa lhe imposta prescreve no mesmo prazo previsto no CP, qual seja, 2 (dois) anos, motivo pelo qual imperiosa a extinção da punibilidade. 3. Por outro lado, a lei não estabelece limites mínimo e máximo para o cumprimento das penas restritivas de direitos, as quais, ao contrário do CP, não são substitutivas, mas, sim, autônomas. Este quadro dá margem ao problema da prescrição, máxime quando a CF estabelece a prescrição como regra geral, enumerando as exceções de modo taxativo. Nesta hipótese, ante o vácuo legislativo, entendo que a solução mais razoável consiste em equiparar, para efeito de prescrição, a prestação pecuniária (art. 23, IV, Lei nº. 9.605/98) à multa. Por este motivo, observado o prazo prescricional de 2 (dois) anos, os fatos, bem ou mal, estão prescritos. Apelação provida para declarar extinta a punibilidade dos réus. (...) Igual sorte quanto à pessoa jurídica Frinal. Em relação à multa, é verdade que ela prescreve em 2 (dois) anos, quando imposta isoladamente, a teor do que prescreve o artigo 114, I, CP. Este lapso, no presente caso, já decorreu entre os dois marcos acima mencionados. Logo, relativamente à imputação do art. 54, *caput*, c/c § 2º, V, da Lei nº. 9.605/98, imperioso o reconhecimento da prescrição. Já quanto à prestação pecuniária, imposta pela prática da segunda imputação, a citada lei não traça qualquer parâmetro que possa servir de base ao cálculo da prescrição, isto porque, naquilo que concerne às pessoas jurídicas, as penas, à exceção do § 3º do art. 22, não apresentam extensão temporal. Aliás, atenta-se para que, na sistemática do CP, as penas restritivas de direitos substituem as penas privativas de liberdades, daí porque, sintomaticamente, a prescrição se calcula com base na pena corporal substituída. Na Lei Ambiental, ao contrário do CP, as penas restritivas são autônomas, e não meramente substitutivas. Logo, as regras do CP, aqui, caem no vazio. Portanto esta inexistência de limites máximo e mínimo para as penas restritivas aplicáveis às pessoas jurídicas traz o problema relativo à prescrição. Máxime porque a CF estabelece a prescrição como regra geral, enumerando as exceções de modo taxativo. Conclusivamente, porque sujeitas à prescrição, é decisivo que se estabeleça algum critério que oriente seu cálculo. Nesta hipótese, ante o vácuo legislativo, entendo que a solução mais razoável consiste em equiparar, para efeito de prescrição, a prestação pecuniária (art. 23, IV, Lei nº. 9.605/98) à multa. Esta é a razão pela qual, observado o prazo prescricional de 2 (dois) anos, os fatos, bem ou mal, estão prescritos.[151]

Também:

Crime Ambiental. Ação Penal intentada contra Pessoa Jurídica. Prescrição. Embargos Infringentes. Prescreve em dois anos a pretensão punitiva e bem assim a pretensão executória dos crimes ambientais atribuídos à pessoa jurídica. *Aplicação analógica da regra contida no art. 114, I, do CP, na ausência de regra expressa na Lei 9.605/1998.* Embargos infringentes acolhidos. (...) Permito-me lembrar que a egrégia 4ª Câmara Criminal, ao assim decidir neste caso, contrariou decisão anterior emitida

---

[150] TJRS, Ap. 70027663566, 4ª CC, Rel. Des. Gaspar Marques Batista, j. em 02.04.2009. Observe-se que, nesse caso, as penas fixadas na sentença consistiam em multa e restritiva de direitos, consistente em suspensão da concessão de incentivos fiscais de qualquer natureza pelo prazo de cinco anos. Veja-se que, mesmo com um prazo, para a pena restritiva de direito, absolutamente determinado, o qual se poderia tomar como parâmetro para o cálculo da prescrição, o Tribunal gaúcho entendeu correto utilizar o prazo prescricional relativo à pena de multa.

[151] TJRS, Ap. 70016742751, 4ª CC, Rel. Des. José Eugênio Tedesco, j. 26.10.2006. Observe-se que, nesse caso, a empresa havia sido condenada à pena de multa e à pena de prestação de serviços à comunidade consistente na contribuição cento e cinqüenta salários mínimos a PATRAN.

por unanimidade no julgamento da Apelação Criminal n° 70016742751, oriunda da comarca de Garibaldi, envolvendo como acusada (apelante) Frinal Frigorífico e Integração Avícola Ltda., sessão de 26/10/2006. Neste precedente de Garibaldi, a empresa foi condenada a 90 dias multa e ao pagamento de 150 salários mínimos, como prestação de serviço à comunidade, porque condenada pelo crime previsto no art. 54 da Lei Ambiental. Os diretores da empresa foram também acusado e condenados, No precedente de Garibaldi, a Câmara entendeu que "ante o vácuo legislativo", dever-se-ia aplicar, por analogia, a regra prevista no art. 114, I, do CP, que regula a prescrição da pena pecuniária, e julgou prescrita a pretensão punitiva endereçada contra a empresa poluidora. Pois o caso dos autos, agora em julgamento a nível de embargos infringentes, não é diverso daquele de Garibaldi. Com efeito, nosso sistema jurídico estabelece, como critérios à verificação da prescrição, a) para a infração penal cuja pena for prisão simples, detenção ou reclusão, o máximo da pena privativa de liberdade cominada ao crime, ou aplicada na sentença, verificando-se nos prazos indicados nos seis incisos indicados no art. 109 do CP ou, b) para a infração penal cuja única pena cominada ou aplicada for a multa, dois anos (CP art. 114, I). A pena, a medida penal, ou que outra denominação tenha, cominada na Lei Ambiental contra a pessoa jurídica, não é prisão simples, detenção ou reclusão. Não é pena privativa de liberdade. É a multa, a restrição de direitos ou a prestação de serviços à comunidade (Lei 9.605/1998 – art. 21). Esta modalidade de sanção jurídica mais se aproxima da sanção pecuniária penal, cuja regra de prescrição é diversa daquela prevista para a infração penal punida com pena privativa de liberdade. A sanção jurídico penal a que está sujeita a pessoa jurídica prescreve, portanto, não em vinte, dezesseis, doze, oito ou quatro anos, como regulado no art. 109 do CP, mas sim em dois anos. Quando Promotor de Justiça, recém editada a Lei 4.898/65, sustentei, num caso concreto, que a pena de "perda do cargo", naquela lei prevista como pena principal, era imprescritível, por semelhança com o que acontecia no campo do direito administrativo. Este Tribunal de Justiça, em memorável decisão, não acolheu minhas razões proclamando que, porque ausente regra expressa sobre a matéria, impunha-se utilizar a analogia e estabeleceu que tanto a pretensão punitiva como a pretensão executória prescreviam em dois anos, no caso específico. O menor prazo prescricional previsto na lei penal. Não encontrei o julgado, eis que decorridos mais de trinta anos desde então. Mas não esqueci da lição. Daí porque entendo que se impõe acolher os presentes embargos para o efeito de fazer prevalecer o voto vencido do eminente Des. Gaspar Marques Batista. Prescreve em dois anos a pretensão punitiva e bem assim a pretensão executória dos fatos atribuíveis às pessoas jurídicas como caracterizadores de crime ambiental na Lei 9.607/1998, por analogia com a regra prevista no art. 114, I, do CP, na ausência de regra legal expressa na Lei Ambiental.[152]

---

[152] TJRS, Emb. Infrin. 70027273390, 2º GCCrim., Rel. Des. Vladimir Giacomuzzi, j. 12.12.2008. A decisão da 4ª CC, reformada pelo Segundo Grupo Criminal, havia decidido da seguinte forma: "RECURSO EM SENTIDO ESTRITO. PRESCRIÇÃO PELA PENA EM ABSTRATO. INOCORRÊNCIA. No caso, a pessoa jurídica não está sujeita apenas à pena de multa, nem a multa é a única pena cominada, o que ensejaria a prescrição no prazo de dois anos. Prescrição pela pena em abstrato. Decisão revogada. Recurso provido. Por maioria. (...) Como bem referido pelo eminente Procurador de Justiça não há dúvidas de que as sanções impostas às pessoas jurídicas pela comissão de delitos ambientais, embora a ausência de previsão de pena privativa de liberdade, são de natureza penal, não obstante o mesmo fato possa ensejar, noutra seara, sanções de outra espécie, de natureza civil e administrativa. Superada a questão, o artigo 21 da Lei n° 9.605/98 estabelece, a par da pena de multa, sanções restritivas de direitos e prestação de serviços à comunidade, aplicáveis isolada, cumulativa ou alternadamente, às pessoas jurídicas, todas adaptadas à sua natureza jurídica. Segue-se, então, a outra questão a ser analisada que é o prazo de prescrição nos delitos ambientais praticados por pessoas jurídicas, em que não há previsão de sanção corporal de modo a informar os prazos prescricionais. A solução, conforme abalizada doutrina colacionada nas irrepreensíveis razões recursais, vem do magistério de Vladimir Passos de Freitas e Gilberto Passos de Freitas: Pois bem, se a pena for de multa, a prescrição opera-se em dois anos se for a única cominada ou a que ainda não foi cumprida. Se a pena for restritiva de direitos, o CP dá a solução, mandando que o prazo seja contado como se fosse privativa de liberdade (CP, art. 109, parágrafo único). Então, para as penas restritivas de direitos, previstas no art. 22 da Lei 9.605/98, e para a prestação de serviços à comunidade, cujas hipóteses estão mencionadas no art. 23, o prazo prescricional terá por base o fixado pela sentença. Por exemplo, por trinta dias, a prescrição ocorrerá em dois anos (CP, art. 109, IV'. (fl. 1044). De acordo com o art. 21 da Lei n° 9.605/98 as penas aplicáveis isolada, cumulativamente ou alternativamente às pessoas jurídicas são multa, restritivas de direitos e prestação de serviços à comunidade. Entre as restritivas, suspensão parcial ou total da atividade, interdição temporária de

Embora respeitável o posicionamento, a nosso sentir não parece ser o mais correto, essencialmente porque trata a pessoa física e a jurídica, em similar situação, de forma desigual, ou seja, condenadas pelo mesmo crime, pode vir a pessoa física a ter um prazo prescricional muito maior do que o da pessoa jurídica. Há casos, como veremos, em que, realmente, não haverá solução que não o tratamento desigual, pela absoluta ausência de parâmetros a serem adotados. No entanto, em outras hipóteses, existem compreensões que se apresentam mais justas e adequadas à realidade jurídica pátria, sem se afastar demasiadamente de todo o sistema prescricional previsto à pessoa natural. A propósito do tema, cabe a reflexão:

> Esse argumento, como dito simplista, padeceria se e quando houvesse a ocorrência de delito onde pessoa física e jurídica autoras em concurso, fossem condenadas; à primeira aplicada pena privativa de liberdade de 01 (um) ano, por exemplo, enquanto à segunda uma prestação de serviços à comunidade, por prazo qualquer, inferior a 01 (um) ano ou mesmo superior a 02 (dois). Seguindo o entendimento de que a natureza da pena à pessoa jurídica é pecuniária, teríamos para essa, prescrição em 02 (dois) anos (como acontece no caso da multa), enquanto para a pessoa física prescrição em 04 (quatro) anos. O exemplo evidencia que a solução dada, insisto, simplista, é totalmente ausente de razoabilidade, o que ofende ao direito. Pior ainda se, à pessoa física, fosse a pena privativa de liberdade substituída por uma ou mais restritiva de direito. Não obstante a similitude de condutas e de penas, a prescrição seria mais favorável para o réu de maior capacidade econômica e de entendimento.[153]

Vejamos, pois, outras formas de resolução da problemática, as quais diferenciam a prescrição abstrata daquelas dependentes de pena concretizada, e que se mostram, a nosso ver, mais adequadas.

2.4.2. Da prescrição da pretensão punitiva abstrata

Conforme entendimento doutrinário e jurisprudencial, com o qual concordamos, em se tratando da prescrição da pretensão punitiva abstrata dos crimes praticados por pessoas jurídicas, o parâmetro a ser seguido é a pena máxima privativa de liberdade prevista para o crime que se imputa ao ente coletivo[154] (levadas em consideração, sobre esse *quantum*, as majorantes e as minorantes – utilizando-se, respectivamente, a fração que mais aumenta e a que menos diminui –, à exceção dos aumentos referentes ao concurso formal próprio e ao concurso continuado), combinada com o art. 109 do CP, no qual se encontra o respectivo prazo prescricional.

---

estabelecimento, obra ou atividade e proibição de contratar com o Poder Público, bem como deter subsídios, subvenções ou doações (art. 22 da Lei nº 9.605/98). No caso, a pessoa jurídica não está sujeita apenas à pena de multa, nem a multa é a única pena cominada, o que ensejaria a prescrição no prazo de dois anos". (TJRS, RSE 70024796567, 4ª CC, Rel. Des. Aristides Pedroso de Albuquerque Neto, j. em 31.07.2008.)

[153] SOUZA, José Carlos Rodrigues de, 2009.

[154] Nesse sentido: AZEVEDO, Tupinambá Pinto de, 1998, p. 261-278; FREITAS, Vladimir Passsos de; FREITAS, Gilberto Passos de. Crimes, p. 77-78; ROSA, Fábio Bittencourt da, p. 37-57; MACHADO, Fábio Guedes de Paula, 2000, p. 179; e CLARO, Adriano Ricardo, 2008, p. 138.

Encontrado o prazo prescricional, observar-se-á se houve o transcurso desse período entre a data do fato[155] e o primeiro marco interruptivo, qual seja, a data do recebimento da denúncia ou queixa (art. 117, inc. I, do CP). Não tendo se implementado o prazo prescricional, deve-se verificar se esse mesmo prazo não escoou entre a primeira interrupção (recebimento da denúncia ou queixa) e o segundo corte, consistente na publicação de sentença ou acórdão (no caso de a sentença ter sido absolutória) condenatórios recorríveis (art. 117, inc. IV, do CP).

Embora as penas privativas de liberdade não sejam aplicáveis às pessoas jurídicas, utilizar-se da pena máxima cominada no tipo como parâmetro para o cálculo da prescrição abstrata é uma solução adequada e justa, que mantém, inclusive, a igualdade entre pessoas físicas e jurídicas que respondem pelo mesmo crime. Até porque, "de qualquer modo, o referencial para a ofensividade da infração é dado pelo preceito secundário que, como se viu, sempre indica um mínimo e um máximo de prisão".[156] E, diga-se mais, não se trata de "analogia prejudicial, porque possibilita que se evite a imprescritibilidade do delito".[157]

No Superior Tribunal de Justiça já se teve oportunidade de decidir exatamente no sentido de a prescrição abstrata dos crimes praticados pelas pessoas jurídicas ser calculada com base na pena máxima cominada:

> PENAL. CRIME AMBIENTAL. RESPONSABILIZAÇÃO DA PESSOA JURÍDICA. POSSIBILIDADE. DELITO DO ART. 60 DA LEI Nº 9.605/1998. PRESCRIÇÃO DA PRETENSÃO PUNITIVA. EXTINÇÃO DA PUNIBILIDADE. RECURSO PREJUDICADO. 1. 'Admite-se a responsabilidade penal da pessoa jurídica em crimes ambientais desde que haja a imputação simultânea do ente moral e da pessoa física que atua em seu nome ou em seu benefício, uma vez que não se pode compreender a responsabilização do ente moral dissociada da atuação de uma pessoa física, que age com elemento subjetivo próprio.' (REsp nº 889.528/SC, Rel. Min. Felix Fischer, DJU de 18/6/2007). 2. Sendo de 6 meses de detenção a pena máxima cominada ao crime previsto no art. 60 da Lei nº 9.605/1998, com relação à empresa Castilho Prestação de Serviços Ltda, constata-se que já decorreram mais de dois anos desde a data do fato incriminado sem que fosse recebida a inicial acusatória, e, quanto a Luis Vanderlei de Castilhos, o transcurso de mais de dois anos desde o recebimento da denúncia, operando-se, em ambos os casos, a prescrição da pretensão punitiva, nos termos do art. 109, inciso VI, do CP, uma vez que não ocorreu qualquer causa interruptiva desde então. 3. Recurso especial parcialmente provido.[158]

Também no TRF da Quarta Região assim já se decidiu:

> MANDADO DE SEGURANÇA. TRANCAMENTO DE AÇÃO PENAL PROPOSTA CONTRA PESSOA JURÍDICA. VIA ADEQUADA. RESPONSABILIDADE CRIMINAL. DELITO NA MODALIDADE CULPOSA. PRESCRIÇÃO. 1 – Mostra-se adequada a impetração de mandado de segurança visando ao trancamento de ação penal proposta em detrimento de pessoa jurídica porquanto não há falar em eventual constrangimento à sua liberdade de ir e vir. 2 – A possibilidade da inculpação da pessoa jurídica por

---

[155] Art. 111 – A prescrição, antes de transitar em julgado a sentença final, começa a correr: I – do dia em que o crime se consumou; II – no caso de tentativa, do dia em que cessou a atividade criminosa; III – nos crimes permanentes, do dia em que cessou a permanência; IV – nos de bigamia e nos de falsificação ou alteração de assentamento do registro civil, da data em que o fato se tornou conhecido.

[156] AZEVEDO, Tupinambá Pinto de, 1998, p. 261-278.

[157] ROSA, Fábio Bittencourt da, p. 37-57.

[158] STJ, Resp. 847.476/SC, 6ª T., Rel. Min. Paulo Gallotti, j. 08.04.2008.

conduta criminosa tem previsão na CF (art. 225, § 3º) e na Lei nº 9.605/98 (art. 3º). 3 – Cabível à pessoa jurídica responder por conduta delituosa na modalidade culposa. 4 – Temeroso o reconhecimento da prescrição antes de eventual sentença condenatória, porquanto se teria que efetuar juízo de valoração da pena a ser imposta, o que não se mostra adequado na via estreita do mandado de segurança. 5 – Não ocorrência da prescrição em abstrato. (...) Na espécie, mostra-se prematuro o reconhecimento da prescrição, porquanto se teria que efetuar juízo de valoração da pena a ser imposta à impetrante em eventual sentença condenatória, procedimento temeroso nesta oportunidade. Quanto à prescrição em abstrato, salvo melhor juízo, correto o posicionamento do Ministério Público Federal, 'pois, de acordo com a pena máxima prevista para a imputação constante da denúncia - cinco anos de reclusão – Art. 54, §3º, da Lei 9605/98, o seu termo final somente ocorrerá em 24/05/2016 – doze anos após o recebimento da denúncia', visto que, como bem destacou, 'apesar das penas a serem impostas à pessoa jurídica, por força da Lei 9605/98, serem aquelas discriminadas no Art. 21 do diploma legal, a acusação da pessoa jurídica é a mesma que foi apresentada aos réus pessoas físicas' (fls. 61-62).[159]

Essa é, pois, a solução encontrada para o cálculo da prescrição punitiva abstrata. Dúvidas maiores surgem, no entanto, quando se trata das modalidades prescricionais que dependem de pena concretizada.

2.4.3. Da prescrição da pretensão punitiva retroativa, intercorrente e executória

As maiores dificuldades aparecem quando se cogitam as prescrições retroativa, intercorrente e executória, que dependem de pena fixada na sentença. Isso porque, como já se teve oportunidade de referir, as penas previstas para as pessoas jurídicas são autônomas, e não substitutivas da privativa de liberdade, como ocorre no caso da pessoa física.[160] Além disso, existe a problemática da fixação

---

[159] TRF4ª Região, MS 2006.04.00.004463-7/PR, 8ª T., Rel. Des. Luiz Fernando Wowk Penteado, j. em 10.05.2006. Ainda: TRF4ª Região, ED em HC 2006.04.00.038085-6/SC, 8ª T., Rel. Des. Paulo Afonso Brum Vaz, j. 07.02.2007.

[160] Apesar de ser notória a autonomia das penas previstas para as pessoas jurídicas, assim como o fato de que devam ser fixadas diretamente, em decisão inédita fixou-se à pessoa jurídica, inicialmente, pena privativa de liberdade, para depois substituí-la à adequada sanção penal ao ente fictício: "PENAL. PROCESSUAL PENAL. APELAÇÃO CRIMINAL. EXTRAÇÃO DE CASCALHO SEM AUTORIZAÇÃO LEGAL. ARTIGO 55, LEI 9.605/98 E ARTIGO 2º, LEI 8.176/91. (...) EXTINÇÃO DA PUNIBILIDADE PELA PRESCRIÇÃO EM RELAÇÃO A AMBOS OS RÉUS. ARTIGO 2º, LEI 8.176/91. SÓCIO-GERENTE. RETORNO DOS AUTOS À INSTÂNCIA DE ORIGEM. SÚMULA 337, DO STJ. APELAÇÃO JULGADA PREJUDICADA. (...) 3- Extinção da punibilidade, de ofício, pela prescrição da pretensão punitiva quanto ao delito previsto no artigo 55, da Lei nº 9.605/98, em relação a ambos os réus (art. 109, VI, CP). 4- Necessidade do retorno dos autos à instância de origem para que seja dada a oportunidade da suspensão condicional do processo em relação ao sócio-gerente, quanto ao delito previsto no artigo 2º, da Lei nº 8.176/91, nos termos da Súmula nº 337, do STJ. 5- Apelação prejudicada. (...) O MM. Juiz *a quo* condenou os réus pela prática dos delitos previstos nos artigos 55, da Lei nº 9.605/98, e 2º, da Lei nº 8.176/91, em concurso formal. As penas foram fixadas nos seguintes termos (fls. 472/475): (...) Ré Nautilus. Art. 6º da Lei n. 9.605/98 e art. 59 do CP. A ré não registra antecedentes criminais. Inquéritos policiais e processos criminais sem trânsito em julgado não podem ser considerados maus antecedentes, em face do princípio constitucional do estado de inocência, insculpido no art. 5º, LVII, da CF ("ninguém será considerado culpado até o trânsito em julgado da sentença penal condenatória"). Não vejo qualquer aspecto que autorize elevar a pena-base acima do mínimo legal. Segundo o art. 70, primeira parte, do CP, aplica-se a pena mais grave, no caso, a prevista para o art. 2º, da Lei n. 8.176/91, ou seja, detenção de 1 a 5 anos e multa. Atento às diretrizes do art. 6º, da Lei n. 9.605/98 e dos arts. 59 e 70, primeira parte, ambos do CP, acima analisadas, fixo a pena-base para o ré Nautilus, no mínimo legal, previsto no art. 2º da Lei nº 8.176/91 do CP (sic), isto é, 1 (um) ano de detenção e 10 (dez) dias-multa. Não há atenuante, agravante ou causa de diminuição. Há, porém, causa de aumento, referente ao concurso formal, razão pela qual elevo a pena em um sexto, resultan-

da pena, porque a lei não estabelece os prazos mínimos e máximos, tampouco os critérios para fixação.[161] Mas há também a tormentosa questão concernente a algumas modalidades de apenamento, que, por sua natureza, sequer ensejam prestação com características temporais.[162]

do em 1 (um) ano e 2(dois) meses de detenção e 11 (onze) dias-multa, que torno definitiva." Apesar de não ter sido fixada expressamente a pena-base do delito previsto no artigo 55, da Lei nº 9.605/98, não há dúvidas de que esta foi aplicada no seu mínimo legal, que é de 06 (seis) meses de detenção, tornada definitiva em razão da ausência de circunstâncias agravantes ou atenuantes, e causas especiais de aumento ou diminuição da pena. Diante do trânsito em julgado da sentença condenatória para a acusação, o art. 110 do CP, em seus parágrafos 1º e 2º, prevê o cálculo do lapso prescricional da pretensão punitiva com base na sanção penal concreta fixada na sentença, qual seja, 06 (seis) meses de detenção. Verifica-se, portanto, que decorreu lapso superior a 02 (dois) anos (art. 109, VI, CP) entre a data do recebimento da denúncia (05.07.2004) e a data da sentença (09.02.2007), devendo ser reconhecida, de ofício, extinta a punibilidade pela prescrição da pretensão punitiva em relação a ambos os réus. Conforme já mencionado, as sanções aplicáveis às pessoas jurídicas pela prática do delito previsto no art. 55 da Lei nº 9.605/98, são aquelas estabelecidas em seus arts. 21 e 22, dentre as quais não se inclui a pena privativa de liberdade que, contudo, foi fixada pelo MM. Juiz *a quo*. Deixo, porém, de reconhecer a nulidade parcial da sentença quanto à dosimetria da pena em relação à ré "Nautilus Construções e Representações LTDA", vez que, ausente recurso do Ministério Público, a nova pena aplicada (nos termos dos arts. 21 e 22 da Lei nº 9.605/98) não poderia exceder o prazo fixado anteriormente, qual seja de 06 (seis) meses, sob pena de *reformatio in pejus*. Assim, é mais benéfica à ré a extinção da punibilidade. 3. Da aplicação da Súmula nº 337, do Superior Tribunal". (TRF3ª Região, Ap. 2003.60.00.006077-0, 2ª T., Rel. Des. Henrique Herkenhoff, j. 17.02.2009.)

[161] Esse ponto já foi tratado com mais detalhes no item: "1.3.1. Da dosimetria das sanções aplicáveis à pessoa jurídica".

[162] Diante dessa problemática, as soluções mais diversas e inusitadas têm sido propostas. Vejamos a saída apontada por José Carlos Rodrigues de Souza: "(...) Nesse quadro, da integração e inter-relação entre os ramos do direito, no caso o civil e o penal, devemos ter em conta que as penalidades previstas na Lei 9.605/98 são obrigações de fazer ou de não fazer, mesmo que em favor de terceiro, como no caso de custeio de programas e de projetos ambientais, onde a sociedade é a beneficiária, não só com a punição e seu efeito educativo-preventivo, mas também com o cumprimento da própria pena, que se aplica porque a conduta violentou regras de comportamento de transcendência social, por isso de natureza criminal. Pois bem, sendo as penas aplicáveis à pessoa jurídica tal qual aquelas que se obteria com a ação civil respectiva, e sempre tendo em mente que a criminalização da conduta decorreu da necessidade da sociedade em buscar maior responsabilização do ente fictício, no caso a pessoa jurídica, temos outra situação em que a sentença condenatória criminal se apresenta com a roupagem de título executivo de natureza civil, vez que eventual descumprimento da pena não implicará em conversão à privativa de liberdade, mas sim, em execução, no caso civil, a exemplo do que acontece com a multa ou com a sentença condenatória criminal, quanto ao efeito indenizatório (*ex delicto*). Para a pena de multa temos regra expressa que prevê prescrição em 02 (dois) anos, não obstante haja causa interruptiva e suspensiva prevista na Lei de Execução Fiscal e que a ela se aplica; o mesmo não acontece com a execução da sentença condenatória criminal, quanto ao efeito indenizatório e com as sentenças condenatórias à pessoa jurídica. Diante da roupagem civil adotada por essas penas, que no Juízo Cível serão executadas, de rigor que, na ausência de regra expressa em sentido outro, (iii) seja observado para essas o mesmo lapso prescricional do título que naturalmente seria produzido, esse no cível. Entendimento em sentido contrário seria ofensivo ao princípio da razoabilidade, posto que teríamos dois títulos idênticos no conteúdo que, quando emanados do Juízo Cível teria prazo prescricional maior que quando emanado do Juízo Criminal, não obstante tenha sido a Justiça Penal reservada para temas de maior relevância e como forma última de encontrar a pacificação social. (...) Nesse quadro, onde a prescrição da sanção, a exemplo da prescrição da pretensão punitiva deva ser certa, tenho que ao caso se aplica a mesma regra da prescrição do título executivo nascido da sentença civil que, conforme dispõe a Súmula 150 do STF, se dá no mesmo prazo da prescrição da ação de conhecimento, logo, de 10 anos, por ausência de regramento específico. Bom ressaltar que não se confunde a natureza do título gerado da condenação penal com "ressarcimento por ato ilícito", mas sim obrigação de fazer ou de não fazer com punição a uma conduta, que não necessariamente tem relação com a obrigação decorrente da condenação, tanto que a pena pode ser de custeio de projeto ambiental que atenderá a terceiros. Assim, feita essa reflexão quanto a prescrição, aguardo a manutenção da r. decisão, observando que para prescrição do título aqui gerado o prazo prescricional é de 10 anos, porque esse o da ação de conhecimento no cível. (...) 3- A prescrição da pretensão punitiva, da ação, nos crimes ambientais, quando o autor do fato seja pessoa jurídica, por ausência de qualquer previsão na Lei de Crimes Ambientais ou mesmo no CP ou de Processo Penal, devendo ser certa, a exemplo da prescrição executória, dá-se segundo a regra da

A fim de se compreender a matéria com maior clareza, impende analisar, isoladamente, cada pena aplicável à pessoa jurídica.

2.4.3.1. Pena de multa

Com relação à pena de multa, o entendimento é bastante tranquilo, aplicando-se à matéria o regramento do CP, ou seja, a prescrição se dará em dois anos se a multa for a única pena aplicada ao ente coletivo.[163] [164] Caso seja cumulada com outra sanção, prescreverá no mesmo tempo desta (cujos regramentos veremos a seguir), por analogia ao art. 114, inc. II, do CP[165]. Com relação à prescrição da pretensão executória da pena de multa, conforme entendimento já exposto, a prescrição penal se dará em cinco anos.[166]

Essa solução tem sido adotada em julgamentos sobre a matéria:

PENAL. CRIME AMBIENTAL E DE FALSIDADE IDEOLÓGICA. APLICAÇÃO DO PRINCÍPIO DA CONSUNÇÃO. IMPOSSIBILIDADE. RECONHECIMENTO DA PRESCRIÇÃO DA PRETENSÃO PUNITIVA EM RELAÇÃO AO CRIME AMBIENTAL. (...) 3. Considerando que, na hipótese, o recebimento da denúncia ocorreu em 11/03/2004 e a sentença condenatória foi publicada em 20/04/2006, dúvida não há quanto à consumação da prescrição da pretensão punitiva do Estado, para ambas as apelantes, pela pena *in concreto*, de forma retroativa, no que toca à condenação pelo crime ambiental, uma vez que entre as referidas datas transcorreram mais de 2 (dois) anos, nos termos dos arts. 114, inciso I (pena de multa), e 109, inciso VI (pena privativa de liberdade), ambos do CP. 4. Apelação da empresa prejudicada. 5. Recurso da sócia-gerente parcialmente provido. (...) Na hipótese, a empresa JAPAM MADEIRAS LTDA. foi condenada à pena de multa, aplicada em 10 (dez) dias-multa, à razão do maior salário mínimo vigente à época dos fatos, pela prática do delito previsto no art. 46, parágrafo único, c/c os arts. 18 e 21, I, todos da Lei n.º 9.605/98, c/c o art. 49 do CP. De acordo com o art. 114, inciso I, do CP, a prescrição da pena de multa ocorrerá em 2 (dois) anos quando a multa for a única cominada ou aplicada. Na hipótese, tendo em vista a ausência da incidência de qualquer das causas interruptivas da prescrição previstas no art. 117 do CP, bem como que o fato delituoso aconteceu em 26/04/2002, a denúncia foi recebida em 11/03/2004 (fls. 48) e a sentença foi publicada em 20/04/2006 (fls. 159), verifica-se que se passaram mais de 02 (dois) anos entre o recebimento da denúncia e a publicação da sentença, operando-se, dessa forma, a prescrição retroativa da pretensão punitiva do Estado, pela pena em abstrato, em março de 2006, com relação ao delito praticado pela empresa. Diante disso, a pretensão punitiva de aplicação de pena de multa à empresa prescreveu.[167]

---

prescrição do título executivo nascido da sentença civil que, conforme dispõe a Súmula 150 do STF, ocorre no mesmo prazo da prescrição da ação de conhecimento, logo, de 10 anos". SOUZA, José Carlos Rodrigues de, 2009. Adriano Ricardo Claro, de outra sorte, propõe que seja sempre utilizado o prazo máximo de pena privativa de liberdade prevista abstratamente ao crime. (CLARO, Adriano Ricardo, p. 138.)

[163] Nesse sentido: AZEVEDO, Tupinambá Pinto de, 1998, p. 261-278; e MIGLIARI JÚNIOR, Arthur, 2006, p. 88.

[164] Como não há nenhum tipo penal na lei ambiental cuja pena de multa seja a única cominada, não haverá hipótese de prescrição abstrata da pena de multa no caso de crimes praticados por pessoas jurídicas.

[165] CLARO, Adriano Ricardo, p. 139.

[166] Observe-se que, no tocante ao prazo da prescrição executória da pena de multa, a divergência lançada quando do trato da matéria (2.3. Da prescrição da pena de multa) é, em absoluto, aplicável à matéria da prescrição da pretensão executória da pena de multa aplicada à pessoa jurídica. Dessa forma, todas as observações lançadas naquela oportunidade são repetidas.

[167] TRF1ª Região, Ap. 2004.39.00.002250-9, 3ª T., Rel. Juiz Tourinho Neto, j. 29.07.2008.

134

Nesses moldes, o cálculo da prescrição, quando a pena de multa for a única aplicada, se dará nos mesmos moldes que previsto no CP, em seu art. 114 e incs.

2.4.3.2. Pena de prestação de serviços à comunidade

Referentemente às penas de prestação de serviços à comunidade, tem-se que é adequado ser sempre fixado um prazo para cumprimento, e, com base nesse prazo, calcular-se-á a prescrição da pretensão punitiva retroativa, intercorrente e executória.[168]

A sanção de contribuições a entidades ambientais ou culturais públicas, nessa linha de entendimento, preferencialmente, deverá ter um prazo para seu cumprimento estipulado na sentença. Assim, o recomendável é que o magistrado fixe o pagamento de parcelas periódicas à instituição, hipótese em que se utilizará esse período concretizado para o cálculo prescricional.

É o caso do seguinte julgado, no qual foi fixada a pena de prestação de serviços à comunidade consistente em contribuições a entidades ambientais ou culturais por pagamentos mensais de um salário mínimo pelo prazo de oito meses e à pena de multa, e calculou-se a prescrição com base nesse prazo:

> PENAL. DERRUBADA DE ÁRVORES EM APP. EXTRAÇÃO E EXPLORAÇÃO DE ARGILA SEM AUTORIZAÇÃO OU LICENÇA DE ÓRGÃO RESPONSÁVEL. ART. 55, *CAPUT*, DA LEI Nº 9.605/98. ART. 2º, *CAPUT*, DA LEI Nº 8.176/91. CONCURSO FORMAL. RESPONSABILIDADE PENAL DA PESSOA JURÍDICA. PRESCRIÇÃO. *EX OFFICIO.* (...) 3. É possível a responsabilização penal da pessoa jurídica em delitos ambientais, nos termos do art. 225, § 3º, da CF/88 e no art. 3º da Lei nº 9.605/98. 4. Ausentes critérios específicos na legislação a respeito da prescrição das penas de pessoa jurídica, de modo a facilitar sua análise, deve ser determinada a sanção aplicada dentro do prazo da pena em abstrato, com cumprimento de forma mensal, pois considerando que o administrador é o mentor do ilícito, não se apresenta razoável usar outro critério que leve o prazo prescricional a ser maior que aquele incidente para o gestor da empresa. 5. Fixada pena inferior a 01 (um) ano e transcorridos mais de 02 anos entre o recebimento da denúncia e a decisão condenatória, deve ser reconhecida, de ofício, a incidência da prescrição e declarada extinta a punibilidade, com aplicação dos arts. 107, IV, 109, VI, e 110, § 1º, todos do CP. (...) Passo à fixação da pena da empresa Cerâmica Pamil Ltda. Tratando-se de

---

[168] Cabe mencionar decisão do TRF4ª Região em que fixada pena de prestação de serviços à comunidade (sem especificar qual modalidade) pelo prazo de 6 meses, sendo utilizado esse parâmetro para o cálculo da prescrição: "PENAL. CRIME CONTRA O MEIO AMBIENTE. AUTORIA DELITIVA. PESSOA FÍSICA E PESSOA JURÍDICA. EXTRAÇÃO DE RECURSOS MINERAIS. ARTIGO 55 DA LEI Nº 9.605/98. PRESCRIÇÃO. OCORRÊNCIA. 1. Conforme preceitua o art. 109, VI, do CP, é de 2 dois anos o prazo prescricional, se o máximo da pena é inferior a 1 ano. Declara-se extinta a punibilidade do acusado, pela prescrição, se transcorreu lapso temporal superior àquele entre as datas do recebimento da denúncia e da publicação da sentença. 2. Inexiste extensão temporal às penas restritivas de direito fixadas às pessoas jurídicas. A solução menos prejudicial é limitar o aspecto temporal aos limites mínimo e máximo da pena privativa de liberdade prevista no dispositivo de cada tipo da Lei 9.605/98. (...) No presente caso, houve condenação por prestação de serviços comunitários pelo prazo da reprimenda corporal estabelecida à ré Rita Guedes, ou seja, 06 (seis) meses de detenção, razão pela qual se pode, adotando o critério proposto, saber qual a pena a ser considerada para fins de prescrição. Dessa forma, tendo-se em conta a reprimenda de 06 (seis) meses aplicada à ré Rita Guedes, o prazo de prescrição é aquele previsto no art. 109, VI, do CP, ou seja, 02 (dois) anos. Logo, como entre a data do recebimento da denúncia e a da publicação da sentença transcorreram mais de 03 (três) anos, deve ser extinta a punibilidade em relação à pessoa jurídica porque ocorreu a prescrição da pretensão punitiva do Estado, nos termos do art. 109, VI, c/c o art. 110, § 1º, ambos do CP". (TRF4ª Região, Ap. 2002.72.05.006136-0/SC, 8ª T., Rel. Des. Paulo Afonso Brum Vaz, j. 08.11.2006).

pessoa jurídica, considerando o mínimo e máximo da sanção corporal prevista (06 meses a 01 ano), bem como o motivo, no caso a exploração da argila em atividade econômica e, ainda, o dano causado ao ambiente, que se apresenta de grau médio, pela extração do mineral e derrubada das árvores, conforme consta nos Autos de Infração das fls. 15-17 e nas imagens digitalizadas do local (fls. 20-23), fixo a pena de prestação de serviços à comunidade, consistente em contribuições a entidades ambientais ou culturais, através de pagamentos mensais de 01 (um) salário-mínimo, com valor vigente à época do efetivo adimplemento, pelo prazo de 08 (oito) meses, nos termos dos arts. 21 e 23, inciso IV, da Lei nº 9.605/98, devendo a entidade beneficiada ser escolhida pelo Juízo da Execução. Fundamento a sanção escolhida porque observa o caráter sócio-educativo, auxiliando entidades voltadas à defesa do bem lesado pela conduta ilícita, sem deixar de manter o fim punitivo. Quanto à multa, de modo a guardar simetria com o prazo da prestação de serviços à comunidade cominada, fixo-a em 30 (trinta) dias-multa, no valor de 01 (um) salário-mínimo, vigente à época do fato (26/08/2003), devidamente atualizado até o pagamento, sendo determinada a importância em razão da capacidade financeira da empresa, no caso verificada pelo seu capital social (R$ 20.000,00, fl. 38). Por oportuno, ausentes critérios específicos na legislação a respeito da prescrição das penas de pessoa jurídica, de modo a facilitar sua análise, entendo por determinar a sanção aplicada dentro do prazo da pena em abstrato, com cumprimento de forma mensal. Considerando que o administrador é o mentor do ilícito, tenho não ser razoável usar outro critério que leve o prazo prescricional a ser maior que aquele incidente para o gestor da empresa. Assim, fixada a sanção em 08 (oito) meses, deve ser reconhecida, de ofício, a incidência da prescrição, porquanto decorridos mais de 02 (dois) anos entre o recebimento da denúncia, ocorrido em 05/05/2004 (fl. 52), e a decisão condenatória, realizada na sessão de julgamento do presente recurso nesta Corte. Assim, resta extinta a punibilidade da empresa Cerâmica Pamil Ltda., conforme o disposto nos arts. 107, IV, 109, VI, e 110, § 1º, todos do CP.[169]

Embora seja recomendável a fixação de um prazo na sentença, pode ocorrer de ser estabelecida a contribuição a entidades ambientais por meio de aporte único de recursos, caso em que se apresenta a problemática com relação ao prazo prescricional.

A solução que parece mais correta, nesse caso, é se utilizar o regramento referente à pena de multa, inclusive pela similitude dessas duas modalidades de sanção. Assim, se estará fazendo uso da analogia *in bonam partem* em uma situação absolutamente lacunosa, na qual não se pode encontrar nenhuma alternativa inquestionável. Não se trata, é verdade, de solução ideal, e é suscetível, sim, de inúmeras críticas, mas, diante da ausência de qualquer parâmetro razoável para o cálculo, parece ser a medida mais justa. Assim, a prescrição da pretensão punitiva retroativa e intercorrente será sempre de dois anos, e da pretensão executória, cinco.

Essa foi a posição adotada pelo Desembargador Ericson Maranho, no voto vencido na Apelação Criminal n. 00403124.3/5-0000-000:

Prescrição da pretensão punitiva – As penas a que estão sujeitas as pessoas jurídicas que atentem contra o meio ambiente são aquelas arroladas nos arts. 21 a 24, da Lei 9.605/98, dentre as quais, por razões óbvias, exclui-se a pena privativa de liberdade. O preceito secundário das normas definidoras dos crimes ambientais, portanto, não se lhes aplica. Em sendo assim, há que se reconhecer que não tem incidência a regra do parágrafo único do art. 109, do CP, cujo pressuposto é o de que a pena alternativa resulte de substituição da pena privativa de liberdade. Na hipótese de ré pessoa jurídica, a pena alternativa não resulta de substituição, mas de pura, simples e direta cominação. Não há parâmetro definido em lei para a aferição daquela causa de extinção de punibilidade. Para alcançá-lo,

---

[169] TRF4ª Região, Ap. 2004.72.04.002619-3, 8ª T., Rel. Des. Luiz Fernando Wowk Penteado, j. 13.06.2007.

há, o intérprete, que se valer da analogia *in bonam partem,* adotando-se o prazo mínimo, isto é, dois anos, o mesmo aplicável, quando a pena imposta for a de simples multa, nos termos do art. 114, I, do CP. Tendo fluído o biênio entre o recebimento da denúncia e a publicação da sentença, forçoso reconhecer-se a extinção da punibilidade pela prescrição retroativa da pretensão punitiva do Estado. (...) Na verdade, a entrega de dinheiro, de uma só vez, a entidades ambientais, rotulada de prestação de serviços à comunidade (com base no art. 23, IV, da Lei específica), tem cor, odor e sabor de mera multa. Não é por isso que, segundo penso, o prazo prescricional é o bienal. (...) Não há parâmetro definido em lei para a fixação de prazo para aquela causa de extinção de punibilidade, em se tratando de penas restritivas de direitos ou de prestação de serviços, quando impostas em primeira mão, sem qualquer referência a penas privativas de liberdade. Para estabelecê-lo, há que se buscar o socorro da analogia *in bonam partem,* aplicando-se o prazo mínimo, isto é, de dois anos, o mesmo aplicável, quando a pena imposta for a de simples multa, conforme art. 114,1, do CP. As desvantagens desse entendimento, que existem, sem qualquer dúvida, hão que ser extirpadas *de lege ferenda.* O que não se pode é lançar-se mão do critério da pena máxima cominada, porque, em caso de prescrição retroativa, especialmente, já se tem pena definitiva para a acusação. Se o condenado fosse pessoa física que recebesse a pena menor, de um ano, a prescrição ter-se-ia operado em quatro anos. Por que razão a pessoa jurídica, com pena definitiva para a acusação, terá a prescrição sempre medida pelo máximo cominado? O parágrafo único, do art. 109, do CP, diz que a prescrição da pena substituta será a equivalente à pena substituída. Assim, não autoriza a adoção, sempre, da pena máxima cominada. No caso em exame, a qual pena a prestação de serviços à comunidade imposta à PETROBRAS substituiu? Evidentemente, a nenhuma! O legislador, na verdade, não cogitou a hipótese, pelo que há que se fazer a integração através do recurso à analogia *in bonam partem.* Adotar-se, na omissão da lei, o critério da pena máxima cominada é usar-se a analogia *in malam partem,* o que, a meu aviso, não parece adequado ou permitido. 3.– Na hipótese dos autos, tendo fluído o biênio entre o recebimento da denúncia e a publicação da sentença, forçoso reconhecer-se a extinção da punibilidade pela prescrição retroativa da pretensão punitiva do Estado.[170]

De outra sorte, na jurisprudência também se encontram propostas outras saídas. Aliás, no voto vencedor da apelação supracitada, entendeu-se que se deveria utilizar a máxima pena privativa de liberdade cominada ao crime como parâmetro para o cálculo prescricional:

Regularmente processada, a empresa acabou sendo condenada ao cumprimento de prestação de serviços à comunidade, consistente na contribuição do valor de R$ 250.000,00 (duzentos e cinqüenta mil reais), em favor de entidade ambiental legalmente credenciada, como incursa no artigo 54, parágrafo 2º, inciso V, combinado com os artigos 3º, 15, incisos I e II, letra 'p' e 21, todos da lei em questão (fls. 849/860). (...) Da mesma forma, não há se falar no reconhecimento da prescrição. Como destacou o eminente Procurador de Justiça PEDRO FRANCO DE CAMPOS, o ilustre Magistrado 'estabeleceu à apelante, atendendo ao disposto na lei de crimes contra o meio ambiente, a pena restritiva de direitos consistente na prestação de serviços à comunidade, compreenderia o pagamento da quantia de R$ 250.000,00. Dispõe o artigo 7º, parágrafo único, da Lei nº 9.605/98 que as penas restritivas de direito têm a mesma duração da pena privativa de liberdade, sendo que às pessoas jurídicas aplica-se isolada, cumulativa ou alternativamente a prestação de serviços à comunidade *(ex vi* do disposto no artigo 21 do mesmo estatuto legal), esta como uma das medidas restritivas de direito impostas pela lei. Estabelece ainda o art. 109 do CP: 'A prescrição, antes de transitar em julgado a sentença final, salvo o disposto nos parágrafos 1º e 2º do artigo 110 deste Código, regula-se pelo máximo da pena privativa de liberdade cominada ao crime (...)'. E estabelece o parágrafo único do mesmo dispositivo penal que: 'Aplicam-se às penas restritivas de direito os mesmos prazos previstos para as privativas

---

[170] Voto Divergente do Des. Ericson Maranho no seguinte julgado: TJSP, Ap. 00403124.3/5-0000-000, 6ª CC, Rel. Des. Ricardo Tucunduva, j. 15.03.2007. Também nesse sentido: TJRS, Apel. crime 70016742751, 4ª CC, Rel. Des. José Eugênio Tedesco, j. 26.10.2006, decisão já citada no tópico "3.4.1. Da aplicação do regramento prescricional da pena de multa".

de liberdade'. Ora, considerando que a ré foi denunciada, julgada e condenada por incursa nas penas do artigo 54, parágrafo 2°, inciso V, da Lei Federal n° 9.605, de 12 de fevereiro de 1998, e tendo em vista que o legislador estabeleceu como máximo da pena para este crime cinco anos de reclusão, imperioso reconhecer que a prescrição só se dará em doze anos (artigo 109. inciso III, CP), estando longe de se operar, portanto' (fls. 944/946, *verbis*). Aliás, se a prescrição de mera infração administrativa, segundo a Lei, ocorre em 5 anos (artigo 1o, da Lei n° 9.873/99), soa como rematado absurdo dizer que, neste caso, a prescrição ocorreria em 2 anos. Primeiro, porque se trata de ilícito penal, não de ilícito administrativo, conduta que ninguém duvida ser de maior gravidade, e que, portanto, merece maior reprovação, menor leniência; segundo, porque a pena aplicada foi restritiva de direitos, que prescreve no prazo referido pelo douto Procurador de Justiça oficiante, não mera pena de multa, que prescreveria, de fato, em 2 anos, sendo só isto (a inexistente confusão entre pena restritiva de direitos e pena de multa), na verdade, o que justifica a cortina de fumaça que a defesa insiste em lançar sobre o assunto.[171]

Tendo em vista o voto divergente entendendo que o prazo prescricional para a hipótese deveria ser, por analogia *in bonam partem*, o da prescrição da pena de multa – dois anos –, foram opostos embargos infringentes contra o acórdão. A decisão dos embargos infringentes igualmente entendeu inaplicável o regramento da prescrição da pena de multa, mantendo o parâmetro da máxima pena privativa de liberdade, mas por argumento diverso. Com efeito, na decisão dos embargos entendeu-se que se deveria levar em consideração uma pena que supostamente seria aplicada à pessoa física, caso fosse ré do processo e tivesse praticado a conduta narrada, e, com base nessa sanção, calcular-se-ia o *quantum* prescricional. Vejamos:

(...) Todo esse raciocínio encaminha para que ao se tratar de imposição de pena de multa à pessoa jurídica, como é o caso destes autos,[172] não se cogite da situação de cominação de pena pela menor potencialidade lesiva do crime ou pelas condições subjetivas do agente, aliadas a condições objetivas do crime, permitir sua substituição. No caso da Lei n° 9.605/98 – Lei Ambiental, ao se impor pena de multa à pessoa jurídica, agiu o legislador pela impossibilidade de, outra forma, apenar a empresa. (...) O raciocínio desenvolvido pelo Des. Ricardo Tucunduva, desse modo, está correto e deve ser considerada não simples pena pecuniária, mas multa pela impossibilidade em razão do caso concreto (réu pessoa jurídica), ser aplicada outra forma. (...) Portanto, deve mesmo ser considerada a pena privativa de liberdade que seria a correspondente, não entendendo como pena pecuniária nos moldes do CP, com a alteração de 1984. Quer pela anterioridade em relação à CF, quer também pela atualidade da Lei n° 9.605/98 – Lei Ambiental, o entendimento deve ser este. (...) Aqui de se repetir que não se trata de aplicação analógica em prejuízo do acusado, o que não é passível de utilização na legislação brasileira. Trata-se, sim, de entendimento de nova forma de definição de sujeito ativo de crime, o que leva à necessidade de se tecer outro modo de visualizar o tema. Por fim, considerando que há que ser reconhecida que há prescrição, na forma de aplicação da pena privativa de liberdade, mesmo porque a imprescritibilidade para tanto não tem amparo constitucional, o encaminhamento se faz para a pena prevista no dispositivo em que se viu o embargante denunciado e, a final, condenado: artigo 54, § 2°, V, da Lei n° 9.605/98 – Lei Ambiental, ou seja de um a cinco anos de reclusão. O raciocínio adotado pela Magistrada 'a quo' na decisão atacada, fls. 849/860, na fase do art. 59 do CP, dá como aplicada a pena na forma máxima, quer pela gravidade da conduta, quer pela forma qualificada e também pela reincidência. Deve ser considerada, desse modo, a pena máxima em abstrato cominada, ou seja, cinco anos de reclusão. Assim, a pena aplicada deve levar em consideração o correspondente se a condenação

---

[171] TJSP, Ap. 00403124.3/5-0000-000, 6ª CC, Rel. Des. Ricardo Tucunduva, j. 15.03.2007.

[172] A bem da verdade, o caso dos autos não tratava de pena de multa, mas, sim, de pena de prestação de serviços à comunidade consistente na contribuição no valor de R$ 250.000,00 à entidade ambiental.

se dirigisse à pessoa natural. A partir da fixação dessa pena, aplicável o Índice legal e analisada a forma das circunstâncias judiciais (art. 59, CP), passa a se regular a prescrição pela correspondência. Considerando por último que seria de cinco anos de reclusão a pena aplicável, pela correspondência, o prazo prescricional neste caso concreto ainda não se operou. Fato de julho de 1998 e na forma do art. 109, III, do CP, o lapso prescricional é de 12 anos, ainda não atingido.[173]

Essas soluções apresentadas nos julgados não parecem as mais adequadas. Com efeito, fazer uso da pena máxima privativa de liberdade cominada ao tipo é tomar uma solução que apresenta um rigor muito maior do que atribuído à pessoa física, caso tivesse praticado o delito, já que, como se sabe, as penas fixadas nas condenações não tendem a se aproximar do máximo legal. De outra sorte, formular uma "dosimetria" da pena privativa de liberdade que seria aplicada à pessoa natural, para então se utilizar desse *quantum*, afasta-se demasiadamente dos contornos reais e cria problemas práticos intransponíveis, porque não se pode mensurar adequadamente uma pena para uma pessoa que nem mesmo existe. É, portanto, uma solução simbólica, que não necessariamente irá expressar justiça ao caso.

No que diz respeito à sanção de custeio de programas e de projetos ambientais, igualmente deverá, preferencialmente, ter um prazo para seu cumprimento estabelecido na decisão final. Conforme afirma Tupinambá Pinto de Azevedo, "o juiz terá o cuidado, sempre, de estipular a duração dessas penas, o que não parece difícil".[174] Quando se concebe um programa ou um projeto, imagina-se o desenvolvimento em certo período, e é exatamente esse período que será estabelecido na decisão.

Em se tratando, novamente, de um aporte único de recursos para custear algum programa ou projeto, o que não se entende correto, a solução para a problemática prescricional deverá ser a mesma adotada para o caso de contribuição a entidades ambientais ou culturais efetuada por meio de um único pagamento, ou seja, utilizar-se-á a sistemática da prescrição da pena de multa.

A jurisprudência já enfrentou hipótese em que foi fixada a pena de prestação de serviços à comunidade consistente em custeio de programas e projetos ambientais a serem definidos em processo de execução, no valor de R$ 100.000,00, atualizados até o desembolso. Deu-se ao caso, contudo, solução prescricional diversa da ora proposta (ou seja, utilizou-se como base para o cálculo da prescrição penal relacionada à pessoa jurídica o *quantum* de sanção privativa de liberdade fixada à pessoa física). Cabe colacionar o precedente pela sua importância:

PROCESSO PENAL. PENAL. CRIME AMBIENTAL. USURPAÇÃO DE PATRIMÔNIO FEDERAL. *EMENDATIO LIBELLI.* RESPONSABILIDADE PENAL DA PESSOA JURÍDICA. CRIMES COMPROVADOS. MATERIALIDADE E AUTORIA DEMONSTRADAS. PRESCRIÇÃO INTERCORRENTE. 1. Descrevendo a denúncia a retirada de mineral (carvão) do subsolo (propriedade da União), cabível é o enquadramento legal na usurpação de matéria-prima da União (art. 2º da Lei nº 8.176/91), a par

---

[173] TJSP, Emb. Infrin. 00403124.3/9-0002-000, 3° GSC, Rel. Des. Ruy Alberto Leme Cavalheiro, j. 28.02.2008.

[174] AZEVEDO, Tupinambá Pinto de, 1998, p. 261-278.

da lavra não autorizada (art. 55, *caput*, da Lei nº 9.605/98), em concurso formal. (...) 3. Embora ainda passível de grande discussão doutrinária, pacificou-se jurisprudencialmente como cabível a persecução criminal contra a empresa degradadora do ambiente, na esteira das previsões expressas do art. 225, § 3º, CF e do art. 3º da Lei 9.605/98. 4. Na espécie aponta a inicial acusatória a também responsabilização do diretor, responsável pelas decisões de extração ilegal de carvão pela pessoa jurídica, e o benefício econômico empresarial com a atividade ilícita. 5. Materialidade e autoria da lavra não autorizada de carvão, extraído com dinamite e esteiras rolantes do subsolo, devidamente comprovadas pelas provas dos autos. 6. Considerando que entre a última interrupção do prazo prescricional (data em que publicada a sentença condenatória) e o presente julgamento transcorreram mais de 02 (dois) anos, deve ser reconhecida a ocorrência da prescrição intercorrente. (...) Há que ser reconhecida a prescrição intercorrente, pois sendo a pena definitiva de 07 (sete) meses de detenção, aplicável o prazo prescricional de dois anos, disposto no art. 109, inc. VI, do CP. Daí, entre a última interrupção do prazo prescricional, em 08/05/2006 (data em que publicada a sentença condenatória, sem que fosse interposto apelo por parte da acusação – fl. 330 e seguintes) e o presente julgamento, transcorreram mais de 02 (dois) anos. Frente ao exposto, de ofício, declaro extinta a punibilidade de HENRIQUE SALVARO e CARBONÍFERA BELLUNO LTDA, com base no art. 107, inc. IV, 109, inc. VI e 110, § 1º, todos do CP.[175]

Calcular a prescrição da pessoa jurídica com base na sanção privativa de liberdade concretizada para a pessoa física é uma medida que se mostra razoável, já que as circunstâncias fáticas são similares, e, portanto, a pena concretizada se mostra um parâmetro adequado, que irá refletir em um prazo prescricional justo. No entanto essa saída não irá satisfazer todos os casos, já que variadas situações poderá somente a pessoa jurídica estar condenada. Assim, nesses casos, ficaria, novamente, o ente coletivo sem parâmetro para o seu cálculo prescricional, e teria que se buscar outra forma de cômputo. Isso, sim, seria um problema, porque a resposta à questão deve ser única, aplicável a todos os casos, ou seja, não se pode adotar uma medida diferente para cada hipótese concreta. Por essas razões, esse parâmetro adotado no julgado não se mostra o mais apropriado.

À pena de execução de obras de recuperação de áreas degradadas cabem as mesmas observações: deverá o juiz fixar um prazo para o cumprimento dessa penalidade na sentença, e com base nesse *quantum* será calculada a prescrição penal. Pode, de fato, ser difícil a fixação de um lapso temporal para essa modalidade de sanção. No entanto "entendemos que ao Juiz incumbirá arbitrar um prazo razoável para execução da obra, o qual, mesmo possibilitada prorrogação, será marco para exame da prescrição retroativa".[176] Com base nesse prazo será calculada a prescrição.

Por derradeiro, a matéria é mais tranquila quanto à sanção de prestação de serviços à comunidade consistente na manutenção de espaços públicos. Para essa espécie de pena faz-se necessário um limite temporal, dentro do qual a empresa condenada terá que efetuar a manutenção desse espaço público. Assim, calcular-se-ão as prescrições retroativa, intercorrente e executória com base nessa quantidade de tempo estipulada.

---

[175] TRF4ª Região, Ap. 2003.72.04.013512-0, 7ª T., Rel. Des. Néfi Cordeiro, j. 15.07.2007.

[176] AZEVEDO, Tupinambá Pinto de, 1998, p. 261-278.

2.4.3.3. Pena restritiva de direitos

Com relação às penas restritivas de direito, o entendimento mais adequado, a nosso sentir, é no sentido de que a prescrição será calculada com base no tempo fixado na sentença,[177] já que, nessas modalidades de apenamento, obrigatoriamente haverá de ter um prazo concreto estabelecido na decisão final.[178]

Dessa forma, na suspensão total ou parcial das atividades, quando se tratar de medida aplicada de forma transitória,[179] o prazo prescricional será calculado com base no período suspensivo necessariamente imposto na sentença. No entanto a perplexidade ocorrerá quando se tratar de pena de suspensão parcial ou total de atividades de forma definitiva, ou seja, perpetuamente. A jurisprudência ainda não tratou da matéria. A nosso ver, mais uma vez, ter-se-á que recorrer ao prazo prescricional da pena de multa, única regra padrão e estática existente no nosso ordenamento, e que pode ser utilizada sem causar grandes dificuldades práticas. Ainda, é o menor prazo prescricional penal existente no direito pátrio, e, na omissão legal, deve ser adotada a solução mais benéfica aos acusados em geral. É claro, sabe-se que é uma solução esdrúxula, que pode, muitas vezes, ser, inclusive, inapropriada, diante da morosidade processual do país. No entanto, diante da falha do ordenamento pátrio, não se pode conceber outra solução mais adequada ao caso. Dessa forma, a prescrição da pretensão punitiva retroativa e intercorrente se dará em dois anos, a da pretensão executória, em cinco.

No caso da sanção de a interdição temporária de estabelecimento, obra ou atividade, como será sempre passageira, não haverá maiores dificuldades, ou seja, deverá ser tomado como parâmetro o tempo de interdição fixado na sentença. Dessa forma, "por exemplo, no caso de prescrição pela pena imposta, seja da ação ou da execução, se condenada uma pessoa jurídica a interdição temporária do estabelecimento por seis meses, o prazo prescricional será de dois anos, nos termos do art. 109, inciso VI, do CP".[180] Ou então, "se a interdição temporária do estabelecimento for por um ano, a prescrição pela pena em concreto será de quatro anos, na forma do art. 109, V, do CP".[181]

Finalmente, idêntico raciocínio será aplicado à proibição de contratar com o Poder Público, bem como dele obter subsídios, subvenções ou doações. Como já se referiu, essa modalidade de pena restritiva de direito não poderá exceder o prazo de dez anos. De qualquer sorte, fixado um lapso temporal na decisão final, servirá ele para o cálculo da prescrição da pretensão punitiva retroativa e intercorrente e, no momento oportuno, da executória.

---

[177] Nesse sentido: AZEVEDO, Tupinambá Pinto de, 1998, p. 261-278; FREITAS, Vladimir Passsos de; FREITAS, Gilberto Passos de, p. 77-78; ROSA, Fábio Bittencourt da, p. 37-57.

[178] Sobre a fixação da pena às pessoas jurídicas, consultar mais detalhes no tópico "1.3.1. Da dosimetria das sanções aplicáveis às pessoas jurídicas" e "1.3.2. Das penas previstas na Lei n.º 9.605/98".

[179] Remetemos novamente ao ponto "1.3.1.2. Pena restritiva de direitos", em que foi tratada com exaustão a questão referente à duração da medida de suspensão total ou parcial das atividades.

[180] FREITAS, Vladimir Passsos de; FREITAS, Gilberto Passos de, p. 77-78.

[181] ROSA, Fábio Bittencourt da, p. 37-57.

Essas são, portanto, as linhas mestras que se pode traçar acerca da matéria da prescrição relacionada aos crimes praticados por pessoas jurídicas.

Conclusão

Diante da nova realidade mundial, bem como do processo contínuo de desenvolvimento em detrimento do meio ambiente, o ser humano passou, pouco a pouco, a se preocupar com a vida no planeta, e, essencialmente, com o futuro dela. Essa inquietação não tardou a chegar ao meio jurídico, que passou a regulamentar a matéria e a disciplinar o problema, na tentativa de preservar o meio ambiente e recuperar o já degradado. Principalmente em decorrência da ineficácia das outras formas de proteção, o problema ambiental acabou sendo também penalizado, surgindo, no ordenamento, inúmeros tipos penais em proteção ao meio natural e a todas as formas de vida.

Dentro desse contexto, e diante da cada vez mais constante prática de crimes por meio de entidades coletivas, que diluíam a responsabilidade das pessoas físicas, a CF, essencialmente em seu art. 225, previu a responsabilidade penal das pessoas jurídicas. A Lei 9.605/98, dez anos depois, tornou real essa possibilidade.

Como se teve oportunidade de observar, a lei dos crimes ambientais, regulamentando a responsabilização penal das pessoas jurídicas, avançou no combate à criminalidade moderna, mas foi absolutamente ineficaz na normatização de todo o processo penal destinado aos entes coletivos. De igual sorte, foi omissa no tocante à fixação das penas, as quais, em vez de estarem previstas no preceito secundário de cada tipo penal, estão dispostas na parte geral da legislação. Não houve também uma previsão dos limites mínimo e máximo das sanções aplicáveis, nem qualquer outro parâmetro que orientasse o magistrado na fixação da pena. Dessa forma, o legislador terminou atribuindo ao julgador um arbítrio exagerado no exercício da dosimetria da pena.

Nessa mesma linha de entendimento, a Lei 9.605/98 não trouxe qualquer regramento no tocante à prescrição penal relacionada aos crimes praticados pelas pessoas jurídicas. Além de não ter havido essa normatização específica, o cálculo prescricional tornou-se ainda mais complexo exatamente por o diploma também ter sido omisso quanto aos parâmetros temporais das penas aplicáveis aos entes coletivos. E, mais ainda, por algumas das modalidades de sanções previstas sequer possuírem caráter temporal, sendo de natureza eminentemente pecuniária.

A doutrina pouco se manifestou sobre o tema, e a jurisprudência tem, gradualmente, dado a solução em cada caso concreto. A resposta judicial tem-se mostrado absolutamente divergente, encontrando-se decisões com os mais variados raciocínios. A nosso ver, a solução mais correta é que a prescrição da pretensão punitiva abstrata seja calculada com base na pena máxima privativa de liberdade prevista para o crime, inclusive porque esse é o parâmetro de ofensividade do tipo penal. Já no caso das prescrições que dependem de sanção concretizada (prescrições retroativa, intercorrente e executória), variará conforme o tipo de sanção fixada.

Em se tratando de pena de multa, seguir-se-á a regra tradicional aplicável à prescrição dessa modalidade de sanção, prevista no art. 114 do CP, ou seja, o prazo prescricional da pretensão punitiva, quando a pena de multa for a única cominada ou aplicada, será sempre de dois anos. A divergência existente no campo da prescrição da pretensão executória da pena de multa é igualmente aplicável na seara dos crimes praticados pelas pessoas jurídicas. Pensamos que, em sendo a multa, após o trânsito em julgado da condenação, considerada dívida de valor, e tendo-se que obedecer a todo o regramento atinente à espécie, inclusive as normas referentes à suspensão e interrupção da prescrição (art. 51 do CP), será de cinco anos o prazo da prescrição da pretensão executória, observando-se, portanto, o art. 174 do CTN.

Na hipótese das penas de prestação de serviços à comunidade e das sanções restritivas de direito, deverá o juiz, preferencialmente, fixar um período de cumprimento na sentença, e, com base nesse prazo estabelecido, será calculada a prescrição da pretensão punitiva, retroativa e executória. Não há maiores problemas quando se tratar das penas de prestação de serviços à comunidade consistente em execução de obras de recuperação de áreas degradadas e manutenção de espaços públicos, e das sanções restritivas de direito de interdição temporária de estabelecimento, obra ou atividade e proibição de contratar com o Poder Público, bem como dele obter subsídios, subvenções ou doações. Isso porque, nesses casos, é nítida a necessidade de se estabelecer um marco temporal na sentença para o cumprimento da penalidade. Então, havendo prazo, é tranquilo o cálculo prescricional com base nele.

A dificuldade aparecerá quando se estiver diante das penas de prestação de serviços à comunidade consistente em contribuições a entidades ambientais ou culturais públicas e custeio de programas e de projetos ambientais por meio de aporte único de recursos. O recomendável, nessas penalidades, é que o juiz estabeleça um período na sentença para que se pague uma contribuição periódica ou para que se custeiem programas e projetos, mas pode ocorrer de o magistrado fixar uma única parcela pecuniária, já que não existe proibição de assim proceder. Outro problema é quando for estabelecida a pena restritiva de direito de suspensão parcial ou total de atividades de forma definitiva. Como vimos, também nesse caso é preferível que o juiz sempre estabeleça, inicialmente, uma medida temporária e somente em momento posterior a fixe de forma peremptória. No entanto, se estipular a suspensão definitiva, não haverá um *quantum* para se calcular a prescrição penal.

Nessas hipóteses em que inexistirem parâmetros temporais para o cômputo prescricional, entendemos que a solução mais adequada é a utilização do prazo da pena de multa, ou seja, a prescrição da pretensão punitiva retroativa e intercorrente ocorrerá em dois anos, e a prescrição da pretensão executória, em cinco. Evidentemente essa saída proposta não está a salvo de críticas, no entanto, diante da absoluta omissão legislativa e da completa falta de qualquer parâmetro para o cálculo da prescrição, é uma medida justa, e a única do ordenamento que não possui variação conforme a hipótese prática, ocorrendo sempre na mesma medida de tempo. Portanto, é a solução que achamos mais apropriada para as hipóteses de lacuna legal e ausência de marcos temporais.

A bem da verdade, é nítida a necessidade de uma previsão expressa da fórmula de cálculo da prescrição penal em se tratando de crimes praticados por pessoas jurídicas. Ou melhor, seria necessária não só uma explicitação de regras, como de uma reordenação do próprio instituto. Como bem refere Tupinambá Pinto de Azevedo:

> Aliás, instituto da prescrição penal talvez mereça reformulação, em se tratando de infração penal através de pessoa jurídica. Afinal, entre os diversos fundamentos da prescrição, elencados por MANZINI e sumariados por ANTÔNIO RODRIGUES PORTO, a maior parte deles não tem pertinência com a atividade ilícita da pessoa jurídica. É o caso, por exemplo, da teoria da *expiação moral*, da *emenda* e da denominada *teoria psicológica* ('com o tempo, muda a constituição psíquica do culpado, pois se eliminou o nexo psicológico entre o fato e o agente; será, portanto, *outro indivíduo* quem irá sofrer a pena'). Persistiriam, porém, os fundamentos objetivos, como o *esquecimento*, decorrente do tempo, desaparecendo o alarme social ou a *dispersão das provas*. A questão é vasta. Limitamo-nos a observar que as teorias absolutas (KANT, HEGEL), avessas à prescrição, cederam lugar às relativistas, amplamente vitoriosas nos tempos atuais. A cultura penal contemporânea não abre mão da prescrição, sendo excepcionais os casos de imprescritibilidade, sempre confinados à sede constitucional. Por outro lado, a prescrição da pena concretizada na sentença é invenção brasileira. Diante da sua singularidade, poderíamos dispensá-las, nos casos em estudo? Ora, se o instituto teve acolhida em nosso direito positivo, não se pode negar-lhe cidadania e legitimidade, mesmo em hipóteses de omissão legislativa.[182]

Nesses moldes, essas são as principais ponderações que se pode traçar com relação à prescrição no âmbito dos crimes praticados por pessoas jurídicas. Fica-se no aguardo, então, de produção legislativa que possa acomodar as problemáticas surgidas, mas igualmente, enquanto persistir a lacuna, espera-se uma resposta judicial adequada e justa a cada caso concreto, para que se possa, daqui a um tempo, traçar um panorama mais palpável e menos oscilante do tratamento da matéria da prescrição penal na seara da responsabilização penal dos entes coletivos.

Referências

ADEDE Y CASTRO, João Marcos. *Crimes ambientais*: comentários à Lei nº 9.605/98. Porto Alegre: Sérgio Antônio Fabris, 2004.

ANDRADE, Christiano José de. *Da prescrição em matéria penal*. São Paulo: RT, 1979.

ANTUNES, Paulo de Bessa. *Direito ambiental*. Rio de Janeiro: Lumen Juris, 2008.

AZEVEDO, Tupinambá. *Aspectos processuais da Lei n. 9.605/98*. In: SOARES JÚNIOR, Jarbas (coord.); ROCHA, Fernando A. N. Galvão da (coord.). Direito ambiental na visão da magistratura e do Ministério Público. Belo Horizonte: Del Rey, 2003.

---

[182] AZEVEDO, Tupinambá Pinto de, 1998 p. 261-278.

——. *Da ação e do processo penal na Lei nº 9.605/98*. Revista da AJURIS, Porto Alegre: Associação dos Juízes do Rio Grande do Sul, v. 25, n.º 72, p. 261-278, março 1998.

BALTAZAR, Antônio Lopes. *Prescrição penal*. São Paulo: Edipro, 2003.

BARROS, Flávio Augusto Monteiro de. *Direito Penal:* Parte Geral. 8ª ed. São Paulo: Saraiva, 2010. Vol. 1.

BASTOS, Aurélio Wander; BATISTA, Nilo. Liberdade e proteção do meio ambiente. In: *Revista Forense,* Jan./Fev./Mar., 1992, vol. 317, Ano 88.

BENJAMIN, Antônio Herman V. Introdução ao Direito Ambiental Brasileiro. In: *Revista de Direito Ambiental.* Ano 4, n. 14, abr./jun., 1999.

BITENCOURT, Cezar Roberto. *Tratado de direito penal:* parte geral. 14 ed. São Paulo: Saraiva, 2009. Vol. 1.

——. Reflexões sobre a responsabilidade penal da pessoa jurídica. In: *Revista da Ajuris,* Porto Alegre: Associação dos Juízes do Rio Grande do Sul, v. 26, n. 76, p. 238-245, dez. 1999.

BONALUME, Wilson Luiz. Crimes contra o meio ambiente. In: *Revista dos Tribunais.* Ano 78, vol. 644, jun. 1989.

BUSTOS RAMÍREZ, Juan. *Pena y Estado: función simbólica de la pena.* Santiago, Chile, Ed. Jurídica ConoSur, 1995, p. 102

CAPEZ, Fernando; PRADO, Stela. *Código penal comentado.* 2ª ed. São Paulo: Verbo Jurídico, 2008.

CASTRO, Carlos Roberto de Siqueira. *O direito ambiental e o novo humanismo ecológico.* Revista Forense, Jan./Fev./Mar., 1992, vol. 317, Ano 88.

CLARO, Adriano Ricardo. *Prescrição penal.* Porto Alegre: Verbo Jurídico, 2008.

COSTA JUNIOR, Paulo José. *Curso de direito penal.* 11ª ed. rev. e atual. São Paulo: Saraiva, 2010.

DELMANTO, Roberto; DELMANTO JÚNIOR, Fábio; DELMANTO, Fábio M. de Almeida. *Leis penais especiais comentadas.* Rio de Janeiro: Renovar, 2006.

DELMANTO, Celso et al. *Código Penal Comentado.* 8ª ed. São Paulo: Saraiva, 2010.

DOTTI, René Ariel. Incapacidade criminal da pessoa jurídica (Uma perspectiva do direito brasileiro). In: PRADO, Luis Regis; DOTTI, René Ariel (coord.). *Responsabilidade penal da pessoa jurídica*: em defesa do princípio da imputação penal subjetiva. São Paulo: RT, 2010, p. 157-194.

FAYET JÚNIOR, Ney; FAYET, Marcela; BRACK, Karina. *Prescrição penal:* temas atuais e controvertidos: doutrina e jurisprudência. Porto Alegre: Livraria do Advogado, 2007.

—— e outros. *Prescrição penal:* temas atuais e controvertidos: doutrina e jurisprudência. Porto Alegre: Livraria do Advogado, 2009. Vol. 2

FRAGOSO, Fernando. *Os crimes contra o meio ambiente no Brasil.* Revista Forense, Jan./Fev./Mar., 1992, vol. 317, Ano 88, p. 109-113.

FRAGOSO, Heleno Cláudio. *Lições de direito penal:* parte geral. Rio de Janeiro: Forense, 2003.

FREITAS, Vladimir Passsos de; FREITAS, Gilberto Passos de. *Crimes contra a natureza.* 8. ed., São Paulo, RT, 2006.

GOMES, Luiz Flávio; MOLINA, Antonio García-Pablos de. *Direito penal:* parte geral. Luiz Flávio Gomes e Rogério Sanches Cunha (coord.). São Paulo: RT, 2009. Vol. 2.

JESUS, Damásio de. *Prescrição penal.* 19ª. ed. São Paulo: Saraiva, 2010.

LANFREDI, Geraldo Ferreira e outros. *Novos Rumos de Direito Ambiental:* nas áreas civil e penal. São Paulo: Millennium, 2006.

LECEY, Eládio. A proteção do meio ambiente e a responsabilidade penal da pessoa jurídica. In: FREITAS, Vladimir Passos de (org.). *Direito ambiental em evolução.* Curitiba: Juruá, p. 37-51, 2003.

——. Crimes e contravenções florestais: o impacto da lei dos crimes contra o meio ambiente. In: *Revista da Ajuris.* Ano XXVI, n.º 75, setembro de 1999.

——. Responsabilidade penal da pessoa jurídica: efetividade e questões processuais. In: *Revista de Direito Ambiental.* São Paulo: RT, v. 9, n. 35, p. 65-82, jul./set. 2004.

——. Responsabilidade penal da pessoa jurídica – efetividade na realidade brasileira. In: JORNADAS LUSO-BRASILEIRAS DE DIREITO DO AMBIENTE. *Actas das Jornadas Luso-Brasileiras de Direito do Ambiente.* Lisboa: Instituto de Ambiente, 2002.

LEMOS, Ricardo Teixeira. Prescrição penal retroativa e antecipada em face da competência. Rio de Janeiro: Lumen Juris, 2007.

LOPES, Mauricio Antonio Ribeiro. Responsabilidade penal da pessoa jurídica as bases de uma nova modalidade de direito sancionador. In: *Revista Ibero-americana de ciências penais.* Porto Alegre, v.1, n. 1, p. 169-200, set./ dez. 2000.

LUISI, Luiz. Notas sobre a responsabilidade penal das pessoas jurídicas. In: PRADO, Luis Regis; DOTTI, René Ariel (coord.). *Responsabilidade penal da pessoa jurídica*: em defesa do princípio da imputação penal subjetiva. São Paulo: RT, 2010.

MACHADO, Fábio Guedes de Paula. *Prescrição penal*: prescrição funcionalista. São Paulo: RT, 2000.

MACHADO, Paulo Affonso Leme. *Direito ambiental brasileiro*. 18ª ed. rev. atual. e ampl. São Paulo: Malheiros, 2010.

MAGALHÃES NORONHA, Edgard. *Direito Penal*. 35ª. ed. rev. e atual. por Adalberto Camargo Aranha. São Paulo: Saraiva, 2000.

MARCHESAN, Ana Maria Moreira; STEIGLEDER, Annelise Monteiro; CAPPELI, Sílvia. *Direito Ambiental*. Porto Alegre: Verbo Jurídico, 2007.

MARQUES, José Frederico. *Tratado de direito penal*: volume III. Campinas: Millennium, 1999. Vol. III.

MESQUITA JÚNIOR, Sidio Rosa de. *Prescrição penal*. 4ª. ed. São Paulo: Atlas, 2007.

MIGLIARI JÚNIOR, Arthur. Novos rumos do direito ambiental, na área penal. *In*: Novos Rumos de Direito Ambiental: nas áreas civil e penal.

MILARÉ, Edis. A nova tutela penal do ambiente. In: *Revista de direito ambiental*, ano 4, n.º 16, out./dez. 1999.

——; COSTA JÚNIOR, Paulo José. *Direito penal ambiental*: comentários à Lei 9.605/98. Campinas: Millenium, 2002.

——. *Direito do ambiente*: doutrina, jurisprudência e glossário. 6ª. ed. São Paulo: RT, 2009.

MIRABETE, Julio Fabbrini; FABBRINI, Renato N. *Manual de direito penal I*: parte geral. 25ª. ed. São Paulo: Atlas, 2009.

MORAES, Luís Carlos Silva de. *Curso de direito ambiental*. 2ª. ed. São Paulo: Atlas, 2004.

NUCCI, Guilherme de Souza. *Código penal comentado*. 9ª. ed. rev., atual. e ampl., São Paulo: RT, 2008.

PEDROSO, Fernando de Almeida. *Direito Penal*: parte geral: doutrina e jurisprudência. 4ª. ed., São Paulo: Método, 2008.

PEREZUTTI, Gustavo Cassola. *Medio Ambiente y Derecho Penal*. Buenos Aires: Julio César Faria, 2005.

PORTO, Antônio Rodrigues. *Da prescrição penal*. 5ª. ed. São Paulo: RT, 1998.

PRADO, Luiz Regis. *Crimes contra o ambiente*: anotações à Lei 9.605 de 1998: doutrina, jurisprudência, legislação. 2ª. ed. São Paulo: RT, 2001.

——. *Direito penal do ambiente*. São Paulo: RT, 2005.

——. Responsabilidade penal da pessoa jurídica: fundamentos e implicações. In: PRADO, Luis Régis; DOTTI, René Ariel (coord.). *Responsabilidade penal da pessoa jurídica*: em defesa do princípio da imputação penal subjetiva. São Paulo: RT, 2010, p. 125-156.

——. *Curso de direito penal brasileiro*: parte geral: arts, 1.º a 120. 8ª ed. rev. atual. e ampl. São Paulo: RT, 2008.

ROCHA, Fernando A. N. Galvão da. Responsabilidade penal da pessoa jurídica. In: SOARES JÚNIOR, Jarbas (coord.); ROCHA, Fernando A. N. Galvão da (coord.). *Direito ambiental na visão da magistratura e do Ministério Público*. Belo Horizonte: Del Rey, 2003.

ROSA, Fábio Bittencourt da. Responsabilidade penal da pessoa jurídica. *Revista de Direito Ambiental*. São Paulo: RT, vol. 8, n. 31, p. 37-57, jul./set. 2003.

ROXIN, Claus. *Problemas fundamentais de direito penal*. 3ª. ed. Trad. Ana Paula dos Santos Luís Natscheradetz. Lisboa: Veja, 1998.

SANCTIS, Fausto Martin de. *Responsabilidade penal da pessoa jurídica*. São Paulo: Saraiva, 1999.

SHECAIRA, Sérgio Salomão. *Responsabilidade penal da pessoa jurídica*: de acordo com a Lei 9.605/98. São Paulo: RT, 1998.

SCHMIDT, Andrei. *Da prescrição penal*. Porto Alegre: Livraria do Advogado, 1997.

SIRVINSKAS, Luís Paulo. *Tutela penal do meio ambiente*: breves considerações atinentes à Lei 9.605. São Paulo: Saraiva, 2004.

SOUZA, José Carlos Rodrigues de. *Pessoa Jurídica e prescrição, uma reflexão necessária*. Disponível em: http://mp.sp. gov.br. Acesso em jun. 2009.

STJ, Resp. 89754 / MG, Rel. Min. Anselmo Santiago, Sexta Turma, j. em 30.03.1998.

STJ, Resp. n. 847.476 / SC, Rel. Min. Paulo Gallotti, Sexta Turma, j. em 08.04.2008.

STJ, RMS n. 20601/SP, Quinta Turma, Rel. Min. Felix Fischer, j. em 29.06.2006.

STJ, RMS n. 16696/PR, Sexta Turma, Rel. Min. Hamilton Carvalhido, j. em 09.02.2006,

STJ, Resp n. 610114/RN, Quinta Turma, Rel. Min. Gilson Dipp. j. em 17.11.2005.

STJ, RHC n. 19119/MG, Quinta Turma, Rel. Min. Felix Fischer, j. em 12.06.2006.

TJSP, Ap. n. 00403124.3/5-0000-000, Sexta Câmara Criminal, Rel. Des. Ricardo Tucunduva, j em 15.03.2007.

TJSP, Embargos Infringentes n. 00403124.3/9-0002-000, Terceiro Grupo da Seção Criminal, Rel. Des. Ruy Alberto Leme Cavalheiro, j. em 28.02.2008.

TJRS, Ap. n. 70016742751, Quarta Câmara Criminal, Rel. Des. José Eugênio Tedesco, j.em 26.10.2006.

TJRS, Recurso em Sentido Estrito n. 70024796567, Quarta Câmara Criminal, Rel. Des. Aristides Pedroso de Albuquerque Neto, j em 31.07.2008.

TJRS, Embargos Infringentes nº 70027273390, Segundo Grupo de Câmaras Criminais, Relator: Vladimir Giacomuzzi, Julgado em 12/12/2008.

TJRS, Apelação Crime n. 70027663566, Quarta Câmara Criminal, Rel. Des. Gaspar Marques Batista, j. em 02.04.2009.

TRF 1ª Região, Ap. n. 2004.39.00.002250-9, Terceira Turma, Rel. Juiz Tourinho Neto, j. em 29.07.2008.

TRF 3ª Região, Ap. n. 2003.60.00.006077-0, Segunda Turma, Rel. Des. Henrique Herkenhoff, j. em 17.02.2009.

TRF 4ª Região, Ap. n. 2002.72.05.006136-0/SC, , Oitava Turma, Rel. Des. Paulo Afonso Brum Vaz, j. em 08.11.2006.

TRF4ª Região, Ap. n. 2003.72.04.013512-0, Sétima Turma, Rel. Des. Néfi Cordeiro, j. em 15.07.2007.

TRF4ª Região, Ap. n. 2004.72.04.002619-3, Oitava Turma, Rel. Des. Luiz Fernando Wowk Penteado, j. em 13.06.2007.

TRF4ª Região, MS n. 2006.04.00.004463-7/PR, Oitava Turma, Rel. Des. Luiz Fernando Wowk Penteado, j. em 10.05.2006.

TRF4ª Região, ED em HC n. 2006.04.00.038085-6 – SC, Oitava Turma, Rel. Des. Paulo Afonso Brum Vaz, j. em 07.02.2007.

TRF1ª Região, Ap. n. 2004.39.00.002250-9, Terceira Turma, Rel. Juiz Tourinho Neto, j. em 29.07.2008.

VIVIANI, Rodrigo Andrade. *Responsabilidade penal da pessoa jurídica*: aspectos controvertidos no direito brasileiro. Curitiba: Juruá, 2008.

ZAFFARONI, Eugenio Raúl; PIERANGELI, José Henrique. *Manual de direito penal brasileiro:* parte geral. 7ª. ed. São Paulo: RT, 2007. Vol. 1.

Tema V

Da prescrição penal retroativa: análise crítica das alterações trazidas pela Lei 12.234 de 2010

Ney Fayet Júnior

Fernando Piccoli

Introdução

A dimensão de importância do instituto prescricional pode ser percebida pela recorrência de debates em relação às suas características depois de (aproximadamente) dois milênios de existência. Apesar dessa ancianidade – ainda que relativizada segundo coordenadas históricas e geográficas –, a prescrição penal ainda oferece um amplo campo de discussão (técnico-jurídico ou, mesmo, político-criminal), o que faz permanecer atemporal a necessidade de seu estudo.

No ordenamento jurídico brasileiro, um dos pontos de maior atenção dogmática, na atualidade, vincula-se ao instituto da "prescrição retroativa", subespécie prescricional que se apresentou controversa desde a sua formulação, jamais deixando de ser alvo de severas e ácidas críticas; e, recentemente, vem recebendo mais destaque em virtude de uma nova modalidade (também controversa) dela derivada – a "prescrição antecipada".

Nosso objetivo, portanto, é esquadrinhar o tema da prescrição retroativa; mais especificamente, a Lei 12.234, datada de 5 de maio de 2010 e publicada no dia seguinte, cujo objetivo posto *en route* é o de banir de nosso regramento jurídico essa espécie de prescrição. Também abordaremos os novos aportes com relação à prescrição antecipada (ou projetada).

Dessa forma, necessária se faz uma análise desde as origens do instituto até os dias de hoje, perpassando as discussões jurisprudenciais que o antecederam, para, então, chegar-se à leitura da nova lei que o extingue (ou, ao menos, tenta extingui-lo).

1. Considerações gerais

Em termos gerais, a prescrição pode ser conceituada como perda ou renúncia[1] do poder de punir do Estado em face do decurso do tempo.[2] É uma limitação

---

[1] Basileu Garcia fala em renúncia do poder punitivo (1954, p. 695): "A prescrição penal é a renúncia do Estado a punir a infração, em face do decurso do tempo". José Frederico Marques (1999, p. 497-498) discorda, na medida em que "essa renúncia, porém, só pode ser entendida se focalizada no momento pré-legislativo da norma penal, e não no plano de sua aplicação após estar promulgada. A prescrição penal é perda do direito de punir pelo não

temporal da persecução criminal (prescrição da pretensão punitiva) ou da execução da pena (prescrição da pretensão executória), produzida em obediência a razões de Política Criminal.[3]

A prescrição retroativa, subespécie da prescrição da pretensão punitiva, regula-se pela pena aplicada, e pode ser verificada tão logo se materialize a imutabilidade do módulo medidor da pena correspondente. Tem como fundamento o art. 110, § 1º, do CP,[4] e incide (a partir das recentes alterações) no decurso de tempo entre a data do recebimento da denúncia (ou da queixa) e a data da publicação da sentença condenatória.

Nessa perspectiva, cumpre-nos abordar o novo regramento sobre a prescrição retroativa, estabelecendo, inicialmente, um comparativo entre a realidade legal anterior e a posterior, o que facilita a percepção, num panorama mais amplo, dos reais alcances atingidos em face da alteração implementada.

1.1. DO CÁLCULO DA PRESCRIÇÃO RETROATIVA

Para o cálculo da prescrição retroativa, toma-se como base a pena concretizada na sentença. Necessário dizer-se que, antecipadamente, deve ser analisada a ocorrência da prescrição pela pena *in abstrato* (regulada pelo máximo da pena cominada ao delito) e, em caso negativo, passar-se à análise da prescrição retroativa. Para tanto, deve haver: (i.) trânsito em julgado para a acusação; (ii.) improvimento de seu recurso; ou, ainda, (iii.) inexistência de manifestação recursal visando ao aumento de pena (ou, se existente, que não implique, ainda que viesse a ser procedente, alteração do módulo medidor da prescrição), uma vez que qualquer possibilidade de mutabilidade do referencial medidor deve estar esgotada antecipadamente ao seu reconhecimento.

Com a pena *in concreto* aplicada (também chamada de "pena justa" – pois já foram levadas em conta, para a estruturação punitiva, todas as causas atenuantes e agravantes, bem como as de aumento e diminuição da pena),[5] projeta-se a

---

uso da pretensão punitiva durante certo espaço de tempo. É da inércia do Estado que surge a prescrição. Atingido ou ameaçado um bem jurídico penalmente tutelado, é a prescrição uma decorrência da falta de reação contra o ato lesivo ou perigoso do delinquente. Desaparece o direito de punir porque o Estado, através de seus órgãos, não conseguiu, em tempo oportuno, exercer sua pretensão punitiva".

[2] Em linhas conceituais, para Ferrando Mantovani (2007, p. 740), "la prescrizione è causa estintiva legata al decorso del tempo. Le ragioni dell'istituto, di lunga tradizione, vengono ravvisate: *a)* nell'attenuarsi dell'interesse dello Stato alla punizione dei reati il cui ricordo sociale si è affievolito per il trascorrere di un periodo di tempo nel quale non si sia arrivati all'accertamento della responsabilità o alla esecuzione della pena inflitta; *b)* nell'esigenza garantista di non tenere sottoposto il soggetto alla 'spada di Damocle' della giustizia per un tempo indefinito od eccessivo con tutti gli effetti negativi sulla vita dello stesso; *c)* nonché anche nell'interesse di non gravare il sistema giudiziario del cumulo di processi non definiti".

[3] Ver ainda: FAYET JÚNIOR, Ney; FAYET, Marcela; BRACK, Karina, 2007, p. 41-42.

[4] Art. 110: "§ 1º A prescrição, depois da sentença condenatória com trânsito em julgado para a acusação ou depois de improvido seu recurso, regula-se pela pena aplicada, não podendo, em nenhuma hipótese, ter por termo inicial data anterior à da denúncia ou queixa."

[5] No entanto, a título de exceção, para o cômputo do prazo prescricional não se leva em conta o aumento decorrente do concurso formal próprio e da continuidade delitiva. Se a pena foi fixada, por exemplo, em 4 anos

150

reprimenda ao rol do art. 109 do CP para descobrir-se o prazo prescricional. Assim, como exemplo, para um réu condenado à pena de cinco anos, a prescrição ocorrerá em doze anos. Há, ainda, a possibilidade de incidir alguma causa de redução de prazo prescricional – prevista no art. 115[6] do CP. Dessa forma, se o réu era, por hipótese, menor de 21 anos na data do fato, o prazo de prescrição será reduzido à metade.

Depois de calculado o prazo prescricional, deve-se verificar sua ocorrência entre a data do recebimento da denúncia (ou da queixa) e a data da sentença ou acórdão condenatórios recorríveis, observando, se for o caso do rito do júri, os marcos passíveis de interromper a contagem (art. 117[7] do CP): pronúncia e decisão confirmatória da pronúncia.

1.2. PANORAMA ANTERIOR: DAS ORIGENS DA PRESCRIÇÃO RETROATIVA

No final do século XIX, quando vigorava o CP da República, a legislação brasileira contava com dois modelos principais de prescrição: o da prescrição da ação e o da prescrição da condenação. Ambos eram regulados com base na pena concretizada na sentença.[8]

A partir da edição do Decreto 4.780 de 1923, a prescrição da ação sofreu alterações e passou a ser calculada "pelo máximo da pena abstratamente cominada na lei, ou pela que for pedida no libelo, ou, finalmente, pela que for imposta na sentença de que somente o réu houver recorrido". Para parte da doutrina da época, essa redação dada ao art. 35 do referido Decreto,[9] ainda que não o previsse expressamente, tornava possível uma contagem retroativa do prazo prescricional, baseado na pena aplicada na sentença, podendo ser verificada sua ocorrência a partir da

---

e aumentada em dois terços em razão de ter havido crime continuado, consoante previsto no art. 71 do CP, a pena-base a ser utilizada para fins prescricionais é de 4 anos, desconsiderando-se o acréscimo resultante do crime continuado no cálculo da prescrição. Sobre esse ponto, ver FAYET JÚNIOR, Ney; FAYET, Marcela; BRACK, Karina, p. 34.

[6] Art. 115: "São reduzidos de metade os prazos de prescrição quando o criminoso era, ao tempo do crime, menor de 21 (vinte e um) anos, ou, na data da sentença, maior de 70 (setenta) anos."

[7] Art. 117: "O curso da prescrição interrompe-se: I – pelo recebimento da denúncia ou da queixa; II – pela pronúncia; III – pela decisão confirmatória da pronúncia; IV – pela publicação da sentença ou acórdão condenatórios recorríveis; V – pelo início ou continuação do cumprimento da pena; VI – pela reincidência. § 1º – Excetuados os casos dos incisos V e VI deste artigo, a interrupção da prescrição produz efeitos relativamente a todos os autores do crime. Nos crimes conexos, que sejam objeto do mesmo processo, estende-se aos demais a interrupção relativa a qualquer deles. § 2º – Interrompida a prescrição, salvo a hipótese do inciso V deste artigo, todo o prazo começa a correr, novamente, do dia da interrupção."

[8] BALTAZAR, Antonio Lopes, 2003, p. 24-26. Texto do CP de 1890 (Decreto 847, de 11 de outubro de 1890): "Art. 79. A prescripção da acção resulta exclusivamente do lapso de tempo decorrido do dia em que o crime foi commettido. Interrompe-se pela pronuncia. Art. 80. A prescripção da condemnação começa a correr do dia em que passar em julgado a sentença, ou daquelle em que for interrompido, por qualquer modo, a execução já começada. Interrompe-se pela prisão do condemnado."

[9] Decreto 4.780, de 27 de dezembro de 1923: "Art. 35. As disposições dos artigos precedentes são applicaveis, de accôrdo com o que estabelece o art. 78 do Codigo Penal, á prescripção da acção penal, regulando-se esta pelo maximo da pena abstractamento cominada na lei, ou pela que for pedida no libello, ou, finalmente, pela que for imposta em sentença de que sómente o réo houver recorrido."

data do fato. Iniciam-se, desde então, os debates, na doutrina e jurisprudência, em torno da possibilidade de aplicação da prescrição retroativa.[10]

O STF, até a década de 1940, pronunciou-se algumas vezes sobre a possibilidade jurídica de reconhecimento da prescrição por causa da pena em concreto, ora admitindo-o, ora rechaçando-o, implicando, portanto, um tema pouco afeto a espaços de consenso, sendo as posições dos ministros substancialmente heterogêneas.[11]

E, mesmo após a entrada em vigor do CP de 1940, o tema não perdeu seu caráter controverso, uma vez que a redação dada ao seu art. 110, § 1°, apesar de consolidar a chamada prescrição intercorrente ou superveniente, não vedava, nem admitia, expressamente, a prescrição retroativa.[12] Não restava claro se o prazo prescricional regulado pela pena aplicada na sentença poderia ser contado retroativamente.

Na primeira manifestação sobre a interpretação do art. 110, § 1°, do CP, ocorrida em 1946, com o julgamento do *Habeas Corpus* 29.370, os ministros do STF admitiram a retroatividade do prazo prescricional baseado na pena em concreto, para benefício do réu. Deveria, no entanto, haver o trânsito em julgado tanto para a acusação quanto para a defesa, pois a prescrição retroativa foi considerada uma modalidade de prescrição da pretensão executória, em virtude da sua posição topográfica.[13]

Um ano depois, em 1947, com a votação do *Habeas Corpus* 29.322, o STF alterou a sua posição, decidindo que o art. 110 tratava somente da prescrição intercorrente ou superveniente, e a pena em concreto não poderia reger o prazo prescricional anterior à sentença condenatória.[14]

Manteve-se esta última posição até 1951, quando se formaram duas correntes de entendimento no STF: a primeira, liderada pelo ministro Nélson Hungria, que propunha a retroatividade do prazo prescricional regulado pela pena em concreto; e a segunda, do ministro Luiz Gallotti, defendendo a irretroatividade.[15]

Durante anos, os dois posicionamentos permaneceram em conflito, com momentos que pendiam mais para um que para outro, devido às mudanças no quadro

---

[10] BALTAZAR, Antonio Lopes, p. 73.

[11] LEMOS, Ricardo Teixeira, 2007, p. 105.

[12] CP de 1940 (redação original): "Art. 110. A prescrição, depois de transitar em julgado a sentença condenatória, regula-se pela pena imposta e verifica-se nos prazos fixados no artigo anterior, os quais se aumentam de um terço, se o condenado é reincidente. *Parágrafo único. A prescrição, depois de sentença condenatória de que somente o réu tenha recorrido, regula-se também pela pena imposta e verifica-se nos mesmos prazos.*" [Grifo nosso.]

[13] LEMOS, Ricardo Teixeira, p. 105-106. JESUS, Damásio de, 2009, p. 123. No voto do Ministro Castro Nunes, podemos ver o motivo pelo qual o STF, em votação unânime do HC 29.370, acolheu a retroatividade da prescrição pela pena imposta: "A razão do dispositivo penal é óbvia: se pelo recurso do réu não seria possível uma *reformatio in pejus*, a fixação da pena se torna definitiva, retroagindo para beneficiá-lo, como se fora a pena cominada na lei" (NAVES, Nilson Vital, 1975, p. 285).

[14] LEMOS, Ricardo Teixeira, p. 106.

[15] NAVES, Nilson Vital, p. 286; e BALTAZAR, Antonio Lopes, p. 75.

de ministros do STF.[16] O *imbroglio* só viria a ser decido em 1964, com a entrada em vigor da Súmula 146 do STF, que estatuía: "A prescrição da ação penal regula-se pela pena concretizada na sentença, quando não há recurso da acusação".[17]

Embora tenha se pacificado o entendimento sobre retroatividade do prazo prescricional regulado pela pena em concreto, não se determinou a partir de quando começava a fluir esse prazo. Por isso, a discussão voltou à cena por volta de 1970, dessa vez sobre o âmbito de aplicação da súmula. Para alguns, haveria dois marcos prescricionais: um iniciaria na data do fato e se encerraria com o recebimento da denúncia; e o outro iria do recebimento da denúncia à sentença condenatória. Outra corrente entendia que não se poderia estender a retroatividade do prazo até a data do fato, fluindo este apenas da data da denúncia à sentença condenatória, que teria como requisito a recorribilidade somente para o réu.[18] Os debates sobre a interpretação de tal verbete se estenderam ao longo da década de 1970, até a próxima mudança legislativa.

Em 1977, a Lei 6.416 alterou o art. 110 do CP, que passou a vigorar com a seguinte redação, na qual se percebia, claramente, a proibição de retroagir o prazo prescricional à data do fato:

> [...]
> §1º A prescrição, depois da sentença condenatória com trânsito em julgado para a acusação, regula-se, também, pela pena aplicada e verifica-se nos mesmos prazos.
> §2º A prescrição, de que trata o parágrafo anterior, importa, tão-somente, em renúncia do Estado à pretensão executória da pena principal, *não podendo, em qualquer hipótese, ter por termo inicial data anterior à do recebimento da denúncia*. [Grifo nosso.]

No entanto, tal redação não sobreviveu à reforma da Parte Geral do CP, de 1984, quando se optou por um modelo de prescrição retroativa que ostentasse, como marco inicial de contagem, a data dos fatos.[19]

1.3. PANORAMA ATUAL: DAS ALTERAÇÕES TRAZIDAS PELA LEI 12.234 DE 2010

Em matéria de prescrição retroativa,[20] a Lei 12.334 recuperou o texto que vigorou de 1977 a 1984. Vinte e seis anos após a reforma da Parte Geral do CP,

---

[16] Para mais detalhes de todos os julgamentos relacionados à prescrição retroativa, ao longo das mudanças no quadro de ministros do STF, ver: NAVES, Nilson Vital, p. 285-293.

[17] BALTAZAR, Antonio Lopes, p. 76-77. Em conformidade com o mesmo autor, houve uma tentativa de acabar com a possibilidade de aplicação retroativa, no Código de 1969. No entanto, o diploma teve sua redação alterada antes mesmo de entrar em vigor, e a proibição da prescrição retroativa não vingou.

[18] NAVES, Nilson Vital, p. 289-290.

[19] Redação trazida pela Lei 7.209, de 11 de julho de 1984: "art. 110. A prescrição depois de transitar em julgado a sentença condenatória regula-se julgada pela pena aplicada e verifica-se nos prazos fixados no artigo anterior, os quais se aumentam de um terço, se o condenado é reincidente. § 1º A prescrição, depois da sentença condenatória com trânsito em julgado para a acusação, ou depois de improvido seu recurso, regula-se pela pena aplicada. § 2º A prescrição, de que trata o parágrafo anterior, **pode ter por termo inicial data anterior à do recebimento da denúncia ou da queixa**". [Grifo nosso.]

[20] Além do que se refere à prescrição retroativa, a Lei 12.234 também alterou o art. 109 do CP, aumentando o prazo mínimo da prescrição pela pena em abstrato, que passou de dois para três anos: "Art. 109. A prescrição,

temos, ainda uma vez, a prescrição retroativa nos moldes da década de 1970, com pequenas alterações semânticas. O parágrafo segundo foi revogado, e o atual § 1° do art. 110 do CP estatui:

> § 1° – A prescrição, depois da sentença condenatória com trânsito em julgado para a acusação ou depois de improvido seu recurso, regula-se pela pena aplicada, *não podendo, em nenhuma hipótese, ter por termo inicial data anterior à da denúncia ou queixa*. [Grifo nosso.]

De autoria do deputado Antonio Carlos Biscaia, o Projeto de Lei 1.383, que operou as modificações no art. 110 do CP, passou a tramitar na Câmara dos Deputados em 2 de julho de 2003. Seu objetivo inicial era extinguir por completo a prescrição retroativa, uma vez que, pelo texto original do projeto, a contagem do prazo não poderia ter por termo inicial data anterior à da publicação da sentença ou acórdão.[21]

Após inclusão de substitutivo trazendo poucas alterações, que manteve a ideia inicialmente proposta, foi emitido parecer da Comissão de Constituição e Justiça e de Cidadania (CCJC), entendendo como constitucional e jurídico o texto da proposição.[22]

---

antes de transitar em julgado a sentença final, salvo o disposto no § 1° do art. 110 deste Código, regula-se pelo máximo da pena privativa de liberdade cominada ao crime, verificando-se: [...] VI – em 3 (três) anos, se o máximo da pena é inferior a 1 (um) ano".

[21] PL 1.383/2003, disponível em: <http://www.camara.gov.br/sileg/Prop_Detalhe.asp?id=122756> "*Justificativa*: A prática tem demonstrado, de forma inequívoca, que o instituto da prescrição retroativa, consigne-se, uma iniciativa brasileira que não encontra paralelo em nenhum outro lugar do mundo, tem se revelado um competentíssimo instrumento de impunidade, em especial naqueles crimes perpetrados por mentes preparadas, e que, justamente por isso, provocam grandes prejuízos seja à economia do particular, seja ao erário, ainda dificultando sobremaneira a respectiva apuração. É sabido que essa casta de crimes (p. ex. o estelionato e o peculato) reclama uma difícil apuração, em regra exigindo que as autoridades se debrucem sobre uma infinidade de documentos, reclamando, ainda, complexos exames periciais, o que acaba redundando, quase sempre, em extinção da punibilidade, à mercê da prescrição retroativa, que geralmente atinge justamente o período de investigação extra-processual. Pior, os grandes ataques ao patrimônio público, como temos visto ultimamente, dificilmente são apurados na gestão do mandatário envolvido, mas quase sempre acabam descortinados por seus sucessores. Assim, nesse tipo de crime específico, quando apurada a ocorrência de desfalque do erário, até quatro anos já se passaram, quando, então, tem início uma intrincada investigação tendente a identificar os protagonistas do ilícito penal, o que pode consumir mais alguns anos, conforme a experiência tem demonstrado. Outrossim, o instituto em liça é potencial causa geradora de corrupção, podendo incitar autoridades a retardar as investigações, providências, ou decisões, a fim de viabilizar a causa extintiva da punibilidade. Por último, a pena diminuta de vários crimes, aliado ao grande número de feitos que se acumulam no Poder Judiciário – considerando-se, inclusive, a possibilidade de recursos até os Tribunais Superiores, bem como o entendimento de que as suas decisões confirmatórias da condenação não interrompem o curso do prazo prescricional, tornando tais crimes, na prática, não sujeitos a qualquer punição, o que seguramente ofende o espírito da lei penal. Desse modo, o dispositivo de lei mencionado tem beneficiário determinado: o grande fraudador ou o criminoso de alto poder aquisitivo, capaz de manipular autoridades e normas processuais, por meio de infindáveis recursos. Ademais, o instituto da prescrição retroativa, além de estar protagonizando uma odiosa impunidade, cada vez mais tem fomentado homens mal intencionados a enveredarem pelo ataque ao patrimônio público, cônscios de que se eventualmente a trama for descoberta a justiça tardará e, portanto, não terá qualquer efeito prático."

[22] Parecer emitido com base nos seguintes fundamentos, pelo Deputado Roberto Magalhães (disponível em: <http://www.camara.gov.br/sileg/integras/310634.pdf>): "o projeto é conveniente e oportuno pelo seguinte: para iniciar um processo, deve-se ter certeza de sua utilidade, considerando a onerosidade para as partes e o incômodo causado ao réu. Essa é a razão pela qual vem se reconhecendo a existência de uma prescrição antecipada ou virtual, que assim represente: ao preparar a denúncia, convencendo-se o promotor de que o réu será condenado próximo ao mínimo legal, desde já verifica a possibilidade de estar prescrita a ação, em razão da pena que deverá ser aplicada, pois não faz sentido fazer a denúncia com fundamento na prescrição comum e na pena máxima,

Dando prosseguimento à sua tramitação, na apresentação em plenário foi aprovada pelos deputados a emenda que alterava o termo inicial do prazo prescricional para a "da data da denúncia ou queixa", o que veio a ser, depois, sua redação final.[23] Assim, a prescrição retroativa não seria extinta por completo, permanecendo possível sua verificação no lapso entre a data da denúncia e a da sentença.

Depois da remessa ao Senado, que propôs emenda tentando devolver ao texto do Projeto sua redação original, a CCJC da Câmara entendeu tal medida como antijurídica e inconstitucional, rejeitando a emenda dos senadores e restabelecendo o texto anteriormente aprovado pelos deputados.[24]

Em 5 de maio de 2010, o Projeto foi sancionado e convertido em lei pelo Presidente da República; e entrou em vigor no dia 6 de maio de 2010, data de sua publicação.

2. Principais consequências e alguns pontos específicos da Lei 12.234

Em face desse quadro de alterações, é de rigor que se proceda a uma análise da Lei 12.234, especificamente em relação a certos pontos bastante polêmicos do novel texto legal, que veio a modificar a redação do art. 110 do CP.

A mais disso, ao enfrentarmos especificamente o § 1º desse novo dispositivo, destacaremos três tópicos, os quais, certamente, implicarão cerrados debates futuros, tanto em sede doutrinária quanto em jurisprudencial.

---

se provavelmente o juiz aplicará uma pena mínima ou próxima. O que se percebe é que o reconhecimento da ocorrência da prescrição com termo anterior à sentença (prescrição retroativa), ou o pedido de arquivamento de um processo que provavelmente se mostrará inútil (prescrição antecipada) têm como conseqüência uma sensação de impunidade".

[23] Emenda apresentada em plenário pelo Deputado Fernando Coruja (disponível em: <http://www.camara.gov.br/sileg/integras/439837.pdf>), com o seguinte embasamento: "A redação original do Projeto de Lei desloca o termo inicial da contagem do prazo prescricional da data do fato para a data da publicação da sentença trânsita [*sic*] em julgado. A inovação faz com que o Estado, a despeito de sua ineficiência para o julgamento dos réus que processa, retire o benefício da prescrição da defesa, apoderando-se dela como dono do tempo do réu. Atualmente, por exemplo, há previsão de 20 anos para que o Estado profira decisão sobre um crime cuja pena máxima seja de 12 anos. A despeito da longevidade, este tempo não tem sido suficiente para que o Judiciário dê uma resposta ao caso *sub judice*. Com a aprovação do Projeto de Lei, este mesmo Estado se serviria de uma fórmula para mascarar sua ineficiência, elastecendo o prazo prescricional e, desta forma, garantiria, a prolação da sentença em tempo legal. Entretanto, este artifício não garante a agilização do procedimento, o que faz o CP perca um dos seus objetivos: o caráter pedagógico pela contemporaneidade da pena aplicada. O escopo desta emenda serve à amenização deste critério de contagem para a prescrição, considerando o seu termo inicial como o dia da denúncia ou queixa, a fim de que se garanta ao réu a segurança jurídica devida. Neste sentido, peço aos nobres pares o apoio na aprovação da presente emenda".

[24] Segundo o parecer da CCJC, cujo relator foi o Deputado Eduardo Cunha: "Caso o Poder Judiciário passe vinte anos para julgar um caso, não poderia reconhecer a prescrição ocorrida durante o processo, porque o parágrafo primeiro estaria vedando. Então, haveria uma espécie de suspensão do prazo prescricional durante o processo penal. A identidade dos fatos previstos no *caput* e no parágrafo primeiro, proposto pelo Senado, faz a Emenda injurídica; e a suspensão do prazo prescricional, em situações em que o Estado deveria e poderia agir, além de inconstitucional e antijurídica quando analisada quanto a prazos longos, deve ser rejeitada, no mérito, quanto aos prazos curtos".

2.1. INDEFINIÇÃO QUANTO AO TERMO INICIAL DA PRESCRIÇÃO RETROATIVA

Como visto, o texto final do § 1º do art. 110 não extingue completamente a prescrição retroativa, como inicialmente proposto pelo Projeto de Lei (e apesar desse objetivo permanecer registrado no art. 1º da Lei 12.234),[25] uma vez que permanece a possibilidade de sua ocorrência no curso de tempo entre a denúncia (ou queixa) e a sentença condenatória. No entanto, olvidou-se de mencionar o momento exato do início da contagem do prazo prescricional. Por conseguinte, paira a dúvida quanto ao termo inicial: seria a data do *oferecimento* ou a do *recebimento* da denúncia (ou da queixa)?

Esse termo era bem delimitado no antigo § 2º do art. 110 do CP, qual seja: a data do recebimento da denúncia (ou da queixa). Em razão das mudanças na redação do art. 110, nos deparamos com uma lacuna, que, apesar de aparentemente inofensiva, pode gerar certa confusão.

Inicialmente, parece claro que a data do recebimento, pelo juiz, da denúncia (ou da queixa), se mantém como marco inicial da contagem do prazo da prescrição retroativa. Isso se deve ao fato de a legislação penal não prever a data do oferecimento com um marco relevante para a contagem da prescrição. Podemos perceber mais adiante que o CP, no art. 117, inc. I, elenca o recebimento da denúncia ou da queixa como causa interruptiva da prescrição, e não o simples oferecimento.[26] Logo, se esse momento interrompe a prescrição pela pena em abstrato, parece lógico que sirva como base para o início da contagem do prazo da prescrição retroativa.

A partir desse entendimento, surge outro problema – ligado às alterações incorporadas ao CPP – que também afeta a questão do termo inicial. A Lei 11.719/2008 trouxe uma celeuma quanto ao verdadeiro momento do recebimento da denúncia ou da queixa. Segundo o art. 396 do CPP, ao "receber" a denúncia ou a queixa, o juiz ordena a citação do acusado para respondê-la. Ocorre que, após a resposta à acusação, há previsão de um novo recebimento da inicial acusatória, consoante o art. 399. Resta saber, portanto, qual desses dois atos serviria para o início da contagem da prescrição retroativa.

Não há entendimento pacífico na doutrina diante deste aspecto existente no CPP: enquanto uns defendem a existência de dois recebimentos da denúncia ou da queixa, outros autores dizem que só um deles tem valor, e aí novamente os

---

[25] Lei 12.234: "Art. 1º – Esta Lei altera os arts. 109 e 110 do Decreto-Lei nº 2.848, de 7 de dezembro de 1940 – CP, **para excluir a prescrição retroativa**".

[26] A mesma ressalva quanto ao momento exato de interrupção do prazo prescricional é feita pelos autores Celso Delmanto, Roberto Delmanto, Roberto Delmanto Junior e Fabio M. de Almeida Delmanto (2010, p. 429): "Interrompe-se a prescrição pelo *recebimento* (e não pelo simples oferecimento) da denúncia ou da queixa-crime." Ainda, segundo Damásio de Jesus (2009, p. 79), "a interrupção ocorre na data da publicação do despacho que recebe a denúncia ou queixa, i. e., no dia em que o escrivão recebe o processo com a decisão". Gilson Sidney Amâncio de Souza (2010, p. 12) interpreta de forma distinta a abrangência da norma; para o autor, "não se podendo dar à norma penal interpretação extensiva *in malam partem*, e não se confundindo os conceitos de oferecimento da denúncia ou queixa e de seu respectivo recebimento, correto é admitir a possibilidade de computar, para fins de prescrição retroativa, o período que medeia a apresentação da inicial acusatória e da data de seu recebimento".

posicionamentos ficam divididos – para uma parte da doutrina, vale o primeiro recebimento; para outra, o segundo.[27]

Diante do tema prescricional, podemos sustentar a posição de validade de dois atos de recebimento da denúncia ou da queixa, uma vez que, dependendo do caso, um pode se mostrar mais benéfico que o outro para o réu. Assim, considerando que o prazo da prescrição em abstrato se interrompe pelo ato de recebimento da peça acusatória pelo juiz, poderá ser mais favorável para o réu que isso ocorra quando do "segundo recebimento" (art. 399), ou seja, após a resposta à acusação. Já para o prazo da prescrição retroativa, o melhor é que se inicie a contagem desde o "primeiro recebimento" (art. 396). Estamos diante, então, da existência de um "marco flutuante" da prescrição penal, ou seja, caberá ao juiz, caso a caso, decidir qual dos dois – valendo-se de uma interpretação *in bonam partem* – se mostra mais favorável ao réu. Enquanto não há uma decisão dos tribunais superiores (ou mesmo uma reforma legislativa) que ponha fim a essa discussão na doutrina, a solução mais consentânea, sem dúvida, é aquela mais benéfica ao acusado, levando-se em conta o princípio do *in dubio pro reo*, ou *in dubio pro mitiore*.[28]

O termo inicial de contagem do prazo da prescrição retroativa deve ser, portanto, a data do *primeiro recebimento pelo juiz da denúncia ou da queixa* (antes mesmo da apresentação de resposta à acusação), com o intuito de não adiar o início desse prazo prescricional. Lembramos que o julgador deve posicionar-se em cada caso, ao que melhor se adeque a situação do acusado, uma vez que, diante da possibilidade de dois atos de recebimento da denúncia, tanto o marco interruptivo da prescrição penal em abstrato quanto o termo inicial da prescrição retroativa ficam relativizados.

2.2. EXTINÇÃO PARCIAL DA PRESCRIÇÃO RETROATIVA

Certamente podemos considerar a extinção parcial da prescrição retroativa como a mudança mais relevante (e polêmica) trazida pela Lei 12.234. Por isso, falaremos a seguir das duas principais consequências dessa alteração: a impossibilidade de que a pena aplicada na sentença regule o prazo prescricional decorrido desde a data do fato até a data da denúncia ou da queixa; e a inaplicabilidade da prescrição penal antecipada pelo juiz de primeiro grau, quando do início do processo.

---

[27] Conforme DELMANTO, Celso; DELMANTO, Roberto; DELMANTO JUNIOR, Roberto; DELMANTO, Fabio M. de Almeida, p. 430.

[28] O mesmo posicionamento é sustentado por Celso Delmanto, Roberto Delmanto, Roberto Delmanto Junior e Fabio M. de Almeida Delmanto (2010a, p. 431): "Em face do princípio *favor libertatis*, enquanto não definido pelo STF esse conflito aparente de normas ou surgir uma reforma legislativa que afaste a dubiedade, e não havendo consenso sequer entre os juristas, em nosso entendimento deve-se considerar como marco interruptivo da prescrição aquele que for mais favorável à liberdade, isto é, que favorecer o acusado. Afinal, o princípio *favor libertatis* deve imperar em uma situação de claro conflito aparente de normas". Conforme Flávio Augusto Monteiro de Barros (2010, p. 76), pairando dúvida sobre "qual entre as interpretações possíveis é a mais razoável, o juiz deve empregar o *in dubio pro reo*, acatando a exegese mais favorável".

Ao final deste subitem, apresentaremos algumas considerações político-criminais relacionadas a tal supressão parcial da prescrição retroativa.

2.2.1. A impossibilidade de a pena aplicada na sentença regular o prazo prescricional anterior ao início do processo penal

Em face das novas alterações, da data do fato até a data (do recebimento) da denúncia (ou da queixa), o poder punitivo estatal só será extinto na hipótese de ocorrência de prescrição pela pena em abstrato. Com isso, ao impedir que o réu veja extinta sua punibilidade nesse intervalo temporal com base na pena regulada na sentença, a etapa investigatória pode prolongar-se pelos prazos do art. 109 do CP de acordo com a pena máxima cominada ao delito, o que parece ser um tempo excessivamente longo, "quase ilimitado", para condução das investigações criminais.[29]

Podemos citar como exemplo um caso de homicídio simples, em que a pena varia de 6 a 20 anos. O procedimento investigatório, atualmente, pode durar até 20 anos (prazo da prescrição em abstrato). Pressupondo-se que perdure por 19 anos, a denúncia seja recebida e, ao final do processo, a pena aplicada seja de 8 anos, ter-se-ia o prazo prescricional (regulado com base na pena aplicada) de 12 anos. Mas a punibilidade do réu não poderá ser extinta, mesmo que a investigação tenha durado 7 anos a mais do que deveria, uma vez que impossível a incidência de prescrição retroativa a partir da data do fato.

Situação mais preocupante ocorrerá quando de uma eventual desclassificação de um crime, por exemplo, de competência do Tribunal do Júri, em que uma pessoa responde por tentativa de homicídio simples. Imaginemos que o agente foi indiciado, denunciado e pronunciado por essa modalidade delitiva. Até aqui, a prescrição será calculada pela pena em abstrato do crime de homicídio simples, ou seja, 20 anos, com a diminuição mínima de 1/3 referente à forma tentada (art. 14, parágrafo único, do CP), chegando-se à pena de 13 anos e 8 meses, que, de acordo com o art. 109, inc. I, do CP, prescreveria em 20 anos. Portanto, teremos, com base no art. 117 do CP, as seguintes causas interruptivas da prescrição (todas calculadas com base na pena em abstrato do homicídio): (i.) da data do fato até o recebimento da denúncia (prescrição em 20 anos); (ii.) do recebimento da denúncia até a sentença de pronúncia (prescrição em 20 anos); (iii.) da sentença de pronúncia até a publicação da sentença recorrível (prescrição em 20 anos). Suponhamos, todavia, que o conselho de sentença entenda que o caso é de lesão corporal grave, e não de homicídio tentado. E, assim, desclassifica o delito. O juiz, na hipótese, com base nesse veredicto, fixa a pena em 2 (dois) anos e 6 (seis) meses de reclusão. Somente a defesa recorre da decisão, transitando em julgado para a acusação. Diante disso, deve-se calcular a prescrição retroativa com base na pena aplicada. *In casu*, o prazo prescricional será de 8 (oito) anos, na forma do art. 109, inc. IV, do CP.

---

[29] MACIEL FILHO, Euro Bento, 2008, p. 4.

Logo, com base na redação dada pela Lei 12.234/10, teremos as seguintes hipóteses de incidência da prescrição retroativa: (i.) do recebimento da denúncia até a sentença de pronúncia (aplica-se a prescrição retroativa, ou seja, o prazo de 8 anos); (ii.) da sentença de pronúncia até a publicação da sentença recorrível (igualmente, aplica-se a prescrição retroativa, incidindo o prazo de 8 anos). No entanto, não se aplica a prescrição retroativa ao período decorrido entre a data do fato e a do recebimento da denúncia, no qual o prazo prescricional fora regulado pela pena máxima cominada ao delito de homicídio simples [na forma tentada] (20 anos), e não ao de lesão corporal grave (8 anos), o que demonstra clara desproporcionalidade.

Percebe-se que, anteriormente à reforma do art. 110, a única forma de solucionar tal injustiça vinha com base na prescrição retroativa; essa espécie de prescrição, ao retroagir à data do fato, era a garantia que o réu teria de ver remodelado o prazo prescricional ao ter o crime desclassificado no julgamento. Isso porque, ao fixar a norma penal individual, a sentença condenatória serve como *lex mitior* em relação à norma penal abstrata.[30] E com a prescrição retroativa nos moldes antigos, a sentença se comportava como as leis penais: retroagindo ao tempo dos fatos, redimensionando os prazos prescricionais, com o intuito de beneficiar o réu.[31] Tal raciocínio baseia-se em uma ideia de proporcionalidade,[32] pois a pena aplicada – e gravada com a nota da imutabilidade do módulo medidor – deveria, então, reger os prazos prescricionais anteriormente regulados por limites abstratos, os quais levavam em conta apenas o suposto tipo criminal praticado pelo agente.

Ao permitir que o prazo prescricional – incidente entre a data do crime e a do recebimento da denúncia (ou da queixa) – module-se apenas com base na pena máxima cominada ao delito, mesmo em uma hipótese de eventual desclassificação, faz-se incidir "de forma idêntica a norma penal sobre comportamentos ontologicamente diferentes".[33] Em virtude desse problema, é possível dizer que a nova lei, no mínimo, carece de embasamento constitucional – por implicar, reflexamente, ofensa ao princípio da proporcionalidade.

2.2.2. Prescrição penal antecipada

Por impossibilitar a ocorrência da prescrição retroativa em data anterior ao recebimento da denúncia ou da queixa, outro problema que podemos perceber é a

---

[30] PORFIRIO, Geórgia Bajer Fernandes de Freitas, 2003, p. 132.

[31] PORFIRIO, Geórgia Bajer Fernandes de Freitas, p. 132. No mesmo sentido, Pierpaolo Cruz Bottini (2010, p. 6-7), ao dizer que o fundamento da prescrição retroativa é "compatibilizar o cálculo da extinção da punibilidade com o grau de culpabilidade do autor e de reprovabilidade do comportamento reconhecimentos concretamente".

[32] BOTTINI, Pierpaolo Cruz, p. 6-7.

[33] BOTTINI, Pierpaolo Cruz, p. 7. Seguindo a mesma linha, Hermann Herschander (2010, p. 1-2) explica que a prescrição retroativa "constitui um instrumento de individualização da prescrição da pretensão punitiva", e sua extinção parcial é "uma ruptura da necessária proporção entre culpabilidade, pena concreta e prescrição real".

inaplicabilidade da prescrição antecipada ou projetada nesse período de tempo.[34] Ocorre que, diante das novas tendências doutrinárias e jurisprudenciais em antecipar o reconhecimento da prescrição retroativa, o legislador tinha duas opções para pacificar o tema (que ainda encontrava muita resistência, principalmente pelos tribunais superiores): reformular a prescrição retroativa, permitindo a sua verificação na forma antecipada; ou extingui-la de vez. Preferiu-se a segunda opção, o que podemos ver claramente essa intenção nos discursos dos parlamentares.

Com a nova lei, a construção doutrinária e jurisprudencial que permitia ao juiz projetar a pena a ser aplicada na sentença, e extinguir desde já a punibilidade do réu quando verificasse que isso inevitavelmente ocorreria em face da prescrição retroativa, parece que, infelizmente, corre o risco de "banimento". Perde-se a oportunidade de evitar, já desde a época da denúncia, o seguimento de pretensões "natimortas", de processos sem viabilidade e necessidade de prosseguir, que hoje ocupam "o espaço da produção judiciária socialmente útil".[35]

2.2.3. Considerações político-criminais

Diante dos dois motivos expostos anteriormente, é cabível dizer que a nova redação do art. 110, § 1º, do CP, contraria as tendências atuais da busca por um Direito Penal limitador do poder punitivo, baseado em um sistema de garantias. Os argumentos de tal medida, fundados na suposta "impunidade gerada pela prescrição retroativa",[36] não se sustentam a partir de uma análise profunda das garantias constitucionais e dos princípios de direito e processo penal.

[34] Para mais detalhes a respeito do conceito, dos fundamentos, além dos principais posicionamentos favoráveis e contrários à prescrição penal antecipada, ver: FAYET JÚNIOR, Ney; FAYET, Marcela; BRACK, Karina, p. 155-183.

[35] SOUZA, Luiz Sérgio Fernandes de, 1992, p. 438. Ainda que o texto anterior da prescrição retroativa permanecesse inalterado, a edição da recente Súmula 438 do STJ, publicada em 13.05.2010, veio a consolidar um entendimento já pacificado entre os tribunais superiores, ao declarar a inexistência de fundamento legal que possibilitasse a verificação da prescrição penal antecipada: "É inadmissível a extinção da punibilidade pela prescrição da pretensão punitiva com fundamento em pena hipotética, independentemente da existência ou sorte do processo penal". Entretanto, parece haver a possibilidade de que a discussão a respeito da prescrição antecipada seja retomada caso o Projeto de Lei de um novo CPP (PL 156/2009), que se encontra atualmente em tramitação no Congresso Nacional, seja aprovado; e, conforme seu texto prévio, institua a figura da prescrição antecipada no processo penal, segundo o que diz o art. 253: "A peça acusatória será desde logo indeferida: I – quando for inepta; *II – quando faltar interesse na ação penal, por superveniência provável de prescrição*; III – quando ausentes, em exame liminar, quaisquer das demais condições da ação ou de pressupostos processuais; [...]". [Grifo nosso.] O mesmo instituto também teria previsão no novo art. 37, que coloca a prescrição antecipada como causa de rejeição do inquérito: "*Compete ao Ministério Público determinar o arquivamento do inquérito policial*, seja por insuficiência de elementos de convicção ou por outras razões de direito, seja, ainda, com *fundamento na provável superveniência de prescrição que torne inviável a aplicação da lei penal no caso concreto, tendo em vista as circunstâncias objetivas e subjetivas que orientarão a fixação da pena*". Em sendo aprovada esta redação prévia, é provável que a Súmula 438 do STJ perca sua validade, por ter sido formulada em face de uma lacuna na legislação penal, que seria suprida no texto do novo CPP.

[36] Certamente o argumento mais recorrente para as orientações contrárias à prescrição retroativa é que esta se tornou uma "chancela da impunidade", impedindo o prosseguimento das persecuções penais, como demonstra Damásio de Jesus (2008): "Para os partidários do fim da prescrição retroativa, aboli-la parece a panacéia que sanará todos

A prescrição penal cumpre importante papel na regulação dos prazos processuais e mostra-se como "um dos meios mais eficazes de garantir celeridade na tramitação de processos e procedimentos",[37] em conformidade com os princípios da duração razoável do processo e celeridade processual,[38] no âmbito judicial e administrativo, assegurados no art. 5º, inc. LXXVIII, da CF. Impedir a verificação de sua modalidade retroativa – em data anterior ao início do processo penal – traz como consequência uma perigosa e inconveniente permissão de prolongamento das investigações criminais; e justamente na fase pré-processual, quando os direitos e as garantias fundamentais não estão materializados em sua plenitude.[39]

---

os males e alçará o Brasil, *ipso facto*, a campeão mundial da aplicação de uma Justiça justa, rápida e eficiente. De modo simplificado, raciocinam assim: ou o cidadão é inocente ou é culpado. Se inocente, não tem nada a temer da Justiça e, portanto, não se beneficiará da possibilidade de uma prescrição, ainda mais retroativa. Se culpado, requer o interesse da sociedade que ele seja condenado a qualquer tempo e sem qualquer contemplação".

[37] SCHOLZ, Leônidas Ribeiro, 2010, p. 10-11.

[38] Para Daniel R. Pastor (2005, p. 39-40), a prescrição pode ser definida "como mecanismo delimitador del poder penal del Estado. Por ello la prescripción sólo puede tener naturaleza material, a pesar de las muy serias repercusiones que ella tiene en el ámbito del derecho procesal penal. Entre ellas, la más importante a mi juicio, es la de ser todavía, para algunos casos, el instrumento jurídico realizador del derecho fundamental a la definición del proceso penal en un plazo razonable, sobre todo ante la ausencia de auténticos instrumentos procesales realizadores (reglamentarios) de ese derecho fundamental". E prossegue o autor em causa: "la prescripción penal cumple un función de garantía fundamental de los ciudadanos frente a la actividad judicial penal del Estado. Ahora bien, las razones limitadoras materiales de la prescripción se conectan con una función de 'estímulo' de los órganos de la persecución. La prescripción significa, también, una sanción a los órganos encargados de la persecución penal por el retardo en la ejecución de sus deberes. De lo contrario, como sucede desgraciadamente en la actualidad, esos órganos pueden prolongar indefinidamente – sin límites – la persecución penal sin costo alguno, ni en términos de efectividad final de la realización penal ni en términos de responsabilidad funcional. El Estado debe realizar el derecho material a través del proceso penal dentro de un plazo razonable, porque, para decirlo con las palabras de la jurisprudencia, el proceso penal implica una innegable carga de dramática incertidumbre, la que debe ser resuelta en el menor tiempo posible" (PASTOR, Daniel R., p. 46).

[39] SCHOLZ, Leônidas Ribeiro, p. 10-11. Conforme o autor: "Não se afina minimamente com a ordem constitucional a supressão, ainda que por via oblíqua, de balizas temporais para o exercício de atividade estatal assim tão crucial, mesmo porque potencialmente lesiva a um sem número de atributos essenciais do Estado de Direito, dentre os quais o que se consubstancia no cogente preceito maior a teor do qual '*a todos, no âmbito judicial e administrativo, são assegurados a razoável duração do processo e os meios que garantam celeridade em sua tramitação*'". Mesma visão possui Roberto Delmanto Junior (2010b), ao criticar a nova lei: "A verdade nua e crua é que com a Lei nº 12.234 se deu à Polícia Federal e às polícias estaduais poder para perseguir cidadãos por muito mais tempo do que podem durar as próprias ações penais. Isso porque, para os juízes, continua a existir a prescrição retroativa com base na pena aplicada, demandando deles um mínimo de agilidade nos processos, em prol da cidadania." Continua: "Ora, se os inquéritos policiais já se arrastavam pelos escaninhos das delegacias de polícia e dos Fóruns por anos, com a ameaça da prescrição – que impunha, bem ou mal, ao menos uma preocupação dos promotores de Justiça e dos procuradores da República em cobrar da polícia o término das investigações –, agora, com a nova regra, é que os inquéritos não vão andar mesmo. Igualmente, os procedimentos criminais diversos do próprio Ministério Público poderão arrastar-se por décadas". Para Eduardo Reale Ferrari e Heidi Rosa Florêncio (2010, p. 1-2), "eliminar a prescrição retroativa entre o fato e o início do processo – sob o argumento de que os crimes de difícil apuração exigem maior atenção da Polícia, e que, por isso, acabam redundando em extinção da punibilidade do agente em razão da prescrição retroativa – é uma falácia, pois quando ocorre a prescrição entre o fato e o recebimento da denúncia, isso deriva de uma não investigação policial que às vezes perdura por décadas, não servindo essa premissa como justificativa para a extinção da prescrição retroativa". Continuam os autores: "a impunidade deve sim ser preocupação do legislador. Todavia, não é extinguindo a prescrição retroativa antes do recebimento da denúncia que se afastará a impunidade, mas sim se investindo em aparato policial, por via de estrutura ágil e eficiente, e que, concomitantemente, respeite os preceitos constitucionais durante a investigação, a fim de minimizar a impunidade".

Como em qualquer outra alteração legislativa que vise a aumentar o poder punitivo estatal, sempre com a justificativa de combate à impunidade, a mudança feita nas regras prescricionais não atingirá o objetivo almejado, uma vez que se trata de problema complexo que não pode ser enfrentado com medidas paliativas.[40]

2.3. DA APLICAÇÃO DA LEI NO TEMPO: IRRETROATIVIDADE DA LEI 12.234

A partir de uma mudança legislativa no âmbito do Direito Penal, é necessário saber o momento exato ao qual se passa a aplicar a lei nova, em detrimento da anterior. Sabe-se de antemão que a "lei penal não retroagirá, salvo para beneficiar o réu", consoante o exposto no inc. XL, do art. 5º da Constituição. Por isso, "a lei penal deve sempre ser entendida como aplicável somente a fatos que ocorram depois de sua vigência", em consequência do princípio da legalidade (art. 5º, inc. XXXIX).[41]

Não podemos deixar de ressaltar que as normas referentes à prescrição penal possuem natureza jurídica de direito material, e não processual,[42] pois caracterizam-se como "'renúncia' por parte do Estado e da sociedade ao Direito de aplicação da norma penal baseado em razões de política criminal assinaladas pela ausência de necessidades preventivas de imposição de pena", ainda que isso leve a consequências processuais, segundo Fábio Guedes de Paula Machado.[43]

A Lei 12.234 só entrou em vigor no dia 6 de maio de 2010, data de sua publicação; portanto, de acordo com os princípios constitucionais da legalidade e da irretroatividade da lei penal, as alterações das regras prescricionais por ela trazidas só passam a valer para os crimes cometidos desse dia em diante, pois o caráter dessas mudanças é, na sua totalidade, claramente mais prejudicial ao réu. Crimes cometidos antes do dia 6 de maio estarão sujeitos à regulamentação antecedente.[44]

---

[40] No mesmo sentido, Damásio de Jesus (2008): "Vejo a abolição da prescrição retroativa como mais uma iniciativa bem intencionada, mas ingênua, para diminuir a impunidade e, assim, favorecer a justiça. Na prática, como tantas outras propostas análogas de agravamento draconiano das penas previstas em lei, não coibirá a prática do crime e terá o efeito colateral perverso de aumentar ainda mais a pressão abusiva que o Estado todo-poderoso, punitivo e cominativo, exerce sobre a sociedade civil". Na opinião de Hélio Narvaez e João Paulo Guinalz (2010), se o Estado não possui recursos suficientes para uma investigação célere de determinados crimes, que exigiriam "apuração detalhada de documentos para a formação da prova da autoria do crime", não pode "atribuir a culpa da demora a quem está sendo investigado", aumentando os prazos prescricionais, mas, sim, "gerir meios eficientes para atender a sua própria demanda".

[41] ZAFFARONI, E. Raúl; BATISTA, Nilo; ALAGIA, Alejandro; SLOKAR, Alejandro, 2003, p. 212.

[42] Posicionamento defendido no primeiro volume do livro Prescrição Penal: temas atuais e controvertidos: FAYET JÚNIOR, Ney; FAYET, Marcela; BRACK, Karina, p. 44-45.

[43] MACHADO, Fábio Guedes de Paula, 2000, p. 157. No mesmo sentido: LOZANO JÚNIOR, José Júlio, 2002, p. 24-25; JESUS, Damásio de, p. 18; PORTO, Antonio Rodrigues, 1998, p. 22; CRESPO, Marcelo Xavier de Freitas, 2010, p. 9.

[44] Nesse contexto cabe uma consideração, especificamente a respeito do tipo previsto no art. 22, parágrafo único, 2ª parte, da Lei 7.492/86, que incrimina a ação de *manter, no exterior, depósitos não declarados a repartição federal competente*. Sabe-se que, conforme entendimento doutrinário, esse injusto pertence à categoria dos de-

Considerações finais

Para finalizar o presente ensaio, pontuamos algumas conclusões traçadas ao longo do trabalho, deixando claros os posicionamentos por nós adotados:

1. A modalidade da prescrição penal retroativa sempre se caracterizou por acentuadas discussões, desde as suas origens, em meados da década de 1920; podemos dizer que a prescrição retroativa nasceu de debates que, até hoje, se mantêm.

2. De tempos em tempos, a legislação penal recebeu atualizações, que trouxeram mudanças significativas nas regras da prescrição retroativa. Além de decidir se tal espécie deveria ou não fazer parte do nosso ordenamento jurídico, as alterações legislativas (juntamente com os posicionamentos acadêmicos e da *praxis*) também procuravam determinar os limites de sua aplicabilidade: ora o início da contagem do prazo prescricional era estendido à data dos fatos, ora passava a correr somente a partir do recebimento da denúncia ou da queixa.

3. Em maio de 2010, com a edição da Lei 12.234, vimos novamente serem alterados os limites de sua incidência: com a nova redação do art. 110 do CP, a prescrição retroativa não pode, "em nenhuma hipótese, ter por termo inicial data anterior à da denúncia ou queixa".

4. Há, na Lei 12.234, uma lacuna com relação ao momento exato do início da contagem do prazo prescricional retroativo. A partir da conclusão de que o recebimento da denúncia ou da queixa seria o momento juridicamente mais correto como termo inicial, nos deparamos com um problema advindo da nova redação do CPP, que prevê dois "recebimentos". Em razão disso, defendemos um marco flutuante, devendo ser analisado, caso a caso, qual o momento mais benéfico ao réu para interrupção da prescrição penal em abstrato, e o início da contagem da modalidade retroativa.

5. Com o pretexto de combate à impunidade, supostamente causada pela ocorrência da prescrição retroativa, e inegável objetivo de suprimir a aplicação da prescrição penal antecipada (que já contava com grande aceitação na doutrina e vinha sendo aplicada por alguns tribunais), vimos que as recentes alterações legais

---

litos permanentes (COSTA JR., Paulo José da; QUEIJO, Maria Elizabeth; MACHADO, Charles Marcildes, 2000, p. 134), ou seja, "a ação delituosa se alonga no tempo, gerando a contínua perpetração do delito" (FAYET JÚNIOR, Ney, 2010, p. 92). Assim, a conduta delitiva inicia sua consumação no momento em que se esgota o prazo para declaração à repartição federal competente (Banco Central) dos depósitos mantidos no exterior, e a partir de então permanece nesse estado de extensão temporal consumativa. Durante esse tempo em que o agente não declara os depósitos, o crime será atingido pelas alterações legislativas que porventura ocorram. Supondo-se, então, que alguém tenha enviado, ao exterior, depósitos no valor de U$150.000 no ano de 2008 e não os tenha declarado até o final do prazo (julho de 2009); com isso, inicia-se, a partir daí, a consumação do delito. No entanto, até 30 de julho de 2010, essa pessoa declara os depósitos em prazo hábil (no que se refere ao ano-base de 2009), o que cria uma espécie de "ponte de ouro": no ano-base 2009, não houve a permanência do delito, pois a declaração foi feita dentro do prazo exigido. Sendo assim, se por ventura a pessoa vier a ser condenada pelo delito do art. 22, responderá apenas pelo crime cometido em 2008, e *estará sujeita às regras antigas de prescrição retroativa*, uma vez que as alterações entraram em vigor em 2010, e nesse ano não houve a permanência do delito.

trazem ao tema novos contornos, que certamente serão alvo de críticas entre os doutrinadores e na jurisprudência.

6. Quando a Lei 12.234 determina que a prescrição retroativa não pode, *em nenhuma hipótese*, ter por termo inicial data anterior ao recebimento da denúncia ou da queixa, está igualando situações que podem guardar diferenças significativas. Em um caso de desclassificação do crime, por exemplo, não é razoável nem proporcional que o réu veja o prazo prescricional anterior ao início do processo ser regulado pelo máximo de pena cominada a um delito que sequer cometeu. Questões como essa colocam em xeque a constitucionalidade da referida lei.

7. No que se refere à prescrição penal antecipada, podemos concluir que, se a nova redação do art. 110 não esgotou suas hipóteses de incidência, no mínimo impediu sua aplicação justamente no momento em que ela se mostrava mais funcional: o início do processo, quando serviria como meio de extinção das persecuções penais inócuas. Ainda assim, coube à Súmula 438 do STJ, publicada recentemente, acabar com todas as possibilidades de aplicação da prescrição antecipada.

8. A legislação penal brasileira, andando na contramão do ideário acadêmico, faz uso, cada vez mais intenso, de medidas influenciadas pelo clamor punitivo para solucionar problemas complexos. Problemas, no entanto, que não parecem diminuir à medida que cresce a esfera penal.

9. A prescrição penal retroativa faz parte do nosso ordenamento jurídico há muitos anos, e sua aplicabilidade está embasada em uma interpretação das garantias fundamentais e dos princípios de Direito Penal. Fazer a pena imposta ao réu pela sentença retroagir à data dos fatos, de forma a regular prazo prescricional desde então, nada mais é que a aplicar a lei penal no tempo, em face da proporcionalidade.

10. Entendemos, por fim, que a Lei 12.234, em virtude de suas inovações desfavoráveis aos acusados, não tem aplicabilidade às ações penais em curso, só passando a vigorar para os fatos ocorridos a partir do dia 6 de maio de 2010, quando de sua publicação. A prescrição está inclusa no âmbito do direito material, e por isso as alterações legislativas nessa matéria serão obrigatoriamente submetidas ao princípio constitucional da irretroatividade da lei penal, salvo nos casos mais benéficos ao réu.

Referências Bibliográficas

BALTAZAR, Antonio Lopes. *Prescrição penal.* São Paulo: Edipro, 2003.

BARROS, Flávio Augusto Monteiro de. *Direito penal:* parte geral. 8ª ed. São Paulo: Saraiva, 2010. Vol. I

BOTTINI, Pierpaolo Cruz. Novas regras sobre a prescrição retroativa: comentários breves à Lei 12.234/2010. *Boletim IBCCRIM.* São Paulo: IBCCRIM, ano 18, n. 211, p. 06-07, jun. 2010.

COSTA JR., Paulo José da; QUEIJO, Maria Elizabeth; MACHADO, Charles Marcildes. *Crimes do "colarinho branco".* São Paulo: Saraiva, 2000.

CRESPO, Marcelo Xavier de Freitas. Primeiras observações sobre a Lei 12.234/2010 e a Súmula 438 do STJ. *Boletim IBCCRIM.* São Paulo: IBCCRIM, ano 18, n. 211, p. 08-09, jun. 2010.

DELMANTO, Celso; DELMANTO, Roberto; DELMANTO JUNIOR, Roberto; DELMANTO, Fabio M. de Almeida. *Código Penal Comentado*. 8ª ed. São Paulo: Saraiva, 2010.

DELMANTO JUNIOR, Roberto. A caminho de um Estado policialesco. *O Estado de São Paulo*. São Paulo: 02 jun. 2010. Disponível em: <TTP://www.estadao.com.br/estadaodehoje/20100602/not_imp560414,0.php> Acesso em: 03 jun. 2010.

FAYET JÚNIOR, Ney. *Do crime continuado*. 2ª ed. Porto Alegre: Livraria do Advogado, 2010.

FAYET JÚNIOR, Ney; FAYET, Marcela; BRACK, Karina. *Prescrição Penal*: temas atuais e controvertidos: doutrina e jurisprudência. Porto Alegre: Livraria do Advogado, 2007. Vol. 1.

FERRARI, Eduardo Reale; FLORÊNCIO, Heidi Rosa. A extinção da prescrição retroativa e a ilusão penal. *Boletim IBCCRIM*. São Paulo: IBCCRIM, ano 18, n. 212, p. 01-02, jul., 2010.

GARCIA, Basileu. *Instituições de direito penal*. 2ª ed. São Paulo: Max Limonad, 1954. Vol. 1. T. 2.

HERSCHANDER, Hermann. Lei n° 12.234, de 5 de maio de 2010: ofensa à individualização do prazo prescricional. *Boletim IBCCRIM*. São Paulo: IBCCRIM, ano 18, n. 212, p. 01-02, jul., 2010.

JESUS, Damásio de. *Prescrição penal*. 18ª ed. São Paulo: Saraiva, 2009.

——. Prescrição retroativa: a favor ou contra? *Direito e Justiça*. Paraná, 20 jan. 2008. Atualizado em 19 jul. 2008. Disponível em: <http://www.parana-online.com.br/canal/direito-e-justica/news/278768/> Acesso em: 03 jun. 2010.

LEMOS, Ricardo Teixeira. *Prescrição penal retroativa e antecipada em face da competência*. 2ª ed. Rio de Janeiro: Lumen Juris, 2007.

LOZANO JÚNIOR, José Júlio. *Prescrição penal*. São Paulo: Saraiva, 2002.

MACHADO, Fábio Guedes de Paula. *Prescrição penal*: prescrição funcionalista. São Paulo: RT, 2000.

MACIEL FILHO, Euro Bento. Em defesa da prescrição intercorrente e retroativa. *Boletim IBCCRIM*. São Paulo: IBCCRIM, ano 16, n. 183, p. 4, fev. 2008.

MANTOVANI, Ferrando. *Diritto penale*: parte generale. 5ª ed. Padova: CEDAM, 2007.

MARQUES, José Frederico. *Tratado de direito penal*. Campinas: Millennium, 1999. V. 3.

NARVAEZ, Hélio; GUINALZ, João Paulo. *A Lei 12.234/2010 em favor do Direito Penal do Inimigo*. Disponível em: <TTP://www.ibccrim.org.br>. Acesso em: 08/08/2010.

NAVES, Nilson Vital. O Supremo Tribunal Federal e o princípio da prescrição pela pena em concreto. *Revista Justitia*, v. 88, São Paulo: Procuradoria-Geral da Justiça / Associação Paulista do Ministério Público, p. 285-293, 1º trim. 1975.

PASTOR, Daniel R. *Prescripción de la persecución y Código Procesal Penal*. Buenos Aires: Del Puerto, 2005.

PORFIRIO, Geórgia Bajer Fernandes de Freitas. Celeridade do Processo, Indisponibilidade da Liberdade no Processo Penal e Prescrição Retroativa. *Revista Brasileira de Ciências Criminais*, n. 45, v. 11, São Paulo: Revista dos Tribunais, p. 115-133, out./dez. 2003.

PORTO, Antonio Rodrigues. *Da prescrição penal*. 5ª ed. São Paulo: RT, 1998.

SCHOLZ, Leônidas Ribeiro. Extinção da prescrição retroativa anterior ao recebimento de denúncia. *Boletim IBCCRIM*. São Paulo: IBCCRIM, ano 18, n. 211, p. 10-11, jun. 2010.

SOUZA, Gilson Sidney Amâncio de. A lei 12.234/2010 e a nova regulação da prescrição penal. *Boletim IBCCRIM*. São Paulo: IBCCRIM, ano 18, n. 213, p. 11-12, ago. 2010.

SOUZA, Luiz Sérgio Fernandes de. A prescrição retroativa e a inutilidade do provimento jurisdicional. *Revista dos Tribunais*, ano 81, n. 680, São Paulo: RT, p. 435-438, jun. 1992.

ZAFFARONI, E. Raúl; BATISTA, Nilo; ALAGIA, Alejandro; SLOKAR, Alejandro. *Direito penal brasileiro*. 2ª ed. Rio de Janeiro: Revan, 2003. Vol. 1.

Site
http://www.camara.gov.br/

Tema VI

As causas impeditivas do prazo prescricional e sua aplicabilidade à prescrição da pretensão punitiva intercorrente

André Machado Maya

Introdução

O ensaio que ora é proposto tem por objetivo analisar dois temas de singular relevância no âmbito da prescrição penal, normalmente abordados apenas de maneira superficial pela doutrina contemporânea – prescrição da pretensão punitiva intercorrente e suspensão dos prazos prescricionais –, e verificar, ao fim, as hipóteses de conexão entre eles.

Com esse intuito, iniciamos o presente estudo pela abordagem e delimitação da prescrição da pretensão punitiva dita intercorrente, estabelecendo seus principais matizes e as características que a diferem das demais espécies de prescrição reguladas pelo CP, para, depois, ingressar no exame das causas de suspensão do prazo prescricional e verificar a possibilidade de aplicação dessas causas também ao curso daquela modalidade prescricional. Ao final, fazemos referências a algumas situações particulares previstas na CF e na legislação especial acerca da temática em questão.

1. Primeira delimitação conceitual: prescrição da pretensão punitiva intercorrente

Também denominada prescrição superveniente, ou subsequente, a prescrição intercorrente, atualmente regulada pelo artigo 110, §1º, do CP, foi objeto de intensas controvérsias doutrinárias e jurisprudenciais travadas desde a entrada em vigor do CP, em 1940, apenas alcançando uma certa unicidade de interpretação após a reforma da parte geral do CP, em 1984.

Antes disso, a versão original do CP previa, acerca da prescrição como causa de extinção da punibilidade, duas diferentes espécies: a prescrição *da ação*,[1] em referência à atual prescrição da pretensão punitiva, e a prescrição *da pena*, em uma alusão à hoje nominada prescrição da pretensão executória. A essa dicotomia foi imposta, porém, uma exceção, regulada pelo parágrafo único do artigo 110 do CP, que passou a dispor: "*A prescrição, depois de sentença condenatória de que*

---

[1] A expressão *prescrição da ação* e *prescrição da pena* é utilizada pela doutrina da época, motivo pelo qual será mantida no presente estudo, sempre que a ela fizermos referência.

somente o réu tenha recorrido, regula-se também pela pena imposta e verifica-se nos mesmos prazos."

Segundo Carvalho Filho, a referida redação, ao determinar como base para o cálculo da prescrição que corre depois da sentença condenatória a sanção nela concretizada, embora no caso se esteja tratando de espécie de prescrição da ação penal, estabelece uma exceção ao regramento geral.[2] A justificativa, já referida pelo autor por ocasião dos comentários ao CP de 1940, estava na impossibilidade de aumento da pena concretamente fixada na sentença condenatória quando dela apenas o réu recorre, de acordo com a então redação do artigo 617 do CPP, que vedava – e continua hoje vedando – a *reformatio in pejus*. Com efeito, a sanção concretizada na sentença condenatória passava a ser a pena máxima no caso concreto, dada a impossibilidade de reajuste, tornando, pois, razoável a sua utilização como base para o cálculo prescricional, ainda que em se tratando de prescrição da pretensão da ação.[3]

Seguindo essa orientação, o STF editou, na sessão plenária de 13.12.1963, a súmula n. 146, cujo verbete encampava o entendimento doutrinário referido e o ampliava, dispondo que: "*A prescrição da ação penal regula-se pela pena concretizada na sentença, quando não há recurso da acusação.*" Em um dos seus precedentes, o Ministro Nelson Hungria, citando passagem de Carvalho Filho, afirmou não haver razão para considerar o máximo de pena abstratamente cominada ao delito quando existe, no caso concreto, uma sentença judicial que estabelece a sanção aplicável, concretizando-a.[4]

Com esse entendimento jurisprudencial da Suprema Corte, assentava-se a prescrição intercorrente como terceira via frente à dicotômica separação entre prescrição da ação e prescrição da pena,[5] e surgiam, também, os primeiros contornos da hoje denominada prescrição retroativa, posteriormente regulada pelo artigo 110, § 2º, do CP.

---

[2] Nesse sentido, dentre os doutrinadores contemporâneos, Regis Prado (*Curso de Direito Penal Brasileiro*. v. I. 8.ed. São Paulo: Revista dos Tribunais, 2008, p. 662) afirma que "A prescrição superveniente é hipótese excepcional em que a prescrição da pretensão punitiva não é regida pelo máximo da pena privativa de liberdade abstratamente cominado, mas sim pela pena imposta na sentença condenatória.", e, também, Damásio de Jesus (*Prescrição Penal*. 18.ed. São Paulo: Saraiva, 2009, p. 41), *in verbis*: "...em regra a prescrição da pretensão punitiva (da ação) é regulada pelo máximo da pena detentiva. Há, contudo, exceção: a prevista no art. 110, § 1º, que reza: 'A prescrição, depois da sentença condenatória com trânsito em julgado para a acusação, ou depois de improvido seu recurso, regula-se pela pena aplicada'. Esta hipótese corresponde em substância à do antigo parágrafo único do art. 110, que legalmente subordinava sua incidência ao recurso exclusivo do réu e não ao trânsito em julgado da condenação para a acusação ou ao improvimento de seu recurso."

[3] CARVALHO FILHO, Aloysio de. *Comentários ao Código Penal*. v. IV. Rio de Janeiro: Revista Forense, 1944, p. 309/310.

[4] STF, HC 38186, Rel. Min. Nelson Hungria, Tribunal Pleno, DJE 01.08.1961. Conforme Magalhães Noronha (*Direito Penal*. v. I. 24.ed. São Paulo: Saraiva, 1986, p. 345), "A súmula em questão passou por várias e pequenas variações [...] Para uns, a prescrição da pretensão punitiva somente poderia ter como base o máximo da pena *in abstracto*, não sendo possível qualquer outra interpretação; para outros, a súmula era profundamente justa, pois tinha como base a pena merecida e adequada ao caso e não a possível."

[5] Conforme Damásio de Jesus (*Prescrição Penal*. ... p. 42), "A antiga hipótese do parágrafo único do art. 110, referente à prescrição sobrevinda à condenação sem recurso da acusação, corresponde hoje ao disposto no § 1º, considerado isoladamente."

A questão, contudo, retrocedeu por ocasião do Decreto-Lei 1.004, que instituiu o CP de 1969 (o qual não chegou a entrar em vigor), e que atribuía ao seu artigo 111, §1º, a seguinte redação: *"A prescrição, depois de sentença condenatória de que somente o réu tenha recorrido, regula-se também, daí por diante, pela pena imposta na sentença e verifica-se nos mesmos prazos."* A expressão *daí por diante*, segundo Damásio de Jesus, "indicava que a sentença condenatória interrompia o lapso prescricional, que recomeçava a correr regulado pela pena imposta na sentença e não mais pelo máximo da pena em abstrato".[6] Pretendia, com isso, o legislador, seguindo opinião de Heleno Cláudio Fragoso,[7] acabar com a hipótese da prescrição retroativa, divergindo do entendimento sumulado pelo Supremo Tribunal Federal, mas acabava, consequentemente, acentuando a admissibilidade da prescrição intercorrente, ao afirmar que da sentença condenatória em diante a prescrição regular-se-ia pela pena *in concreto*.

A situação foi alterada, posteriormente, pelo Projeto de Lei 1.457/73, da lavra do Ministro Alfredo Buzaid, e pela posterior Lei 6.016/73. Nesses diplomas legislativos foi adotado o entendimento da súmula n. 146 do STF e retirada a expressão *daí por diante* do artigo 111, §1º, do CP de 1969, cuja redação passou a dispor que *"A prescrição, depois da sentença condenatória com trânsito em julgado para a acusação, regula-se, também, pela pena imposta e verifica-se nos mesmos prazos."* Depois, com o advento da Lei 6.416/77, essa redação legal foi mantida, sendo alterada a redação do parágrafo segundo do artigo 110 do CP, atribuindo à prescrição retroativa o efeito único de renúncia do Estado à pretensão executória e vedando que seu termo inicial fosse anterior ao recebimento da denúncia.

Por fim, com a reforma da parte geral do CP, em 1984, prevaleceu o entendimento pacificado no âmbito do STF,[8] enunciado pela súmula n. 146, com a manutenção de dois parágrafos no artigo 110 do Estatuto Penal; o primeiro deles versando sobre a prescrição intercorrente, que se verifica após o trânsito em julgado da sentença para a acusação ou após o desprovimento do seu recurso, e que tem por base a pena concretizada na sentença, e o segundo disciplinando a prescrição retroativa, que também parte da pena fixada na decisão condenatória, porém, como o próprio nome indica, retroage no tempo para verificar o transcurso do lapso prescricional entre a data do fato e a publicação da sentença penal.

Ambas espécies prescricionais, portanto, embora similares na medida em que têm por base a pena fixada na sentença condenatória, divergem quanto ao momento de incidência. Enquanto a prescrição retroativa retroage no tempo, buscando identificar a prescrição operada ainda na instrução criminal, ou antes mesmo de iniciado o processo, a prescrição intercorrente – ou superveniente – tem lugar

---

[6] JESUS, Damásio E. de. *Direito Penal*. v. I. Parte Geral. 3.ed. São Paulo: Saraiva, 1978, p. 680.

[7] Conforme JESUS, Damásio E. de. *Direito Penal*. v. I... p. 680.

[8] Conforme Zaffaroni e Pierangeli (*Manual de Direito Penal Brasileiro*. v. I. Parte Geral. 6.ed. São Paulo: Revista dos Tribunais, 2006, p. 654.) "A reforma de 1984 nada mais fez do que receptar a orientação da jurisprudência e dar-lhe o conteúdo normativo."

na tramitação dos recursos interpostos pelo acusado após a sentença condenatória, desde que preenchidos determinados pressupostos, objetos da análise que segue.

1.1. PRESSUPOSTOS E EFEITOS

Pautada nos mesmos fundamentos das demais espécies de prescrição da pretensão punitiva, dentre os quais tem realce o longo tempo decorrido sem que tenha sido efetivada a punição ao réu – a indicar a desnecessidade da reprimenda estatal, tanto pela diminuição do interesse social na pena criminal, quanto pela possível emenda ou regeneração do acusado, representada pela manutenção de uma conduta reta durante o decurso do processo penal –, a prescrição intercorrente condiciona a satisfação da pretensão acusatória estatal à não consumação do decurso do prazo prescricional entre a publicação da decisão condenatória e o seu trânsito em julgado para a defesa.

Para tanto, o CP disciplina alguns pressupostos que devem ser verificados diante de cada caso concreto, enquanto outros são enunciados pela doutrina, tomando por base a interpretação da lei e a comparação entre as diferentes modalidades de prescrição da pretensão punitiva.

Cezar Bitencourt, a propósito, afirma serem pressupostos da prescrição superveniente a inocorrência da prescrição abstrata e da prescrição retroativa, a existência de sentença condenatória e o seu trânsito em julgado para a acusação ou o desprovimento do seu recurso.[9]

O primeiro dos requisitos referidos tem fundamento na própria lógica do instituto da prescrição, considerado o momento da consumação do lapso prescricional. Assim, antes mesmo de proferida a sentença penal deve o magistrado verificar a ocorrência ou não da prescrição abstrata, cuja consumação impede a prolação da decisão condenatória por absoluta falta de uma das condições da ação, a punibilidade concreta.[10] Constatada a prescrição pela pena *in abstracto* deve ser de imediato declarada extinta a punibilidade do réu, com base no artigo 107, IV, do CP. Contudo, não se consumando a prescrição abstrata, o magistrado, após proferir a decisão condenatória e fixar a pena privativa de liberdade aplicada ao réu, deve verificar a ocorrência ou não da prescrição retroativa, constatando se entre a data do fato e a data do recebimento da denúncia, ou entre essa e a data da publicação da sentença condenatória, transcorreu o lapso prescricional aplicável à pena concretizada.[11] Somente diante da não ocorrência dessas duas diferentes espécies prescricionais é que, então, será possível reconhecer-se a prescrição intercorrente,

---

[9] BITENCOURT, Cezar Roberto. *Tratado de Direito Penal – Parte Geral.* 13.ed. São Paulo: Saraiva, 2008, p. 735.

[10] Sobre as condições da ação no processo penal, veja-se LOPES JR., Aury. *Direito Processual e sua Conformidade Constitucional.* v. I. 3.ed. Rio de Janeiro: Lumen Juris, 2009.

[11] Nesse caso, contudo, a declaração de extinção da punibilidade pela ocorrência da prescrição retroativa deve aguardar o trânsito em julgado da decisão para a acusação, pois, caso o Ministério Público ou o querelante recorram da pena aplicada, ainda não estará prescrita a pretensão punitiva.

caso, durante o trâmite dos recursos interpostos pelo réu, e após transitada em julgado a sentença condenatória para a acusação, transcorra o prazo prescricional. Trata-se, pois, de modalidade de prescrição da pretensão punitiva subsidiária, de última alternativa prescricional dentre as demais enunciadas pelo CP, excetuada apenas a prescrição da pretensão executória.

O segundo dos seus pressupostos, como, aliás, já insistentemente repetido, é a existência de sentença condenatória, o que se explica na medida em que a prescrição intercorrente tem por base a pena *in concreto*, tendo, por isso, espaço apenas no âmbito recursal, quando o tempo transcorrido desde a publicação da sentença até o trânsito em julgado da decisão para a defesa é maior do que o prazo prescricional disciplinado com base na pena concretizada na sentença. Sendo, porém, absolutória a sentença, e sobrevindo decisão condenatória em âmbito recursal, é a partir desse momento processual que tem início o prazo prescricional superveniente à condenação.[12]

Por fim, o terceiro e último dos pressupostos é o trânsito em julgado da sentença para a acusação, ou o desprovimento do seu recurso.[13] Nesse caso, a questão centra-se na impossibilidade de majoração da pena imposta na sentença condenatória,[14] pois, em sendo a pena aumentada, modificada estaria a base do cálculo prescricional. Assim, sempre que definitiva a pena concretizada, e não apenas nas hipóteses enunciadas pelo legislador – trânsito em julgado da sentença para a acusação ou desprovimento do seu recurso –, mas, também, quando o recurso da acusação não versar sobre a pena imposta, estará preenchido o terceiro dos pressupostos da prescrição intercorrente.[15]

Com base nisso, explica Regis Prado que em duas diferentes situações pode ocorrer a prescrição superveniente: quando, transitada em julgado a sentença para

---

[12] JESUS, Damásio E. de. *Prescrição Penal...* p. 48.

[13] Conforme Mirabete (*Manual de Direito Penal*. v. I. Parte Geral. 25. ed. São Paulo: Atlas, 2009, p. 400/401), a expressão *depois de improvido seu recurso*, em relação ao recurso da acusação, foi inserida no parágrafo 1º do artigo 110 do CP com o intuito de "evitar que a acusação recorra a pretexto de ser aumentada a pena quando, na realidade, deseja apenas obstaculizar a prescrição." É isso, com efeito, o que consta do item 99 da Exposição de Motivos da nova parte geral do CP, oriunda da Lei 7.209/84, *in verbis*: "O §1º dispõe que a prescrição se regula pela pena aplicada, se transitada em julgado a sentença para a acusação ou improvido o recurso desta. Ainda que a norma pareça desnecessária, preferiu-se explicitá-la no texto, para dirimir de vez a dúvida alusiva à prescrição pela pena aplicada, não obstante o recurso da acusação, se este não foi provido. A ausência de tal norma tem estimulado a interposição de recursos destinados a evitar tão-somente a prescrição."

[14] Conforme Frederico Marques (*Tratado de Direito Penal*. v. III. 1.ed. Atualizada. Campinas: Millennium, 2000, p. 501.), "Assim sendo, a pena em concreto, quando insuscetível de mudança ou alteração, é que vai regular, não só o prazo de prescrição do título executório, como ainda o da prescrição do *jus puniendi* (a prescrição da ação penal, como preferem alguns dizer)."

[15] Neste sentido, leciona Damásio de Jesus (Prescrição Penal... p. 44) que "não impede a prescrição a apelação que, deixando de buscar o agravamento da pena detentiva, vise, v.g., a cassação do *sursis*, a imposição de medida de segurança, agravação da pena de multa, etc." Também Mirabete (*Manual de Direito Penal...* p. 402) afirma que não impedem o reconhecimento da prescrição intercorrente os recursos "contra a substituição da pena privativa de liberdade por pena de multa ou por pena restritiva de direitos; para exasperar a multa; contra a concessão da suspensão condicional da pena; pelo reconhecimento do concurso material ou formal ou de crime continuado; com relação ao reconhecimento de outro crime; enfim, que não objetiva aumento da pena privativa de liberdade."

a acusação, entre a sua publicação e o trânsito em julgado para a defesa decorrer o prazo previsto no artigo 109 do CP, ou, desprovido o recurso da acusação, entre a data do seu julgamento e a data da publicação da sentença condenatória houver transcorrido aquele mesmo prazo.[16] Delmanto, por sua vez, destaca que também nos casos de provimento ao recurso da acusação, mas tendo sido mantida a pena fixada na sentença condenatória, poderá ser reconhecida a prescrição intercorrente, pois não houve alteração da base para o cálculo de seu prazo.[17] E Damásio de Jesus, ao comentar esse pressuposto, vai ainda mais longe ao afirmar que mesmo quando majorada a pena, mas desde que não modificado o prazo prescricional, de acordo com as regras do artigo 109 do CP, é possível o reconhecimento da prescrição intercorrente.[18]

De acordo com esse último entendimento, uma vez condenado o acusado, por exemplo, à pena de 01 ano de reclusão, e aumentada a sanção em face do recurso da acusação para 01 ano e 06 meses, porque nos dois casos o prazo prescricional é de 04 anos, é possível reconhecer a ocorrência da prescrição intercorrente se entre a data da publicação da sentença condenatória e a data do trânsito em julgado da decisão transcorreu o quadriênio. Com efeito, impõe-se reconhecer a razoabilidade desse entendimento, na medida em que, na prática, representa o mesmo quadro do desprovimento do recurso da acusação que postula a majoração da pena. Se o fundamento para se exigir o trânsito em julgado da sentença condenatória para a acusação ou o desprovimento do seu recurso é a impossibilidade de variação do prazo prescricional, então, por coerência, também nos casos em que, embora provido o recurso, o prazo segue inalterado, deve ser possível o reconhecimento da prescrição intercorrente.

Ainda nesse ponto, importa observar que a expressão *acusação* abrange não apenas o Ministério Público mas, também, o querelante e o próprio assistente da acusação, de modo que, havendo recurso de qualquer deles, resta vedado o reconhecimento da prescrição intercorrente.[19]

1.2. TERMO INICIAL E CURSO DO PRAZO PRESCRICIONAL

O termo inicial do prazo da prescrição intercorrente, de acordo com os seus pressupostos legais, é a data do trânsito em julgado da sentença condenatória para a acusação. A partir desse momento, até que a decisão torne-se definitiva também para a defesa, estará fluindo o prazo prescricional determinado de acordo com a pena imposta ao réu.

---

[16] REGIS PRADO, Luiz. *Curso de Direito Penal Brasileiro...* p. 662/663.

[17] DELMANTO, Celso; *et alli. Código Penal Comentado.* 6.ed. Rio de Janeiro: Renovar, 2002, p. 227.

[18] JESUS, Damásio E. de. *Prescrição Penal...* p. 45. No mesmo sentido, leciona Antonio Rodrigues Porto (*Da Prescrição Penal...* p. 61/62), *in verbis:* "Entretanto, embora provido em parte o recurso da acusação, se a pena fixada pelo Tribunal não alterar o prazo prescricional constante da sentença, considera-se como improvido o recurso para efeito de cálculo da prescrição, aplicando-se o § 1º do art. 110."

[19] PORTO, Antonio Rodrigues. *Da Prescrição Penal.* 5.ed. São Paulo: RT, 1998, p. 63. No mesmo sentido, MIRABETE, Julio Fabrini. *Manual de Direito Penal...* p. 402.

Assim, o desprovimento do recurso da acusação, por si só, embora seja um pressuposto da prescrição intercorrente, não serve como termo *a quo* do seu prazo, que apenas passa a fluir com o trânsito em julgado do acórdão para a acusação. Assim é porque o art. 112, I, do CP, dispõe expressamente que: "No caso do art. 110 deste Código, a prescrição começa a correr: I – do dia em que transita em julgado a sentença condenatória, para a acusação, ou a que revoga a suspensão condicional da pena ou o livramento condicional."

A regra transcrita, embora situada sob o título de *termo inicial da prescrição após a sentença condenatória irrecorrível*, porque faz expressa referência ao art. 110 do CP, aplica-se, no que é compatível, também aos seus parágrafos, dada a impossibilidade técnica de se interpretar os parágrafos de maneira dissociada do *caput* dos dispositivos legais. Além disso, importa observar que a primeira parte do art. 112, I, do CP fala em trânsito em julgado da sentença para a acusação, em perfeita consonância com o artigo 110, §1º, que tem isso como pressuposto da prescrição intercorrente.

Como, nessa matéria os prazos são de direito penal, dada a natureza material do instituto da prescrição, computa-se como início do prazo prescricional o dia do trânsito em julgado da decisão para a acusação, e exclui-se da contagem o último dia, considerando-se consumada a prescrição superveniente às 24h do dia imediatamente anterior ao final do prazo.

Por fim, em se tratando a prescrição intercorrente de espécie de prescrição da pretensão punitiva, sujeita está, ao menos em tese, às hipóteses de suspensão e interrupção do prazo prescricional, previstas nos arts. 116 e 117 do CP e, também, em outras normas especiais. De se observar, contudo, que os marcos interruptivos do lapso prescricional enunciados no art. 117 do CP, por absoluta impossibilidade fática, não se aplicam à prescrição intercorrente.

Com efeito, dispõe o referido artigo legal que o curso da prescrição interrompe-se pelo recebimento da denúncia ou queixa, pela pronúncia, pela decisão confirmatória da pronúncia, pela publicação da sentença ou acórdão condenatórios recorríveis, pelo início ou pela continuação do cumprimento da pena, e pela reincidência. Desse rol, as quatro primeiras hipóteses são aplicáveis à prescrição da pretensão punitiva, e as duas últimas têm aplicabilidade restrita à prescrição da pretensão executória.

Assim, porque o recebimento da denúncia ou queixa, a pronúncia, a decisão confirmatória da pronúncia e a publicação da sentença ou acórdão condenatórios recorríveis ocorrem, sempre, em momento anterior ao trânsito em julgado da decisão para a acusação, conclui-se que não há possibilidade fática de ser interrompido o curso do prazo da prescrição intercorrente. Nesse ponto, importa observar que tais hipóteses legais são taxativas,[20] motivo pelo qual sequer a reincidência,

---

[20] Neste Sentido: STF, HC 60802/BA, HC 69.798; e STJ HC 2.802.

prevista no inciso VI do art. 117 do CP, é apta a interromper o curso da prescrição superveniente.[21]

Por outro lado, as hipóteses suspensivas do lapso prescricional, tanto previstas no CP, quanto nas leis especiais e, também, na CF, têm plena aplicabilidade à prescrição da pretensão punitiva intercorrente. Antes, porém dessa análise, propomos uma breve delimitação do que a legislação denomina de *causas impeditivas da prescrição*.

2. Segunda delimitação conceitual: Causas impeditivas da prescrição

Disciplina o CP, no seu art. 116, três hipóteses de suspensão do prazo prescricional, duas delas referentes à prescrição da pretensão punitiva e outra, disciplinada no seu parágrafo único, aplicável apenas à prescrição da pretensão executória. Além delas, outras causas que impedem o fluxo do prazo prescricional são também previstas pelo CPP – arts. 366 e 368 –, pela CF – art. 53, § 5° –, e pela legislação especial, como nos casos do art. 89, § 6°, da Lei 9.099/95 e do artigo 68 da Lei 11.941/09, que dispõe sobre o REFIS.

Antes, porém, de adentrar ao exame individualizado de algumas dessas hipóteses de suspensão da prescrição, importa observar que, diferentemente dos casos de interrupção do prazo prescricional, em que o tempo anteriormente decorrido é perdido e, cessada a causa de interrupção, o fluxo prescricional reinicia sua contagem desde o início, nas hipóteses suspensivas, porque o art. 116 do CP limita-se a afirmar que a prescrição *não corre,* o prazo prescricional até então decorrido mantém-se hígido, e, finda a causa suspensiva, retoma seu fluxo do ponto de onde havia parado. Nesse sentido, pontua Cezar Bitencourt que "Na suspensão o lapso prescricional já decorrido não desaparece, permanece válido. Superada a causa suspensiva, a prescrição recomeça a ser contada pelo tempo que falta, somando-se com o anterior".[22]

Outro ponto de significativa relevância a diferenciar as causas de interrupção e suspensão do prazo prescricional diz respeito ao motivo que enseja a sua paralisação. Enquanto as hipóteses de interrupção da prescrição resultam do exercício da pretensão acusatória ou executória por parte do Estado, a suspensão, ao contrário, resulta da impossibilidade do exercício jurisdicional pelo Estado.[23] Com efeito, enquanto não resolvida em outro processo questão da qual dependa o reconhecimento da existência do crime, enquanto o réu cumpre pena no exterior, durante o período de prova da suspensão condicional do processo, uma vez sustada

---

[21] JESUS, Damásio E. de. *Prescrição Penal...* p. 110.

[22] BITENCOURT, Cezar Roberto. *Tratado de Direito Penal...* p. 737. No mesmo sentido leciona Fernando de Almeida Pedroso (*Direito Penal – Parte Geral.* v. I. 4.ed. São Paulo: Método, 2008, p. 835) que "Com a suspensão do interstício prescricional, o período decorrido anteriormente à causa que a determinou persiste e, portanto, deve ser considerado no cômputo total quando o prazo recomeça a fluir a partir do momento da cessação da causa suspensiva." Trata-se, nas palavras de Mirabete e Fabrini (*Manual de Direito Penal...* p. 396), de um hiato, uma parada momentânea do curso da prescrição.

[23] PORTO, Antonio Rodrigues. *Da Prescrição Penal...* p. 75.

pela Casa legislativa a ação penal movida contra parlamentar e enquanto suspenso o processo penal porque não encontrado o acusado citado por edital, dentre outras hipóteses, estará obstaculizado o exercício do poder jurisdicional por parte do Estado, e, por esse motivo, é razoável que o curso do prazo prescricional esteja paralisado.

Feita, então, essa segunda delimitação conceitual, passamos às causas impeditivas do curso prescricional reguladas na legislação.

2.1. PENDÊNCIA DE SOLUÇÃO, EM OUTRO PROCESSO, DE QUESTÃO DA QUAL DEPENDA O RECONHECIMENTO DA EXISTÊNCIA DO CRIME

A regra do art. 116, I, do CP, ao dispor que não corre a prescrição, antes de passar em julgado a sentença condenatória, "enquanto não resolvida, em outro processo, questão de que dependa o reconhecimento da existência do crime", deve ser interpretada em conjunto com o disposto nos arts. 92 e 93 do CPP, os quais versam sobre as questões prejudiciais ao desenvolvimento e à solução da ação penal.

Como já referido, a suspensão do prazo prescricional se justifica pela impossibilidade de o Estado exercer a sua *potestad* jurisdicional, exatamente como se verifica nesse caso. Antes de solucionadas as questões prejudiciais, assim compreendidas como aquelas das quais dependa o reconhecimento da existência do crime, não é possível ao Estado prosseguir com a *persecutio criminis*, pois a conclusão pela inocorrência do delito retira a justa causa para a ação penal, impondo o seu imediato desfecho com a prolação de um juízo absolutório. Daí a previsão do art. 116, I, do CP, determinando que uma vez suspenso o processo penal, na forma dos arts. 92 e 93 da Lei adjetiva, deve ser também suspenso o curso do prazo prescricional, pois impedido estará o Estado de prosseguir no exercício da *potestad* jurisdicional.

As questões prejudiciais, no âmbito processual penal, podem ensejar a suspensão obrigatória do processo, quando referentes ao estado civil das pessoas – art. 92 – ou a sustação facultativa, quando, por ser de difícil solução e por já ter sido proposta ação cível para resolvê-la, o juiz criminal entenda razoável a suspensão do curso do processo, aguardando a decisão do juízo cível. Nesse caso, contudo, por não se tratar de direito cuja prova a lei civil limita, como é o caso das questões referentes ao estado civil das pessoas, o juiz criminal deverá fixar o prazo da suspensão, findo o qual será retomado o curso da ação penal e, caso não resolvida a questão no juízo cível, retomada também a competência do juízo criminal para resolver sobre toda a matéria da acusação e da defesa.[24]

---

[24] A propósito, explicam Luiz Carlos Betanho e Marcos Zilli (Código Penal e sua interpretação. In: FRANCO, Alberto Silva; STOCCO, Rui. (Orgs). 8.ed. São Paulo: Revista dos Tribunais, 2007, p. 601) que "O Código de Processo Penal determina, nos arts. 92 a 94, que, na ocorrência de questões prejudiciais, o processo também deva ser suspenso por despacho do juiz, desde que este considere a controvérsia séria e fundada. Se a prejudicial

Aplicando a regra do art. 93 do CPP, combinada com o disposto no art. 116, I, do CP, a 7ª Turma Criminal do TRF da 4ª região determinou a suspensão do prazo prescricional e da ação penal que imputava aos réus delito de apropriação indébita previdenciária, consistente no não repasse de verbas relativas ao tributo denominado FUNRURAL, pois pendente de julgamento, no Supremo Tribunal Federal, recurso extraordinário cujo objeto versava exatamente sobre a constitucionalidade ou não do referido tributo.[25] Entendeu, o Colegiado, que a possível declaração de inconstitucionalidade do tributo afetaria diretamente a existência do delito, pois o tipo penal do art. 168-A do CP consiste em "deixar de repassar à previdência social as *contribuições* recolhidas dos contribuintes...". Com efeito, sendo declarada inconstitucional a contribuição previdenciária, a consequente inexigibilidade do seu recolhimento permeia a esfera penal, tornando atípica a conduta daqueles que deixaram de repassá-la à previdência social. Trata-se, no caso, de apenas uma das várias hipóteses de suspensão do prazo prescricional decorrente da suspensão do curso da ação penal.

Por fim, importa observar que em ambos os casos, seja a suspensão do processo obrigatória ou facultativa, o termo inicial do prazo prescricional é suspenso na data do despacho que suspender o processo e retoma seu curso, do marco onde parou, no dia seguinte à data em que foi definitivamente resolvida a questão prejudicial no juízo competente, ou no dia imediatamente posterior ao despacho do juiz criminal que determinar o reinício da ação penal, uma vez findo o prazo da suspensão facultativa.[26]

2.2. CUMPRIMENTO DE PENA NO ESTRANGEIRO

Dispõe, o art. 116, II, do CP, que também não corre o prazo prescricional, antes do trânsito em julgado da sentença condenatória, enquanto o agente estiver cumprindo pena *no estrangeiro*.

O mote da paralisação do curso prescricional, nesse ponto, está justamente na impossibilidade de o Estado exercer sua *potestad* jurisdicional, pois durante o

---

for relativa ao estado civil das pessoas (art. 92 do CPP), a suspensão do processo é obrigatória e perdura até o trânsito em julgado da sentença do juízo cível; nos demais casos (art. 93 do CPP), é facultativa e o processo fica suspenso pelo prazo que o juiz fixar, sendo possível prorrogação."

[25] PROCESSO PENAL. QUESTÃO PREJUDICIAL FACULTATIVA. INCONSTITUCIONALIDADE DE TRIBUTO BASE DE AÇÃO PENAL. RELEVÂNCIA RECONHECIDA DA QUESTÃO. SUSPENSÃO DA PERSECUÇÃO PENAL. 1. O crédito tributário constituído, mas com exigibilidade suspensa, pode ser objeto de persecução penal por crime tributário material, do art. 1º da Lei nº 8.137/90 - e, por extensão, por crime de apropriação indébita previdenciária, tendo em vista que a discussão posterior à constituição definitiva do tributo não tem o condão de afastar os efeitos desse lançamento, que até decisão contrária permanece válido e eficaz. 2. Tendo sido considerada nesta Corte inconstitucional a exigência do FUNRURAL por cooperativa agrícola e havendo julgamento da mesma matéria no STF, com quantidade de votos proferidos já próxima do reconhecimento da tese em igual sentido, é de se admitir a relevância da prejudicial argüida.3. Acolhida a preliminar de suspensão do processo por até dois anos ou anterior julgamento do mérito pelo STF, com fulcro no art. 93 CPP. (APEL. CRIM. 2002.71.05.010330-2/RS, 7ª T., Rel. Des. Federal TADAAQUI HIROSE, Rel. p/ acórdão: Des. Federal NÉFI CORDEIRO, j. em 13.02.2007.)

[26] Neste sentido: PORTO, Antonio Rodrigues. *Da Prescrição Penal...* p. 76.

176

cumprimento de pena no exterior é vedada a sua extradição. Assim, não havendo desídia ou desinteresse do Estado brasileiro em relação ao trâmite do processo, não corre o prazo prescricional.[27]

2.3. O ARTIGO 366 DO CÓDIGO DE PROCESSO PENAL E A RECENTE SÚMULA 415 DO STJ

Dispõe o art. 366 do CPP que, uma vez citado o réu por edital, porque não encontrado, se não comparecer[28] nem constituir defensor, ficarão suspensos o processo e o prazo prescricional. Também aqui, como nas hipóteses anteriormente referidas, o Estado vê-se impedido de exercer sua *potestad* jurisdicional diante prioridade conferida pela CF à garantia da ampla defesa, formada essa não apenas pela efetiva defesa técnica mas, também, pela defesa pessoal ou autodefesa. É essa última, aliás, a que instrui e fornece subsídios ao exercício da defesa técnica, de modo que, ausente o acusado, a presença de um defensor nomeado pelo juízo, no mais das vezes, constitui mera formalidade incompatível com um processo penal ético e democrático.

Nesse intuito, desde o advento da lei 9.271/96,[29] disciplina o CPP a suspensão do processo e do prazo prescricional nas hipóteses em que o acusado é citado por edital e não comparece em juízo, ou, agora, quando não oferece a resposta à acusação. A divergência, em relação a essa hipótese de suspensão da prescrição, diz respeito ao prazo da suspensão do lapso prescricional, uma vez que o citado dispositivo legal prevê apenas o seu início, silenciando quanto ao termo *ad quem*.

Um primeiro posicionamento, majoritário na doutrina e na jurisprudência, aponta no sentido da necessidade de ser estabelecido um prazo máximo de suspensão do prazo prescricional, pois, caso contrário, estar-se-ia criando nova hipótese de imprescritibilidade, para além das previstas na CF. Nessa esteira, pontua Damásio de Jesus:

> Entendemos que o prazo de suspensão da prescrição não pode ser eterno. Permitindo-se a suspensão da prescrição sem limite temporal, esta, não comparecendo o réu em juízo, jamais ocorreria, encerrando-se o processo somente com a sua morte, causa extintiva da punibilidade (CP, art. 107, I). Não se trata, como se tem afirmado, de haver o legislador, aceita a tese da eternidade, criado indevidamente mais uma causa de imprescritibilidade. As hipóteses em que se proíbe a prescrição encontram-se constitucionalmente previstas em enunciação taxativa (CF, art. 5º, XLII e XLIV), não admitindo em nenhum momento o decurso do prazo extintivo da pretensão punitiva. No caso em tela, entretanto, a prescrição começa a correr a partir da data do fato, interrompendo-se pelo recebimento da denúncia ou queixa e suspendendo-se em face da revelia. Não se pode, pois, falar em "imprescritibilidade". [...]

---

[27] Neste sentido: BETANHO, Luiz Carlos; ZILLI, Marcos. In: Código Penal e sua interpretação. FRANCO, Alberto Silva; STOCCO, Rui. (Orgs). 8.ed. São Paulo: Revista dos Tribunais, 2007, p. 602.)

[28] No procedimento anterior à lei 11.719/08 o réu era citado para comparecer à audiência de interrogatório. Agora, após a entrada em vigor da referida lei, a citação do acusado é para oferecer resposta à acusação, motivo pelo qual a expressão "se não comparecer" deve ser lida como "se não oferecer a resposta à acusação".

[29] Essa mesma lei alterou o artigo 368 do CPP, dispondo que nos casos em que o réu tenha de ser citado por carta rogatória, porque está em local certo e determinado no exterior, ficará suspenso o prazo prescricional.

Por isso, entendemos que o limite da suspensão do curso prescricional corresponde aos prazos do art. 109 do CP, considerando-se o máximo da pena privativa de liberdade imposta abstratamente.[30]

Esse entendimento, a sustentar a aplicação por analogia do prazo prescricional máximo previsto abstratamente no art. 109 do CP, encontra respaldo na doutrina de Guilherme de Souza Nucci, que leciona que, *"por ausência de previsão legal, tem prevalecido o entendimento de que a prescrição fica suspensa pelo prazo máximo em abstrato previsto para o delito"*,[31] e também na orientação jurisprudencial do STJ, *in verbis*:

> PENAL. PROCESSUAL PENAL. *HABEAS CORPUS*. ESTELIONATO. 1. ACUSADO CITADO POR EDITAL. NÃO COMPARECIMENTO. ARTIGO 366 DO CPP. SUSPENSÃO DO PROCESSO E DO PRAZO PRESCRICIONAL. FIXAÇÃO DE PRAZO PARA A SUSPENSÃO DO PRAZO PRESCRICIO-NAL. LAPSO PRESCRICIONAL PREVISTO EM RELAÇÃO À PENA EM ABSTRATO DO DELITO. MEDIDA ADEQUADA. ENTENDIMENTO PACÍFICO. 2. ORDEM CONCEDIDA. 1. A fixação do prazo máximo de suspensão do prazo prescricional no caso em que o paciente, citado por edital, não comparecer nem constituir advogado, é matéria pacífica no âmbito desta Corte, e se pauta pelo prazo prescricional máximo previsto para o crime, de acordo com a pena em abstrato. 2. Ordem concedida para cassar o acórdão que deu provimento ao recurso em sentido estrito, restabelecendo-se, por conseguinte, a decisão de primeiro grau que, diante do não comparecimento do acusado, fixou o limite temporal para a suspensão do prazo prescricional (HC 69.377/SP, Rel. Ministra MARIA THEREZA DE ASSIS MOURA, SEXTA TURMA, julgado em 06/08/2009, DJe 31/08/2009).

Por outro lado, em sentido diametralmente oposto, vige o entendimento no sentido de que, dada a ausência de previsão legal, a suspensão do prazo prescricional não poderia estar vinculada ao prazos elencados no art. 109 do CP, sob pena de estarmos criando a inusitada figura da "prescrição da suspensão da prescrição".[32] Segundo Marcelo Roberto Ribeiro, a solução da questão é propiciada pela própria legislação adjetiva, a qual, após a reforma de 2008, passou a prever, no seu artigo 363, § 4º, que "Comparecendo o acusado citado por edital, em qualquer tempo, o processo observará o disposto nos artigos 394 e seguintes deste Código." Assim, na opinião do autor, o prazo prescricional deve permanecer suspenso até que o réu compareça em juízo, ou constitua procurador, pois na sua ausência o Estado está impedido de exercitar o poder-dever de punir.[33]

A divergência de entendimentos, contudo, foi recentemente sufragada pelo STJ, que, reafirmando o entendimento já assentado na Corte, editou, em 09.12.2009, a Súmula n. 415, cuja redação dispõe que "O período de suspensão do prazo prescricional é regulado pelo máximo da pena cominada."

Consolidado está, portanto, o primeiro entendimento referido, já há certo tempo majoritário na doutrina e jurisprudência.

---

[30] JESUS, Damásio E. de. *Prescrição Penal...* p. 74.

[31] NUCCI, Guilherme de Souza. *Código de Processo Penal comentado*. 6.ed. São Paulo: RT, 2007, p. 632. No mesmo sentido: FERNANDES, Scarance. *Processo Penal Constitucional*. 5.ed. São Paulo: RT, 2007, p. 318/320.

[32] RIBEIRO, Marcelo Roberto. *Revisitando alguns temas da prescrição*. In: Prescrição Penal – Temas atuais e controvertidos. v. 2. FAYET JÚNIOR, Ney (Coord.). Porto Alegre: Livraria do Advogado, 2009, p. 82.

[33] RIBEIRO, Marcelo Roberto. *Revisitando alguns temas da prescrição...* p. 82.

2.4. A SUSTAÇÃO DA AÇÃO PENAL PELAS CASAS DO CONGRESSO NACIONAL

Outra causa de suspensão do prazo prescricional, desta feita regulada diretamente pela própria CF, se verifica quando a Casa parlamentar a que pertença o denunciado, diante do voto da maioria de seus membros, sustar o andamento da ação penal. A hipótese em questão está prevista no art. 53, § 5º, da CR, que dispõe: "A sustação do processo suspende a prescrição, enquanto durar o mandato."

A suspensão do prazo prescricional dos delitos praticados por deputados[34] e senadores, como regulada na CF, pressupõe apenas que o crime tenha sido cometido após a diplomação, momento no qual passa a viger a imunidade parlamentar regulada no *caput* do art. 53 da Carta Magna, e perdura pelo tempo que durar o mandato do parlamentar. Assim, aprovada pela Casa legislativa a sustação do processo, no dia seguinte estará o prazo prescricional automaticamente suspenso, e assim permanecerá até o final do mandato parlamentar.

De observar-se, por importante, que a sustação da ação penal pode se dar a qualquer momento entre o recebimento da denúncia e a prolação da *decisão final* do processo. Mas o que deve ser compreendido por *decisão final*?

Damásio de Jesus, ao analisar a hipótese suspensiva em questão, entende tenha o Constituinte se referido à *sentença final*. Segundo o autor: "recebida a denúncia por crime praticado após a diplomação, o STF deverá dar ciência à Casa respectiva, que, mediante pedido de partido político nela representado e pelo voto da maioria de seus membros, poderá, até a *sentença final*, sustar o andamento da ação penal (§ 3º)".[35] (Grifo nosso.)

Com efeito, outra não pode ser a interpretação. Acrescentamos, apenas, que *sentença final* é a decisão penal transitada em julgado, que não mais admite recurso, de modo que, enquanto pendente prazo recursal da decisão condenatória ou absolutória, poderá a Casa parlamentar suspender o trâmite da ação penal e, consequentemente, o prazo prescricional.

2.5 SUSPENSÃO CONDICIONAL DO PROCESSO

Conforme disciplinado no art. 89, § 6º, da Lei 9.099/95, "não correrá a prescrição durante o prazo de suspensão do processo." O dispositivo está se referindo à suspensão condicional do processo, também denominado *sursis processual*,[36]

---

[34] A expressão deputados refere-se não apenas aos Deputados Federais, mas também aos Estaduais, em razão do disposto no artigo 27, § 1º, da CF, que estende aos parlamentares dos Estados brasileiros as prerrogativas e imunidades previstas na Carta Constitucional aos Deputados Federais.

[35] JESUS, Damásio E. de. *Prescrição Penal...* p. 72.

[36] Segundo leciona Nereu Giacomolli (*Juizados Especiais Criminais.* 3.ed. Porto Alegre: Livraria do Advogado, 2009, p. 199.), "A situação é diferente do que ocorre na suspensão da execução da pena, de origem belgo-francesa, pois não há instrução probatória, nem juízo de culpabilidade. Suspende-se o trâmite normal do processo, e não a resultante – pena –, ainda que as condições de uma e de outra guardem relação e semelhança. Nem plano hipotético, mas muito provável, nos casos de suspensão condicional do processo, o resultado final do curso

aplicável aos feitos nos quais à acusação verse sobre a prática de crimes cuja pena mínima cominada *in abstracto* seja igual ou inferior a um ano. Nesses casos, não possuindo o réu condenações criminais nem processos pendentes, e preenchidos os pressupostos da suspensão condicional da pena,[37] poderá o Ministério Público propor a suspensão da ação penal por 02 a 04 anos.

Durante esse interregno, porque impedido o Estado de exercer a sua *potestad* jurisdicional, fica, pelo mesmo motivo que nas demais hipóteses de suspensão da prescrição, paralisado o curso prescricional. Como regra, o termo *a quo* da suspensão da prescrição é a data da decisão que determina a suspensão do processo e fixa as condições a serem observadas pelo réu. Esse ato processual, contudo, pode se dar simultaneamente ao recebimento da denúncia ou queixa, caso em que se estará diante de uma causa interruptiva da prescrição e outra suspensiva. A solução, segundo entendimento de Nereu Giacomolli, deve observar a interpretação mais favorável ao imputado.[38]

Assim, recebida a denúncia ou queixa e, na mesma audiência, proposta e aceita pelo réu a suspensão condicional do processo, estará, no mesmo ato processual, interrompido e suspenso o prazo prescricional. Considerando, então, ser a suspensão da prescrição mais benéfica ao réu, pois não há o descarte do lapso prescricional até então decorrido, essa é a regra que deve predominar. Desse modo, se o processo retoma seu curso, porque revogado o benefício, o prazo prescricional torna a correr a partir do dia seguinte e desde o ponto em que parou, devendo ser desconsiderada a causa interruptiva da prescrição.

Por fim, importa observar que a suspensão condicional do processo e, por consequência, a suspensão do prazo prescricional, têm incidência em qualquer momento da ação penal, inclusive quando operada decisão desclassificatória da imputação, por ocasião tanto da sentença quanto do julgamento dos recursos interpostos contra essa decisão, em obediência à Súmula 337 do STJ e à atual redação do art. 383, §1°, do CPP, dada pela Lei 11.719/08, que dispõe: "se, em consequência de definição jurídica diversa, houver possibilidade de proposta de suspensão condicional do processo, o juiz procederá de acordo com o disposto na lei".[39] Assim, qualquer que seja o momento processual, modificada a tipicidade da

---

normal levaria à concessão da suspensão da pena. Por isso, antecipa-se um resultado final, o que tem levado a doutrina a denominar a suspensão condicional do processo de *sursis* antecipado, ou de *sursis* processual."

[37] Segundo dispõe o artigo 77 do CP, são condições da suspensão condicional da pena: I) não ser o condenado reincidente em crime doloso; II) a culpabilidade, os antecedentes, a conduta social e personalidade do agente, bem como os motivos e as circunstâncias autorizarem a concessão do benefício; e III) não ser indicada ou cabível a substituição da pena privativa de liberdade por restritivas de direitos.

[38] GIACOMOLLI, Nereu José. *Juizados Especiais Criminais...* p. 221.

[39] A propósito, observa Nereu Giacomolli (*Juizados Especiais Criminais...* p. 218), *in verbis:* "Após ter sido instruído o processo, no momento de ser proferida a sentença, verificada uma tipicidade adequada ao cabimento da suspensão condicional do processo, pela desclassificação ou pelo afastamento em parte da pretensão acusatória, antes de ser proferido o veredicto condenatório, há de ser propiciada a suspensão condicional do processo." Ainda segundo o autor (*Juizados Especiais Criminais...* p. 219), "Na metodologia da decisão, há uma delimitação da tipicidade, mas não da ilicitude e nem da culpabilidade. Assim, não há uma sentença, não há um

180

imputação, impõe-se a análise do preenchimento dos pressupostos da suspensão condicional do processo e, em caso positivo, a sua oferta ao acusado.

2.6. O PARCELAMENTO DE DÉBITOS TRIBUTÁRIOS E PREVIDENCIÁRIOS

Outra causa de suspensão do trâmite processual e, também, do prazo prescricional, é disciplinada pela redação atual da Lei 11.941/2009, que alterou a legislação tributária federal relativa ao parcelamento ordinário de débitos tributários. Consta, do seu art. 68, ficar suspensa a pretensão punitiva do Estado e, por consequência, o prazo prescricional em relação aos crimes tipificados nos artigos 1º e 2º da Lei 8.137/90 e nos arts. 168-A e 337-A do CP,[40] durante o período do parcelamento.

O pagamento dos tributos devidos por pessoas jurídicas à União foi erigido à causa extintiva da punibilidade no âmbito criminal pela Lei 9.249/95, que no seu art. 34 dispunha ser causa de extinção da punibilidade dos delitos definidos na Lei 8.137/90 e na Lei 4.729/65 o pagamento do tributo ou da contribuição social, inclusive dos seus acessórios, antes do recebimento da denúncia. Sobre a expressão *pagamento*, divergiam os posicionamentos jurisprudenciais dos Tribunais Superiores. Para o STF, pagamento pressupunha a quitação integral do débito, de modo que à extinção da punibilidade não servia o simples parcelamento da dívida.[41] Por outro lado, vigorava, no STJ, a compreensão de que o parcelamento é uma das formas possíveis de pagamento, bastando, pois, para os fins propostos pelo art. 34 da Lei 9.249/95.[42]

---

juízo condenatório nem absolutório, mas uma decisão interlocutória mista, sujeita ao duplo grau jurisdicional (apelação residual)."

[40] A propósito dos delitos que podem ser objeto da suspensão do processo e da prescrição, importa observar a lição de Marcelo Caetano Guazzelli Peruchin (*A impositiva declaração da suspensão da pretensão punitiva do Estado, também quanto ao crime-meio eventualmente vinculado aos delitos previstos no art. 9º da Lei n. 10.684/03*. In: Lições de Direito Administrativo – estudos em homenagem a Octavio Germano. GIORGIS, José Carlos Teixeira; GERMANO, Luiz Paulo Rosek (Orgs.). Porto Alegre: Livraria do Advogado, 2005, p. 85/90), *in verbis*: "Inarredavelmente, constitui um completo desatino técnico cogitar-se do prosseguimento da ação penal contra os responsáveis legais da empresa devidamente incluída no REFIS II – exclusivamente quanto aos crimes-meios –, somente pelo argumento de que os tipos penais não constam expressamente na Lei 10.684/03, em seu art. 9º e, portanto, não poderiam ser atingidos pela declaração de suspensão." [...] "Entendemos que, quando do exame da matéria, o magistrado criminal, frente à configuração da inclusão da empresa no REFIS II, deve proceder à mesma avaliação técnica realizada quando da sentença, no que pertine à incidência do *princípio da consunção*. Caso configurado o vínculo jurídico de meio e fim entre os delitos indigitados na denúncia, deve ser declarada a suspensão da ação penal, incluindo, por evidente, o denominado crime-meio, até mesmo por uma imposição lógica, antes mesmo da jurídica."

[41] Neste sentido, STF: Inquérito. A ocorrência do fato imputado ao indiciado se deu quando estava em vigor o artigo 14 da Lei 8.137/90. Interpretação desse dispositivo legal. – Se o artigo 14 da Lei 8.137/90 exige, para a extinção da punibilidade, o pagamento do débito antes do recebimento da denúncia, essa extinção só poderá ser decretada se o débito em causa for integralmente extinto pela sua satisfação, o que não ocorre antes de solvida a última parcela do pagamento fracionado. Assim, enquanto não extinto integralmente o débito pelo seu pagamento, não ocorre a causa de extinção da punibilidade em exame, podendo, portanto, se for o caso, ser recebida a denúncia. Não-decretação da extinção da punibilidade. (Inq 1028 QO, Relator(a): Min. MOREIRA ALVES, TP, j. em 04/10/1995, DJ 30-08-1996 PP-30606 EMENTA VOL-01839-01 PP-00054).

[42] Neste sentido, STJ: RECURSO ESPECIAL. PENAL E PROCESSUAL PENAL. APROPRIAÇÃO INDÉBITA. NÃO RECOLHIMENTO DE CONTRIBUIÇÕES PREVIDENCIÁRIAS. PARCELAMENTO DO DÉ-

A divergência foi solucionada pela sequência de legislações posteriores, que passaram a tratar o parcelamento dos débitos como causa de suspensão do processo e do prazo prescricional, restando a extinção da punibilidade sujeita ao adimplemento das parcelas vincendas.[43]

A Lei 9.964/2000, ao instituir o denominado Programa de Recuperação Fiscal – *REFIS*,

> destinado a promover a regularização de créditos da União, decorrentes de débitos de pessoas jurídicas, relativos a tributos e contribuições, administrados pela Secretaria da Receita Federal e pelo Instituto Nacional do Seguro Social", disciplinou, no seu artigo 15, a suspensão da pretensão punitiva do Estado referente aos delitos tipificados nos artigos 1º e 2º da Lei 8.137/90 e no artigo 95 da Lei 8.212/91. Segundo a lei, não corre a prescrição penal durante o período em que a pessoa jurídica estiver incluída no REFIS, "desde que a inclusão no referido Programa tenha ocorrido antes do recebimento da denúncia criminal.

Desse modo, especificamente nos delitos contra a ordem tributária (arts. 1º e 2º da Lei 8.137/90) e no delito previdenciário tipificado no art. 95 da Lei 8.212/91,[44] desde que a pessoa jurídica devedora do tributo tenha aderido ao REFIS antes do recebimento da denúncia, suspensa estaria a ação penal e a prescrição da preten-

---

BITO ANTES DO RECEBIMENTO DA DENÚNCIA. EXTINÇÃO DA PUNIBILIDADE. Não obstante a respeitável orientação adotada pelo Col. STF no julgamento do Inquérito nº 1028-6/RS (Rel. Min. Moreira Alves), esta Corte tem proclamado reiteradamente que o parcelamento da dívida tributária antes do recebimento da denúncia equivale a pagamento, acarretando a extinção da punibilidade do sujeito ativo da infração, nos termos do art. 34, da Lei 9.429/95. Recurso conhecido apenas pela letra 'c', mas desprovido. (REsp 252648/SC, Rel. Ministro JOSÉ ARNALDO DA FONSECA, 5ª T., j. em 21/09/2000, DJ 30/10/2000 p. 181). É esse, também, o entendimento de GOMES, Luiz Flávio. *Efeitos Penais e Processuais Penais do pagamento, do parcelamento e do REFIS nos crimes tributários e previdenciários*. In: Crimes contra a ordem tributária. MARTINS, Ives Gandra da Silva *et alli*. São Paulo: IOB, 2002, p. 36 *et sec*.

[43] Neste sentido, o entendimento do STF: *HABEAS CORPUS*. PENAL E PROCESSUAL PENAL. AÇÃO PENAL. INSTAURAÇÃO DE AÇÃO PENAL ANTES DA CONCLUSÃO DE PROCEDIMENTO FISCAL. INOCORRÊNCIA. TRANCAMENTO. IMPOSSIBILIDADE. PARCELAMENTO E QUITAÇÃO DE DÉBITO TRIBUTÁRIO. NÃO COMPROVAÇÃO. EQUÍVOCOS NA AÇÃO FISCALIZATÓRIA. REGULARIDADE DA DOCUMENTAÇÃO DA EMPRESA. BOA-FÉ DO PACIENTE. AUSÊNCIA DE RECUSA NO FORNECIMENTO DOS DOCUMENTOS SOLICITADOS. IMPROPRIEDADE DO *HABEAS CORPUS* PARA REEXAME DE FATOS E PROVAS. 1. O trancamento da ação penal por ausência de justa causa é medida excepcional, justificando-se quando despontar, fora de dúvida, atipicidade da conduta, causa extintiva da punibilidade ou ausência de indícios de autoria, o que não ocorre no caso sob exame. 2. Prática, em tese, do crime de sonegação de contribuição previdenciária [artigo 337-A do CP]. Isso em razão de o STJ ter afirmado que o processo administrativo fiscal foi julgado antes da instauração da ação penal, quando já constituído definitivamente o crédito tributário. 3. Esta Corte decidiu que "[a] adesão ao Programa de Recuperação Fiscal – Refis não implica a novação, ou seja, a extinção da obrigação, mas mero parcelamento. Daí a harmonia com a Carta da República preceito a revelar a simples suspensão da pretensão punitiva do Estado, ficando a extinção do crime sujeita ao pagamento integral do débito – artigo 9º da Lei nº 10.684/2003" [RHC n. 89.618, Relator o Ministro Marco Aurélio, DJ de 9.3.07]. 4. O impetrante, no caso, não demonstrou ter ocorrido a inclusão do débito tributário no programa de parcelamento, nem a quitação da dívida. Daí não ser possível a suspensão da pretensão punitiva ou a extinção da punibilidade. 5. As alegações concernentes (i) a equívocos na ação fiscalizatória, (ii) regularidade da documentação da empresa, (iii) boa-fé do paciente e (iv) ausência de recusa no fornecimento dos documentos solicitados demandam aprofundado reexame de fatos e provas, incompatível com o rito do habeas corpus. Ordem indeferida. (HC 93351, Relator(a): Min. EROS GRAU, 2ª T., j. em 02/06/2009, DJe-121 DIVULG 30-06-2009 PUBLIC 01-07-2009 EMENT VOL-02367-03 PP-00461 RT v. 98, n. 888, 2009, p. 484-489 LEXSTF v. 31, n. 367, 2009, p. 354-363).

[44] Tipo penal posteriormente revogado pela Lei 9.983/2000, que inseriu no CP os delitos contra a ordem previdenciária.

são punitiva. Aqui, diferentemente das demais causas suspensivas da prescrição, nas quais o Estado está impedido de exercer a *potestad* punitiva, por questão de política criminal, ou, quiçá podcríamos dizer, política *fiscal*, o legislador pretendeu incentivar os devedores da União a regularizar seus débitos, e para tanto ofertou os benefícios da suspensão da ação penal e da extinção da punibilidade, com a consequente suspensão da prescrição enquanto não quitada a dívida.

Posteriormente, com o advento da Lei 10.684/03, foi ampliado o benefício ofertado às pessoas jurídicas que optassem por aderir ao programa de parcelamento de débitos com a União, permitindo, o legislador, que a adesão ao parcelamento fosse feita a qualquer tempo. Assim, antes ou depois do oferecimento da denúncia, ou mesmo após a prolação de sentença condenatória, mas desde que ainda não transitada em julgado, a inclusão da pessoa jurídica no regime de parcelamento ensejava a suspensão do processo e, via de consequência, da prescrição penal. Trata-se, no caso, de legislação mais benéfica aos acusados em matéria penal, a ensejar aplicabilidade retroativa, permitindo àquelas pessoas jurídicas que não haviam aderido ao parcelamento antes do oferecimento da denúncia, quando da vigência da Lei 9.964/2000, a adesão e a consequente suspensão do processo, ainda que já em fase adiantada.[45]

Atualmente, então, diante da disciplina da Lei 11.941/09, tem-se como causa impeditiva do curso prescricional a adesão do investigado ou do acusado ao programa de parcelamento de débitos federais – REFIS –, o que pode ser feito tanto antes do oferecimento da denúncia, quanto depois da prolação da sentença condenatória, mas desde que antes do seu trânsito em julgado. O termo inicial da suspensão deve coincidir com a data da formalização da adesão, e termo final será o dia seguinte àquele em que foi proferida decisão administrativa de rescisão do parcelamento.

3. As hipóteses impeditivas do fluxo prescricional aplicáveis à prescrição da pretensão punitiva intercorrente

De regra, todos os casos de suspensão do prazo prescricional que têm incidência antes do trânsito em julgado da sentença condenatória são, também, aplicá-

---

[45] Neste sentido: *HABEAS CORPUS* SUBSTITUTIVO DE RECURSO ORDINÁRIO. APROPRIAÇÃO INDÉBITA DE CONTRIBUIÇÕES PREVIDENCIÁRIAS DESCONTADAS DOS EMPREGADOS. PARCELAMENTO E QUITAÇÃO APÓS O RECEBIMENTO DA DENÚNCIA. EXTINÇÃO DA PUNIBILIDADE, POR FORÇA DA RETROAÇÃO DE LEI BENÉFICA. As regras referentes ao parcelamento são dirigidas à autoridade tributária. Se esta defere a faculdade de parcelar e quitar as contribuições descontadas dos empregados, e não repassadas ao INSS, e o paciente cumpre a respectiva obrigação, deve ser beneficiado pelo que dispõe o artigo 9º, § 2º, da citada Lei n. 10.684/03. Este preceito, que não faz distinção entre as contribuições previdenciárias descontadas dos empregados e as patronais, limita-se a autorizar a extinção da punibilidade referente aos crimes ali relacionados. Nada importa se o parcelamento foi deferido antes ou depois da vigência das leis que o proíbe: se de qualquer forma ocorreu, deve incidir o mencionado artigo 9º. O paciente obteve o parcelamento e cumpriu a obrigação. Podia fazê-lo, à época, antes do recebimento da denúncia, mas assim não procedeu. A lei nova permite que o faça depois, sendo portanto, *lex mitior*, cuja retroação deve operar-se por força do artigo 5º, XL, da Constituição do Brasil. Ordem deferida. Extensão a paciente que se encontra em situação idêntica. (HC 85452, Relator(a): Min. EROS GRAU, 1ª T., j. em 17/05/2005, DJ 03-06-2005 PP-00045 EMENT VOL-02194-02 PP-00418 RTJ VOL-00195-01 PP-00249 RDDT n. 120, 2005, p. 221).

veis à prescrição intercorrente, pois trata-se, essa, de espécie do gênero prescrição da pretensão punitiva. Há, contudo, exceções, embora não comumente abordadas pela doutrina especializada.[46]

Dentre as hipóteses legais de suspensão do prazo prescricional antes abordadas, é perfeitamente possível afirmar que impedem o curso da prescrição intercorrente os casos de sustação, pelas Casas legislativas, do processo penal movido contra parlamentar, de cumprimento de pena no exterior, de pendência de solução em outro processo de questão da qual dependa a existência do crime e do parcelamento dos débitos junto à União.

No primeiro caso, segundo disciplina a CF, a Casa legislativa pode, uma vez comunicada do recebimento da denúncia, sustar o processo e o prazo prescricional até a *decisão final* da ação penal. Assim, ainda que proferida sentença condenatória, enquanto não transitada em julgado essa decisão, poderá a Câmara dos Deputados ou o Senado Federal, pelo voto da maioria dos seus membros, sustar o trâmite da ação penal e, consequentemente, o curso da prescrição intercorrente, que havia se iniciado com o trânsito em julgado da ação para a acusação ou com o desprovimento do seu recurso. Imagine-se hipótese em que o réu, deputado federal, recorra da sentença condenatória e o Ministério Público não recorra, ou apele apenas contra a substituição da pena privativa de liberdade por restritivas de direito. Nesse caso, deliberando a Câmara dos Deputados a sustação da ação penal, suspenso estará o curso da prescrição intercorrente, até que se encerre o mandato do parlamentar.

Da mesma forma, se após transitada em julgado para a acusação a sentença condenatória, ou depois de desprovido o recurso do Ministério Público, o réu iniciar cumprimento de pena no exterior, porque impossibilitada a extradição, suspenso estará o prazo da prescrição superveniente, situação essa que perdurará até o fim do cumprimento da sanção penal imposta no estrangeiro. É esse, também, o raciocínio aplicável aos casos em que a empresa administrada pelo réu aderir ao programa de parcelamento de débitos da União após o trânsito em julgado da sentença condenatória para a acusação, depois de desprovido seu recurso. Nesse caso, permanece suspenso o prazo da prescrição intercorrente até que adimplidas todas as parcelas assumidas pelo devedor condenado.

---

[46] Antonio Lopes Baltazar (*Prescrição Penal*. Bauru: Edipro, 2003, p. 96/97) refere que pode ocorrer apenas uma hipótese de suspensão do prazo da prescrição intercorrente, que é a da sustação da ação pena pelas Casas Legislativas. Segundo o autor (*Prescrição Penal...* p. 97) "É o caso da imunidade formal, em que o parlamentar só pode ser processado criminalmente se houver prévia licença da Casa a que pertence, Senado, Câmara Federal ou Assembleia Legislativa. Caso haja pedido de licença do Judiciário para processar o parlamentar e seja negado, suspende-se o prazo da prescrição (art. 53, § 2º, da CF). Em regra, isso acontece no momento do recebimento da denúncia ou no transcorrer da instrução criminal. Entretanto, pode acontecer que, após a diplomação do parlamentar, o processo já esteja sentenciado e, nesse caso, se o pedido de licença para o prosseguimento do feito for negado e houver ocorrido o trânsito em julgado para a acusação, suspende-se o prazo da prescrição intercorrente e, não, da prescrição abstrata." O autor, porém, comenta a hipótese tomando por base o regramento anterior à EC 35/2001, quando o STF pedia autorização para o processamento. Pela redação atual, o STF apenas comunica a Casa Legislativa que, por sua vez, pode aprovar a sustação da ação penal.

184

Por fim, também a pendência de solução de questões da qual dependa a existência do crime pode surgir apenas em grau recursal, quando já em curso a prescrição intercorrente. Foi exatamente esse o caso verificado no julgamento do recurso de apelação n. 2002.71.05.010330-2/RS, pela 7ª Turma Criminal do TRF da 4ª Região, em que durante a sessão de julgamento foi suscitada questão prejudicial de mérito referente ao julgamento, pelo STF, da constitucionalidade da contribuição previdenciária FUNRURAL.[47]

No caso, entenderam os julgadores que eventual declaração de inconstitucionalidade poderia atingir diretamente a tipicidade da conduta atribuída aos acusados, surtindo efeitos diretos, pois, na própria existência do delito. Assim, embora por maioria, foi determinada a suspensão do processo e do prazo da prescrição intercorrente pelo período de dois anos ou, então, até a decisão de mérito da ação pendente de julgamento no STF.

Não surtem efeitos, porém, no curso do prazo da prescrição intercorrente, a suspensão condicional do processo, disciplinada pela Lei 9.099/95, e a suspensão do processo, regulada pelos arts. 366 e 368 do CPP.

A suspensão condicional do processo, como regulada no art. 89 da Lei 9.099/95, porque tem incidência, como regra, em momento imediatamente após o recebimento da denúncia. Apenas excepcionalmente é possível a sua incidência na desclassificação da imputação, formulada na sentença, conforme regulado pelo art. 383 do CPP, e, também, por ocasião do julgamento da apelação, se aplicada a súmula 337 do STJ.[48]

Nesses últimos dois casos, contudo, não há propriamente uma decisão condenatória, mas, como leciona Nereu Giacomolli, uma mera "decisão interlocutória mista",[49] na qual se delimita unicamente a tipicidade, mas não a ilicitude e nem a culpabilidade. Ainda, no caso em que os Tribunais aplicam a súmula 337 do STJ, a sentença condenatória é desconstituída, de modo que desaparece um dos pressupostos da prescrição intercorrente.

---

[47] PROCESSO PENAL. QUESTÃO PREJUDICIAL FACULTATIVA. INCONSTITUCIONALIDADE DE TRIBUTO BASE DE AÇÃO PENAL. RELEVÂNCIA RECONHECIDA DA QUESTÃO. SUSPENSÃO DA PERSECUÇÃO PENAL. 1. O crédito tributário constituído, mas com exigibilidade suspensa, pode ser objeto de persecução penal por crime tributário material, do art. 1º da Lei nº 8.137/90 – e, por extensão, por crime de apropriação indébita previdenciária, tendo em vista que a discussão posterior à constituição definitiva do tributo não tem o condão de afastar os efeitos desse lançamento, que até decisão contrária permanece válido e eficaz. 2. Tendo sido considerada nesta Corte inconstitucional a exigência do FUNRURAL por cooperativa agrícola e havendo julgamento da mesma matéria no STF, com quantidade de votos proferidos já próxima do reconhecimento da tese em igual sentido, é de se admitir a relevância da prejudicial argüida. 3. Acolhida a preliminar de suspensão do processo por até dois anos ou anterior julgamento do mérito pelo STF, com fulcro no art. 93 CPP. (APELAÇÃO CRIMINAL nº 2002.71.05.010330-2/RS, 7ª T., Rel. Des. Federal TADAAQUI HIROSE, Rel. p/ acórdão: Des. Federal NÉFI CORDEIRO, j. em 13.02.2007.)

[48] Antonio Lopes Baltazar (*Prescrição Penal...* p. 97) refere entendimento no sentido da possibilidade de a suspensão condicional do processo figurar como causa impeditiva da prescrição superveniente, nos casos em que, quando da promulgação da Lei 9.099/95, a sentença condenatória por fato que a nova lei admite o sursis processual estivesse já transitada em julgado para a acusação e pendente de recurso da defesa. Seria uma hipótese de aplicação retroativa da Lei 9.099/95, que, segundo o autor, em pouco tempo desapareceria.

[49] GIACOMOLLI, Nereu José. *Juizados Especiais Criminais...* p. 219.

Considerações finais

Em linhas gerais, e em apertada síntese, é possível concluir, da análise proposta, que também a prescrição da pretensão punitiva intercorrente, ou superveniente, está sujeita às hipóteses suspensivas do curso do prazo prescricional, com exceção, apenas, dos casos de suspensão condicional do processo, regulados pela Lei 9.099/95, da suspensão da prescrição decorrente do não comparecimento aos autos do réu citado por edital e da citação por carta rogatória.

No mais, tanto quanto a prescrição em abstrato ou a prescrição retroativa, e, também, a prescrição executória, a intercorrente pode ter o seu curso suspenso, se identificada hipótese em que o Estado esteja impedido de exercer o seu *ius puniendi*, como são os casos de pendência de solução em outro processo de questão da qual dependa a existência do crime, de cumprimento de pena no exterior ou, ainda, de sustação da ação penal por parte das Casas Legislativas.

A questão, porém, é ainda muito pouco enfrentada pela doutrina, o que gera, por consequência, uma quase ausência de posicionamento jurisprudencial dos tribunais, embora a inegável importância da matéria. Cumpre-nos, pois, incentivar a reflexão sobre o tema.

Referências bibliográficas

BALTAZAR, Antonio Lopes. *Prescrição Penal.* Bauru: Edipro, 2003.

BITENCOURT, Cezar Roberto. *Tratado de Direito Penal* – Parte Geral. 13.ed. São Paulo: Saraiva, 2008.

CARVALHO FILHO, Aloysio de. *Comentários ao Código Penal.* v. IV. Rio de Janeiro: Revista Forense, 1944.

DELMANTO, Celso; *et alli. Código Penal Comentado.* 6.ed. Rio de Janeiro: Renovar, 2002.

FERNANDES, Antonio Scarance. *Processo Penal Constitucional.* 5.ed. São Paulo: Revista dos Tribunais, 2007.

FRANCO, Alberto Silva; STOCCO, Rui. *Código Penal e sua interpretação.* 8.ed. São Paulo: Revista dos Tribunais, 2007.

GIACOMOLLI, Nereu. *Juizados Especiais Criminais.* 3.ed. Porto Alegre: Livraria do Advogado, 2009.

JESUS, Damásio E. de. *Direito Penal.* v. I. Parte Geral. 3.ed. São Paulo: Saraiva, 1978.

——. *Prescrição Penal.* 18.ed. São Paulo: Saraiva, 2009.

LOPES JR., Aury. *Direito Processual e sua Conformidade Constitucional.* v. I. 3.ed. Rio de Janeiro: Lumen Juris, 2009.

MARQUES, José Frederico. *Tratado de Direito Penal.* v. III. 1.ed. Atualizada. Campinas: Millennium, 2000.

MIRABETE, Júlio Fabbrini. *Manual de Direito Penal.* v. I. Parte Geral. 25. ed. São Paulo: Atlas, 2009.

NORONHA, Edgard Magalhães. *Direito Penal.* v. I. 24.ed. São Paulo: Saraiva, 1986.

NUCCI, Guilherme de Souza. *Código de Processo Penal comentado.* 6.ed. São Paulo: Revista dos Tribunais, 2007.

PEDROSO, Fernando de Almeida. *Direito Penal* – Parte Geral. v. I. 4.ed. São Paulo: Método, 2008.

PERUCHIN, Marcelo Caetano Guazzelli. A impositiva declaração da suspensão da pretensão punitiva do Estado, também quanto ao crime-meio eventualmente vinculado aos delitos previstos no art. 9º da Lei n. 10.684/03. In: *Lições de Direito Administrativo* – estudos em homenagem a Octavio Germano. GIORGIS, José Carlos Teixeira; GERMANO, Luiz Paulo Rosek (Orgs.). Porto Alegre: Livraria do Advogado, 2005.

PORTO, Antonio Rodrigues. *Da Prescrição Penal.* 5.ed. São Paulo: Revista dos Tribunais, 1998.

PRADO, Luis Regis. *Curso de Direito Penal Brasileiro.* v. I. 8.ed. São Paulo: Revista dos Tribunais, 2008.

RIBEIRO, Marcelo Roberto. *Revisitando alguns temas da prescrição.* In: Prescrição Penal – Temas atuais e controvertidos. v. 2. FAYET JÚNIOR, Ney (Coord.). Porto Alegre: Livraria do Advogado, 2009.

ZAFFARONI, Eugenio Raúl; PIERANGELLI, José Henrique. *Manual de Direito Penal Brasileiro.* v. I. Parte Geral. 6.ed. São Paulo: Revista dos Tribunais, 2006.

Tema VII

Comentários à lei (italiana) 251/2005: os novos prazos prescricionais direcionados ao delito de associação para delinquir de tipo mafioso

Ney Fayet Júnior

Paulo Fayet

Anotação inicial

Quando da promulgação da *Legge 5-12-2005, n. 251*, houve uma série de modificações em relação à matéria prescricional no universo jurídico italiano, inclusive quanto às penas e aos prazos da prescrição do tipo especial de "associação para delinquir de tipo mafioso", determinado no art. 416*bis* do CP peninsular.[1]

De acordo com a doutrina italiana, a lei especial em comento foi publicada na *Gazzeta Ufficiale* em 7-12-2005 e entrou em vigor no dia 8-12-2005, denominada, ao longo do trâmite legislativo, de Lei "ex-Cirielli", devido ao nome do Senador proponente, A. N. Edmondo Cirielli, o qual, após discordar de algumas modificações parlamentares realizadas no corpo do texto originário, resolveu desconhecer a criação do projeto, definindo-a, depois disso, como uma verdadeira *amnistia mascherata*. Não obstante isso, no que se refere ao delito de associação de tipo mafioso, existiu o recrudescimento das sanções cominadas e, por conseguinte, houve reflexos diretos na verificação prescricional.

Dessa forma, optou-se por detalhar, em um primeiro momento, os contornos a partir dos quais o Direito italiano estabeleceu uma regra de combate à associação para delinquir de tipo mafioso, bem como as instâncias de debate desse tipo penal com a matéria constitucional, e, após isso, avaliar quais os principais aspectos modificativos direcionados ao tema prescricional.

---

[1] O texto da *Legge 5-12-2005, n.* 251, modificador das penas do art. 416*bis* do CP italiano, naquilo que interessa a esse ponto pesquisado é o seguinte: "Art. 1. 2. All'articolo 416-bis del codice penale sono apportate le seguenti modificazioni: a) al primo comma, le parole: «da tre a sei anni» sono sostituite dalle seguenti: «da cinque a dieci anni»; b) al secondo comma, le parole: «quattro» e «nove» sono sostituite, rispettivamente, dalle seguenti: «sette» e «dodici»; c) al quarto comma, le parole: «quattro» e «dieci» sono sostituite, rispettivamente, dalle seguenti: «sette» e «quindici» e le parole: «cinque» e «quindici» sono sostituite, rispettivamente, dalle seguenti: «dieci» e «ventiquattro». 3. All'articolo 418, primo comma, del codice penale, le parole: «fino a due anni» sono sostituite dalle seguenti: «da due a quattro anni»".

1. Contornos normativos do delito de associação para delinquir de tipo mafioso (art. 416*bis* do Código Penal italiano)

Antes de 1982, a Itália combatia o fenômeno mafioso por meio do tipo penal de "associação para delinquir", determinado no art. 416 do CP, ferramenta legislativa que se apresentava amplamente ineficiente, na medida em que não trazia os contornos técnicos (e especializantes) necessários à adequação dos acontecimentos associativos vinculados à *mafia*.[2]

Passo adiante: a partir da vigência da Lei 646/1982, o "articolo 1" estabeleceu uma *fattispecie* acoplada ao art. 416, o art. 416*bis*, alcançando ao universo normativo um conceito do fenômeno associativo mafioso.[3] De acordo com a redação desse artigo, a associação é de tipo mafioso quando os agentes que fazem parte desse grupo se valem da força de intimidação do vínculo associativo (*forza di intimidazione*), além da condição de sujeição e submissão/omissão (*assoggettamento* e *omertà*) derivada de atos e atitudes praticados, para cometer delitos, para adquirir – de modo direto ou indireto – a gestão ou o controle de atividade econômica, concessão de autorizações, "empreitadas em serviços públicos ou para realizar lucros ou vantagens injustas por si ou por outros, ou então com o fim de impedir ou obstaculizar o livre exercício do voto ou de buscar votos para si ou para outros em pleitos eleitorais".[4]

Desde um primeiro momento, verifica-se que a norma de combate ao delito de associação mafiosa foi sistematizada a partir de conceitos abertos, permitindo, o legislador de 82, uma margem constante de inúmeras interpretações, justamente

---

[2] Nesse sentido, Giovanni Fiandaca: "Cominciando dal *processo genetico*, è noto che l'art. 416-*bis* c.p. deve la sua origine a una duplice motivazione: per un verso, all'esigenza di rimarcare anche simbolicamente, mediante la creazione di una apposita fattispecie associativa, il particolare disvalore della delinquenza di stampo mafioso; per altro verso, alla ritenuta necessità di superare le difficoltà probatorie che si erano tradizionalmente frapposte alla possibilità di ricondurre le associazioni mafiose al generale paradigma criminoso di cui all'art. 416 c.p.. A ben vedere, questa seconda motivazione di ordine probatorio non deve, tuttavia, far pensare che la lamentata insufficienza repressiva dell'associazione per delinquere «semplice» dipendesse realmente da una sua intrinseca inadeguatezza strutturale. A prescindere dal problema della ammissibilità, in termini di principio, di soluzioni legislative volte ad aggirare problemi di prova grazie a una diversa strutturazione della fattispeci sostanziale, i processi di mafia esemplificano «da sempre» un terreno di scontro, sul quale la stessa applicazione giudiziale dell norme incriminatrici finisce – in misura ben maggiore che in altri casi – col soggiacere a forti condizionamenti di ordine politico-ideologico e socio-culturale". FIANDACA, Giovanni, 1991, 19-20.

[3] A doutrina italiana apresenta a seguinte ponderação: "La formulazione del nuovo precetto penale ha costituito il frutto di una lunga e tormentata gestazione. All'origine di questa originale previsione normativa vi è stata innanzi tutto una convinzione che si era gradualmente fatta strada fra gli operatori del diritto e fra le forze politiche: la convinzione, cioè, che il genérico reato associativo di cui all'art. 416 c.p. fosse largamente inadeguato per reprimere la criminalità mafiosa, e che fosse necessario quindi introdurre una nuova figura di reato associativo ritagliata a misura di tale peculiare fenomeno." TURONE, Giuliano, 2008, p. 3.

[4] Conforme a transcrição, na parte final, proposta por MENDRONI, Marcelo Batlouni, 2009, p. 217. No texto original, esta é a redação: "3. L'associazione è di tipo mafioso quando coloro che ne fanno parte si avvalgono della forza di intimidazione del vincolo associativo e della condizione di assoggettamento e di omertà che ne deriva per commettere delitti, per acquisire in modo diretto o indiretto la gestione o comunque il controllo di attività economiche, di concessioni di autorizzazioni, appalti e servizi pubblici o per realizzare profitti o vantaggi ingiusti per sé o per altri ovvero al fine di impedire od ostacolare il libero esercizio del voto o di procurare voti a sé o ad altri in occasione di consultazioni elettorali."

para que, como resposta a esses delitos associativos de viés mafioso, se pudesse compor uma espécie normativa bastante abrangente, em proteção às situações nas quais o Estado italiano não conseguia processar e julgar os membros das associações de *stampo* mafioso em razão da dificuldade de apreciação da prova com a descrição do tipo penal existente.[5]

A mencionada dificuldade ainda existe por certo; e, em face do Direito brasileiro, ostenta uma complexidade em contraste com o princípio da legalidade (substancial), como se passará, de imediato, a enfrentar.

2. Apontamentos sobre a conceituação de associação mafiosa e o princípio da legalidade (substancial)

Pela leitura pontual do art. 416*bis* do CP italiano (de fato, a redação do artigo é bem mais ampla que aquela anteriormente citada e traz outros aspectos que, na abrangência deste estudo, se mostram desnecessários), registre-se, de plano, que a sua composição abrange uma carga estrutural que vai além do enfoque penal, apresentando uma "matrice piú sociocriminologica che penalistica",[6] a qual, aos poucos, foi sendo difundida no universo jurídico italiano para que fosse possível a aplicabilidade da norma.

Por via de consequência, essa opção legislativa trouxe um gravame atrelado ao princípio da legalidade substancial,[7] na medida em que a conceituação da associação para delinquir de tipo mafioso permite uma amplitude interpretativa que extrapola as raias meramente jurídicas e direciona o operador do Direito a um exercício complexo, a partir de uma exigência por vezes inatingível na apuração dessa modalidade delitiva.[8]

---

[5] Nesse sentido, expressão trazida por Gaetano Insolera: "Ad un primo sguardo la questione potrebbe apparire quasei paradossale: la già descritta genericità dell'art. 416, sotto il profilo dei delitti scopo e della struttura (sufficienza dell'organizzazione e dello scopo criminoso), avrebbe dovuto facilitarne l'applicazione ciò sopratutto rispeto alla ben più "ricca" fattispecie dell'art. 416 *bis*, introdotta nel 1982. Sensazione che, tuttavia, può attenuarsi se si pone mente al fatto che le problematiche applicative dell'art. 416 riguardavano principalmente l'acquisizione della prova in un contesto dominato dall'omertà, con il frequente esito assolutorio dei processi con formula dubitativa. Ancora un versante processuale capace di influenzare le scelte di incriminazione, quindi. Ed è significativo che quanto costituiva un ostacolo per l'accertamento del reato previsto dall'art. 416, divenga, nell'art. 416 *bis*, elemento costitutivo del metodo mafioso." INSOLERA, Gaetano, 2001, p. 21.

[6] Este é o texto completo: "Verosimilmente, questa scarsità di (espliciti) riferimenti legislativi si spiega considerando che la locuzione in esame ha una **matrice piú sociocriminologica che penalistica** e che soltanto di recente essa è andata diffondendosi nell'ambito del linguaggio corrente, dove peraltro mantiene un ampio alone di genericità che contrasta con quel principio di determinatezza che dovrebbe sempre informare la legislazione penale." FIANDACA, Giovanni, p. 10.

[7] Segundo a doutrina de Luigi Ferrajoli, "Se la prima rivoluzione si era espressa nell'affermazione dell'onnipotenza del legislatore, ossia del principio di mera legalità (o di legalità formale) quale norma di riconoscimento dell'esistenza delle norme, questa seconda rivoluzione si è realizzata con l'ffermazione di quello che possiamo chiamare il principio di 'stretta legalità (o di legalità sostanziale): ossia con la sottomissione anche della legge ai vincoli non più solo formali, ma sostanziale *imposti dai principi e dai diritti fondamentali espressi dalle costituzione*." FERRAJOLI, Luigi, 2001, p. 34.

[8] Com essa perspectiva, verifique-se a doutrina de Gaetano Insolera: "È proprio la logica del «doppio binario» ad imporre una costante riflessione sul bilanciamento tra principi, sostanziali e processuali, del diritto penale e

A norma de combate ao ilícito-penal de associação mafiosa, dessa forma, é contrária às determinações do princípio da legalidade; e é contrária à ordem constitucional, justamente pela sua indeterminação conceitual; entretanto, tem sido a ferramenta sustentada – há quase 30 anos – pelo Direito italiano, ainda que alguns autores continuem a indicar os perigos e as arbitrariedades de sua aplicação.[9]

3. Alterações sobre a matéria prescricional no Direito italiano e os novos prazos direcionados ao delito de associação para delinquir de tipo mafioso

No CP italiano, o tema da prescrição vem estabelecido a partir do art. 157,[10] considerado "una causa estintiva del reato ovvero della pena, legata al decorso di un certo periodo di tempo".[11] Na legislação anterior, apenas para que se possa visualizar a modificação havida na matéria, o "art. 157, comma 1" estabelecia a ocorrência da prescrição em: (a) 20 anos, se a reclusão não fosse inferior a 24 anos; (b) 15 anos, se a reclusão não fosse inferior a 10 anos; (c) 10 anos, se a reclusão não fosse inferior a 5 anos; (d) 5 anos, se a lei previsse reclusão inferior a 5

---

ragioni del loro sacrificio o della loro compressione nella lotta alla criminalità organizatta. Il nostro tema – quello di una definizione normativa di quest'ultima – diventa cosi preliminare. La pluralità di aree che ho cercato di indicare pone un'evidente questione di *legalità* nel momento in cui le conseguenze, sul piano della compressione delle garanzie, non corrispondano ad una precisa indicazione normativa, ma derivino da logiche di identificazione generiche ed instabili." INSOLERA, Gaetano, p. 27.

[9] "Però voglio aggiungere che il diritto penale liberale, i cui principi sono ancora quelli vigenti, almeno in teoria, nel nostro sistema punitivo, deve la propria origine storica a una distinzione fondamentale e programmatica tra i "nemici", oggetto di uma azione bellica, e gli "infrattori di norme penali", oggetto di una azione, appunto, penale, che è tutt'altro che una azione bellica. Il sistema della giustizia penale, nel nostro ordinamento giuridico, non è, come dice anche il nome, un sistema di guerra, anche se oggi il linguaggio bellico è quello più diffuso per indicare i suoi compiti ("guerra alla droga", "guerra alla corruzione", "guerra alla mafia"!). Non si può fare la "guerra" alla mafia con il diritto penale: non solo perché una "guerra" fatta solamente con questo strumento sarebbe, come è stato fino a poco tempo fa in Italia, perduta in partenza; ma anche perché il diritto penale non è uno strumento di guerra, bensi uno strumento giuridico di regolazione di obblighi, diritti e potestà che presidiano l'attribuzione di responsabilità a cittadini e l'uso della reazione punitiva nei confronti degli infrattori dichiarati tali secondo procedure stabilite". BARATTA, Alessandro, 1993, p. 120.

[10] É de ser considerado o apontamento da dogmática italiana sobre o tema da prescrição: "L'istituto della prescricione dà risposta al problema della rilevanza del tempo in ordine alle conseguenze di un commesso reato. I motivi che suggeriscono di collegare al decorso del tempo effetti di non punibilità appartengono al piano della ragionevolezza o della giustizia di una risposta punitiva temporalmente distanziata dal momento del fatto. Per generale consenso, il fondamento della previsione della non punibilità è il ritenuto affievolirsi delle ragioni (di prevenzione generale e speciale, o di giusta retribuizione) che giustificano la risposta penale. Di tale affievolirsi sono state date spiegazioni diverse; ma come è stato osservato, esse concorrono da diverse angolazione ad illuminare solo una parte del fenomeno e lê risposte che offrono possono apparire adeguate in alcuni casi, ma non in generale. Allá radice, il problema del decorso del tempo nella prescrizione à una questione di bilanciamenti, rimesse allá discrezionalità politica del legislatore, fra le ragione che fondano la risposta ad un dato reato e quelle che possono far ritenere preferibile 'dimenticare': «esigenze di certezza, di considerazione dei tempi di vita delle persone, dei tempi della memória sociale, di complessiva proporzione degli intervernti penali»." DODARO, Giandomenico, 2006, p. 1146.

[11] CADOPPI, Alberto; VENEZIANI, Paolo, 2007, p. 496. Conforme preceitua a doutrina de Francesco Antolisei, "il decorso del tempo attenua normalmente l'interesse dello Stato ad accertare il reato ed anche ad eseguire la pena che sai stata inflitta, interesse che viene meno con lo svanire del ricordo del fatto e delle conseguenze sociali di esso". ANTOLISEI, Francesco, 2003, p. 771.

anos, ou a aplicação simples de pena de multa; (e) 3 anos, se fosse prevista a pena de arresto; e, por fim, (f) 2 anos, se fosse prevista a pena *dell'emmenda*.[12]

Esse sistema de verificação dos prazos prescricionais foi modificado pela Lei 251/2005 e, a partir daquele ano, em face do estabelecido pelo novo "art. 157, comma 1",[13] a prescrição passou a extinguir o delito se passado o tempo correspondente ao máximo da pena cominada, ou mesmo a partir de tempo não inferior a 6 (seis) anos, em se tratando de *delito*, e não inferior a 4 (quatro) anos, no caso das *contravenções*, ainda que punidos somente com a determinação de pena pecuniária, situação que, segundo a doutrina, trouxe, paradoxalmente, nalguns casos, aumento do tempo prescricional; noutros, não.[14]

A doutrina italiana tem sido uníssona ao afirmar que a referida lei modificou, de forma considerável, as determinações do art. 157 do CP, tendo em vista que o art. 6° substituiu o critério de verificação do lapso prescricional *ordinario* (em abstrato): anteriormente, era analisado esse critério a partir de classes de delitos; a partir da modificação, como visto, passou a ser utilizado o mecanismo da pena máxima cominada, crime a crime, operação que se aproxima, nessa perspectiva, do modelo preferido pela legislação brasileira.[15]

Quanto ao delito de associação para delinquir de tipo mafioso, a partir da redação da Lei 251/2005, houve um aumento considerável das penas mínima e máxima, reconhecidamente elevado, segundo a doutrina.[16] Isso porque as penas passaram, quando o sujeito integrar uma associação mafiosa formada por três ou mais pessoas, de 3 (três) a 6 (seis) anos de reclusão para *5 (cinco) a 10 (dez) anos*, e, ainda, para aquele que promove ou comanda esse grupo, passaram de 4 (quatro) a 9 (nove) anos para *7 (sete) a 12 (doze) anos* de reclusão.

---

[12] Sobre o tema, esclarece Tullio Padovani que "L'emmenda è pena pecuniaria delle contravvenzione; consiste nel pagamento di una somma da 2 euro a 1.032 euro. I limiti cosi precisati valgono soltanto se la legge non dispone diversamente". PADOVANI, Tullio, 2006, p. 311.

[13] Por comodidade, esta é a redação original do texto legislativo: "Art. 6. – 1. L'articolo 157 del codice penale è sostituito dal seguente: 'Art. 157 (Prescrizione. Tempo necessario a prescrivere). La prescrizione estingue il reato decorso il tempo corrispondente al massimo della pena edittale stabilita dalla legge e comunque un tempo non inferiore a sei anni se si tratta di delitto e a quattro anni se si tratta di contravvenzione, ancorchè puniti con la sola pena pecuniaria. (...)'".

[14] De acordo com a doutrina italiana, "L'aver ancorato il termine di prescrizione allá pena massima prevista per ciascun reato comporta in alcuni casi degli aumenti dei termini di prescricione; in altri delle diminuizioni". IZZO, Fausto; SCOGNAMIGLIO, Paolo. La riforma della prescrizione. Commento orgânico allá Legge 5-12-2005, n 251 – ex Cirielli. Napoli: Esselibri, 2006, p. 27.

[15] A partir da implementação desse novo critério, em alguns casos haverá um alargamento do prazo prescricional, considerada a nova lei como *lex gravior* em relação aos anteriores parâmetros; e, ainda, noutras hipóteses, a nova lei trouxe uma redução do lapso, sendo, portanto, *lex mitior*, devendo retroagir para alcançar fatos cometidos anteriormente à data em que entrou em vigor a novel legislação.

[16] "Le nuove sanzioni stabilite dell'art. 1 della legge in commento prevedono: — la pena della reclusione da cinque a dieci anni (da sette a quindici se l'associazione è armata) nel caso di mera partecipazione all'associazione (...); — la pena della reclusione da sette a dodici anni (da dieci a ventiquattro se trattasi di associazione armata) per i promotori, diretori ed organizzatori. Trattasi di sanzioni indubbiamente elevate che però si giustificano con la gravità del fenomeno mafioso nel nostro Paese." IZZO, Fausto; SCOGNAMIGLIO, Paolo, 2006, p. 27.

Diante dessa alteração no regime de penas cominadas aos delitos de associação para delinquir de tipo mafioso, tanto para os agentes que apenas participam e compõem a formação mínima do grupo quanto àqueles que promovem, dirigem e organizam a associação delitiva, modificaram também os prazos prescricionais determinados no CP italiano.

Os cálculos prescricionais passaram a funcionar do seguinte modo: para delito de participação em associação mafiosa, agora está previsto um prazo de 20 (vinte) anos, que passa a ser de 30 (trinta) anos no caso de grupo armado; para o delito de promover, dirigir ou organizar associação de tipo mafioso, o prazo prescricional agora é de 24 (vinte e quatro) anos, e de 48 (quarenta e oito) anos se o grupo for armado, exatamente o dobro.[17]

Comentários conclusivos

A primeira consideração a ser realizada frente às modificações havidas na legislação italiana de 2005 é a de que o novo sistema de apuração do prazo prescricional, utilizando-se do critério da pena máxima cominada a cada crime, se aproxima do modelo brasileiro de verificação da prescrição *in abstracto*, abandonando, portanto, o modelo precedente, que dispunha de uma forma subjetiva de classes de gravidade dos delitos (separados por graus de apenamento indicados crime a crime), o que é mais seguro ao acusado, em razão da parcela objetiva que foi alcançada à matéria.

Assim, é de ser anotado que essa nova forma de apuração do prazo prescricional restou mais próxima de um juízo objetivo, que permite uma imposição coerente dos limites de imputação no que se refere ao tempo destinado à *persecutio criminis in juditio*.

No entanto, mais uma consideração deve ser feita neste momento: a inovação legislativa determinou, como visto, um limite mínimo de tempo prescricional não inferior a 6 (seis) anos, se se tratar de crime, e de 4 (quatro) anos, se se tratar de contravenção, o que transparece um exagero legislativo, mormente em razão dos critérios convencionados (Tratado de Roma) sobre o tempo razoável do processo.

Em relação ao delito de associação para delinquir de espécie mafiosa, objeto do presente estudo, a consideração a ser feita é a de que os prazos prescricionais foram dobrados, demonstrando um recrudescimento punitivo seguido contemporaneamente pelo legislador italiano, direcionado a essa modalidade de crime organizado de tipo mafioso.

---

[17] "Il delitto di cui all'art. 416*bis* c.p. rientra tra quei reati, per i quali ai sensi del nuovo art. 157, 6º comma, c.p. sono previsti termini di prescricione raddoppiati. Di conseguenza per la partecipazione all'associazione sono previsti termini di venti anni (di ventiquattro del caso di direzione), che diventano di trenta e quarantotto anni nel caso di associazione armata, mentre il testo precedente prevedeva un termine prescriozionale di quindici anni (venti anni nel caso di promozione, direzione ed organizzazione di associazione armata)." IZZO, Fausto; SCOGNAMIGLIO, Paolo, p. 29.

Bibliografia

ANTOLISEI, Francesco. *Manuale di diritto penale*. Parte generale. 17ª ed. Milão: Giuffrè, 2003.

BARATTA, Alessandro. La violenza e la forza. Alcune riflessioni su mafia, corruzione e il concetto di política. *In: Dei Delitti e delle Pene*, fasc. 2, nov. 1993. Torino.

CADOPPI, Alberto; VENEZIANI, Paolo. *Elementi di diritto penale*. Pádua: CEDAM, 2007.

DODARO. Giandomenico. Disciplina della prescrizione e retroatività della norma penale più favorevole. *In: Rivista Italiana di Diritto e Procedura Penale*. Milão: Giuffrè, Ano XLIX, Fasc. 03, jul/set. de 2006, [p. 1135-1148].

FERRAJOLI, Luigi. *Diritti fondamentali*. Un dibattito teorico. Roma: Laterza, 2001.

FIANDACA, Giovanni. Criminalità organizzata e controllo penale. *In: L`indice Penale*, vol. 25, fasc. 1, jan./abr. 1991. Padova.

INSOLERA, Gaetano. La nozione normativa di criminalità organizzata e di mafiosità: il delitto associativo, le fattispecie aggravanti e quelle di rilevanza processuale. In: *L'Indice Penale*, vol. 4, fasc. 1, jan./abr. 2001. Padova.

IZZO, Fausto; SCOGNAMIGLIO, Paolo. *La riforma della prescrizione. Commento orgânico allá Legge* 5-12-2005, n 251 – ex Cirielli. Napoli: Esselibri, 2006.

MENDRONI, Marcelo Batlouni. *Crime organizado*. Aspectos gerais e mecanismos legais. São Paulo: Atlas, 2009.

PADOVANI, Tullio. *Diritto penale*. 8ª ed. Milão: Giuffrè, 2006.

TURONE, Giuliano. *Il delito di associazione mafiosa*. Milano: Giuffrè, 2008.

Tema VIII

Da influência da prescrição penal sobre o processo administrativo disciplinar: entre a infração penal e a administrativa

Alexandre Schubert Curvelo

Introdução

Por decorrência da evolução jurídica por que passou a formatação do Estado, no andar do tempo, a importância (e presença) do Direito Administrativo no cotidiano é um dado inescusável: quer direta, quer indiretamente, todos, sem distinção, sofrem os seus reflexos, voluntariamente ou não. O âmbito de atuação da polícia administrativa, o conceito de serviço público e a amplitude das delegações de atividades pela Administração podem ser aspectos que, em parte, explicam e exemplificam essa evolução de que se fala,[1] relacionando transformações nos diferentes matizes da disciplina.

É certo que a amplitude de alcance do Direito Administrativo e a (relativa) diminuição dos aspectos relacionados à sua *exorbitância*, porém, fez com que

---

[1] O Direito Administrativo, como se sabe, constitui subsistema bastante jovem, se considerado o estágio de maturidade e o critério temporal de criação e consolidação, por exemplo, do direito privado. "Nascido" justamente no momento em que a Administração Pública deixou de ser seu próprio juiz, tendo, segundo apontam alguns autores, como certidão de nascimento a Lei 28 do Pluvioso (ZANOBINI, Guido, 1958. p. 47) ou, ainda, os princípios extraídos do *arrêt* Blanco (cf. nesse sentido CASSESE, Sabino, 2003). Desde o estudo do Direito Administrativo *clássico* (por Direito Administrativo clássico, no presente ensaio, deve-se entender o conjunto de estudos que conformam as primeiras bases da disciplina, mormente no período oitocentista. A disciplina fundada em regras "derrogatórias" do direito comum, em princípios próprios e de autonomia indiscutível, vem sofrendo uma sistemática e efetiva mudança de paradigmas; do estudo centrado na figura da Administração Pública [com base no entendimento predominante naquele contexto histórico-jurídico, o mestre Ruy Cirne Lima escreveu magistral artigo sobre o conceito fundamental do Direito Administrativo que, naquela concepção, dizia com o conceito de administração. Para ele, diversamente do que ocorria no Direito Privado, cuja atividade administrativa se apresentava multifária, no Direito Público a atividade pressupunha o encontro de um centro, alguma coisa que lhe atribuísse unidade: o Estado. Segundo o autor, o problema do domínio público e do patrimônio administrativo dizia respeito a problemas capitais da ciência do direito administrativo e, concluindo: "a fim de resolvê-los cabalmente há de referi-los a um conceito fundamental, e esse conceito fundamental, repitamo-lo, ainda uma vez, é o conceito de administração", entendimento este fundado, também, na conhecida síntese de Mayer, para quem "o direito administrativo é o direito próprio da administração". CIRNE LIMA, Ruy, 1948, p. 64]), passa o Direito Administrativo a primar pelo inarredável desiderato de dar condições para a implementação dos direitos fundamentais (do vetusto, mas necessário conceito na caminhada já referida, o Direito Administrativo propõe libertação da ideia de "conjunto de regras" relativas ao serviço público (Jèze), para assumir, vez por todas, a conceituação afinada com o pressuposto democrático vigente, para que seja, portanto, entendido como "sistema que regula as relações internas e externas da Administração Pública, as quais passam a ser conceituadas como as que se orientam não apenas por regras, mas pelo plexo sistemático de princípios, regras e valores, organicamente articulados e regentes da Administração Pública, de molde a respeitar e fazer respeitar os direitos e garantias fundamentais dos cidadãos" (FREITAS, Juarez, 2004, p. 85-86).

195

fossem levados a efeito erros de premissa, sobretudo quando se trata de enquadrar determinado instituto jurídico ao seu regime jurídico (peculiar). Mais ainda quando o objetivo é estabelecer um isolamento assimétrico e assistemático, causando problemas que vão desde a interpretação de seus dispositivos, construção de novas teorias e, por derradeiro, má aplicação de seus preceitos aos casos concretos, seja na esfera administrativa, seja na esfera judicial. Não por outro motivo é que referem os autores modernos a existência de uma nova dimensão do Direito Administrativo, designada de variadas formas tais como Administração "prospectiva" (Rivero, Nigro), "prefigurativa" (Nigro), "constitutiva", "social-constitutiva", "planificadora" (Tschira, Schmitt Glaeser, Brohm, Von Muench, Dirk Ehlers) ou 'infra-estrutural" (Faber, Parejo Alfonso, Stober).

O presente artigo, sem a pretensão de esgotar o âmbito de discussão a respeito do tema, enfrenta a incidência da prescrição penal sobre o processo administrativo disciplinar, partindo do pressuposto de que a relação jurídica (punitiva) decorrente dos regimes jurídicos administrativos, no contexto constitucional do Direito Administrativo brasileiro, determina a incidência de princípios e regras de garantia. No entanto, a despeito desta afirmação constituir, ainda, um dos elementos de construção de uma teoria ainda em fase embrionária, objetiva-se demonstrar problemas decorrentes da ausência de uma teoria da norma jurídico-administrativa, motivo pelo qual reside, um dos principais problemas a ser aqui enfrentado, a aplicação de conceitos da norma penal no âmbito dos processos administrativos disciplinares.

1. Das (inter)relações entre o Direito Administrativo e o Direito Penal

Um exercício bastante interessante e adequado aos preceitos básicos relacionados ao método do ensino jurídico (infelizmente, cada vez mais em desuso) reside em tratar, nos cursos, manuais ou programas de Direito Administrativo, das relações entre a disciplina e os demais "ramos" da ciência jurídica. O intento desse proceder, encontrado, na maioria dos casos, em obras publicadas no século XIX, consistia em identificar semelhanças ou apontar as distinções entre os diversos subsistemas, promovendo recortes, mas, por vezes, preservando certas unidades de uma aproximação que pudesse enfraquecer e/ou desconsiderar os elementos particulares. Nesse ponto, não há como deixar de considerar tudo quanto já foi escrito e reescrito na Teoria Geral do Direito a respeito da existência (ou não) de unidade no sistema jurídico. Dentro de um cenário de verificação da evolução doutrinária, em sede de Teoria Geral do Direito, destaca-se, por exemplo, a tópica jurídica (de Viehweg, Esser e Perelman, dentre outros) que coloca radicalmente a questão, mostrando-se definitivamente cética no que se refere à possibilidade de se obter a unidade sistemática, sem no entanto negar a importância do conceito de "sistema" para a teoria jurídica.

Não remanesce qualquer mínimo elemento de dúvida a respeito da desnecessidade de empreender grande esforço para que se reconheça a sistematicidade no direito, o que se evidenciou com a evolução das técnicas de interpretação (ainda hoje) aceitas e largamente utilizadas pela hermenêutica jurídica. E a unidade que se busca compreender reside na análise mais profunda em que os diferentes processos interpretativos devam se complementar e se exigir mutuamente, pois, é certo, mesmo entre aqueles que se mostraram céticos a respeito da possibilidade um sistema jurídico, reconhece-se que a ordem jurídica não pode dispensar, em certo nível, a unidade sistemática.

Ao discorrer sobre as relações entre o Direito Penal e o Direito Administrativo, constitui lugar comum, entre os manuais de ensino jurídico, referir a existência de uma proximidade no que se refere à subordinação e a definição do delito à conceituação de atos e fatos administrativos.[2] O que se vê, com clareza, é que muitos aspectos unem[3] ambos os subsistemas, ainda que por vezes a haja a completa desconstituição das características próprias de cada regime jurídico ao incidir sobre os institutos de direito ou, o que é pior, haja a indevida aplicação de conceitos de um para a aplicação noutro.[4]

O já aludido alargamento da influência (e a presença) do Direito Administrativo, fez com que alguns autores visualizassem esse fenômeno a partir de ponderações contrárias ao mesmo e, em certa medida, com preocupação. Para Zaffaroni e Pierangeli, por exemplo, as relações entre o Direito Penal e o Direito Administrativo tornaram-se problemáticas, inicialmente, tendo em vista uma tendência de ampliação do Direito Administrativo, supostamente, "às expensas do Direito Penal",[5] e, numa segunda tendência, com a verdadeira penalização de questões administrativas. Nem uma nem outra tendências podem ser completamente aceitas; seja porque a primeira é relacionada a uma propensão dita autoritária que teria por objetivo atrair para o regime jurídico administrativo as infrações penais militares e o direito contravencional, ou, ainda, ao referir a

---

[2] MEIRELLES, Hely Lopes, 1993, p. 31.

[3] A conexão com o Direito Penal ocorre de vários modos. A definição de certos delitos, notadamente dos considerados crimes contra a Administração Pública (CP, arts. 312 *usque* 327), depende de conceitos dados pelo Direito Administrativo, conforme acontece com a expressão "patrimônio público". Por outro lado, inúmeras normas penais em branco existem cuja interpretação depende das disposições administrativas. O delito previsto no art. 269 do CP (omissão de notificação de doença) só se configura se existente um rol de moléstias cuja notificação de ocorrência, por parte do médico, seja compulsória. O mesmo pode ser dito em relação a alguns crimes previstos na Lei federal 6.766/79 (Lei de Parcelamento de Solo Urbano). De fato, o delito só se configura se existente lei municipal dispondo sobre a implantação do loteamento ou desmembramento do solo para fins urbanos, desatendida pelo particular interessado no parcelamento. Essa matéria, parcelamento urbano, é de natureza administrativa, daí a interação. GASPARINI, Diógenes, 2009, p. 35. Para Sérgio de Andréia Ferreira, nas relações entre o Direito Administrativo e o Direito Penal, há de se considerar, primeiramente, o fato de que este dispõe, de modo especial, sobre ilícitos penais praticados por particular. Em tais casos, estão presentes conceitos de Direito Administrativo (como patrimônio público), sendo certo que, inclusive, alguns alterados pelo Direito Penal. O Direito Administrativo, outrossim, complementa o Direito Penal, no caso da chamada norma penal em branco, em que o preceito penal é integrado pelo regulamento administrativo. Outro aspecto fundamental das relações em pauta decorre do fato de que o Direito Administrativo também prevê ilícitos e comina penas. FERREIRA, Sérgio de Andréia, 1972, p. 14.

[4] É o caso, assaz de vezes ocorrente, em que indevidamente, na esfera administrativa do processo disciplinar, seja capitulada como crime conduta que, na esfera penal, revela-se atípica.

[5] ZAFFARONI, Eugenio Raúl; PIERANGELI, José Henrique, 2001, p. 148.

existência própria de um Direito Penal Administrativo, um Direito Penal fiscal e um Direito Penal econômico ou porque, de outro lado, não se mostra verdadeira a penalização de infrações administrativas. Na verdade, a situação apontada pela doutrina parece decorrer da existência de diversos aspectos capazes de unir, interligar, ambos os subsistemas jurídicos. É possível apontar, por exemplo, alguns aspectos que são comuns a ambos os subsistemas, como a nota característica do dever na relação jurídica, a influência do princípio da legalidade e a finalidade das normas jurídicas. Por outro lado, a partir da infração administrativa e do ilícito penal também é possível estabelecer traços comuns e diferenciadores entre ambos, o que será oportunamente tratado no presente ensaio.

1.1. A RELAÇÃO JURÍDICA NO DIREITO ADMINISTRATIVO E NO DIREITO PENAL

Para o Direito é comum ser compreendido o conceito de relação jurídica como sendo a expressão de um poder do sujeito sobre um objeto do mundo exterior.[6] No entanto, nessa concepção básica (e conceitual) não há referência às espécies de relacionamento no qual se suponha ao sujeito ativo um poder que se sobreponha à autonomia da vontade, considerado como sendo o vínculo de uma finalidade cogente. E o que se denomina poder "na relação jurídica, tal como geralmente entendida, não é senão a liberdade externa, reconhecida ao sujeito ativo, de determinar autonomamente, pela sua vontade, a sorte do objeto, que lhe está submetido pela dependência da relação jurídica, dentro dos limites do mesmo vínculo jurídico".[7] Nesse passo, para o Direito Administrativo, assim como se dá no âmbito do regime civil das relações privadas, concebe-se a ideia de uma obrigação jurídico-administrativa quando exigível em razão de finalidade que tem suporte na lei, ou melhor dizendo, no Direito.[8] Assim, a relação jurídica estabelecida sob os princípios e regras do Direito Administrativo sofre o influxo de uma finalidade inarredável, vinculada aos princípios que, no andar do tempo, foram justificando essa tonificada relação; desde as concepções autoritárias que marcaram o princípio da legalidade, passando pela noção de utilidade e interesse público, para, finalmente, ter como princípio básico, reitor e propulsor, e com verdadeiro conteúdo substancial, a dignidade humana.[9]

É preciso apontar para o fato de que, no contexto hodierno da dogmática do Direito Administrativo brasileiro, muito pouco se tem debatido a respeito da rela-

---

[6] CIRNE LIMA, Ruy, 1964, p. 51.

[7] CIRNE LIMA, Ruy, p. 51.

[8] SOBRINHO, Manoel de Oliveira Franco, 1983, p. 21.

[9] "Com razão, Bachof caracterizou a relação jurídica com um instituto que, mais do que qualquer outro, merece ocupar uma posição de destaque no direito administrativo. (...) Häberle é, inclusivamente, de opinião de que a relação administrativa se tornou num pilar de uma nova conformação sistemática da ciência jurídico-administrativa (...) caracterizava a importância assinalável da relação jurídica de 'organismo' em que o todo seria mais do que a soma das partes". WOLFF, Hans J.; BACHOF, Otto; STOBER, Rolf, 2006, p. 492. No mesmo sentido cf. PEREIRA DA SILVA, Vasco Manuel Pascoal, 2003, p. 150.

198

ção jurídico-administrativa, algo que, no contexto europeu do direito público, não tem sido relegado ao segundo plano, mas, ao contrário, bem delimita a fenda que demonstra a tradição do Direito Administrativo alicerçado na figura do ato administrativo para o contexto atual, em que a relação jurídica aparece como elemento de inarredável importância.

No curso do tempo, por meio dos mais diferentes modos de interpretação do conceito, amplitude e funcionalidade da relação jurídica para (ou no) o Direito Administrativo, se delinearam pelo menos quatro principais concepções: a) capitaneada por autores de estatura e importância inescusável para o positivismo jurídico, a exemplo de Kelsen e Merkl, essa linha da orientação doutrinária rejeitou a possibilidade de utilização do conceito de relação jurídica no domínio jurídico-administrativo. A despeito de não "desconhecer" da relação jurídica, Kelsen utilizou-se dessa designação para referir uma realidade de conteúdo absolutamente distinta, atribuindo a ela a função de fundamento da norma hipotética fundamental ("Grundnorm"), que constituía, como é cediço, o "pressuposto fundante de validade objetiva".[10] O que se verifica é que muito embora Kelsen, ao discorrer sobre o tema, tenha partido da noção de relação jurídica, na sequência, ele abandonou o conceito tendo em vista a própria "neutralidade" da norma jurídica. Na mesma linha, Merkl não concebia o conceito de relação jurídico-administrativa por desconhecer da possibilidade de coexistência de direitos subjetivos públicos com a ordem do direito positivo, baseada no pressuposto hierárquico deste sobre aquele;[11] b) a segunda corrente, por sua vez, em que pese não rejeitar a figura da relação jurídico-administrativa como hipótese abstrata, não se lhe atribuiu grande importância instrumental ou teórica, concebendo-a tão somente sob o signo (forte) do poder, constituindo-se a partir de pressupostos da verticalidade, do desequilíbrio característico das relações de poder, nota do Direito Administrativo "clássico". Assim "a relação jurídica de que falava a doutrina clássica era concebida como uma relação de poder, em que o particular não surgia como verdadeiro 'sujeito', mas apenas como o 'objecto' do poder administrativo ou, quando muito,

---

[10] "[u]ma norma jurídica não vale porque tem um determinado conteúdo, quer dizer, porque o seu conteúdo pode ser deduzido pela via de um raciocínio lógico do de uma norma fundamental pressuposta, mas porque é criada por uma forma determinada – em última análise, por uma forma fixada por uma norma fundamental pressuposta. Por isso, e somente por isso, pertence ela à ordem jurídica cujas normas são criadas de conformidade com esta norma fundamental. Por isso, todo e qualquer conteúdo pode ser Direito". KELSEN, Hans, 2000, p. 221. Na mesma linha, a doutrina brasileira interpretada a lição do mestre de Viena: "As normas que estatuem como criar outras normas, isto é, as normas-de-normas, ou proposições-de-proposições, não são regras sintáticas fora do sistema. Estão no interior dele. Não são metassistemáticas. Apesar de constituírem um nível de metalinguagem (uma linguagem que de diz como fazer para criar novas estruturas de linguagem) inserem-se dentro do sistema. Em rigor, uma norma N é metaproposição face à norma N', esta norma N', face à N'' é, por sua vez, metaproposição. Assim, a posição que uma norma ocupa na escala do sistema é relativa. Pode ser, a um tempo, uma sobrenorma e uma norma-objeto. Essa relatividade está expressa nos conceitos de criação e de aplicação: criar uma norma N'' é aplicar a norma N'; criar a norma N' é aplicar a norma N. A norma N, que funciona como a última no regresso ascendente, é a norma fundamental, que não provém de outra norma, que é norma de construção sem ser aplicação. O outro limite extremo encontra-se no ato final de execução da conseqüência jurídica, que não dá margem a nenhuma outra norma. O dever-ser alcançou, então, o último grau de concrescência, com a determinação individualizada do pressuposto e da conseqüência". VILANOVA. Lourival, 1997, p. 165.

[11] MERKL, Adolf Julius, 1987, p. 321-338.

era considerado como um simples 'sujeito passivo' de uma relação desequilibrada".[12] Outro não foi o tratamento dispensado ao tema por Mayer[13] e Jellineck;[14] c) uma terceira corrente sustentou a admissibilidade e a importância teórica e prática do instituto da relação jurídica, porém limitando seu âmbito de aplicação ao conceito de administração prestadora. Nesse sentido é a doutrina de Maurer para quem a relação jurídica deve ser aplicada "em domínios administrativos específicos", como o Direito da Segurança Social, o Direito das Subvenções, o Direito Fiscal, ou seja, no âmbito daqueles domínios que se referem a direitos e deveres de índole financeira;[15] d) por fim, a corrente doutrinária que concebeu a relação jurídica como sendo a noção central do "novo Direito Administrativo", ocupando a posição que anteriormente pertencia ao ato administrativo, segundo a dogmática tradicional.[16] Para autores como Fleiner e Gerster, principais defensores desse novo modelo, a relação jurídica é definida como a ligação constituída pelo direito entre dois ou mais sujeitos.

Alinhados os principais grupos que refletem o tratamento conferido ao instituto da relação jurídica no Direito Administrativo, é preciso insistir na importância do aludido conceito ante o fato de que "os direitos subjectivos dos indivíduos e dos grupos, para além dos aspectos substantivos, possuem ainda uma dimensão procedimental, a qual é cada vez mais importante na moderna Administração".[17] E isso porque assenta justamente na vertente procedimental dos direitos subjetivos a substancialidade que permite aos cidadãos, uma vez reconhecidos os direitos fundamentais no Direito Administrativo, não só participar dos processos decisórios da Administração Pública, mas, igualmente, exercer garantias no seio dos procedimentos sancionatórios. Nesse contexto "a relação jurídica tende a ser cada vez mais utilizada no domínio do Direito Administrativo, a fim de explicar as transformações no modo de relacionamento dos particulares com as autoridades administrativas" e "do ponto de vista dos princípios, pode-se dizer que a adopção da relação jurídica corresponde ao modo mais correcto de conceber o relacionamento entre a Administração e os particulares num Estado de Direito".[18] Tal perspectiva é amplamente amoldada (também) aos preceitos do Direito (Administrativo) disciplinar, na concepção por nos adotada e na sequência objeto de explicitação.

---

[12] PEREIRA DA SILVA, Vasco Manuel Pascoal, 2003, p. 152.

[13] Para o autor a relação jurídico-administrativa caracteriza-se pela vontade exteriorizada pelo Estado com a nota do poder juridicamente preponderante. MAYER, Otto, 1949, p. 114.

[14] Embora adotasse mais efetivamente a posição favorável à relação jurídica no Direito Administrativo, continuava o autor a manter a mesma linha de Kelsen, por entendê-la apenas no contexto de uma simples relação de poder, e, igualmente, por reconhecer que nem toda a relação jurídica estabelecida entre Estado e indivíduo é uma relação de poder. Para o autor, para que pudesse surgir uma relação jurídica era necessária a prática de um ato administrativo. *Apud* WOLFF, Hans J.; BACHOF, Otto; STOBER, Rolf, 2006.

[15] MAURER, Hartmut, 2001, p. 124.

[16] PEREIRA DA SILVA, Vasco Manuel Pascoal, p. 159.

[17] PEREIRA DA SILVA, Vasco Manuel Pascoal, p. 161.

[18] PEREIRA DA SILVA, Vasco Manuel Pascoal, p. 187.

Do ponto de vista do Direito Penal, da mesma forma, a relação jurídica assume potencial relevância. De acordo com Fragoso "diversamente do que ocorre com os demais ramos do Direito, em que o juízo se realiza no julgamento de uma relação jurídica, no Direito Penal julga-se o homem acusado da prática de um delito. A figura do réu domina o processo penal e está presente com a maior intensidade na motivação da sentença condenatória e na aplicação da pena".[19]

O sistema jurídico penal é marcado pela importância, em seu eixo central, da teoria geral do delito, constituindo, conforme aponta a doutrina, uma das principais dificuldades para formação de um sistema. Para tanto, costuma-se intentar a estruturação da totalidade de seus conhecimentos que compõe a teoria do delito em um todo ordenado e, desse modo, fazer visível simultaneamente a conexão interna dos dogmas concretos.[20] Nesse particular, a doutrina trabalha a partir de pelo menos uma conceituação genérica e comum a respeito do que supõe a conduta punível: *ação típica, antijurídica, culpável e que cumpre eventuais outros pressupostos de punibilidade.*[21] Mas até chegar a tanto, pode-se referir pelo menos o trajeto conquistado pelo debate acerca das teorias positivista-naturalista (ou clássica),[22] normativista[23] (ou neoclássicas) ou a tão aclamada teoria geral do crime finalista.[24]

---

[19] FRAGOSO, Heleno, 2010.

[20] ROXIN, Claus, 1997, p. 193.

[21] ROXIN, Claus, p. 195.

[22] A assim qualificada teoria geral do crime positivista-naturalista corresponde à primeira grande elaboração dogmática-sistemática do crime, nos finais séc. XIX e princípios do séc. XX, tendo por principais doutrinadores Liszt e Beling. Seu ambiente de desenvolvimento corresponde ao período de forte desenvolvimento do positivismo jurídico e pelo naturalismo, "nesta segunda metade do séc. XX, a crença, quase absolutizada, nas ciências naturais levou à transposição, para as ciências humanas e, portanto, para o direito, dos critérios, conceitos e métodos científico-naturais. E, como já foi referido, quando procurávamos caracterizar a chamada 'Escola Positiva', a este positivismo naturalista juntou-se o positivismo jurídico. Assim, natural foi que os primeiros grandes teorizadores da infracção criminal tivessem sido influenciados por esta reinante mundividência; como natural e adequada foi, e é, a designação de positivista-naturalista aplicada a esta primeira teoria geral do crime". CARVALHO, Américo A. Taipa de, 2004, p. 31. De acordo com esta teoria o crime seria constituído de quatro categorias, a ação, a tipicidade, a ilicitude e a culpa.

[23] A teoria geral do crime normativista ou "neoclássica" corresponde à reação normativista contra a concepção naturalista do crime, fundamentando-se na filosofia dos valores *neokantiana*, sendo desenvolvida nas primeiras décadas do séc. XX, notadamente por meio da escola do sudoeste alemão ou a conhecida escola de Baden (Rickert, Lask, etc); afirmavam seus defensores, que, ao considerar o Direito como pertencente ao mundo dos valores ou do dever ser, as categorias jurídicas não podiam deixar de ser normativas ou valorativas. Seu principal objetivo não foi alterar radicalmente a concepção normativista-naturalista, mas consistiu na atribuição de sentido ou conteúdo valorativo às categorias do crime consagradas pela escola positivista-naturalista. Dessa forma "relativamente ao conceito de acção, os normativistas mantiveram a concepção causalista da escola positivista-naturalista, continuando a considerá-la como comportamento humano modificador da realidade exterior, embora tal modificação passasse a ser assumida como negadora de valores. Só que, constatando a impossibilidade de reconduzir a este denominador (causalista) a omissão, alguns autores (p. ex. Radbruch) propuseram a substituição do conceito de acção pelo de realização do tipo legal (...) os conceitos de tipicidade e de ilicitude deixaram de ser vistos como meramente objectivos, iniciando-se o processo de subjectivação e normatização do tipo legal e do ilícito: ao lado dos elementos objectivos, começa a afirmar-se a existência de elementos subjectivos, e a ilicitude passa de mera antijuridicidade formal ou antinormatividade a antijuridicidade ou ilicitude material, isto é, a lesão dos bens jurídicos protegidos pelos tipos legais". CARVALHO, Américo A. Taipa de, p. 35.

[24] Criada pelo Welzel e, talvez, a mais difundida entre todas as teorias, surgida no pós-guerra, tendo ele por objetivo encontrar um fundamento ontológico e, portanto, pré-jurídico e mesmo pré-social, que vinculasse o direito

Ambos os subsistemas, a despeito das diferenças a partir das quais se constitui a relação jurídica, é preciso não perder de vista, também recebem uma análise comparativa que não raro serve justamente para realçar seus traços mais característicos. Desde sua concepção inicial, o Direito Administrativo, o seu reconhecimento (enquanto disciplina jurídica autônoma), e a revelação de seus institutos, quer direta quer indiretamente, não prescindiu de uma comparação com o direito privado, já consolidado nesse momento inicial. O mesmo ocorre, em certa medida, com o Direito Penal, notadamente no espaço em que ele se aproxima do administrativo, qual seja, na verificação da cogência da norma de direito público que impulsiona o âmbito de ambas as relações jurídicas, ou, ainda, pela nota marcante do princípio da legalidade. Segundo costuma apontar a doutrina "dado que el derecho penal, a diferencia del Derecho civil, no se basa en el principio da equiparación, sino en el de subordinación del individuo al poder del Estado (que se le enfrenta ordenándole mediante la norma penal), es parte integrante del Derecho público".[25]

Em ambos os regimes jurídicos, penal e administrativo, constitui elemento comum a cogência da norma jurídica de direito público e a reduzida importância da manifestação volitiva intencional para a caracterização de relações jurídicas ou para a formação da relação obrigacional,[26] embora, é claro, ele se mostre importante para seus reflexos e para algumas modalidades, a exemplo do contrato administrativo e da própria relação que se estabelece entre Estado e servidores, através do regime estatutário. No âmbito penal, os aspectos inerentes ao dever e à vontade propriamente falando, por sua vez, aparecem com funções *a posteriori*, diga-se, depois da incidência da norma jurídica e do estabelecimento da relação jurídica, e não propriamente para a sua formação.

1.2. DO PRINCÍPIO DA LEGALIDADE NO DIREITO ADMINISTRATIVO E NO DIREITO PENAL

No sistema de princípios constitucionais e infraconstitucionais que conformam o chamado regime jurídico-administrativo, avulta em importância, em primeiro lugar, o princípio da legalidade, que, por razões jurídico-históricas, está entre aqueles que ocupam posição de primeira ordem para os Estados de Direito.

No momento do recorte necessário ao entendimento da primeira quadra histórica do Direito Administrativo, era concebido o princípio da legalidade no sentido de que todo e qualquer ato da Administração Pública devesse ser expres-

---

e o legislador nas suas próprias decisões. Segundo ele, o comportamento humano é dirigido, essencialmente, à realização de uma finalidade.

[25] ROXIN, Claus, p. 43.

[26] Não é ponto controvertido o entendimento de que a concepção do termo obrigação não se limita à incidência apenas no direito privado, mas, ao contrário, é nítida em todas as relações jurídicas.

samente previsto como elemento de alguma hipótese normativa:[27] a norma devia, pois, fixar poderes, direitos, deveres etc., modo e sequência dos procedimentos e, de forma mais concreta e específica, sua finalidade, atos e efeitos em cada um de seus componentes, requisitos e hipótese de ocorrência. A isso se contrapunha o agir no âmbito privado, livre na sua autonomia.[28] Esse inicial modo de interpretar o princípio da legalidade, inegavelmente rígido e estanque, correspondia à concepção de poder administrativo (apenas) como Poder Executivo e, pois, da Administração (apenas) como execução.[29]

Entretanto, como, dessa forma, a Administração Pública não teria podido funcionar, exercer completamente seus desígnios, encontrou-se, ao menos, uma válvula: a discricionariedade administrativa[30] e as ordens da necessidade, válidas para atos administrativos a serem adotados em circunstâncias previamente estabelecidas e, de certo modo, extraordinárias.

Na experiência jurídica contemporânea, o princípio da legalidade assume significado diverso, mais limitado, em certo aspecto, porém mais afinado, sob outro: atém-se à atividade administrativa enquanto esta se exprime em atos que possuem um conteúdo impositivo. Assim, podemos referir[31] que o valor do princípio da legalidade modificou-se sendo hoje muito mais que uma regra do conteúdo da atividade administrativa, uma regra do seu limite, inserindo-se na dialética existente entre *autoridade* e *liberdade*.[32] Diversas as questões que emergem da

---

[27] *"In sua prima enunciazione, esso era concepito nel senso che ogni atto ed elemento di atto dell´amministrazione pubblica dovesse essere espressamente previsto come elemento di una qualche ipotesi normativa".* GIANNINI, Massimo Severo, 1993, p. 87.

[28] *"Alors que le droit civil est marqué par le principe d'autonomie des relations entre personnes privées (Privatautonomie) et que, par suite, il est axé précisément sur le contrat, considéré comme moyen d'aménagement des rapports entre individus (Gestaltungsmittel), le droit administratif est dominé par le principe de **légalité**. Les règles juridiques s'imposant à l'administration régissent de plus en plus étroitement les rapports qu'elle a avec le citoyen, comme le montre l'extension du domaine réservé à la loi, la soumission croissante du pouvoir discrétionnaire à des règles de droit, la reconnaissance de droits subjectifs et le développment de la protection juridictionelle".* MAURER, Hartmut, 1994, p. 378-379, n. 25, 'c'.

[29] "Administrar é aplicar a Lei de ofício". FAGUNDES, Seabra, 1979, p. 4-5. Na mesma linha, quadra escorreito conceito de ato administrativo vinculado: "a conduta do agente público estabelecendo de antemão e em termos estritamente objetivos, aferíveis objetivamente, quais as situações de fato que ensejarão o exercício de uma dada conduta e determinando, em seguida, de modo completo, qual o comportamento único que, perante aquela situação de fato, tem que ser obrigatoriamente tomado pelo agente. Neste caso, diz-se que existe vinculação, porque foi pré-traçada pela regra de Direito a situação de fato, e o foi em termos de incontendível objetividade". BANDEIRA DE MELLO, Celso Antonio, 2008, p. 18.

[30] "Embora seja comum falar-se em 'ato discricionário', a expressão deve ser recebida apenas como uma maneira elíptica de dizer 'ato praticado no exercício de apreciação discricionária em relação a algum ou alguns dos aspectos que o condicionam ou que o compõem'. Isso porque o que é discricionária é a competência do agente quanto ao aspecto ou aspectos tais ou quais. Logo, reside a verdadeira questão em saber-se sobre o que poderá incidir a correção judicial do ato e sobre o que não poderá incidir, sob pena de invadir esfera da alçada do Executivo. Naquilo que estiver em causa aspecto discricionário, só cabe juízo administrativo não havendo espaço, então, para juízo de legalidade". BANDEIRA DE MELLO, p. 23.

[31] GIANNINI, Massimo Severo, 1993, p. 84.

[32] "Quanto maior a importância do preceito, menor deverá ser a margem de liberdade por ele deixado à Administração, como executante (no plano da emissão de regulamentos, como no da prática de actos concretos), para livremente escolher pressupostos de decisão ou fixar o respectivo conteúdo". CORREIA, José Manuel Sérvulo, 1987, p. 53. "O princípio da liberdade, que norteia a vida privada, conduz à afirmação de que tudo que não es-

compreensão do princípio da legalidade em matéria disciplinar, que vão desde a discussão acerca da aplicação do subprincípio da tipicidade à norma administrativa até a suposta (inexistente, diga-se)[33] discricionariedade na aplicação da punição administrativo-disciplinar.

No subsistema jurídico-penal, parte-se da premissa de que o Estado de Direito deve proteger os indivíduos não apenas por meio do Direito Penal, mas também do Direito Penal, o que se verifica que o sistema de normas não apenas deve dispor de métodos e meios adequados para a prevenção ao cometimento do delito, devendo também impor limites ao exercício da potestade punitiva, não deixando cidadão desprotegido, mercê da uma intervenção arbitrária e excessiva do Estado,[34] e nisto residiria uma das principais funções do princípio da legalidade.

No Estado de Direito, apontam-se para dois postulados básicos, decorrentes do princípio da legalidade: *nullum crime sine lege* e do *nulla poena sine lege*, ambos de indiscutível aplicação e incidência no Direito Penal. São apontados pela doutrina, com algumas variantes, pelo menos quatro consequências do princípio da legalidade: i. a proibição de analogia (*nullum crimen, nulla poena sine lege strictu)*, ii. a proibição de direito consetudinário para fundamentar e agravar a pena (*nullum crimen, nulla poena sine lege scripta)* iii. proibição de retroatividade da norma penal (*nullum crimen, nulla poena sine lege praevia)* e iv. a proibição de leis penais e penas indeterminadas (*nullum crimen, nulla poena sine lege* certa).

Dentro de um cenário de compreensão mínima a respeito da própria concepção inerente ao Estado de Direito, o que se tem é que o princípio da legalidade, tanto em um quanto em outro subsistema jurídico, encerra a ideia de norma-garantia, de proteção, e, acima de tudo, em nosso sistema constitucional, de direito fundamental.[35]

1.3. ASPECTOS RELEVANTES DA INFRAÇÃO (OU DO ILÍCITO) ADMINISTRATIVA(O) E O COTEJO A PARTIR DO DIREITO PENAL

É possível dizer que infração e ilícito constituem formulações genéricas e abstratas, categorias jurídicas ou institutos de direito cuja aplicação incide sobre

---

tiver disciplinar pelo direito está abrangido na esfera de autonomia. Portanto, a ausência de disciplina jurídica é interpretada como liberação para o exercício de escolhas subjetivas. (...) Quando se consideram as relações regidas pelo direito público, a situação se altera. Assim se opõe porque o exercício de competências estatais e de poderes excepcionais não se funda em alguma qualidade inerente ao Estado ou a algum atributo do governante". JUSTEN FILHO, Marçal, 2009, p. 130.

[33] Inexiste aspecto discricionário (juízo de conveniência e oportunidade) no ato administrativo que impõe sanção disciplinar. Nestes casos, o controle jurisdicional é amplo e não se limita a aspectos formais (Precedentes: MS nº 12.957/DF, 3ª Seção, Rel. Min. Napoleão Nunes Maia Filho, DJe de 26/9/2008; MS nº 12.983/DF, 3ª Seção, DJ de 15/2/2008). (MS 13.716/DF, Rel. Ministro Felix Fischer, 3ª Seção, j. em 15/12/2008, DJe 13/02/2009.)

[34] ROXIN, Claus, p. 137.

[35] Art. 5º – Todos são iguais perante a lei, sem distinção de qualquer natureza, garantindo-se aos brasileiros e aos estrangeiros residentes no País a inviolabilidade do direito à vida, à liberdade, à igualdade, à segurança e à propriedade, nos termos seguintes: (...) II – ninguém será obrigado a fazer ou deixar de fazer alguma coisa senão em virtude de lei; XXXIX – não há crime sem lei anterior que o defina, nem pena sem prévia cominação legal.

os diferentes subsistemas, a exemplo do civil, penal e administrativo, sofrendo com as peculiaridades de cada um desses regimes jurídicos. Fala-se, em Teoria Geral do Direito, no enquadramento do ilícito na categoria dos fatos jurídicos, algo que, no entanto, precisa de maiores esclarecimentos para que se possa bem compreender a questão.

Tradicionalmente, concebia-se o ilícito como um elemento exógeno ao Direito, ou, ainda, a antítese do Direito; nesse cenário, os imperativistas não poderiam admitir como possível de enquadrar-se como jurídica conduta que não se amoldava ao esquadro definido pelo comando normativo. Não destoou a posição do jusnaturalismo e do sociologismo, tendo em vista que ambos não atribuíram caráter jurídico ao oposto pela lei natural ou aos padrões culturais acatados pela sociedade. Costuma-se atribuir a Kelsen o enquadramento do ilícito para o Direito no momento em que passou a conceber o fato ilícito como condição para a sanção.[36] A sua teoria pura, contudo, apenas reforçou o aspecto "patológico" do jurídico, atribuindo à ilicitude a verdadeira condição para o ingresso no mundo jurídico, uma vez que considerava a norma jurídica como sendo um juízo hipotético ou condicional, que se expressa pela conhecida fórmula: "dada a não prestação deve ser a sanção". A diferença fundamental da teoria pura para a teoria egológica, elaborada pelo jusfilósofo argentino Cossio, reside, exatamente, nesse aspecto fundamental: enquanto Kelsen concebia o *ilícito* e a *sanção* como os modos essenciais do Direito, Cossio consegue ampliá-los, abrangendo também a *faculdade* e a *prestação*. Para tanto, descreve a norma jurídica como um juízo disjuntivo, assim definido: dado o fato temporal deve ser a prestação, ou, dada a não prestação deve ser sanção. O ilícito equivale à não prestação e consiste justamente na negação da conduta devida como dever jurídico enunciado na primeira parte do juízo disjuntivo, segundo Cossio; trata-se, assim, de conceito puro que abrange os ilícitos civil e penal.[37]

Constitui lugar comum na doutrina jurídico-penal relacionar o objeto do crime ao "bem jurídico", ou seja, a um interesse juridicamente protegido pela norma penal. Nesse contexto, o bem jurídico seria preexistente à construção normativa, decorrendo de escolha do legislador a eleição de quais "valores" seriam dignos de proteção da tutela penal. E em função disso que o crime constituiria, segundo Fiandaca e Albeggiani, *"offensa significativa a beni constituzionalmente rilivan-*

---

[36] Para a teoria tradicional – escreve Kelsen – o fato ilícito é uma violação ou uma negação do direito, um fato contrário ao direito que se encontra, portanto, fora do direito. O fato ilícito não pode, entretanto, tornar-se um objeto da ciência jurídica, a menos que ela veja nele um elemento do direito, um fato determinado pelo direito, ou seja, a condição de uma consequência determinada pelo Direito. Definindo o fato ilícito como condição da sanção, a teoria pura o introduz no próprio interior do sistema do direito. *Apud* MACHADO NETO, Antônio Luís, 1975, p. 184.

[37] Para Orlando Gomes, "A ação contrária do Direito pode ser praticada sem que o agente saiba que está agindo ilicitamente. Não obstante, o ato que pratica não é ato ilícito, apesar de sua natureza antijurídica. Pouco importa que a lei imponha uma sanção ao transgressor, mesmo que seja equivalente à que sofreria quem agisse com pleno conhecimento de causa. Substancialmente, o ato não será ilícito. Para que assim se apresente, é preciso que a infração seja cometida, tendo o infrator conhecimento da natureza ilícita do ato. Exige-se, numa palavra, que tenha culpa. Desse modo, a antijuridicidade subjetiva é que constitui o ato ilícito". GOMES, Orlando, 2001, p. 366.

te", em função do que, acrescenta Reale Jr., "pelo que da própria Constituição se extrai também o princípio da 'ofensividade', o qual indica que o crime só pode ser lesão ou efetiva colocação em perigo de um bem jurídico".[38] E já constitui dado inarredável da história jurídica as tentativas de distinção e aproximações entre o ilícito administrativo e o penal.[39]

É certo que para observar esses diferentes momentos pelos quais o debate se desenvolveu, importa partir da premissa segundo a qual as esferas de responsabilização, cível, penal e administrativa, constituem realidades distintas, regidas por regras jurídicas de não comunicabilidade, ressalvadas algumas exceções. Para Hungria:

> Se nada existe de substancialmente diverso entre ilícito administrativo e ilícito penal, é de negar-se igualmente que haja uma pena administrativa essencialmente distinta da pena criminal. (...) A única diferença, também aqui, é puramente quantitativa (de maior ou menor intensidade) e formal: as penas administrativas (de direito penal administrativo) são, em geral, menos rigorosas que as criminais e, ao contrário destas, não são aplicadas em via jurisdicional, isto é, não vigora o respeito ao delas o princípio *nulla poena sine judicio* ou *memo danetur nisi per legale judicum*. É inaceitável o argumento de Battaglini, segundo o qual este critério formal tem valor essencial, dado que não há pena onde não há juízo penal. A rebatida de Rocco inutiliza semelhante raciocínio: o que se deve dizer é que, em tal caso, não há direito judiciário penal.[40]

No curso do tempo, alguns autores procuraram aproximar a responsabilidade disciplinar (ou administrativa) da civil, pondo em relevo a existência de uma suposta analogia entre ambas.[41] Da mesma forma, grassaram teses de que as responsabilidades penal e administrativa deveriam integrar um ramo jurídico único, pois teriam o mesmo caráter,[42] o que também foi reforçado por autores que procu-

---

[38] REALE, Miguel, 2002, p. 86.

[39] Entre nós, Nélson Hungria (1945, p. 17 e segs.) admite que o legislador usa um critério de oportunidade, só recorrendo à pena quando a conservação da ordem jurídica não possa vir a ser obtida com outros meios de reação, conforme lição de Binding. No mesmo sentido, Magalhães Noronha (2000, p. 121) também ensina inexistir distinção ontológica entre elas, tratando-se de um problema valorativo. Cabe ao legislador indicar as ofensas mais graves, que mais seriamente atentam contra os interesses sociais, reservando para essas a sanção penal. Teixeira de Freitas teve oportunidade de focalizar o problema, distinguindo os ilícitos apenas pelo seu aspecto extrínseco: A palavra delito, na sua acepção ampla, significa toda a violação de direitos; em sua significação menos ampla, significa toda violação de direitos com intenção malévola; em significação restrita, significa toda a ação ou omissão voluntária contrária à lei penal. Sem restringir-se à significação da palavra delito, não seria possível traçar-se a linha de separação entre o Direito Civil e o Direito Criminal. A primeira acepção é amplíssima. Confrontada com as duas que seguem em escala descendente, serve para, no Direito Civil, extremar as obrigações *ex delicto* de todas as outras obrigações dos contratos e quase-contratos. As outras duas acepções separam o Direito Civil do Direito Criminal. O Direito Civil trata somente do delito pelo lado da reparação do dano causado, ou o delito seja reprimido pela legislação penal, ou não seja. Se há uma pena decretada pela lei penal, o delito é de Direito Criminal (AZEVEDO, Vicente de Paulo, 1934, p. 13).

[40] HUNGRIA, Nélson, p. 24-31.

[41] Neste sentido, com relevo histórico, foram as anotações de Pfeifer, Laband, Pancinotti, as quais, como bem refere a doutrina pátria, "atualmente, elas não encontram repercussão no campo da doutrina". (MASAGÃO, Mário, 1968, p. 274.)

[42] Neste sentido as teorias de Mayer, Binding e Bachof. Este último, por exemplo, assevera: "o direito administrativo e o direito penal não são certamente idênticos. No entanto, uma série de sobreposições que resultam da aproximidade material de ambas as matérias jurídicas na relação do Estado com o cidadão. (...) Na seqüência, relacionando o direito administrativo como 'pretexto' para o direito penal, aduz (...) o direito administrativo reflecte-se no direito penal, na medida em que oferece padrões para a determinação material das respectivas

raram aproximar o "direito disciplinar" do Direito Penal, sob o fundamento de que ambos obedecem aos mesmos princípios diretores: a finalidade social, e empregar meios idênticos, isto é, a sanção com caráter exemplar e repressivo.[43]

No âmbito doutrinário do Direito Administrativo, com acerto didático, pode-se apontar para distinções entre o ilícito penal e o administrativo, a partir da seguinte formulação: enumera quatro hipóteses possíveis de ocorrência de ilícitos administrativos: a) em primeiro lugar, aduz existir o *ilícito penal administrativo puro disciplinar*, que atenta contra os princípios da hierarquia e subordinação, sem, entretanto, caracterizar qualquer infração penal (insubordinação, p.ex.); b) em segundo lugar, para o *ilícito administrativo puro funcional* (ou não disciplinar), que fere a boa ordem do serviço público, não envolvendo matéria referente à hierarquia ou relação de subordinação (participar de gerência, comércio na repartição etc.); c) *ilícito administrativo criminal disciplinar*, que envolve comportamento relacionado à hierarquia, mas também tipificado na lei penal (desobediência; ofensas físicas contra superior, em serviço etc.); d) *ilícito administrativo criminal funcional* (ou não disciplinar), que, tipificado como crime, não constitui, todavia, infração que atenta contra a hierarquia (p. ex. abandono de cargo, advocacia administrativa).[44]

Quer se aponte para o problema de ausência de definições mais precisas para que se possa referir a inexistência de critérios seguros para o estabelecimento de uma verdadeira distinção entre o ilícito penal e o administrativo, tanto em um, quanto em outro modo (crítico) de análise dos institutos estar-se-á tratando do tema adequadamente. E isso porque o direito positivo pátrio não deu qualquer margem de interpretação que não levasse à única e arredável conclusão, qual seja, a de absoluta distinção entre as esferas de responsabilização, cível, penal e administrativa. Cada qual, de acordo com o que foi determinado pelo sistema jurídico vigente, amplamente assentido pela doutrina e corretamente aplicado pela jurisprudência, obedece a princípios e regras próprias, que, em diversos momentos de análise dos principais institutos a ela inerentes, podem apresentar traços comuns aplicados indistintamente, porém sem afetar autonomia entre as respectivas esferas.

2. Da relação jurídico estatutária e o regime (disciplinar) punitivo

A natureza da relação jurídica estabelecida entre servidores públicos e Estado, historicamente, constitui ponto controverso em sede dogmática. Proliferaram-se, inicialmente, diversas teorias, podendo dividi-las entre *unilaterais* e *bilaterais*.

---

normas de direito penal. Fundamentalmente, trata-se do facto de a apreciação jurídico-administrativa também ser relevante para o direito penal. Nesta forma de acessoriedade jurídico-administrativa, está sempre a punição do não cumprimento de deveres de direito administrativo. Por conseguinte, a globalidade dos pretextos de direito administrativo são direitos dos efeitos jurídicos, em sentido elevado, ou seja, ilícito administrativo criminalizado e orientado para a realização jurídico-administrativa". WOLFF, Hans J.; BACHOF, Otto; STOBER, Rolf, 2006. LÉGAL, Alfred. GRESSAYE, Jean Brethe, 1938, p. 37-72.

[43] LÉGAL, Alfred. GRESSAYE, Jean Brethe, p. 37-72.

[44] ARAÚJO, Edmir Netto de, 2005, p.475.

As doutrinas estruturadas a partir do entendimento de que o Estado estabeleceria unilateralmente o vínculo jurídico com seus servidores (e, portanto, rechaçando a existência de qualquer elemento contratual) têm representação mais efetiva nas teorias da *coação legal* e da *situação legal ou regulamentar.*[45]

As teorias que a consideram uma relação bilateral podem ser classificadas em pelo menos três grupos: i. aquelas que entendem se tratar de um contrato de direito privado; ii. aquelas que entendem se tratar de um contrato de direito misto; e iii. aquelas que entendem se tratar de um contrato de direito público. O entendimento que domina o fundamento do primeiro grupo reside no reconhecimento de que o caráter contratual da relação jurídica entre Estado e servidor não se estabelece sem a livre manifestação de vontade do indivíduo e da vontade (qualificada pela lei) do Estado, qualificando a relação a partir de regras típicas do direito privado, e não do direito público. Não é preciso empreender maiores esforços para concluir que a aludida teoria não encontrou maior respaldo, senão a reconhecida utilidade histórica. Por seu turno, as teorias do mandato e da locação de serviços, no curso do tempo, foram objeto de discussão e análise por importantes autores. A primeira ao sustentar que o contrato de Direito Civil qualificado como mandato caracterizaria a relação existente entre Estado e servidor por semelhança, tendo em vista o fato de que o mandatário representa o mandante (e em seu nome pratica determinados atos, mediante remuneração fixada); e isso ocorreria na relação entre Estado e funcionário, atuando este na representação daquele, recebendo o "estipêndio" para tanto. Por sua vez, a teoria da locação dos serviços entende que é essa modalidade contratual que ligaria o funcionário ao Estado, ou seja, seria prestado um serviço pelo "funcionário" e em contrapartida receberia ele um pagamento, como qualquer locador.

Na falência da teoria da locação surgem, posteriormente, autores que, convencidos de que a relação jurídica entre funcionário e Estado é puramente contratual (porém, presos ao preconceito de que o contrato é figura do direito privado, o qual não pode disciplinar peculiaridades da situação do funcionário) regida pelo direito público, criando um novo enfoque, a partir do entendimento de que se

---

[45] Entre os autores que preconizam a prefalada teoria, citem-se Waline, Bonnar, Laubadère, o que se explica, no sistema francês, pela Lei de 19 de outubro de 1946, art. 5, que estabelecia o seguinte: (...) está o funcionário em face da Administração, em uma situação estatutária e regulamentar. Os argumentos contrários a essa teoria residem, principalmente, na noção de que o contrato não supõe necessariamente a possibilidade de paridade na estipulação das cláusulas pelos contratantes e na legitimidade da possibilidade de alteração do vinculo, tendo em vista a preservação dos direitos já incorporados ao patrimônio jurídico dos servidores. Segundo Chapus, *"la question de savoir si la fonction publique devait être dotée d'un statut tout à la général et législatif a été une question fréquemment à l'ordre du jour sous la IIIe République et la revendication d'un tel statut a été constante de la part de diverses organizations de fonctionnaires. Il a fallu attendre longtemps pour que cette revendication soit satisfaite par une intervention législative adéquate. Mais quand cette intervention s'est produite, elle a marqué une date, celle qui aujourd'hui encore compte le plus, dans l'histoire de la fonction publique : non seulement parce qu'était enfin satisfaite une attente logtemps déçue, mais aussi parce que le droit de la fonction publique s'en trouvait profondément renouvelé dans son esprit et son contenu. Précéde par les importantes dispositions de l'ordennace législative du 9 octobre 1945 (et de multiples décrets de la même date), la loi du 19 octubre 1946, par laquelle l'aspiration à un géneral et législatif de la fonction publique a éte satisfaite, a sans conteste ouvert une ère nouvelle"*. CHAPUS, René, 2001, p. 76.

tratava de um contrato misto, disciplinado, a um só tempo, pelo direito privado e público.[46]

Na atualidade, o regime constitucional pátrio prevê pelo menos três tipos de vínculos jurídicos que se estabelecem entre a atividade material de trabalho prestada ao Estado: o estatutário (que foram tradicionalmente denominados funcionários públicos, expressão atualmente descartada pela CF), os celetistas[47] (ou trabalhistas, ocupantes de empregos públicos) e os temporários.[48] Essa pluralidade de regimes apenas faz ressaltar a nota diferenciadora da relação estatutária, seja pelo traço marcante da incidência do regime de Direito Administrativo seja pela inexistência de qualquer lidimo elemento contratual.[49] E as distinções reconhecíveis para estabelecer os diversos enquadramentos jurídicos para diferenciar servidores e as demais modalidades de pessoas que exercem atividade material de trabalho vinculada ao Estado decorrem ou diretamente das normas administrativas ou da interpretação destas a partir dos comandos constitucionais aplicáveis.[50]

Os regimes estatuários, das diferentes unidades da federação, preveem capítulos específicos disciplinando deveres e (imputando) responsabilidades para os servidores públicos. Seguindo a divisão determinada Lei 8.112/90, Estatuto Federal dos servidores públicos, o que se tem, primeiramente, é a estipulação dos chamados deveres (Título IV, Capítulo I, art. 116) e, ato contínuo, as proibições (art. 117) imputáveis. A violação dos preceitos relacionados tanto no primeiro como no segundo artigo ensejam a responsabilidade administrativa do servidor.[51]

Relacionado ao regime disciplinar sempre esteve atrelada à condução da relação jurídica, pelo Estado, o reconhecimento de um *poder*, conceituado, inicialmente como sendo "a faculdade de punir internamente as infrações funcionais dos servidores e demais pessoas sujeitas à disciplina dos órgãos e serviços

---

[46] Segundo MEUCCI: "a relação entre a administração pública e seus funcionários pode dizer-se de direito civil especial, e, na sua especialidade, de ordem e de direito político." (*Apud* MASAGÃO, Mário p. 165.)

[47] De natureza contratual, regida pela Consolidação das Leis do Trabalho.

[48] Submetidos a um regime excepcional, nem protegidos pela CLT, nem tampouco pelo regime estatutário. Possuem direitos previstos na lei de criação, contratação essa que, além de excepcional e precária, atende a necessidades específicas de caráter temporário.

[49] "Regime estatutário é o conjunto de regras que regulam a relação jurídica funcional entre o servidor público estatutário e o Estado. Esse conjunto normativo (...) se encontra no estatuto funcional da pessoa federativa. As regras básicas devem estar contidas na lei; há outras regras, todavia, mais de caráter organizacional, que podem estar previstas em atos administrativos, como decretos, portarias, circulares etc". CARVALHO FILHO, José dos Santos, 2007, p. 519. Nas palavras de Celso Antonio "a relação jurídica que interliga o Poder Público aos titulares de cargo público, – ao contrário do que se passa com os empregados –, não é de índole contratual, mas estatutária, institucional". BANDEIRA DE MELLO, Celso Antonio, 2009, p. 253.

[50] Nesse sentido a jurisprudência superior: BRASIL. STJ: Precedentes: ERESP nº 239.402/RN, 1ª Seção, Min. José Delgado, DJ de 04.02.2002; RESP 143.992, /RN 2ª T., Min. Francisco Peçanha Martins, DJ de 11.12.2000; MC nº 3539/MG, 2º Turma, Min. Franciulli Neto, DJ de 19.05.2003. REsp 816633 / PB; Rel. Min. Teori Zavascki, 1ª T., DJ 12.06.2006, p. 451).

[51] Os regimes disciplinares, a exemplo do que fez a Lei 8112/90, difere expressamente os âmbitos de responsabilização: "Art. 121. O servidor responde civil, penal e administrativamente pelo exercício irregular de suas atribuições". (....) Art. 123. A responsabilidade penal abrange os crimes e contravenções imputadas ao servidor, nessa qualidade. (...) Art. 124. A responsabilidade civil-administrativa resulta de ato omissivo ou comissivo praticado no desempenho do cargo ou função.

da Administração. É uma supremacia especial que o Estado exerce sobre todos aqueles que se vinculam à Administração por relações de qualquer natureza, subordinando-se às normas de funcionamento do serviço ou do estabelecimento a que passam a integrar definitiva ou transitoriamente".[52]

É extreme de qualquer dúvida que o exercício do poder disciplinar não se enquadra dentro das chamadas competências discricionárias da Administração, constituindo atividade plenamente vinculada não só aos preceitos que norteiam a atividade administrativa, mas igualmente às garantias constitucionais e legais de defesa dos servidores. E é claro que a evolução conceitual dos poderes, no regime jurídico-administrativo, avançou no sentido de ser reconhecida a correlata existência de deveres jurídicos imputáveis à Administração, verdadeiras obrigações administrativas impostas pelo Direito; bem por isso que, na atualidade, se cogita na correlação direta e inafastável dos deveres na medida exata da existência dos poderes, mostrando-se mais adequado referir a existência de um dever-poder disciplinar, a partir do qual na configuração do ilícito administrativo de modo vinculado deve a Administração Pública exercer a competência disciplinar para apuração da infração administrativa e, uma vez constatada, aplicar a penalidade prevista na legislação.

O regime disciplinar, de há muito, é tratado pela doutrina como sendo "parte integrante do direito administrativo, e regula as normas relativas às infrações dos regulamentos internos das repartições administrativas e respectivas sanções".[53] E o assim denominado regime disciplinar se insere no âmbito da chamada responsabilidade administrativa, através da qual "o servidor responde administrativamente pelos ilícitos administrativos definidos na legislação estatutária e que apresentam os mesmos elementos básicos do ilícito civil".[54]

Decorre daí a designação de um direito disciplinar qualificado como sendo o subsistema de normas que prescrevem sanções para os integrantes de um corpo, administração ou órgão público ou paraestatal, objetivando, segundo aponta a doutrina, prover o bom funcionamento da Administração ou o bom desempenho de seus componentes, para o que se vale de sanções que têm caráter reparador e não preventivo. Conquanto difusa, essa noção não corresponde exatamente à dimensão que se pode, atualmente, atribuir à função do direito disciplinar, a qual decorre da própria noção hodierna do Direito Administrativo. E tal se diz, em primeiro lugar, pois atrelar a atividade disciplinar sancionatória apenas à reparação de danos seria reduzir a competência administrativa ao aspecto patrimonial que pode eventualmente constar da conduta tida por violadora do preceito disciplinar. Ato contínuo é preciso apontar para o fato de que a aplicação de sanções administrativas não visa apenas *reparar* danos resultantes da prática da infração administrativa, mas reprimir o agente causador da conduta. Por fim, considere-se

---

[52] MEIRELLES, Hely Lopes, 1986, p. 86.

[53] CAVALCANTI, Temístocles, 1948, p. 257.

[54] DI PIETRO, Maria Sylvia Zanella, 2009, p. 613.

que os efeitos decorrentes da prática de uma conduta administrativa infracional atingem, quer constitua dano concretamente aferível (quer não), não só a esfera da Administração Pública, mas, igualmente, constituem violação dos preceitos que se inserem no âmbito do chamado interesse público, e, por conseguinte, afetam a um dos princípios mais caros do regime jurídico-administrativo.

3. A prescrição penal e a sua incidência no processo administrativo disciplinar – considerações gerais

Nos termos já referidos, o Direito Administrativo brasileiro possui regra específica de distinção entre as diversas esferas de responsabilização, penal, cível e administrativa, sendo que apenas por exceção pode ocorrer a comunicação entre elas. A regra que estabelece, nos diferentes regimes disciplinares, a distinção entre as esferas de responsabilização (atualmente) de aplicabilidade indiscutível já foi objeto de discussão em sede doutrinária,[55] o que atualmente não tem lugar. A regra, em outras palavras, objetivamente se dirige ao estabelecimento de uma neutralidade de incidência dos resultados, positivos ou negativos, de tal modo a impossibilitar uma "contaminação" entre elas. Reside a mesma em uma diferença, em princípio, de natureza entre o cometimento de violação dos deveres funcionais, a prática de ato que enseja responsabilidade cível e a prática delituosa, fundamento que, no entanto, é objeto de uma sempre crescente indagação, ante a falibilidade em zonas limítrofes de enquadramento de determinadas práticas. Por outro lado, no plano material, para além da formalidade que se estabelece a partir dos regimes disciplinares, não há dúvida de que a autoridade administrativa, ciente da prática de ilícitos penais por eventual servidor, não remanesce indiferente no momento de conduzir um processo disciplinar por práticas enquadráveis em amplos conceitos jurídicos, numa neutralidade tal que muitas vezes se vê respeitada adequadamente entre juízos cíveis e criminais em situações em que, por exemplo, fatos que constituam improbidade administrativa e crimes, a um só tempo.

Já foi aludido, no presente trabalho, o entendimento (controverso, diga-se) de que a eleição do bem jurídico constitui tarefa preexistente à construção normativa, constituindo medida discricionária do legislador o enquadramento de condutas em determinadas esferas de proteção, seja ela penal ou administrativa; da mesma forma, pode-se reputar a existência de um princípio da ofensividade, extraído do próprio texto constitucional, a partir do qual apenas se pode qualificar de crime a prática lesiva ou potencialmente lesiva a um bem jurídico. O critério, entretanto, não parece resolver o problema do enquadramento do ilícito administrativo, posto que o fundamento para o estabelecimento de deveres administrativos inerentes ao regime disciplinar dos servidores também, em parte, decorre da ofensividade

---

[55] É possível apontar três movimentos distintos a respeito do tema (i.) alguns autores procuraram aproximar a responsabilidade administrativa da civil, destacando a existência de uma pressuposta analogia entre ambas, a exemplo de Laband (LABAND, Paul, 1900, p. 181 e segs.); (ii.) autores que expressavam o entendimento de que a responsabilidade penal e a disciplinar do funcionário possuiriam o mesmo caráter, devendo integrar-se em ramo único (nesse sentido: MAYER, Otto, 1949, p. 78).

ou potencial lesão a bem jurídico. Remanesce, é bem verdade, a ideia de que está inserida no âmbito da chamada política legislativa a função de orientar o legislador no momento de definição ou eleição de critérios para o estabelecimento ou enquadramento dos bens jurídicos a serem tutelados, por normas administrativas ou penais. O critério, entretanto, muita vezes é dotado de fragilidade intransponível, basta ver que a proteção de bens jurídicos por intermédio da norma penal em determinadas circunstâncias é menos intensa do que por meio da proteção da Lei de Improbidade, por exemplo.

Excepciona a regra de "neutralidade" (incomunicabilidade) entre as distintas esferas de responsabilização a incidência de reflexos emanados da decisão que, no plano penal, absolve o réu por negativa de existência do fato ou de autoria.[56] Da mesma forma, não segue a regra de não comunicação entre as distintas esferas de responsabilização a incidência da prescrição penal sobre o processo disciplinar, quando a infração administrativa constituir, ao mesmo tempo, infração penal. É certo que, ao assim estabelecer o regramento, o legislador está a reconhecer *ipso facto* que existe distinção entre a prática delituosa e infracional, ainda que nem sempre ela se dê sob o mesmo critério de eleição do bem jurídico a ser protegido. Da mesma forma, aplica-se através de ato administrativo plenamente vinculado à penalidade de demissão nos casos em que for configurada, na esfera penal, a prática de crime contra a Administração Pública.[57]

A distinção entre as esferas de responsabilização, em princípio, provoca uma consequência que não possui fundamento jurídico algum: o processo administrativo, naturalmente, tem andamento mais célere do que o judicial (penal), fazendo com que o juiz-administrativo decida, muitas vezes, sobre a prática de crime e não apenas de infração administrativa, o que seria adequado por razões inerentes ao "cargo" do julgador (o agente administrativo não é dotado das mesmas garantias do juiz) e ao âmbito técnico da decisão (o julgador administrativo não é dotado do mesmo conhecimento técnico do que o juiz de direito, por circunstâncias as mais variadas, que vão desde os critérios de seleção para ocupação dos cargos até o preparo das carreiras, sem prejuízo de diversos outros).

Justamente por isso é que não raro se buscou, na esfera judicial, a suspensão de processos disciplinares até o momento de encerramento do processo penal, o que, no entanto, não tem encontrado respaldo jurisprudencial.[58] Desta forma, a autonomia entre instâncias fez com que se reconhecesse amplamente, em ponto sobre o qual não subsiste controvérsia, que o exercício do poder disciplinar pelo Estado não está sujeito à prévia conclusão da *persecutio criminis* promovida pelo MP perante os órgãos do Poder Judiciário.[59]

Formalmente o aludido entendimento não causaria maiores problemas não fos-

---

[56] Art. 126.

[57] Art. 132, inc. I, da Lei 8.112/90.

[58] STF, MS 21.029-DF, Rel. Min. Celso de Mello, Pleno.

[59] STF, MS n° 22.438-1/130.

sem os argumentos já referidos; se de um lado é verdade que existe reversibilidade da decisão administrativa, sobrepujando-se a sentença penal absolutória nas circunstâncias de negativa do fato ou de autoria, de outro, não menos verdadeiro é que o servidor processado administrativamente pode ser colocado em situação de longa espera por um juízo adequado a respeito do ilícito penal que a ele é imputado, inclusive fora do serviço público, ante a notável distinção entre o lapso de tempo que separa o andamento de qualquer processo administrativo se comparado ao trâmite da ação penal.

3.1. A CONSTATAÇÃO DE PRÁTICA CRIMINOSA PELA AUTORIDADE ADMINISTRATIVA NO PROCESSO DISCIPLINAR

A sistemática do processo administrativo disciplinar, via de regra, impõe a subdivisão em pelo menos três fases, (i.) sendo a primeira a *instauração*, que se perfectibiliza com a publicação do ato que constitui a comissão, (ii) o inquérito administrativo (subdividido em três etapas: a) instrução; b) defesa e c) relatório) e, por fim, o (iii.) julgamento (art. 151 da Lei 8.112/90). De acordo com a regra do art. 149 da Lei 8.112/90, a comissão disciplinar deve ser composta por três servidores estáveis, designados pela autoridade competente. Extreme de dúvida o fato de que os membros que compõem a comissão devem atender a critérios formais e materiais de isenção em relação aos fatos objeto de apuração e, por igual, em relação ao próprio servidor processado.[60] Desta forma, eventuais impedimentos e suspeições com relação aos membros da comissão devem ser levantados para evitar a nulidade do processo administrativo, o que resta também explicitado se adequadamente interpretado o disposto no art. 149, parágrafo segundo, da Lei 8.112/90 em conjunto com o disposto nos arts. 18 a 21 da Lei 9.784/99, de aplicação subsidiária ao processo disciplinar.

Com o tempo, diversas entidades que integram a Administração Pública federal têm aperfeiçoado a sistemática relacionada aos processos disciplinares, melhor preparando seus servidores para a condução dos mesmos, seja através da promoção e estímulo à especialização de seus membros, seja constituindo comissões integradas por servidores de destacado nível técnico e conhecimento jurídico invulgar. Da mesma forma, busca-se garantir o elemento de neutralidade de seus membros, em relação ao servidor processado e propriamente ao fato em si, ao optar-se para sua composição a partir de membros já estáveis no serviço público, dotados, portanto, das garantias inerentes ao serviço público. Reside a importância de constituir comissões permanentes de sindicância e processo disciplinar no

---

[60] Na linha do entendimento jurisprudencial, quadra a aplicação, ao processo disciplinar conduzido no âmbito da Administração Pública federal, do disposto no art. 18 da Lei 9784/99. Nesse sentido cf. STJ, MS 14.233/DF (2009/0055244-0); Rel. Min. Napoleão Nunes Maia Filho, 3ª Seção, DJe 30/06/2010.

213

interior da Administração, em atenção ao princípio do juiz natural,[61] conforme expressamente previsto na CF, em seu art. 5º, incs. XXXVII – "não haverá juízo ou tribunal de exceção" – e LIII – "ninguém será processado nem sentenciado senão pela autoridade competente".[62] Objetivando conferir maiores garantias ao processado, em âmbito administrativo, a melhor doutrina costuma referir a necessidade de formação de comissão permanente (...) para evitar que o administrador, ao seu talante, selecione os membros integrantes com o intuito preconcebido de absolver ou punir".[63]

A despeito dos crescentes mecanismos voltados à especialização dos membros integrantes das comissões processantes e das garantias ínsitas à condição de servidores públicos, é certo, não há como negar, que a esfera administrativa, em um sistema uno de jurisdição, ainda não é capaz de permitir nem o mesmo grau de especialidade da justiça "comum", e, tampouco, o mesmo grau de segurança em relação à imparcialidade (neutralidade) do julgador. Desta forma, o problema que se cria, em nosso entender, reside justamente na análise de condutas tipificadas como ilícitos penais por servidores cuja prática e especialidade seja restrita ou mais apurada em face das infrações administrativas, cuja lógica de interpretação e enquadramento de condutas não é idêntica ao da esfera criminal.[64]

3.2. A AMPLA ACEITAÇÃO JURISPRUDENCIAL E DOUTRINÁRIA

A incidência da prescrição penal sobre o processo administrativo disciplinar decorre de previsão legal específica dos regimes estatutários, o que se reflete (por simetria informal, diga-se) a partir do parágrafo segundo do art. 142 da Lei 8.112/90.[65] O que se tem, em face da aludida regra, é que quando determinada conduta constitui, a um só tempo, infração administrativa e ilícito penal, a prescrição será a mesma, tendo-se por prazo aquele previsto no CP, e não no regime jurídico disciplinar. A previsão, por si só, não é capaz de causar maiores preocupações ao intérprete, sendo então a extinção da pretensão punitiva em âmbito disciplinar regulada pelo prazo estabelecido na norma penal. O problema reside

---

[61] "A designação de comissão temporária para promover processo administrativo disciplinar contra servidor policial federal viola os princípios do juiz natural e da legalidade, a teor do art. 53, § 1º, da Lei 4.878/65, lei especial que exige a condução do procedimento por Comissão Permanente de Disciplina" (MS 13.250/DF, Rel. Min. Felix Fischer, 3ª Seção).

[62] Veja-se, com relação à competência, que tanto a Lei 8112/90 determina o agente incumbido da aplicação das penalidades, como a Lei de Processo Administrativo federal aponta a impossibilidade de delegação do ato administrativo de aplicação da penalidade administrativa.

[63] BACELLAR FILHO, Romeu Felipe, 1998, p. 347.

[64] Uma das questões centrais, aqui, reside em toda a sistemática de configuração do ilícito penal, e, ainda, as garantias fundamentais do réu no processo penal, passando pela função de garantia do tipo penal; entre outras. Na esfera administrativa, no entanto, o juiz-administrativo enquadra as condutas infracionais em conceitos, partindo de um raciocínio jurídico peculiar e sem a previsão legal de garantias, conforme a esfera penal, ainda que o resultado (penalidade) possa constituir gravame punitivo ainda maior do que na esfera judicial-penal.

[65] Os prazos de estabelecimento da prescrição administrativa, com relação às infrações administrativas puníveis com a demissão, cassação de aposentadoria ou disponibilidade, é de cinco anos.

justamente no fato de que quem normalmente exerce o juízo de similitude entre as condutas é a autoridade administrativa, dado que o processo disciplinar naturalmente correrá com maior celeridade que o processo judicial. No entanto, tendo em vista as especificidades de nosso regime jurídico-administrativo, ainda que tardiamente, prevalecerá o juízo a ser exercido no processo judicial, pelo menos deveria ser assim.

Alguns exemplos podem trazer a lume questões de relevância. O art. 323 do CP estabelece o abandono de cargo como sendo o ilícito penal decorrente da ação do agente que abandona o cargo público fora dos casos permitidos em lei, ao passo que o art. 138 da Lei 8112/90 conceitua a figura do abandono quando verificada a ausência intencional do servidor ao serviço público por lapso de tempo superior a trinta dias consecutivos. Como se vê, ambas as figuras, embora muito semelhantes, guardam nítida distinção entre si: o tipo penal será realizado pelo agente independentemente do número de dias, desde que inexista previsão legal para o afastamento e que o seu não comparecimento apresente potencialidade de risco ao regular funcionamento do serviço na esfera da administração a que se vincula o servidor.[66] Ou seja, segundo entendimento praticamente majoritário expressado pela doutrina pátria, constitui condição indispensável para a configuração do ilícito a existência de potencial prejuízo ou prejuízo concretamente verificável a partir do abandono, não bastante apenas a intenção de não comparecer ao serviço. Efetivamente, da interpretação dispensada pela doutrina ao dispositivo, nota-se claramente a intenção de proteger a normalidade e continuidade da prestação dos serviços públicos, tendo em vista a necessidade de atender ao interesse público que a execução de tais atividades encerra. Nessa linha de interpretação, salvo melhor juízo, sobrepuja-se a proteção do interesse público imanente à continuidade de atendimento e execução das atividades públicas sobre a própria natureza da conduta em si, se verificada apenas no recorte que aponta para a intencionalidade de não comparecer ao serviço por qualquer outro motivo prejudicial. Pois bem. A questão central reside em saber se em termos de enquadramento de conduta em âmbito disciplinar o exercício interpretativo pode ser o mesmo utilizado a partir da norma penal. Parece-nos que não. Existirá independência de análise entre as esferas: ou seja, na esfera administrativa, somente será caracterizada a infração disciplinar se for materializada a falta do servidor por mais de trinta dias consecu-

---

[66] Para Edgard Magalhães Noronha: "A lei tem em vista a regularidade e normalidade da função pública, que não pode existir sem a continuidade do exercício do funcionário. (...) A lei fala em abandonar cargo público. O conceito de abandono está subordinado à probabilidade de dano ou prejuízo". MAGALHÃES NORONHA, Edgard, 1992, p. 274. Não é outro o modo de ver de Damásio E. de Jesus (1995, p. 160-161), Cezar Roberto Bitencourt (2004, p. 433), Julio Fabrini Mirabete (1995, p. 331), Fernando Capez (2004, p. 464). Conhecida de todos, neste particular, a lição de Manzini, para quem (...) normal da administração pública, em sentido amplo, atendendo, particularmente, à conveniência de assegurar, mediante a sanção penal, a continuidade, a regularidade e a eficiência das funções públicas, dos serviços públicos e dos de necessidade pública, contra o abandono individual de um ofício ou de um serviço ou contra a obstrução individual, nos mencionados ofícios ou serviços, independentemente do dano que do fato ilícito tenha ou não resultado. Contudo, é preciso que haja decorrido tempo suficiente ou se tenha dado por modo idôneo a concretizar a violação do interesse tutelado, ainda que não se tenha verificado dano (...) pois (...) o objeto jurídico do abandono de cargo é o interesse concernente ao funcionamento. (MANZINI, Vicenzo, 1946, p. 337.)

tivos, independentemente da existência de dano concretamente aferível ou prejuízo na continuidade dos serviços públicos relacionados à sua atividade. É dizer, por outro giro, que se o servidor se ausenta de modo injustificado por mais de trinta dias caracterizado estará o abandono disciplinar, mas não necessariamente ter-se-á configurado o ilícito penal, pois pendente estará a demonstração do prejuízo para a normalidade do serviço público. Teoricamente, se houvesse demonstração de risco potencial da falta ao serviço de determinado servidor público, ainda que em prazo inferior aos trinta dias consecutivos, poder-se-ia cogitar da incidência do tipo penal, ao passo que não estaria configurada a infração administrativa.

Outra situação em que uma mesma conduta poderia, em tese, constituir infração administrativa e crime diz respeito ao previsto no art. 117, inc. IX, da Lei 8.112/90 ("valer-se do cargo para lograr proveito pessoal ou de outrem, em detrimento da dignidade da função pública") e o crime de concussão, por exemplo (tipificado art. 316 do CP). Não se deve, no entanto, confundir esta situação com o enquadramento administrativo no art. 132, inc. I, da Lei 8.112/90, que, conforme precedentes vinculantes da AGU e a jurisprudência dos tribunais superiores, exigiria a condenação penal com trânsito em julgado para eventual demissão do servidor faltoso. Nos termos da iterativa jurisprudência do STJ, para que se possa aplicar o § 2º do art. 142 e, consequentemente, para que sejam utilizados os prazos de prescrição previstos no CP, é indispensável ao menos a apresentação de denúncia pelo MP e, por extensão, entende-se que a denúncia deva ter sido recebida pelo Juiz. Ora bem, tal entendimento, na linha que fora articulado anteriormente, bem sintetiza a precária situação de deixar (apenas) ao encargo do juiz-administrativo o enquadramento da conduta que supostamente implica infração administrativa e ilícito penal. Nesse sentido, veja-se os excertos de alguns precedentes:

> [...] – Em sede de procedimento administrativo fundado em infração disciplinar que também configura tipo penal, o prazo de prescrição é aquele previsto na lei penal. – *A mera presença de indícios de prática de crime sem a devida apuração nem formulação de denúncia, obsta a aplicação do regramento da legislação penal para fins de prescrição*, devendo esta ser regulada pela norma administrativa. [...][67]

> [...] 1. Nos casos em que o suposto ilícito praticado pelo servidor público não for objeto de ação penal ou o servidor for absolvido, aplica-se o disposto na legislação administrativa quanto ao prazo prescricional. Precedentes. [...][68]

Não há dúvida de que a jurisprudência do STJ, no particular, entende que a aplicação dos prazos prescricionais insertos no CP ocorrem sempre que verificada a similitude de condutas entre a infração administrativa e o tipo penal, sendo que, na prática, os processos disciplinares, não raro, serão (re)analisados, sob o prisma da legalidade, na esfera judicial, com relação ao aludido enquadramento. Outro aspecto relevante de análise diz respeito ao modo de computar o prazo prescricional, notadamente a partir da verificação da ocorrência de marcos suspensivos ou interruptivos. Via de regra, expressa a jurisprudência como sendo o *termo a quo* a

---

[67] STJ ROMS 14420 (DJ: 30/09/2002) Rel. Vicente Leal.

[68] STJ MS 12090 (DJ: 21/05/2007) Rel. Arnaldo Esteves Lima.

data do conhecimento do fato, conforme o § 1º do art. 142, embora alguns poucos julgados façam referência à data do fato, que é a regra geral do Direito Penal:

> [...] 2. Havendo o cometimento, por servidor público federal, de infração disciplinar capitulada também como crime, aplicam-se os prazos de prescrição da lei penal e as interrupções desse prazo da Lei 8.112/90, quer dizer, os prazos são os da lei penal, mas as interrupções, do Regime Jurídico, porque nele expressamente previstas. Precedentes. 3. A Administração teve ciência, em 22/5/1995, da infração disciplinar praticada pelo impetrante, quando se iniciou a contagem do prazo prescricional [...][69]
>
> [...] 1. Nos termos do art. 142, § 2º, da Lei n.º 8.112/90, aplicam-se às infrações disciplinares capituladas também como crime, os prazos prescricionais previstos na lei penal. Precedentes. 2. O prazo para a Administração aplicar a pena de demissão ao servidor faltoso é de 5 (cinco) anos, a teor do que dispõe o art. 142, inciso I, da Lei n.º 8.112/90. Entretanto, havendo regular apuração criminal, o prazo de prescrição no processo administrativo disciplinar será regulado pela legislação penal, que, *in casu*, consoante o art. 316 c.c. o art. 109, inciso III, do CP, é de 12 (doze) anos. 3. Na hipótese, *a contagem do prazo prescricional foi interrompida com a instauração de novo PAD* em 04/09/2003, voltando a correr por inteiro em 21/01/2004, após o transcurso de 140 (cento e quarenta) dias [...][70]
>
> [...] IV – Na espécie, o *prazo prescricional da lei penal é de 08 anos*, sendo que o processo administrativo disciplinar foi *instaurado seis anos depois do conhecimento da autoridade*, dentro, portanto, do prazo legal. (grifo nosso)[71]

O que se tem, portanto, é que enquanto estiver em curso a ação penal, mais concretamente, quando ainda houver a possibilidade de recursos para a acusação, aplicam-se os prazos previstos no art. 109 do CP tomando-se por base, então, a pena máxima do crime. Após o trânsito em julgado para a acusação, computam-se os prazos estabelecidos no art. 109 do CP com base na pena efetivamente aplicada. Tal entendimento é corroborado pela jurisprudência, confirmando a forma de contagem do prazo antes e depois do trânsito em julgado da sentença penal condenatória:

> [...] III. – Na hipótese de a infração disciplinar constituir também crime, os prazos de prescrição previstos na lei penal têm aplicação: Lei 8.112/90, art. 142, § 2º. Inocorrência de prescrição, no caso. [...][72]
>
> [...] 1 – A falta disciplinar tipificada como infração penal prescreve no mesmo prazo desta, conforme o art. 80, IV, da Lei Complementar Estadual nº 207/79. Ressalte-se que a prescrição na esfera penal, depois da sentença condenatória com trânsito em julgado para a acusação, regula-se pela pena aplicada (art. 110, § 1º, do CP). [...] Logo, *o prazo da prescrição na esfera administrativa se computa da pena in concreto*, nos termos do art. 110 c/c art. 109, ambos do CP, sendo, na hipótese dos autos, de 4 (quatro) anos. [...] (grifo nosso)[73]

O cenário demonstra que os prazos de prescrição da lei penal aplicáveis ao ilícito administrativo, respeitadas as interrupções e demais regras do Estatuto, poderão ser entre 2 e 20 anos, ao passo que a prescrição máxima na esfera admi-

---

[69] STJ MS 10078 (DJ: 26/09/2005) Rel. Arnaldo Esteves Lima.

[70] STJ MS 9772 (DJ: 26/10/2005) Rel. Laurita Vaz.

[71] STJ EDROMS 18551 (DJ: 03/04/2006) Rel. Felix Fischer. No mesmo sentido cf. STJ MS 9568 (DJ: 02/08/2006) Rel. Arnaldo Esteves Lima, STJ ROMS 21930 (DJ: 23/10/2006) Rel. Arnaldo Esteves Lima STJ ROMS 13395 (DJ: 02/08/2004) Rel. Hamilton Carvalhido STJ ROMS 15585 (DJ: 03/04/2006) Rel. Arnaldo Esteves Lima STJ ROMS 18319 (DJ: 30/10/2006) Relª. Laurita Vaz.

[72] STF MS 23242 (DJ 17/05/2002) Rel. Carlos Velloso.

[73] STJ ROMS 15363 (DJ: 02/08/2004) Rel. Jorge Scartezzini.

nistrativa é de cinco anos. Logo, a interpretação mais consentânea do disposto no § 2º do art. 142 é no sentido de aumentar o prazo prescricional de 5 anos previsto no inc. I do mesmo artigo.

Se, de um lado, o aumento do prazo prescricional em tese configura "prejuízo" para aquele que é enquadrado na prática de infração e conduta delituosa, a um só tempo, de outro, é possível verificar que poderá ocorrer a diminuição do aludido prazo, também o que se dá por tonificado pela incidência da regra penal, o que já está amplamente consagrado pelo STJ, que, em diversos julgados, reconheceu a possibilidade de prazos prescricionais menores que 5 anos:

> [...] Logo, o *prazo da prescrição na esfera administrativa* se computa da pena in concreto, [...], sendo, na hipótese dos autos, de *4 (quatro) anos.* (grifo nosso)[74]

> [...] 1. Com efeito, uma vez condenado o Recorrente na esfera criminal, quanto ao crime de estelionato, à pena de 1 (um) ano de reclusão – tendo havido recurso apenas da defesa, resta evidenciada a prescrição, tendo em conta que, desde a data do fato ou mesmo do conhecimento do fato, até a instauração do processo administrativo, ocorrida em 03/04/2000, já decorrera *prazo superior a 4 (quatro) anos, necessário à configuração da prescrição.* [...] (grifo nosso)[75]

> [...]. Uma vez condenado o Recorrente na esfera criminal, quanto ao crime de roubo tentado, à pena de 2 (dois) anos de reclusão, resta evidenciada a prescrição, tendo em conta que desde a data do fato 26/03/1996, até a instauração do processo administrativo, ocorrida em 27/09/2000, já havia decorrido *prazo superior a 4 (quatro) anos, necessário à configuração da prescrição.* (grifo nosso)[76]

Uma vez mais, reitere-se que a grande complexidade da questão reside no fato de que o enquadramento pela autoridade administrativa deve ser o mais efetivo e mais próximo da realidade de aplicação dos preceitos penais, e não a partir de critérios próprios mais afeitos ao Direito Administrativo, ante a possibilidade de causar sérios danos ao processo na esfera administrativa.

Considerações finais

Depois de perpassar os temas relacionados no presente ensaio, sem a pretensão de esgotar o tema, é possível extrair algumas ponderações em caráter de conclusão, ainda que sinteticamente. Em primeiro lugar, cumpre apontar para o fato de que o princípio da separação entre as diversas esferas de responsabilização (cível, penal e administrativa) não apresenta fundamento em um princípio de justiça, porém decorre de uma sistemática baseada na suposta diferença ontológica entre os modelos de infração; em razão disso, não há como justificar-se, por exemplo, que em determinados a esfera administrativa não reconheça sua precariedade de condições de julgar um agente que esteja, ao mesmo tempo, respondendo pelos mesmos fatos na espera penal ou em sede de improbidade administrativa, na qual o grau de especialidade em relação ao enquadramento de condutas penalmente relevantes é indiscutível (nesse passo, não se olvide que as próprias

---

[74] STJ ROMS 15363 (DJ: 02/08/2004) Rel. Jorge Scartezzini.

[75] STJ ROMS 17882 (DJ: 25/09/2006) Relª. Laurita Vaz.

[76] STJ ROMS 18319 (DJ: 30/10/2006) Relª. Laurita Vaz.

garantias constitucionais dos membros da acusação e do julgador, garantidas na CF, imprimem maiores elementos para gerar a isenção e neutralidade necessárias) em relação às comissões administrativas. Ato contínuo, considere-se, conforme demonstrado, que a celeridade (dadas as peculiaridades de procedimento) com que tramita o processo disciplinar pode implicar injusto enquadramento de ato infracional administrativo em tipos penais, provocando a demissão (ainda que reversível posteriormente) indevida em diversos casos. O direito administrativo, em sua significação própria, deve acatar as doutrinas penais relacionadas à prescrição de modo tal a ampliar, gradativa e proporcionalmente (sempre tendo em mira os direitos e garantias fundamentais) inclusive na esfera legislativa, os modos de estabelecimento da mesma, tendo em vista a própria função estruturante deste instituto no que tange aos pressupostos do direito sancionador, em sua máxime expressão e totalidade.

Bibliografia consultada

ARAÚJO, Edmir Netto de. *Curso de direito administrativo*. São Paulo: Saraiva, 2005.

AZEVEDO, Vicente de Paulo. *Crime – dano - reparação*. São Paulo: Revista dos Tribunais, 1934.

BACELLAR FILHO, Romeu Felipe. *Princípios constitucionais do processo administrativo disciplinar*. São Paulo: Max Limonad, 1998.

BANDEIRA DE MELLO, Celso Antonio. *Discricionariedade e controle judicial*. 2ª ed., 9ª tiragem. São Paulo: Malheiros, 2008.

——. *Curso de direito administrativo*. 26ª ed. São Paulo: Malheiros, 2009.

BITENCOURT, Cezar Roberto. *Tratado de direito penal*. Vol. IV. São Paulo: Saraiva, 2004.

CAPEZ, Fernando. *Curso de direito penal*. 2ª ed. São Paulo: Saraiva, 2004.

CARVALHO FILHO, José dos Santos. *Manual de direito administrativo*. 17ª ed. Rio de Janeiro: Lumen Juris, 2007.

CARVALHO, Américo A. Taipa de. *Direito penal – parte geral*. Coimbra: Publicações Universidade Católica, 2004.

CASSESE, Sabino. *Le basi del diritto amministrativo*. 6ª ed. Milão: Garzanti, 2003.

CAVALCANTI, Temístocles. *Tratado de Direito Administrativo*. 2ª ed. São Paulo: Livraria Editora Freitas Bastos, 1948.

CHAPUS, René. *Droit administratif général*. Tomo II. 15ª ed. Paris : Montchrestien, 2001.

CIRNE LIMA, Ruy. *Princípios de direito administrativo*. 4ª ed. Porto Alegre: Sulina, 1964.

CORREIA, José Manuel Sérvulo. *Legalidade e autonomia contratual nos contratos administrativos*. Coimbra: Almedina, 1987.

DI PIETRO, Maria Sylvia Zanella. *Direito administrativo*. 23ª ed. São Paulo: Atlas, 2009.

FAGUNDES, Seabra. *O controle dos atos administrativos pelo poder judiciário*. 3ª ed. Rio de Janeiro: Forense, 1979.

FERREIRA, Sérgio de Andréia. *Lições de direito administrativo*. Rio de Janeiro: Editora Rio, 1972.

FRAGOSO, Heleno. *Pena e culpa*. www.fragoso.com.br/ Disponível em 20/05/2010.

FREITAS, Juarez. *O controle dos atos administrativos e os princípios fundamentais*. 3ª ed. São Paulo: Malheiros, 2004.

GASPARINI, Diógenes. *Direito administrativo*. 13ª ed. São Paulo: Saraiva, 2009.

GIANNINI, Massimo Severo. *Diritto amministrativo*. Milano: Dott. A. Giuffrè Editore, 1993.

GOMES, Orlando. *Marx e Kelsen*. Salvador: Publicações da Universidade da Bahia, 1959.

HUNGRIA, Nélson. Ilícito administrativo e ilícito penal. *Revista de Direito Administrativo*. São Paulo: Atlas, 1945.

JESUS, Damásio E. de. *Direito penal*. 6ª ed. Vol. IV. São Paulo: Saraiva, 1995.

JUSTEN FILHO, Marçal. *Curso de direito administrativo*. 4ª ed. São Paulo: Saraiva, 2009.

LABAND, Paul. *Le droit public de l´Empire Allemand*. Vol. II. Paris: Giard & Briére, 1900.

LÉGAL, Alfred; GRESSAYE, Jean Brethe. *Le pouvoir disciplinaire dans les institutions privées*: Son organisation et ses effets dans les associations, syndicats, societes, entreprises, professions. Paris: Librarie du Recueil Sirey, 1938.

MACHADO NETO, Antônio Luís. *Compêndio de introdução à ciência do direito*. 3ª ed. São Paulo: Saraiva, 1975.

MAGALHÃES NORONHA, Edgard. *Direito Penal.* 35ª ed. São Paulo: Saraiva, 2000.

MANZINI, Vicenzo. *Tratatto di diritto penale italiano.* 4. ed. 4 v.Torino : Torinese, 1952. 1946.

MASAGÃO, Mário. *Curso de direito administrativo.* 4ª ed. São Paulo: Revista dos Tribunais, 1968.

MAURER, Hartmut. *Elementos de direito administrativo alemão.* Porto Alegre: Fabris, 2001.

——. *Droit administratif allemand.* Traduit par M. Fromont. Paris : L.G.D.J., 1994.

MAYER, Otto. *Derecho administrativo alemán.* Vol. III. Buenos Aires: Depalma, 1949.

MEIRELLES, Hely Lopes. *Direito administrativo brasileiro.* 18ª ed. Atual. rev. São Paulo: Malheiros, 1993.

MERKL, Adolf Julius. *Il dúplice volto del diritto:* il sistema kelseniano e altri saggi. Milano: Giuffrè, 1987.

MIRABETE, Julio Fabrini. *Manual de direito penal.* Vol. III. 9ª ed. São Paulo: Atlas, 1995.

PEREIRA DA SILVA, Vasco Manuel Pascoal. *Em busca do acto administrativo perdido.* Coimbra: Almedina, 2003.

REALE, Miguel. *Filosofia do Direito.* São Paulo: Saraiva, 2002.

REALE JUNIOR, Miguel. Despenalização no direito penal econômico: uma terceira via entre o crime e a infração adminis-trativa? In: *Revista Brasileira de Ciências Criminais.* São Paulo: Revista dos Tribunais, 2000.

ROXIN, Claus. *Derecho penal.* Parte general. 2ª ed. Madrid: Civitas, 1997.

SOBRINHO, Manoel de Oliveira Franco. *Obrigações administrativas.* 1ª ed. Rio de Janeiro: Forense, 1983.

VILANOVA. Lourival. *As estruturas lógicas e o sistema do Direito positivo.* 2ª ed. São Paulo: Max Limonad, 1997.

WOLFF, Hans J.; BACHOF, Otto; STOBER, Rolf. *Direito administrativo.* Vol. I. 11ª ed. Tradução: António F. de Sousa. Lisboa: Fundação Calouste Gulbekian, 2006.

ZAFFARONI, Eugenio Raúl; PIERANGELI, José Henrique. *Manual de direito penal brasileiro.* Parte Geral. 3ª ed. São Paulo: Revista dos Tribunais, 2001.

ZANOBINI, Guido. *Corso di diritto amministrativo.* 8ª ed. Volume I. Milão: Giuffrè, 1958.

Impressão:
Evangraf
Rua Waldomiro Schapke, 77 - POA/RS
Fone: (51) 3336.2466 - (51) 3336.0422
E-mail: evangraf.adm@terra.com.br